ALBERT J. ALLETZHAUSER

DAS HAUS NOMURA

ALBERT J. ALLETZHAUSER

DAS HAUS NOMURA

DER AUFSTIEG ZUM MÄCHTIGSTEN FINANZ-IMPERIUM DER WELT

WILHELM HEYNE VERLAG
MÜNCHEN

Titel der englischen Originalausgabe

THE HOUSE OF NOMURA
THE RISE TO SUPREMACY OF THE WORLD'S MOST POWERFUL COMPANY:
THE INSIDE STORY OT THE LEGENDARY JAPANESE DYNASTY

Ins Deutsche übertragen von Ursula Bischoff

2. Auflage

Die Originalausgabe erschien im
Verlag Bloomsbury Publishing Ltd., London, 1990

Umschlaggestaltung: Adolf Bachmann, Reischach
Herstellung: Paul Fugmann
Satz: Kort Satz GmbH, München
Druck und Bindung: May + Co., Darmstadt
Printed in Germany 1990

ISBN 3-453-03610-7

Inhalt

Vorwort

Japan wurde von Menschen und nicht von Maschinen geschaffen. Die zahlreichen Bücher und Schriften über ›Japan Inc.‹ und die phantastische japanische Unternehmenslandschaft sind irreführend. Auch in Japan beherrschen Schurken und Helden in Hülle und Fülle die Szene, ebenso wie Geschehnisse, die sich jeder Einflußnahme, und Menschen, die sich jeglichem Versuch der Korruption entziehen. Und dennoch stimmt man in der Literatur immer wieder ein Loblied auf die leidenschafts- und reibungslos funktionierende Maschinerie der geballten japanischen Wirtschaftsmacht an.

Die Geschichte des japanischen Geschäftslebens enthält zahllose Legenden. Die Finanzmoguln Japans können sich durchaus mit amerikanischen Bankern wie J. P. Morgan, der als Genie galt, mit Handelsbaronen wie Jesse Livermore, der für seine aggressiven Strategien und seine Geschäftstüchtigkeit bekannt war, und mit Eisenbahn-Tycoons wie dem weitsichtigen Cornelius Vanderbilt oder dem gerissenen Jay Gould messen. In diesem Buch steht einer der größten Akteure des japanischen Aktienmarkts im Vordergrund: Tokushichi Nomura II, geboren 1878, in dem Jahr, als die Tokioter Börse gegründet wurde. Es ist auch die Geschichte der Macht- und Beziehungsstrukturen im Japan der Nachkriegszeit. Sie schildert, wie Tsunao Okumura seine Freundschaft mit japanischen Premierministern dazu benutzte, den Aktienmarkt zu fördern, und wie Minoru Segawa, bekannt als der ›Macher‹ der japanischen Wirtschaftsszene, mit Hilfe seiner Verbindungen zu Gangstern und Politikern Nomura in ein weltweites Machtzentrum verwandelte.

Zahllose Bücher haben den Aufstieg der Rockefellers zur Macht und die Entwicklung der einflußreichen Bankhäuser in London beschrieben, die sich im Besitz europäischer Juden, wie der Familie Rothschild oder Warburg, befanden. Im Mittelpunkt dieses Buches steht die Lebensgeschichte des Buddhisten Tokushichi Nomura, der ein Imperium errichtete, das den Vergleich mit den großen Finanzhäusern des Westens nicht zu scheuen braucht. Zu Beginn des Zweiten Weltkrieges hatte sich der blühende Nomura-Konzern zum zehntgrößten *zaibatsu* in Japan – einem in Familienbesitz befindlichen Konglomerat – entwikkelt. Dann wurde er auseinandergerissen: General McArthur beraubte die Nomura-Erben ihrer Banken und Brokerhäuser, nahm ihnen den Grundbesitz, die Plantagen und Minenbeteiligungen und verkaufte ihr gesamtes Hab und Gut an Nomura-Mitarbeiter, obwohl es einigen Mitgliedern der Familien heimlich gelang, Aktiva zu retten, die heute ein Vermögen wert sind. Einer der größten Unterschiede zwischen dem Japan der Vergangenheit und der Gegenwart besteht jedoch darin, daß sich die Wirtschaftsunternehmen heute fest in der Hand von Institutionen befinden.

Die erste Hälfte des Buches entstand, als ich im Verlauf der Wochen und Jahre die Geschichte der Nomura-Familie zu hören bekam. Sie stellte mir die persönlichen Aufzeichnungen von Tokushichi Nomura zur Verfügung, die von meinen Mitarbeitern bei den Recherchen übersetzt wurden. Während der Vorarbeiten zu diesem Buch verbrachte ich viele unterhaltsame Stunden mit Kozo Nomura, dem rüstigen siebzigjährigen Neffen des Gründers, der 1945 enteignet wurde. Ich lernte auch Tomohide Nomura kennen, einen Gelehrten, der mir half, mich im Unternehmenslabyrinth seines Großvaters zurechtzufinden. Da ich mich diesen beiden Männern sehr verbunden fühle, habe ich darauf verzichtet, sie mit dem heutigen Nomura Securities, dem einzigen verbleibenden Splitter des von Tokushichi Nomura errichteten Imperiums, in Verbindung zu bringen.

Wie konnte sich eine kleine, 1872 in Osaka gegründete Geldwechselstube im Verlauf von hundert Jahren nach ihrer Entstehung zu einem so immensen Einflußfaktor in der Finanzwelt entwickeln? Tokushichi Nomura, der vor der Jahrhundertwende mit seinem Fahrrad durch die Straßen Osakas fuhr, gehörte zu den Pionieren des Aktienverkaufs an Privatanleger. Nach dem Zweiten Weltkrieg gelang es der schlagkräftigen Nomura-Verkaufstruppe, unter dem Druck, die vorgegebenen Kommissionsqoten zu erreichen, Hausfrauen und Ladenbesitzer mit viel Überredungskunst zum Aktienkauf zu bewegen, während die Führungskräfte des Unternehmens den Aufstieg der japanischen Premierminister finanzieren halfen und somit bis zum heutigen Tag für eine großzügige Behandlung bei der Versteuerung von Kapitalgewinnen sorgten.

Die Tatsache, daß Japan Kunstschätze, Immobilien oder Unternehmen im Westen aufkauft, mag in der Presse als Sensation gelten und eine Schlagzeile wert sein, aber ihre wahre Größe verdankt die japanische Finanzwelt und Brokerbranche dem engmaschigen Vertriebsnetz im Mengengeschäft. Nomura allein hat schon mehr als fünf Millionen Kunden, wovon 96 Prozent Privatkunden sind.

Auf das Haus Nomura entfallen 15 Prozent des gesamten Handelsvolumens an der Tokioter Börse, dem größten Aktienmarkt der Welt. Als man hier zu Beginn der achtziger Jahre feststellte, daß sich das Tagesumsatzziel von 15 Prozent nur mühsam erreichen ließ, schuf man einfach eine neue Brokerfirma. Sie enthielt den Namen Kokusai – das bedeutet international – und entwickelte sich innerhalb weniger Jahre zum fünftgrößten japanischen Unternehmen, das den meisten amerikanischen Brokerhäusern größenmäßig überlegen ist. Bezieht man die zahlreichen Nomura-Tochtergesellschaften im Brokergeschäft – wie Kokusai – oder die vielen angeschlossenen Firmen – wie Sanyo Securities – ein, dann wickelt Nomura mehr als jedes fünfte Aktiengeschäft in Japan ab.

Die Liste der Superlative ließe sich noch endlos fortsetzen: Nomura verwaltet mehr Vermögenswerte als die Daiichi-Kangyo-Bank, die größte Bank der Welt; verbucht mehr Gewinne als jedes andere Finanzunternehmen der Welt; kontrolliert 20 Prozent des japanischen Anleihenmarktes und steht an der Spitze der Eurobond-Konsortialführer. Aber damit nicht genug: Die meisten Menschen, die den Namen Nomura schon einmal gehört haben, denken automatisch an das Brokerhaus. Aber Nomura hat seine Verkaufstaktiken mit großem Erfolg auch auf andere Geschäftsbereiche ausgedehnt: Es gilt heute als fünftgrößte japanische Immobilien- und zweitgrößte Softwarefirma. Das konzerneigene Research-Insititut, das größte Japans, wurde von den Japanern als ›Nakasones Gehirn‹ bezeichnet (der bis 1987 Premierminister war).

Obwohl in diesem Buch Nomura Securities im Mittelpunkt steht, habe ich die drei kleinen Schwestergesellschaften des Unternehmens – Daiwa, Nikko und Yamaichi – nicht unerwähnt gelassen. Gemeinsam bilden sie ›Die großen Vier‹.

Als ich dieses Buch schrieb, hatte ich mir mehr als die Analyse eines modernen Finanzgiganten zum Ziel gesetzt. Ich wollte ergründen, wie sich das Haus Nomura in die Zyklen einfügt, denen Nationen, Unternehmen und Menschen unterworfen sind. Nomura Securities ist zu einem Symbol geworden, hinter dem sich eine tiefere Bedeutung als der kometenhafte Aufstieg einer einzelnen Firma an die Spitze des jeweiligen Marktes verbirgt. Die Geschichte hat gezeigt, daß die mächtigsten Nationen stets jene waren, die über die größte Finanzkraft und ein hohes Maß an Investitionsbereitschaft verfügten. Großbritannien beherrschte einst die Welt mit Eisenbahnen, Kohle und dem Pfund Sterling, bis es im zwanzigsten Jahrhundert von den USA überholt wurde, die uns das Automobil, das Öl und den Dollar bescherten. Nach dem Zweiten Weltkrieg übernahm Japan die Führung auf dem industriellen Sektor und erwies sich in nahezu allen Wirtschaftsbereichen als dominierend, angefangen von der Stahl- über die Elektronik- bis hin zur

Automobilbranche. Nippon Steel verwies US Steel auf den zweiten Platz der Weltrangliste; Fuji Photo verdrängte Eastman Kodak aus seiner Spitzenposition, und Toyota schickte sich an, General Motors unerbittlich Konkurrenz zu machen. Die Japaner begannen, sich die amerikanischen Giganten durch Akquisitionen einzuverleiben, um ihren Marktanteil zu erhöhen – wie im Fall Firestone, ein Unternehmen, das von Bridgestone aufgekauft wurde.

Auch in Japan selbst fand eine Revolution statt. Gegen Ende der siebziger und zu Beginn der achtziger Jahre maß man dem Finanzwesen plötzlich größere Bedeutung zu als dem Herstellungssektor. Das Finanzministerium erhielt von der Regierung mehr Machtbefugnisse als das MITI (Ministerium für Internationalen Handel und Industrie) und entwickelte sich zu ihrem schlagkräftigsten Arm. 1975 tauchte ein weiteres Phänomen auf: Die japanischen Unternehmen begannen, nicht mehr bei ihren Banken vor Ort um Kredite nachzusuchen, sondern sich an den Broker vor Ort zu wenden – in den meisten Fällen Nomura –, um das benötigte Kapital am Aktienmarkt zu beschaffen. Daß es Nomura 1987 gelang, den Spitzenreiter Toyota Motor Company aus dem Feld zu schlagen und sich als gewinnstärkstes japanisches Unternehmen zu profilieren, scheint ebenfalls Japans neugewonnene Finanzmacht zu symbolisieren.

Nomuras überragendes Know-how auf dem Finanzsektor ließ sich nicht länger übersehen, und im Sommer 1988 erschien in der Zeitschrift *Time* ein Unternehmensprofil unter der Überschrift ›Die Macht des Yen‹ mit dem nüchternen Foto des leicht mißtrauisch blickenden Präsidenten von Nomura, Yoshihisa Tabuchi. Es wurde von Greg Davis aufgenommen, einem bekannten Fotografen und Journalisten, dem die seltene Ehre zuteil geworden war, in das innere Heiligtum von Nomura vorzudringen.

Als sich Davis in der friedvollen Abgeschiedenheit der Nomura-Villa in Kyoto aufhielt, fand er die Gerüchte über Tabuchis angeborenes Mißtrauen bestätigt. Als Tabuchi ihm das Anwesen und die Räumlichkeiten hinter dem Noh-Theater und der Residenz von Tokushichi Nomura vor dem Krieg zeigte, wies er auf einige besondere Zimmer hin, die für heimliche Versammlungen reserviert und sogar auf elektronische Abhörgeräte untersucht worden waren. Immer wenn Nomura Sitzungen mit hochkarätigen Geschäftsleuten abhalten wollte, jedoch fürchten mußte, daß die Führungsetage unter Beobachtung stand, ließ Tabuchi seine Besucher nach ihrer Ankunft auf dem Flughafen von Osaka heimlich in die eine Stunde entfernte Villa in Kyoto schaffen. Davis fand diese Geheimniskrämerei amüsant und wies auf die umliegenden Hügel. »Könnte die Konkurrenz Sie nicht von dort aus mit einem Teleskop ausspionieren?« fragte er im Scherz. Tabuchi faßte die Frage jedoch als ernst gemeint auf, runzelte die Stirn und setzte den Rundgang mit sorgenvoller Miene fort.

Noch ein Wort zu den Tabuchis: Yoshihisa Tabuchi, der Präsident von Nomura Securities, wird von den Japanern ›der kleine Tabuchi‹ genannt, um ihn von Setsuya – dem ›großen Tabuchi‹ und ersten Vorstandsvorsitzenden des Unternehmens – zu unterscheiden. Sie sind nicht miteinander verwandt. Setsuya Tabuchi wurde 1923 geboren und 1978 zum Präsidenten von Nomura Securities ernannt. Er stieg 1985 zum Vorstandsvorsitzenden auf, als man Yoshihisa Tabuchi in das Amt des Präsidenten berief. Obwohl beide Männer dem Konzern in einer Periode vorstanden, in der er sich seine absolute Spitzenposition am Markt erkämpfte, habe ich ihnen weniger Aufmerksamkeit gewidmet als zwei anderen Führungspersönlichkeiten mit prägendem Einfluß. Beide Tabuchis gelten als unbeugsame Männer. Der große Tabuchi erklomm die Karriereleiter im Finanzbereich des Unternehmens, während der kleine Tabuchi den Verkaufstrupps näherstand und sich auf diesem Sektor die Achtung seiner Kollegen und die ersten Sporen verdiente. Beide sind jedoch nur historische Randerscheinungen im Vergleich zu Tsunao Okumura und Minoru Segawa, die Nomuras Profil nach dem Krieg formten und somit Japans Finanzgeschichte entscheidend beeinflußten.

Aufgrund der Vorsicht, die im Haus Nomura waltet, wäre es mir unmöglich gewesen, die zweite Hälfte des Buches zu schreiben, wenn ich mich an die Public-Relations-Abteilung des Unternehmens mit der Bitte um Informationen gewandt hätte. Deshalb entschied ich mich für eine andere Vorgehensweise: Ich rief die ältesten noch lebenden Mitarbeiter der Nomura-Gruppe an und bat sie, mir ihre persönliche Lebensgeschichte zu erzählen. Im Verlauf der nächsten drei Jahre wurde mir, mit zwei Ausnahmen, von allen Unterstützung zuteil. Die Japaner pflegen jeden Menschen auf Anhieb einzustufen. Hätte ich die Kontaktaufnahme mit den Worten eröffnet: »Mein Name ist Al Alletzhauser; ich arbeite als Broker für James Capel und schreibe ein Buch über Nomura«, dann wären mir die Türen wahrscheinlich verschlossen geblieben. Der magische Schlüssel war das Etikett ›Schriftsteller‹ und nicht das des ›Brokers‹.

Zunächst sprach ich mit den Mitgliedern der älteren Generation, bevor ich um eine Unterredung mit ihren jüngeren Kollegen bat. Als ich beispielsweise Zugang zu dem freundlichen Shoshi Kawashima gewonnen hatte – Nomura-Jahrgang 1934 und Vorstandsvorsitzender von Kokusai Securities, der mächtigen Nomura-Tochter –, war der Weg für eine Zusammenkunft mit seinen *kohai*, den jüngeren Männern seines Stabs, frei. Zu diesen ›jüngeren‹ gehörten einige der bekanntesten

Finanzmagnaten Japans: Yokio Aida, Jahrgang 1948, damals Vorstandsvorsitzender von Nomura Investment Management, und der liebenswürdige Yoshio ›Terry‹ Teresawa, Jahrgang 1954, das erste japanische Mitglied der New Yorker Börse und somit der Mann, der Japan an die Wall Street brachte. Das Informationsnetz weitete sich aus, und die Kunde eilte mir voraus, so daß sich die Nomura-Männer 1988, am Ende meines Aufenthalts in Japan, leicht aus der Fassung gebracht fühlten, wenn ich sie nicht interviewt hatte.

Auf diese Weise brauchte ich zwei Jahre, um die Erinnerungen der Nomura-Männer zu durchforsten, von denen manche alt, andere jung waren, einige an den Schaltstellen der Macht in Japan saßen und so manche in Vergessenheit geraten waren und ihr zurückgezogenes Leben genossen. Ich wurde immer wieder gefragt: »Wie haben Sie es geschafft, die Japaner zum Sprechen zu bringen?« Dieser Teil meiner Aufgabe war einfach. Sobald ich den Fuß erst einmal in der Tür hatte, stellte ich fest, daß alle mir bereitwillig aus ihrem Leben erzählten. Die Japaner stellen in dieser Hinsicht keine Ausnahme dar, und das Zuhören bereitete mir große Freude. Das Buch ist das Ergebnis von Hunderten von Gesprächen mit Nomura-Männern, Nomura-Frauen und Nomura-Familienmitgliedern, und über jeden einzelnen hätte ich ein ganzes Buch schreiben können. Viele der Männer, mit denen ich mich nächtelang unterhielt, werden in meinen Aufzeichnungen nicht namentlich erwähnt, weil sie um ihren Arbeitsplatz und um ihre freundschaftlichen Beziehungen zu den Kollegen fürchten.

Als ich 1986 mit den Recherchen über das Haus Nomura begann, war ich von dem verschwörerischen Aspekt des japanischen Aktienmarktes fasziniert. Vor allem interessierte mich die Frage, wie es Mitgliedern der Unterwelt gelingen konnte, Nomura und andere Wertpapierfirmen, sowie zahlreiche japanische Wirtschaftskonzerne zur Zahlung von Schweigegeldern zu veranlassen. Außerdem hatte ich die ziemlich romantische Vorstellung, ich könnte in den eleganten Geisha-Restaurants einiges über die Manipulation von Aktien in Erfahrung bringen. Ich erhielt Kontakt zu einigen wenigen spekulativen Gruppen und wurde in einige ihrer Geheimnisse eingeweiht, bevor ich erkannte, daß ich zu weit gegangen war. Ich fand es beunruhigend, daß ich begann, die Lebensgeschichte der Gangster und Spekulanten, über die ich schrieb, nachzuvollziehen. Tagsüber arbeitete ich für die Firma James Capel, in der ich japanische Aktien und Optionsscheine verkaufte. Die Mittagspause verbrachte ich normalerweise im Gespräch mit Nomura-Mitarbeitern oder eingeigelt in der Bibliothek des Auslandskorrespondentenclubs in Tokio, die Abende mit Diskussionen oder an meinem Buch schreibend.

Die meisten Leser, ich selbst eingeschlossen, können Fußnoten wenig abgewinnen; sie wirken immer störend. Deshalb sind die Quellen am Ende des Buches verzeichnet. In der Regel habe ich keine Informationen weitergegeben, für die sich nicht mindestens zwei Quellen fanden, sei es in schriftlicher oder mündlicher Form. Ich mußte vorsichtig sein, denn es gibt Hunderte von forschen Journalisten, verstimmten Investoren und grimmigen Konkurrenten, die stets darauf bedacht sind, Nomura Securities zu verunglimpfen und das Haus aller möglichen Unrechtmäßigkeiten zu bezichtigen, angefangen vom Handel mit Insider-Informationen bis hin zum Mord.

Der erste Vorwurf entspricht, wie bei den meisten japanischen Wertpapierfirmen, der Wahrheit; der zweite ist ganz offenkundig aus der Luft gegriffen.

Es gab jedoch auch das eine oder andere Informationsbruchstück, für das ich einfach keinen handfesten Beweis herbeischaffen konnte. Ein langjähriger Nomura-Manager eröffnete mir, Nomura Securities habe geplant, Merrill Lynch während der anhaltenden Marktkrise, die 1965 zum Zusammenbruch von Yamaichi Securities führte, 25 Prozent des eigenen Aktienbestandes anzubieten. Ehemalige Merrill-Lynch-Mitarbeiter, die sich mittlerweile im Ruhestand befinden – wie beispielsweise Donald Regan –, können sich an eine derartige Offerte nicht erinnern. Es handelt sich dabei um einen Anteil, der zu einem späteren Zeitpunkt mehr als 13 Milliarden Dollar wert gewesen wäre. Mir hätte es sehr gefallen, einen solchen ›Knüller‹ in meinem Buch zu präsentieren.

TEIL I

Aufschwung und Wohlstand

Kapitel 1:

Der Tag, an dem Nomura die Welt rettete

Ein Tag wie jeder andere. Tetsuo Okumura wacht wie gewöhnlich um 5.30 Uhr auf, als er spürt, daß seine Frau behutsam aus dem Bett klettert, um das Frühstück zu bereiten. Das bedeutet, daß er noch fünfzehn Minuten schlafen kann. Obwohl sich an dieser frühmorgendlichen Routine in den letzten fünfundzwanzig Jahren kaum etwas geändert hat, sind diese wenigen Minuten des Alleinseins noch immer kostbar für ihn. Er schlummert wieder ein, bis er dann um Punkt 5.45 Uhr instinktiv und mit einem Ruck erwacht.

Dieser Morgen verläuft jedoch anders. Kaum beginnt Okumura einzudösen, klingelt das Telefon neben seinem Bett. Er greift zum Hörer, noch bevor es ein zweites Mal läutet. Er weiß bereits, wer der Anrufer ist. »*Moshi, moshi.*« Die New Yorker Niederlassung ist am Apparat. Sein Adrenalinspiegel beginnt zu steigen. Der Händler am anderen Ende der Leitung gibt ihm einen kurzen Überblick über die Ereignisse der letzten Nacht. Er berichtet, daß Wall Street über Nacht zusammengebrochen sei. Okumura spürt ein brennendes Stechen in der Brust. »Saaah!« Zischend zieht er die Luft durch die Zähne ein. »Nein«, stöhnt er ungläubig.

Ohne Abschiedsgruß läßt er den Hörer auf die Gabel fallen. Sein Herz hämmert, als seine Füße den kalten Boden berühren; dann findet er seine Pantoffeln. Er ruft seiner Frau zu, daß er in Eile sei, bringt hastig das allmorgendliche Ritual des Duschens und Rasierens hinter sich und schaltet das Fernsehgerät ein.

Wie Tausende anderer japanischer Angestellter im Wertpapiergeschäft wartet Okumura an diesem Morgen mit Spannung auf die Sechs-Uhr-Nachrichten des staatlichen NHK-Senders und die Zusammenfassung der Neuigkeiten aus der Finanzwelt. Er braucht eine Bestätigung des soeben Gehörten und will wissen, wie Wall Street am Montag abend, einige Stunden vor japanischer Ortszeit, geschlossen hat. Seine Frau bringt ihm Toast und Kaffee. Okumura macht keine Anstalten, ihr zu erklären, was geschehen ist, starrt nur auf den Bildschirm. Sie ahnt nur vage, womit er seinen Lebensunterhalt verdient, und hat es seit langem aufgegeben, Fragen zu stellen. Er weiß hingegen sehr wohl, was für eine Bombe der Nachrichtensprecher gleich hochgehen lassen wird: Der Dow Jones Industrial Average (Index führender amerikanischer Industriewerte), ein Sinnbild des amerikanischen Unternehmertums, ist zusammengebrochen, um viele Punkte gefallen. Um *dreiundzwanzig Prozent*! Er kann es kaum glauben, daß die Bastion des amerikanischen Kapitalismus gerade etwa ›geviertelt‹ worden ist. Er beendet sein Frühstück, putzt sich flüchtig die Zähne und stürmt zur Tür hinaus. Irgendwann an diesem Morgen, als Okumura mit seiner Morgentoilette beschäftigt war, wurde Amerika durch den ›Ausguß‹ gespült.

Die Angestellten, die mit dem Zug zur Arbeit fahren, schütteln nur ungläubig den Kopf und murmeln vor sich hin. Jeder hat das Gefühl, die Welt sei irgendwie verändert, aber keiner kann sagen, auf welche Weise. Die Katastrophe schafft eine Atmosphäre ungewöhnlicher Kameradschaftlichkeit, schmiedet alle zusammen. Als Angehörige einer Inselnation haben die Japaner ihre Antennen in wesentlich stärkerem Maß auf weltweite Entwicklungen gerichtet als ihre Kollegen in Amerika. Der Börsencrash ist nun auch Teil ihres Lebens geworden. Okumura widersteht dem Drang, sich vorzubeugen und mit seinem Nachbarn ein Gespräch zu beginnen. Er muß an seine Position denken: Ein Mitarbeiter von Nomura Securities hat es nicht nötig, sein inneres Gleichgewicht mit einem zwanglosen Geplauder über den Aktienmarkt wiederzugewinnen. Nomura *ist* der Markt.

Oberflächlich gesehen scheint alles wie sonst, abgesehen vom Ausdruck schierer Ungläubigkeit auf den Gesichtern seiner Mitreisenden. Okumura läßt sich von den übrigen Angestellten in ihren marineblauen Anzügen kaum unterscheiden. Er ist von mittelgroßer, untersetzter Statur, mit einem leichten Hang zur Stämmigkeit; hätte er eine weniger exponierte Stellung inne, könnte man ihn als ›fett‹ bezeichnen. In seinem schwarzen Haar zeigen sich einzelne graue Strähnen. Das einzig Auffallende an seinem äußeren Erscheinungsbild ist die winzige Nomura-Securities-Nadel am linken Revers, die ihm eine Sonderstellung unter den Pendlern einräumt, von denen ein jeder ein anderes Abzeichen trägt.

Als der Zug in den Bahnhof von Tokio einfährt, ist Okumura über eines froh: Bei den Wall-Street-Aktien hatte sich zumindest schon eine Woche vor dem Crash ein starker Abwärtstrend bemerkbar gemacht. Er und seine Kollegen aus dem Global Trading Team – dem weltweit operierenden Händlernetz –, das Nomuras Geld aufs Spiel setzt und umfangreiche Aktienblocks im Auftrag der Kunden kauft und verkauft, waren auf den Märkten äußerst zurückhaltend gewesen. Schon seit dem letzten Donnerstag hatten sie keine Aktien mehr für Rechnung des Hauses gekauft.

Okumura macht sich keine Sorgen, daß er entlassen werden könnte. Er gehört schon zu lange zum Unternehmen. Und außerdem weiß er, daß Nomura seine Effektenhändler selten von einem Tag zum anderen auf die Straße setzt, wie es bei amerikanischen Brokerfirmen gang und gäbe ist. Inkompetente Mitarbeiter werden einfach in weniger risikobehaftete Abteilungen versetzt, zum Beispiel in den Computer-Bereich. Okumura hat sich in der Unternehmenshierarchie nicht so weit nach oben durchgekämpft, um tatenlos zuzusehen, wie sein Name von der ›Goldjungen‹-Liste gestrichen wird. Dank seiner Dynamik, seines Kampfgeistes und seiner Zähigkeit gehört er inzwischen der kleinen Truppe von nur zehn Nomura-Mitarbeitern an, die den Status eines *bucho* – die beeindruckende Stellung eines General Managers – innehaben.

Es trennt ihn nur mehr ein Schritt von seiner Ernennung zum Mitglied des Konzernvorstandes. Das ist seiner Meinung nach eine angemessene Belohnung für den Mann, der 1985 das Nomura Global Trading Team schuf und es nach dem Muster so namhafter amerikanischer Investmenthäuser wie Merrill Lynch und Morgan Stanley aufbaute. Okumuras Team unterstützt die Effektenverkäufer in ihrem Bemühen, sich im Wettbewerb um ausländische Großkunden zu behaupten. Seine Mitarbeiter, die eine spezielle Ausbildung hinter sich haben, stehen in London, New York und Hongkong bereit, Nomuras Geld für den Handel in großen Aktienblocks einzusetzen, sobald sich eine Kursgewinn-Chance abzeichnet.

Okumura arbeitet eng mit Yoichiro Noda zusammen, dem Leiter der Abteilung Inlandshandel. (Die Japaner haben den in diesem Geschäftsbereich tätigen Managern immer große Ehrfurcht entgegengebracht; jeder weiß, daß sie Zugang zu Insider-Informationen besitzen, die nur einem kleinen Kreis Eingeweihter zur Verfügung stehen, und infolgedessen zu den reichsten und mächtigsten Männern des Hauses gehören, einmal abgesehen vom Präsidenten des Unternehmens.) Noda und Okumura verkörpern den japanischen Aktienmarkt schlechthin. Sie können mit ihren Transaktionen den größten Teil des täglichen Handelsvolumens japanischer Aktien auf sich vereinigen. Ihr Instinkt, der ihnen im Bruchteil von Sekunden sagt, wann es angeraten ist, ein Aktienpaket zu kaufen oder abzustoßen, kann dem Haus Nomura Gewinne oder Verluste in Höhe von Milliarden von Yen bescheren.

Okumura springt aus dem Zug. Er geht an den Cafés vorbei, die gerade öffnen, steigt dann in die U-Bahn und fährt mit der Ginza-Linie nach Nihonbashi, Tokios Finanzzentrum. Mit großen, weit ausholenden Schritten nähert er sich der Nomura-Zentrale, einem braunen, vom Alter gezeichneten siebenstöckigen Hochhaus nahe des brackigen Kanda-Flusses. Mit dem Aufzug erreicht er die dritte Etage, in der sich Nomuras riesige ›Handelsarena‹ befindet, um sich auf die Tagesschlacht vorzubereiten.

Im Zug war Okumura nur einer von vielen Angestellten – hier ist er jedoch König. Auf Nomura und seine Broker-Zweigfirmen entfallen sage und schreibe zwanzig Prozent aller Aktien- und Anleihetransaktionen in Japan. Ihre Aktivitäten haben folglich enormen Einfluß auf den gesamten Finanzmarkt des Landes.*

Es ist jetzt 7.17 Uhr. Die Telefone klingeln bereits, während die Händler an ihre Plätze hasten, um sich in die Schlacht zu stürzen. Aber trotz aller Geschäftigkeit nehmen sich die Händler und Sekretärinnen die Zeit, Okumura mit einer ehrerbietigen Verbeugung zu grüßen. Er ist schließlich der zweitmächtigste Mann auf dem Nomura-Börsenparkett. Die Sekretärinnen haben alle Hände voll zu tun, die zu Bergen angehäuften Telexstreifen mit Verkaufsorders aus dem Ausland zusammenzuheften, um sie auf die Schreibtische der Händler zu verteilen.

Okumura wappnet sich, um den Anrufen der institutionellen Anleger begegnen zu können, die noch vor Börseneröffnung ihrer Besorgnis Ausdruck verleihen. Um acht Uhr unterbricht er seine Tätigkeit und hört sich die hausinterne Übertragung der neuesten Nachrichten aus der Finanzwelt an. Als die Lautstärke im Maklersaal von Nomura mit Näherrücken des Klingelzeichens, das um 9 Uhr die Eröffnung der Börse verkündet, zu einem ohrenbetäubenden Crescendo anschwillt, gesellt er sich zu seinem kleinen Händlerteam.

Obwohl er wie jeder Nomura-Mitarbeiter ein Selfmademan ist, umgibt Tetsuo Okumura ein Geheimnis, das er seit vielen Jahren vor allen, mit Ausnahme des Topmanagements, zu verbergen wußte. Sein Onkel ist Tsunao Okumura, der Nomura nach dem Zweiten Weltkrieg zu neuem Leben erweckte, als die verschuldete Firma den Nullpunkt erreicht hatte, und sie zu einem der größten, marktbeherrschenden Wertpapierhäuser der Welt machte. Als Neffe des Mannes, der von 1948 bis 1959 die Stellung des Unternehmenspräsidenten bekleidete, der enge Beziehungen zu verschiedenen japanischen Premierministern und den Oberhäuptern der in Familienbesitz befindlichen Industriekonglome-

* Im September 1989 fiel Nomuras Anteil am Umsatz der Börse von Tokio (und damit dem mit Abstand wichtigsten japanischen Handelsplatz) zum ersten Mal innerhalb der letzten 20 Jahre unter 10% [exakt 9,6%]. Anm. der Red.; zit. aus: The Economist, 14. 10. 1989, S. 94.

rate unterhielt, genießt Tetsuo Okumura auch bei den Nomura-Vorstandsmitgliedern Achtung. Nur wenige seiner Mitarbeiter und Kollegen sind über seine Abstammung informiert. Das hat seinen Grund. Bei Nomura lehnt man jede Form von Günstlings- und Vetternwirtschaft ab. Okumuras Zurückhaltung bietet ihm Schutz vor der Unterstellung, er habe seinen Aufstieg in der Machthierarchie des Unternehmens familiären Verbindungen zu verdanken.

Tetsuo Okumura wurde 1936 in einem entlegenen Fischerdorf namens Otaru auf Hokkaido geboren, der am weitesten nördlich vorgelagerten Insel Japans. Otaru liegt gegenüber Wladiwostok, von der sowjetischen Hafenstadt durch das Japanische Meer getrennt. Die eiskalten sibirischen Winde suchten das Dorf regelmäßig heim, bevor sie auf ihrem Weg nach Osten, in Richtung Sapporo, weiterzogen. Die meisten Nachbarn der Okumuras waren arme Fischer; seine Familie gehörte jedoch zu den relativ wohlhabenden *shoyu*-Kaufleuten und bestritt ihren Lebensunterhalt mit dem Verkauf von Soya-Sauce an die umliegenden Bezirke.

Die Kindheit und Jugendzeit in diesem kalten Fischerhafen härtete ihn ab. Als er laufen konnte, stellten ihn seine Eltern auf Skier. Mit sieben hatte er bereits sämtliche zerklüfteten Gebirgsmassive in der Umgebung von Hokkaido bezwungen und sich einen Namen als Abfahrtsexperte im alpinen Skilauf gemacht.

Bald entdeckte er die Grenzen der Entwicklungsmöglichkeiten in einem verschlafenen Provinznest am Meer. Er lernte wie ein Besessener während der High-School-Zeit, weil er hoffte, damit den Sprung auf ein College zu schaffen und sich einen gutbezahlten Arbeitsplatz in Tokio zu sichern. Schließlich wurde er zum St. Paul's College in Tokio zugelassen. Damit hatte er bereits die größte Hürde genommen, die in Japan darin besteht, einen Platz im College zu erhalten. Nach der Immatrikulation läßt der Leistungsdruck auf die Studenten in der Regel nach. Okumura verbrachte die nächsten drei Jahre damit, ausgiebig Sport zu treiben, mit seinen Freunden Zechgelage abzuhalten und den Frauen nachzusteigen. Schließlich war er sicher, daß sein Onkel nach Beendigung des Colleges schon eine Anstellung für ihn finden werde. Gute Arbeitsplätze waren nach Kriegsende in Japan rar, und er ahnte, daß ihm in den kommenden Jahren einiges an Mühen abverlangt werden würde. Rückblickend stellte er fest, daß ihn seine Vorahnung nicht getrogen hatte: die unbeschwerten Jahre als Student waren seine glücklichsten gewesen.

Niemand zweifelte daran, daß Okumura nach Beendigung seiner Ausbildung ein Posten bei Nomura Securities sicher sein würde. Im April 1958 trat er in die Tokioter Zentrale ein, als Verkäufer in der Inlandsabteilung. Sein Onkel nahm ihn unter die Fittiche und lud ihn ein, in den nächsten zwei Jahren in seinem Haus in Hiroo in der Nähe von Tokio zu leben. Der Strom prominenter Besucher schien dort nicht abzureißen: Der Präsident von Nomura war mit zahllosen einflußreichen Politikern und Wirtschaftsmagnaten befreundet, beispielsweise Hayato Ikeda, dem damaligen Finanzminister, der 1960 in das Amt des Premierministers gewählt werden sollte.

Dem jungen Okumura wurde indes keine Sonderbehandlung zuteil. In den folgenden sechs Jahren blieb ihm kaum Zeit, an etwas anderes als an seine Arbeit zu denken. Er erhielt in dem überfüllten lauten Raum, der den Händlern vorbehalten war, einen eigenen Schreibtisch und ein Telefon. Was ihm fehlte, waren die Kunden. Und so wies man ihn an, in Tokio ›Klinken zu putzen‹. Okumura war ganz auf sich selbst gestellt. Er konnte weder auf Hilfe anderer zählen, noch hatte er ein formales Training erhalten. Er verließ jeden Morgen das Haus seines Onkels, des Präsidenten von Nomura, und ging zu Fuß in die Zentrale – ein Verkäufer unter vielen, der nicht den geringsten Status besaß, der zu den Niedrigsten der Niedrigen gehörte.

Man hatte ihm zwei Aufgabenbereiche übertragen: Aktien zu verkaufen und Kunden zu finden, die bereit waren, ihr Erspartes in Investmentfonds-Anteilen anzulegen, riesigen Geldpools, die Nomura im Kundenauftrag im Aktienmarkt investierte. Okumura klopfte an jede Haustür, um einen Abschluß zustande zu bringen. Oft verhöhnten ihn die Passanten. Wenn es ihm gelungen war, sich Einlaß zu verschaffen, wurde er oft genauso hastig wieder auf die Straße hinauskomplimentiert, manchmal sogar beschimpft. Aktienmakler hatten nach Ansicht der meisten Menschen kaum einen besseren Ruf als Gauner; sie galten als unfähig, eine ehrbare Anstellung als Bankangestellte zu finden.

Diese sechs ›Lehrjahre‹ gehörten zu den härtesten in Okumuras Leben, und er haßte sie. Nach zwei Jahren beschloß er, das Haus seines Onkels zu verlassen und in das Nomura-Wohnheim zu übersiedeln. Er glaubte, auf diese Weise könne er den Kontakt zu den Kollegen vertiefen und von ihnen einige Tips erhalten, um seine so undankbar erscheinende Aufgabe besser zu bewältigen. An den meisten Abenden kehrte er jedoch völlig erschöpft von der Arbeit zurück und war kaum noch in der Lage, sich zu unterhalten, bevor er einschlief. Später erklärte Okumura, daß er sich nur noch vage an jene Jahre als Verkäufer erinnern könne. Sie erscheinen ihm konturlos, nebulös. Er weiß jedoch noch sehr gut, daß er ein Paar Schuhe nach dem anderen ablief, als er die Straßen Tokios nach Kunden durchkämmte.

Als Okumura 1964 achtundzwanzig wurde, begann sich seine Situation zu verbessern. In diesem Jahr fanden in Tokio die Olympischen

Spiele statt, mit denen Japan seine Abschottung beendete und Anschluß an die restliche Welt suchte. Okumura wurde nach Osaka versetzt; dort ›durchlief‹ er achtzehn Monate lang – dieses Mal müheloser – sämtliche Abteilungen. Dann arbeitete er für vier Jahre im Bereich Unternehmensfinanzierung und anschließend viereinhalb Jahre im Investment-Sektor von Nomura. 1973 wurde er in die Aktienhandelsabteilung versetzt, in der er die nächsten fünfzehn Jahre verbringen sollte. Da er seit 1958 als Verkäufer und Händler gearbeitet hatte, glaubte er 1987, rund dreißig Jahre später, alle Höhen und Tiefen des japanischen Aktienmarktes wie seine Westentasche zu kennen – das heißt, bis der 20. Oktober 1987 heraufdämmerte, der Tag des großen Börsencrashs.

Okumura fragt sich, was schiefgelaufen sein mag. War die allwöchentliche Marktprognose des mächtigen Hauses Nomura nicht noch am letzten Freitag nahezu euphorisch gewesen? Nomura hatte Stahl-, Zellstoff-, Halbleiter- und Textilwerte empfohlen und mit Nachdruck behauptet, ein Kursverfall in Wall Street werde keine nachteiligen Auswirkungen auf Japan haben. Das Nomura Research Institute*, die größte in Privathand befindliche ›Denkfabrik‹ der Welt, sollte in einem Punkt recht behalten: Es hatte die Kunden vor erdrutschartigen Einbrüchen in Wall Street gewarnt, darauf hingewiesen, daß der Dow Jones Index seit Juli 1984 um mehr als zehn Prozentpunkte gefallen war, und den Anlegern nahegelegt, ihre Aktivitäten auf japanische und europäische Aktienmärkte zu verlagern. Und richtig genug – erinnert sich Okumura –, am vergangenen Mittwoch, dem 14. Oktober, wies der Tokioter Aktienmarkt einen neuen Höchststand auf. Der Dow Jones Index notierte im Gegensatz dazu lustlos und war unfähig, das hohe Niveau vom 25. August zu erreichen.

Eine Woche zuvor war die Welt noch in Ordnung. Japan hielt am Markt noch immer sämtliche Rekorde: Schließlich hatten die Aktien ja seit Kriegsende einen stetigen Anstieg zu verzeichnen. 1987 war das Jahr des Kaninchens, Sinnbild der Lebenskraft, und die japanischen Anleihe-, Aktien- und Devisenmärkte bewiesen ihre Dynamik dadurch, daß sie ständig neue Gipfel stürmten. Es schien, als wolle Japan seine Vorrangstellung im Finanzwesen weithin verkünden, denn endlich war es Tokio gelungen, einen Gesamtmarktwert zu erzielen, der das Börsenumsatzvolumen der New York Stock Exchange (NYSE)* weit in den Schatten stellte.

Am 14. Oktober hatte der Nikkei-Index 225 ausgewählter Aktien

---

* Marktforschung und Informationsdienste hauseigener Teams

** Die New York Stock Exchange an der Wall Street ist die wichtigste amerikanische Börse. Ebenfalls in New York beheimatet, aber weitaus weniger wichtig ist die American Stock Exchange (AMEX). [Red.]

eine neue Rekordmarke erreicht. Aber wer die Tokioter Märkte genau beobachtete, merkte, daß dieser Boom ungesund war. Der auf breiterer Basis konzipierte, 1100 Aktien umfassende Index der Tokioter Börse spiegelt die tatsächlichen Marktbedingungen exakter wider. Er hatte vier Monate zuvor, am 11. Juni, seinen Höchststand erreicht. Es war ein verräterisches Zeichen, daß er sich jetzt drei Prozent unter diesem Niveau bewegte. Die meisten Finanztitel – einschließlich der von Nomura Securities emittierten, die am Aktienmarkt als richtungweisend galten – notierten unter ihrem Höchstkurs. Der Kurs der Nomura-Aktien hatte im Frühjahr mit 5990 seinen Höchststand erreicht und sank seither unaufhaltsam. Bei allen Kennern der Szene schrillten die Alarmglocken, aber nur wenige waren bereit, sie zu hören.

In Kabutocho, Tokios Wall Street, waren die unverbesserlichen Optimisten in der Überzahl. Eine warnende Stimme, die im Getöse der Hausse unterging, gehörte Kozen Yoshida, einem asketisch wirkenden, siebzigjährigen Chart-Experten*, der bei den japanischen Investoren und innerhalb des Hauses Nomura großes Ansehen genoß. Er hatte allen Anlegern dringend geraten, ihre Aktienbestände abzustoßen, aber selbst diejenigen Auftraggeber, die ihn schon seit langer Zeit für seine fachmännischen Prognosen bezahlten, schrieben seine Warnungen in den Wind.

Zu diesem Zeitpunkt erschien es den Brokern unvernünftig, Aktienpositionen glattzustellen. Dazu kam, daß der Verkauf von Aktien bei japanischen Händlern ohnehin nicht als kluge geschäftliche Entscheidung gilt. Sie äußern selten Verkaufsempfehlungen, weil sie fürchten, dadurch einen Unternehmenskunden zu verlieren. Allein das Wort ›Verkauf‹ gilt bei Japanern schon als Blasphemie und könnte dem Ruf eines Unternehmens schaden. Die meisten Broker würden schlimmstenfalls raten, ›Wall-Street-Aktien zu verkaufen und japanische Werte zu kaufen‹ – eine Strategie, die das Nomura Research Institute den Anlegern bereits nahegelegt hatte. Japanische Brokerhäuser hatten in der Vergangenheit stets gute Geschäftsergebnisse erzielt, wenn sie sich auf Kaufaktivitäten konzentrierten. Diese Politik spiegelte sich am deutlichsten bei Nomura wider: Im Herbst 1987 hatte es nicht nur Japans gewinnstärkstes Unternehmen Toyota (mit Erträgen von mehr als 2 Milliarden Dollar) auf den zweiten Rang verwiesen, sondern auch amerikanische Giganten wie Citibank, Merrill Lynch und American Express überholt und sich als ertragsfähigstes Finanzinstitut der Welt positioniert.

Vielleicht war man allzu optimistisch gewesen. Manche sahen in der zunehmenden Prunksucht japanischer Frauen, die ohnehin schon als

---

* Technische Aktienanalyse mit dem Ziel, die gegenwärtigen Trends von Aktien frühzeitig zu erkennen. In den sog. *Charts* werden die Kurse graphisch dargestellt.

bestgekleidete der Welt galten, ein unheilvolles Omen, daß Japan härtere Zeiten bevorstanden. Manche gaben ohne mit der Wimper zu zucken bis zu tausend Dollar für ein Designer-Modell aus den Kollektionen namhafter Modeschöpfer – wie Issey Miyake, Christian Dior, Gucci und Chanel – aus. Im Automobilbereich fanden Sportwagen reißenden Absatz. BMW führte die Liste der ausländischen Umsatzspitzenreiter an, und bald war der Slogan ›BMW pur‹ in aller Munde, der all jene Männer kennzeichnete, deren einzige Leidenschaft – und oftmals Habe – ihr Auto darstellte.

Die Yuppie-Welle schwappte auf Japan über. Hier bezeichnete man sie als *shinjinrui,* die ›neue Generation‹. Am Abend strömten die jungen Männer nach Roppongi, das nach westlichem Stil erbaute Vergnügungsviertel Tokios mit seiner ›sündigen Meile‹, den glitzernden Diskotheken und Bars. Sie mieden das gelassenere, traditionsreichere Nachtleben, das die Ginza und Akasada zu bieten hatten. Getarnt hinter einer Sonnenbrille steuerten die coolsten *shinjinrui* ihre BMWs durch das Zentrum Roppongis, und wenn sie an der Ampel der Hauptverkehrsstraße eine Zwangspause einlegen mußten, ertönten aus ihren Radios Madonna oder Michael Jackson. Die ›nouveaux riches‹ gaben sich in solchen französischen Restaurants ein Stelldichein, die für ein Menü pro Person mindestens 150 Dollar verlangten. Ihre Gespräche drehten sich um die Kunstwerke und Immobilien, die sie zuletzt erworben hatten, und wie es sich für Anwärter auf einen Platz in der Welt von Glanz und Glamour gebührt, stellten sie ihre Statussymbole mit Wonne zur Schau.

Ein Viertel aller Kunstwerke, die in amerikanischen und europäischen Auktionshäusern zur Versteigerung gelangten, wurden von Japanern erworben, während die japanischen Frauen allein 1987 zwanzig Milliarden Dollar für Brillantschmuck ausgaben. Champagner- und Seifenblasenbars galten als ›in‹. Die schillernden Blasen herzustellen wurde zur Kunstform erhoben, da die massiv goldenen Rührstäbchen zum Schaumschlagen dem Leben der Elite einen zusätzlichen Hauch von Luxus verliehen. Andere Lokale waren nüchterner eingerichtet: Hier standen Monitoren, auf denen man die aktuellen Kursnotierungen verfolgen konnte. Die Japaner hatten Grund, ihren neuerworbenen Reichtum zu genießen. Die volkswirtschaftliche Gesamtleistung lag nun mit 19 500 Dollar pro Kopf höher als die Amerikas, die nur zwei Jahrzehnte zuvor noch das Vierfache der japanischen betragen hatte.

Es gab noch andere Anzeichen für das bevorstehende Ende des Booms. Viele der älteren, wohlhabenden Broker hatten einen Teil ihres Geldes in Golfclub-Anteile investiert. Sie wurden auf Zweitmärkten via Telefon gehandelt und die Notierungen zweimal wöchentlich in der *Nikkei Sangyo*-Zeitung veröffentlicht. Die Kurse waren bereits im Februar 1987 gefallen, allerdings noch nicht in dem Ausmaß, um eine Panik auszulösen. Zur gleichen Zeit mehrten sich die Warnsignale, daß die Immobilienpreise in Tokio nach einem astronomischen Anstieg zu explodieren drohten. Die Aktien der größten, börsennotierten Maklerfirmen hatten bereits im Frühjahr ihren Höchststand erreicht.

Angesichts der allgemein vorherrschenden Euphorie war es schwer, Merkmale auszumachen, die auf eine ungewisse Zukunft hindeuteten. Das Interesse am Finanzmarkt war nie größer gewesen. Der *Nikkei Shimbun,* Japans Finanzblatt, erreichte mit vier Millionen Exemplaren nahezu die doppelte Auflagenhöhe wie das *Wall Street Journal.*

Es hatte eine massive Verlagerung der Geldmittel von den Sparkonten auf Investmentfonds stattgefunden, ein Anlagevehikel, das in den Geschäftsbereich der Makler fiel. Das japanische Postministerium machte die Entdeckung, daß die schwindelerregende Summe von 700 Milliarden US-Dollar von zwanghaften Sparern auf Postsparkonten gehortet worden war, die steuerliche Vorteile boten. Jede Familie durfte nur ein Konto in begrenzter Höhe unterhalten, und als das Postministerium feststellte, daß es in Japan mehr Konten als Menschen gab – manche waren auf den Namen von Hunden und Katzen errichtet worden –, beschloß die Regierung, schärfere Überwachungsmaßnahmen einzuführen. Das Geld floß aus den Postscheckkonten ab, die pro Familie steuerfreie Einlagen in Höhe von 25000 Dollar gestatteten und nur klägliche 4 Prozent Zinsen abwarfen. Da sich der Staat nun anschickte, diese Guthaben zu besteuern, floß das Geld der Anleger in den Aktienmarkt.

Der Aktienmarkt wurde noch aus einer anderen Finanzquelle gespeist: dem sogenannten ›schwarz verdienten Geld‹, den Gewinnen aus spekulativen Aktien- und Immobiliengeschäften. Die Spekulanten, die enge Beziehungen zur japanischen Unterwelt unterhielten, konnten an manchen Tagen 10 Prozent des japanischen Handelsvolumens für sich verbuchen. Der Aktienmarkt bot eine ideale Möglichkeit, diese Gelder unterzubringen.

Am Freitag, dem 16. Oktober – drei Tage vor dem Börsencrash –, zwang ein Wirbelsturm in Großbritannien den Londoner Markt, seine Geschäftstätigkeit vorübergehend einzustellen – was sich als die kostspieligste Naturkatastrophe in der Geschichte der City erweisen sollte. Die britischen Finanzexperten wägten die Folgen ihres Fernbleibens vom Büro ab und beschlossen dann, die gute Gelegenheit zu nutzen und den Freitag zu Hause mit ihren Familien zu verbringen.

Dem aufmerksamen Leser, der Freitag oder Samstag die britischen Zeitungen durchblätterte, wäre vielleicht eine kleine Notiz aufgefallen, die allerdings unter der Lawine von Berichten über den Sturm verschwand. Die Tate Gallery teilte ihrer weltweiten Leserschaft mit, daß Nomura Securities 2,5 Millionen US-Dollar für den Bau einer neuen Kunstgalerie gestiftet habe. Nomura war der Sprung in die Londoner Gesellschaft gelungen. Den ›Eintrittspreis‹ konnte man sich nach Meinung der Nomura-Manager bei einem Gewinn von 2 Milliarden Dollar spielend leisten; er war den Prestigegewinn wert. Premierministerin Margaret Thatcher versagte sich jede gegen Japan gerichtete Anspielung, als sie die Spende mit den Worten würdigte: »Ich bin höchst erfreut darüber, daß Nomura Securities Geld für den Bau einer neuen Galerie zur Verfügung stellt, und hoffe, andere Unternehmen werden dem Beispiel folgen.«

Innerhalb einer Woche sollten diese Firmen, auf die sie abzielte, mit ganz anderen Problemen konfrontiert werden, die nicht im entferntesten mit Kunstgalerien zu tun hatten. Für viele begann ein Kampf um das nackte Überleben.

In New York machten sich an diesem Freitag erste Anzeichen dafür bemerkbar, daß sich die bereits brodelnden Probleme ihrem Siedepunkt näherten. Die Japaner schliefen, als der angeschlagene Wall-Street-Riese in die letzte Börsenstunde dieses Tages taumelte und 108 Punkte niedriger als am Vortag schloß. Das war der größte Kursverfall, der je in den Annalen der Geschichte verzeichnet wurde – aber das Schlimmste sollte noch kommen.

Die Japaner hatten sich zu diesem Zeitpunkt nicht sonderlich um den Aktienmarkt gekümmert, denn Montag abend stand die Wahl eines neuen Premierministers ins Haus. Der japanische Aktienmarkt befand sich den ganzen Montag unter Druck und war bei Börsenschluß um nahezu 2,5 Prozent gefallen. Das einzige Signal, daß Wall Street ein Schock bevorstand, stammte von anderen asiatischen Märkten: An diesem Montag hatte Hongkong einen Kursrückgang von sage und schreibe 11 Prozent und Singapur und Australien von 12 Prozent zu verzeichnen. Nur wenige ahnten, daß sie einen Tag später – am Dienstag, den 20. Oktober – die Titelseiten der weltweit erscheinenden Zeitungen gründlich unter die Lupe nehmen mußten, um die Meldung zu finden, daß Noburu Takeshita zum neuen Premier Japans gewählt worden war.

Der Zeiger auf der globalen Markt-Uhr rückte unerbittlich weiter und näherte sich der unheilvollen Stunde. Als Japans Börsen am Montag schlossen, kehrten die vom Wetter gebeutelten Londoner Finanzexperten zum ersten Mal seit Donnerstag an ihre Arbeitsplätze zurück. Auf den Monitoren mit den aktuellen Finanzinformationen erwartete sie eine wahre Horror-Show: Sämtliche Positionen, die man nicht unmittelbar vor der Zwangspause glattgestellt hatte, waren dem ›Wirbelsturm‹ zum Opfer gefallen. Der Kurssturz hielt an; am Ende dieses Tages waren die Aktien um 10 Prozent gefallen.

Mittlerweile hatten sich die Wall-Street-Händler hektisch und in Panikstimmung an die Arbeit gemacht, als die weltweite Baisse wie ein Querschläger von Europa über den Atlantik zurückprallte. Am Freitag hatten die Kurse in New York starke Risse gezeigt, am Montag brachen sie endgültig ein. Bevor die Glocke um 9.30 Uhr den Börsenbeginn einläutete, warteten die Investoren mit Aktien im Wert von einer halben Milliarde Dollar darauf, ihre Bestände im computergestützten Handelssystem der New Yorker Börse wie Müll abzuladen. Die Händler auf dem Börsenparkett wurden der Flut der Verkaufsaufträge nicht mehr Herr. Die künstlich hochgeschraubten Aktiennotierungen verschleierten aufgrund dieser Verzögerungen und der allgemein herrschenden Verwirrung zunächst das wahre Ausmaß des Crashs. Die Index-Arbitrageure vergrößerten das Chaos noch durch ihre Glattstellungen; sie schienen sich der Tatsache nicht bewußt zu sein, daß die Aktienpreise dadurch noch rasanter fallen mußten. Dann löste ein institutioneller Anleger mit der Verkaufsorder von dreizehn Programmen, von denen jedes Aktien im Wert von hundert Millionen Dollar enthielt, eine wahre Flutwelle aus, wodurch der Index weiter fiel.

Als die Schlußglocke an der New Yorker Börse ertönte, hatte Japan auf dem Finanzmarkt die absolute Vorherrschaft errungen. Der Dow Jones Index war um 508 Punkte gefallen. In diesem Augenblick spukte weltweit in den Köpfen der Bank- und Börsenexperten jedoch etwas ganz anderes herum als Japan. Ein jeder sann auf Mittel und Wege, sein Überleben zu sichern.

Dienstag morgen. Okumura sammelt seine Gedanken. Er bereitet sich auf die Lagebesprechung mit seinen Händlern vor, die jeden Tag vor Börsenbeginn anberaumt ist. Nomura weist riesige Aktienengagements in seinen Bilanzen aus und muß daher mit enormen Verlusten rechnen. Aber Okumura hat gelernt, mit Situationen fertig zu werden, die bei anderen Übelkeit erregen würden. Er ist schon so lange im Geschäft, daß sein Magen inzwischen einen Zinkeinsatz zu haben scheint, in dem man ein Hexengebräu anrühren könnte. Aber nun kommen zu all der Aufregung noch die stechenden Schmerzen in der Brust hinzu ... eine Verdauungsstörung oder ein Herzinfarkt? Vermutlich beides, gesteht er sich reuevoll ein.

Okumura steht seit 7.30 Uhr unter Streß und wundert sich, daß einige der Händler, die zur Besprechung erscheinen, sich offenbar der Katastrophe nicht bewußt sind, die über New York hereingebrochen ist. Worin liegt die Ursache des Desasters begründet? Es bleibt keine Zeit, die Gründe zu analysieren. Erst viel später kann er eine Pause einlegen, und sein Urteilsspruch lautet, daß »die faulen Früchte des automatisierten Handels« dafür verantwortlich sind.

Tokio steht nun an vorderster Front, ist zum wichtigsten Kriegsschauplatz geworden. Ausländische Investoren, aufgescheucht durch die weltweite Panik, beschließen bereits, aus dem japanischen Markt auszusteigen. Im Händlerraum von Nomura herrscht eine nahezu unheimliche Ruhe; das einzig wahrnehmbare Anzeichen für Aktivitäten gleich welcher Art ist das gedämpfte Geräusch der Gespräche mit Kunden, die sich sorgenvoll nach der Marktlage erkundigen.

Die japanischen Anleger scheinen noch unentschlossen zu sein. Okumuras Nerven haben inzwischen ebenfalls gelitten. Er zaudert und bricht dann die einzige Regel, die in den Handelsgepflogenheiten des Hauses Nomura als heilig gilt: Kaufe, wenn die anderen verkaufen. Dieses Mal wartet er einfach ab. Obwohl er auch weiterhin einer der größten Haussespekulanten in Tokio bleibt und all seinen Kunden zu kaufen rät, hält er sich selbst zurück. »Nicht Japan, sondern die Welt ist das Problem«, erklärt er, als er seine Kollegen zu beruhigen versucht.

Zum Glück ist der Schaden für Nomuras Geschäfte auf laufende Rechnung begrenzt. Die gesetzlichen Bestimmungen, die den Handel auf eine Obergrenze von 20 Prozent der Eigenkapitalreserven einschränken, sollen verhindern, daß japanische Wertpapierhäuser Verluste in Höhe von mehreren zehn Millionen Dollar erleiden, die Wall Street wiederholt hinnehmen mußte.

An der Tokioter Börse herrscht absolute Ruhe. Gemäß den Börsenregeln können die Händler erst dann verkaufen, wenn Kaufaufträge vorliegen. Aber es gibt keine Käufer. Manche Kunden geraten in Panik. Sie haben das Gefühl, in der Falle zu sitzen, aus der es keinen Ausweg gibt.

Japanische Broker sind im Gegensatz zu ihren New Yorker Konkurrenten risikoscheu. Sie beschränken sich in der Regel auf die Vermittlung von Angebot und Nachfrage. Es gibt niemanden in Japan, der die Rolle des Marktmachers übernehmen und für einen liquiden Markt sorgen wollte. Als sich der Dienstagmorgen seinem Ende nähert, zeigt sich, daß nur 5 Prozent der insgesamt 1100 börsennotierten Aktien in Tokio gehandelt wurden, obwohl der japanische Markt theoretisch um 7 Prozent gefallen ist. Nicht mehr als zehn Millionen Aktien haben den Besitzer gewechselt, ein Hundertstel des zuvor festgestellten Handelsvolumens.

Dann folgen die beschwichtigenden Kommentare des geschlagenen Finanzministers Kiichi Miyazawa, der gerade den Kampf um das Amt des Premierministers an Takeshita verloren hat. Mit gequälter Miene verkündet er, daß die japanischen Märkte der Abwärtsspirale New Yorks nicht folgen werden. Die Märkte strafen ihn mit Hohn; der Ausverkauf geht ungemindert weiter. Der Leiter der Wirtschaftsplanungsbehörde gibt ähnlich besänftigende Töne von sich, aber jeder hat sich von der Panikstimmung anstecken lassen. Die Aussagen der japanischen Regierungsvertreter werden ignoriert.

Der Wasserfalleffekt auf dem Tokioter Markt hält an; die Abwärtsspirale dreht sich auch ohne Einwirkung des Handels. Aktien, die Monate gebraucht haben, um ihr soeben noch hohes Niveau zu erreichen, legen den umgekehrten Weg innerhalb von Stunden zurück. Die großen Versicherungskonzerne und Sparkasseninstitute, die im Auftrag japanischer Durchschnittsbürger Millionen von Yen verwalten, suchen in den verhältnismäßig sicheren Anleihemärkten Zuflucht. Der Handel muß vorübergehend eingestellt werden.

Die Motive der Anleger haben sich über Nacht gewandelt: Statt Habsucht dominiert nun die nackte Angst. Der Traum, ein, zwei oder gar drei Häuser zu besitzen, wird von der Sorge verdrängt, ob man die Miete überhaupt noch zahlen kann. Männer, die soeben noch auf eine Blitzkarriere in ihrem Unternehmen hofften, beten darum, ihre Stellung behalten zu dürfen. Jeder empfindet den Verlust zunächst als ehrenrührig und ist bemüht, seine Schande zu verbergen. Die japanische Hausfrau in Yokohama erlebt die gleichen Angst-, Scham- und Wutgefühle wie der Wertpapierhändler in Hiroshima, der Bauarbeiter in Osaka oder der Hotelbesitzer in Tokio.

Nomuras Kunden reagieren weiterhin passiv. Zu ihnen gehören unter anderem auch die Lebensversicherungsgesellschaft Nippon Life Insurance Company – oder Nissei, wie sie von den Japanern genannt wird –, die als größter Aktionär an der Tokioter Börse 3 Prozent aller öffentlich notierten Aktien hält. Nisseis Topmanager gelangen zu der Schlußfolgerung, daß der Verkauf einiger weniger Aktien nur den Gesamtwert ihres Portefeuilles mindere. »Wir konnten nichts tun«, erinnert sich später ein leitender Mitarbeiter aus dem Geschäftsbereich Lebensversicherungen. »Wir haben einfach abgewartet.«

Aber er irrt sich. Nippon Life wäre sehr wohl imstande, etwas zu unternehmen, denn Nippon Life *ist* die Tokioter Börse. Obwohl sich die Fondsmanager – von denen viele unter Dreißig sind – mit dem Zusammenbruch des japanischen Marktes abgefunden zu haben scheinen, weil keine Käufer am Horizont auftauchen, setzen sich Männer mit größerer Weitsicht nun zu einem Arbeitsessen zusammen.

Trotz der Angst und des Chaos wird die zweistündige Mittagspause in Nihonbashi vorschriftsgemäß eingehalten. Tokio ist der einzige weltweit wichtige Markt, der die mittägliche Ruhepause einhält, um der Hektik zu entfliehen, die überall in der Branche herrscht. Händler, Verkäufer, Büroangestellte und Sekretärinnen nehmen sich wie jeden Vormittag um 11 Uhr die Zeit, ihre Nudel- oder Sushi-Gerichte zu essen und in einem der Cafés zu plaudern, bis die Arbeit um 13 Uhr wieder beginnt.

Diese Pause spielt eine Schlüsselrolle in dem Drama, das nun seinen Lauf nimmt. Die mächtigen Chefs der ›Großen Vier‹ – der vier größten Wertpapierhäuser Japans* – treffen sich wie jeden Dienstag zum Mittagessen im Finanzministerium.

Besucher sind überrascht, wenn sie der tristen Fassade im Stil der zwanziger Jahre ansichtig werden, welche das Finanzministerium beherbergt. Der düstere Steinbau, der einem Verlies ähnelt, entspricht so gar nicht den Vorstellungen, die man sich vom ›Nervenzentrum‹ der japanischen Finanzwelt macht. Dennoch regiert das Finanzministerium mit eiserner Faust über Japans finanzielles Wohlergehen und hat die Macht, in alle Bereiche regulierend einzugreifen, die auch nur im entferntesten mit Geld zu tun haben.

Takashi Matsukata ist für die heikle Aufgabe verantwortlich, marktstützende Maßnahmen zu entwickeln und einzuleiten. Man sieht ihn täglich beim Essen, Trinken oder Golfspielen mit den Königen des Aktienmarktes; in seiner offiziellen Funktion als Leiter des Ressorts Nebenmärkte verbringt Matsukata jedoch genausoviel Zeit im vierten Stockwerk des Ministeriums damit, Unterlagen durchzuarbeiten, während nebenan seine Vasallen hinter ihren grauen Schreibtischen hokken, auf denen sich Akten und Berichte stapeln.

Routinemäßig sammelt Matsukata Informationen und Stellungnahmen von den Leitern der Effektenabteilung der Großen Vier. Als der mächtigste unter ihnen gilt Noda, Mitarbeiter des Hauses Nomura. Er ist zuständig für den Effektenverkaufs- und Handelsbereich des Unternehmens, dem Rückgrat der Gewinnergebnisse, die Nomura erzielt. Er überwacht die täglich anfallenden Marktaktivitäten und steuert somit auch das Entwicklungstempo des japanischen Aktienmarktes.

Matsukata verwandelt das Arbeitsessen in eine Krisensitzung. Er wirkt nicht beunruhigt, aber unter der scheinbar gleichmütigen Oberfläche spürt man die innere Anspannung. Zwei Jahre zuvor hatte dieser Mann den Verkauf von 12,5 Prozent der Aktien des staatseigenen Telekommunikationsunternehmens Nippon Telephone and Telegraph (NTT) in die Wege geleitet. In Börsenkreisen gilt NTT als höchst taxiertes Unternehmen der Welt. Der Erfolg, den er mit dieser Transaktion erzielen konnte, hat ihm eine Schlüsselstellung und die verantwortungsvolle Aufgabe eingetragen, den japanischen Aktienmarkt zu überwachen. Eine seiner momentanen Sorgen – und nicht die geringste – ist die Aussicht, in weniger als drei Wochen weitere 12,5 Prozent NTT-

---

* Nomura, Daiwa, Nikko und Yamaichi [Red.]

Aktien bei den Anlegern unterbringen zu müssen. Wie soll ihm das unter den gegenwärtigen Marktbedingungen gelingen? Matsukata muß einen Weg finden, die Vertrauensbasis auf schnellstem Weg wiederherzustellen, sonst wird aus dem Verkauf nichts.

Er ist sich der Bedeutung dieser Zusammenkunft bewußt und erinnert sich später: »Es war ein Notfall. Um die Märkte zu normalisieren, hörten wir uns die Meinungen der führenden Köpfe in der Effekten-Branche an und baten sie um ihre Mitarbeit.«

Matsukata ersucht jeden der Anwesenden um seine Stellungnahme zur Situation. Gemeinsam gelangen sie zu der Einschätzung, daß der Markt an diesem Tag um nicht mehr als 19 Prozent fallen kann. Die Kursschwankungen im Aktienbereich sind bereits durch Restriktionen gedämpft worden, aber nur wenige haben auch nur erwogen, daß sich sämtliche Schlußkurse an der Untergrenze bewegen könnten.

Nun ist der entscheidende Augenblick gekommen. Matsukata wird gefragt, ob die japanische Regierung wünsche, daß die Großen Vier den Markt stützen.

Matsukata beugt sich vor. Mit einem Kopfnicken, das die Welt retten wird, beschließt man in geheimem Einvernehmen, daß die Großen Vier nach der Mittagspause mit ihren Kauftransaktionen beginnen sollen. Wall Street ist ausgeblutet; nun ist es an der Zeit, daß Japan zielstrebig die Kontrolle über die weltweite Finanzlage übernimmt. »Das ist Japan Incorporated«, erklärt der Finanzguru Keiji Yasuda von New Japan Securities später. »Wir sind eine auf Konsens ausgerichtete Gesellschaft – eine Nation, die es liebt, sich in eine Richtung zu bewegen.«

Das Finanzministerium hat soeben sein stillschweigendes Einverständnis gegeben, das eigene Finanzsystem zu retten. Das Instrument, das diesen politischen Leitgedanken in die Praxis umsetzen soll, ist Nomura Securities und sein Verkaufsteam. »Nomura *ist* das Finanzministerium«, gestand ein langjähriger Ministerialbeamter ein. »Wir beraten jeden Schritt mit ihnen und gestatten sogar, daß sie die Rohfassung unserer Gesetzesvorlagen entwerfen.«

Als Noda und Okumura an ihre Arbeitsplätze zurückkehren, nehmen sie kurz Rücksprache miteinander und rufen dann die leitenden Mitarbeiter aus der Handelsabteilung zusammen, um den Aktionskurs bekanntzugeben. »Wir stellen uns dem japanischen Markt als Käufer zur Verfügung«, ruft Okumura. »Ich möchte, daß sich jeder ans Telefon setzt, um die morgige Rallye vorzubereiten.«

Auf geheimnisvolle Weise, fast an ein Wunder grenzend, gehen am Nachmittag die ersten Kaufaufträge für bestimmte, strategisch wichtige Aktien ein. Die Aktienkurse von Unternehmen in Staatsbesitz, die wie

NTT privatisiert werden sollen, beginnen sich zu erholen. NTT, das sein unteres Kurslimit von 2,51 Millionen Yen pro Aktie nahezu erreicht hatte, schnellt nun auf 2,65. Nomura plaziert mit starker Hand Kaufaufträge im Markt. Sein Einfluß offenbart sich bei einer Reihe von Aktien aus dem Schwerindustrie-Sektor. Als um 15 Uhr die Schlußglokke ertönt, notieren die meisten Aktien noch nahe ihrem unteren Limit. Aber Nomura hat alle weiteren Aktionen vorbereitet, so daß die noch zu verkaufenden Bestände morgen reißenden Absatz finden werden. Obwohl am Ende dieses Tages nur sieben Titel hoch notieren, sind die Kurse nicht so weit eingebrochen, wie es gemäß japanischen Börsenbestimmungen hätte geschehen können. Der Markt ist um 3836 Punkte von möglichen 4380 Punkten gefallen – ein Kursverlust von 15 Prozent, unerheblich im Vergleich zu dem Gemetzel, das auf anderen Weltmärkten stattgefunden hat.

Das System, den Kreislauf durch Aufträge zum Verkauf von Wertpapieren bei Erreichen einer bestimmten Kursgrenze zu unterbrechen, hat den Sturz gebremst. Auch die konservativ eingestellten Manager der offenen Investmentfonds haben ihren Beitrag dazu geleistet. Nur 40 Prozent der Mittel wurden hier im Aktienmarkt angelegt; bei amerikanischen Fonds sind es dagegen 90 Prozent. Die japanischen Versicherungsunternehmen und Treuhandgesellschaften sind am Markt ebenfalls für ihre Vorsicht und risikofeindliche Haltung bekannt. Die Versicherungen haben nur 17 Prozent und die Treuhandgesellschaften 11 Prozent ihrer Vermögenswerte in Aktien investiert. Auch der japanische Durchschnittsbürger neigt dazu, sich ein sicheres Polster für Notzeiten zuzulegen. Nur 8 Prozent der japanischen Ersparnisse sind in den Aktienmarkt geflossen. Ihre Postsparkonten haben die Japaner in der Hand behalten und dem Zugriff glattzüngiger Makler entzogen.

Nomura kann an diesem Tag, der in die Geschichte eingehen wird, auf einen Marktanteil von 18 Prozent verweisen – ein Platz, der ihm gebührt, auch wenn er nicht beneidenswert ist. Heute bereitet es den Händlern wenig Freude, Aufträge entgegenzunehmen. Es ist, als hätte der Finger eines Riesen die falsche Taste am Börsencomputer in Tokio gedrückt und die manuelle Eingabe von sechs Monaten gelöscht. Japan ist um nahezu 400 Millionen Dollar (57 Trillionen Yen) ärmer, die spurlos von der Bildfläche verschwunden sind. Der Index hat sich nun auf dem Niveau eingependelt, das er im Frühjahr 1987, eineinhalb Jahre zuvor, aufwies.

Am Ende dieses Tages ist Okumura völlig erschöpft. Er fühlt sich, als habe irgend jemand seine Adern mit Abflußreiniger durchgespült. Die erzwungene Untätigkeit und die Sorgen liegen ihm schwer wie ein Bleiklumpen im Magen. Der Schmerz in der Brust hat nicht nachgelassen, und er wird sich auch noch einige Tage lang bemerkbar machen.

Das Blutbad, das in anderen Teilen Asiens stattgefunden hat, ist weit schlimmer als in Japan. Auch Australien hat heute Verluste von 25 Prozent zu beklagen. Die erzürnten chinesischen Investoren haben sich vor den geschlossenen Toren der Börse in Hongkong zusammengerottet und fordern das Recht, ihren Handelsaktivitäten nachzugehen. Aber die Hongkonger Börse wird erst nach weiteren sechs Tagen wieder öffnen – und dann einen Einbruch von 33 Prozent zu verkraften haben. Später am Tag greift die Abwärtsspirale auch auf London über, wo die Preise um 12 Prozent fallen und die Händler sich wünschen, sie wären nach dem Wirbelsturm am Freitag nicht so bereitwillig zu Hause geblieben.

Bei Börsenschluß in Tokio setzt sich die Public-Relations-Maschinerie des japanischen Finanz-Establishments in Bewegung. Satoshi Sumita, Leiter der Bank of Japan – der japanischen Zentralbank –, gibt bekannt, daß man sich trotz der Krise an die Handelsgepflogenheiten auf den Finanzmärkten zu halten gedenke. Michio Takeuchi, Vorstandsvorsitzender der Tokioter Börse, spricht als nächster. Die Weltwirtschaft funktioniere reibungslos, führt er an, und es bestehe für die Anleger kein Grund zur Sorge. Mit einer Geste, die sein Vertrauen in den Markt demonstrieren soll, kündigt er an, daß man die Deckungserfordernisse für den Aktienhandel und die Bestimmungen für die Besicherung von Wertpapieren lockern werde, obwohl man erst letzte Woche striktere Vorschriften eingeführt hatte.

Der Leiter des Effekten-Ressorts im Finanzministerium beruhigt die Investoren und erklärt, daß der Markt nicht weiter fallen könne. Später werden die japanischen Bürger diese Verlautbarung in den Abendzeitungen lesen und ihr bedingungslos Glauben schenken. Viele wünschen sich nun, die Aktien befänden sich noch in ihrem Besitz, die sie im Verlauf des Tages in ihrer Panik abgestoßen hatten.

Die Habgier, die nur vier Stunden zuvor von Furcht verdrängt wurde, beherrscht wieder die Gefühle der Marktteilnehmer. In den Japanern mit ihrer unverwüstlichen Mentalität gewinnt das spekulative Denken erneut die Oberhand; viele finden die Chance, am Mittwoch morgen bei Börseneröffnung einen schnellen Gewinn einzustreichen, verlockend.

Sie sind sich jedoch nicht der Tatsache bewußt – und werden es vielleicht nie erkennen –, daß die Nation mit ihrer Habgier gerechnet hat. Eben diese psychologische Komponente wird systematisch benutzt, um den japanischen Markt zu retten. Die einzelnen Anleger werden *en masse* in den Markt zurückgelockt – von Nomura.

Am nächsten Morgen, es ist ein Mittwoch, sind sich nur wenige bei Börsenbeginn in Tokio darüber im klaren, wie nahe Wall Street am

Dienstag daran war, die Geschäftstätigkeit für immer einzustellen. Die Japaner sehen nur die Notierungen im Dow Jones Index: Um 102 Punkte gestiegen. Die Kurse erholen sich, denken sie. (»Nicht daß es eine Rolle gespielt hätte«, brüstete sich Okumura später. »Unser Weg stand fest.«) Die Aktienkurse in New York waren nur noch Zahlen, die keinerlei Bedeutung mehr hatten. Dienstag, der 20. Oktober, sollte als der Tag in die Geschichte eingehen, an dem die Aktien in Amerika nur noch ein wertloses Stück Papier darstellten und ein Blick auf den Dow Jones Index frösteln machte, der zwischen zehn und zwölf Uhr mittags um 27 Prozent fiel. Einen Monat später werden zwei Journalisten im *Wall Street Journal* Schlagzeilen machen und den Pulitzer-Preis für ihren Bericht erhalten, der die Konfrontation amerikanischer Börsen mit ihrer vollständigen Auflösung zum Inhalt hat. Inmitten dieses Chaos setzt eine manipulierte kräftige Kurserholung ein, die mit einem obskuren Terminkontrakt, dem Major Market Index, an der Chicagoer Börse beginnt. Dieser Schritt genügt, um die amerikanischen Unternehmen zu Rückkäufen zu veranlassen. Er rettet Wall Street und hält den todgeweihten ›Patienten‹ so lange am Leben, bis die Japaner in Tokio aktiv werden können.

Die Ansicht, Japan sei auf dem Finanzsektor überlegen, leuchtet auf Anhieb ein. Nomura hat seine Truppen mobilisiert. Es scheint, als ob das Unternehmen die Macht der Nation noch unterstreichen und den Ankündigungen der Regierung Nachdruck verleihen wolle. Rund 2700 Verkäufer, 2600 im Kundendienst tätige Mitarbeiterinnen und die Hälfte der 4500 Sekretärinnen haben die Anweisung erhalten, sich mit den Kunden telefonisch in Verbindung zu setzen und von Tür zu Tür zu gehen – ein Prozeß, der in Wirklichkeit schon Dienstag nacht in Gang gesetzt worden war. An die fünf Millionen Kunden von Nomura wird die Information weitergegeben: Bei Börseneröffnung am Mittwoch zieht der Markt an. Die Armee der Verkäufer kann mit Hilfe des dichten Netzwerkes von 131 Zweigstellen selbst die vorsichtigsten und ängstlichsten Anleger zum Kauf überreden. Die Nomura-Verkäufer haben einen klaren Wettbewerbsvorteil gegenüber den Konkurrenten in anderen Wertpapierhäusern: Sie *wissen,* daß sich der Markt erholen wird, und jeder Satz in ihrer Präsentation ist wie die Klinge eines Schwerts, das durch ihre Überzeugung geschärft wird.

Wie erwartet folgen Panikkäufe. 1988 wird der japanische Markt und sein stetiger, kometenhafter Aufschwung weltweit wie ein Wunder bestaunt werden, und der Graben zum benommenen und stagnierenden Wall-Street-Riesen wird sich noch weiter vertiefen.

Kapitel 2:

Der Geldwechsler

Der Familienlegende zufolge war Tokushichi Nomura I, Vater des Gründers von Nomura Securities, der uneheliche Sohn eines Samurai-Kriegers und seiner Bediensteten. Er wurde 1850 geboren, gegen Ende der Tokugawa-Ära (1603 – 1868), im romantisch anmutenden Zeitalter der Feudalherren und Samurai, als Japan sich gegen alle Einflüsse von außen abschirmte. Diese Periode erhielt ihren Namen nach dem Shogun Ieyasu Tokugawa, dem es 1603 gelungen war, die vom Krieg gezeichneten Lehen zu einer Nation zu verschmelzen. Er verlegte die Hauptstadt nach Edo, einer Stadt im Osten des Landes, die heute Tokio heißt. Obwohl der Tenno als eigentliche Quelle politisch legitimierter Macht galt, war er in Wirklichkeit nur eine Marionette des Tokugawa-Shogunats, der seine Residenz in der alten Hauptstadt Kyoto zeitlebens nicht verließ. Das Leben war damals viel rauher und weniger romantisch, als Gedichte und Holzschnitte andeuten. Der Shogun herrschte über die Bevölkerung mit gnadenloser Strenge.

Toshitsura Doi, Nomuras Vater, nahm als Dreizehnter seinen Platz in der ungebrochenen Linie der Samurai in seiner Familie ein, die dem Shogun dienten. Er war Verwalter des imposanten Schlosses von Osaka und einer der reichsten Männer des Landes. Er bestritt die Blutsverwandtschaft mit dem jungen Tokushichi und verbot ihm, seinen adeligen Namen zu führen. Tokushichi nahm den Namen seiner Mutter an, Nomura, der in Japan ziemlich häufig vorkommt. Ein wohlhabender Landbesitzer nahm den Jungen gegen Bezahlung in seine Obhut. Als Tokushichi zehn Jahre alt war, wurde er zu einem Geldwechsler namens Yahei Osakaya in die Lehre gegeben.

Die Lehre war im neunzehnten Jahrhundert für die Kinder in Osaka die gebräuchliche Form der Ausbildung. Zu Tokushichis Aufgaben im Haushalt der Osakayas gehörte es, die Straße vor der Geldwechselstube seines Dienstherrn zu fegen und mit Wasser aus dem Gemeindebrunnen zu besprengen, um den Staub zu verringern. Jeder japanische Ladeninhaber, der seinen kleinen Arbeitsbereich nicht täglich mit Wasser aufwischt, wird heute noch genau wie damals von seinen Nachbarn als faul betrachtet, und man gibt seinem Geschäft keine großen Überlebenschancen.

Osakaya übertrug ihm später die mühevolle Aufgabe, Kupfermünzen in einem Handwagen zu befördern. Diese schweren Münzen wurden im täglich anfallenden Geschäft ständig gebraucht. Der junge Tokushichi leistete seinem Lehrherrn nützliche Dienste, wenn er den mit Münzen beladenen Karren zu den Kunden zog, die Kupfer- gegen Silbermünzen oder Silbermünzen gegen kleinere Währungseinheiten eintauschen wollten.

Mitte des neunzehnten Jahrhunderts war Osaka Japans erstes Handelszentrum und eine geschäftige, an praktischem Denken und Unternehmergeist orientierte Stadt. Tokio entwickelte sich erst im zwanzigsten Jahrhundert zur größten Handelsmetropole in Japan. Selbst die Begrüßungsformeln in Osaka symbolisierten die Konzentration auf den Handel. Anstatt des üblichen ›Guten Tag‹ oder *konnichi was* hieß es hier *mokari makka,* was soviel bedeutet wie: ›Wie laufen die Geschäfte?‹ Die pragmatische Denkweise spiegelte sich auch in der Architektur der Stadt wider: Die Häuser waren an Straßen errichtet, die von Osten nach Westen verliefen, um während der heißen Sommermonate in den vollen Genuß der kühlen Meeresbrise zu gelangen.

Die Stadt Osaka, als ›Küche Japans‹ bekannt, leitete ihren Status als Zentrum wirtschaftlicher Aktivitäten und einen großen Teil ihrer charakteristischen Merkmale aus der Schlüsselrolle ab, die sie im Reishandel spielte. Reis war damals der Schwerpunkt der japanischen Volkswirtschaft, ein Markstein, an dem Reichtum und Macht gemessen wurden. Der Dojima-Reismarkt, auf einer kleinen Insel nördlich von Osaka gelegen, in dem drei große Flüsse ein Delta bilden, bot mehr als 1300 zugelassenen Reishändlern ein Auskommen. Er wurde 1688 gegründet und galt als Umschlagplatz für Reisüberschüsse. Er ermöglichte den Reisbauern, die das Gefühl hatten, daß ein ertragreiches Jahr zu einem Preisrückgang führen könnte, den Verkauf der Ernte, noch bevor sie eingebracht war. Rechnete man hingegen mit mageren Ernteerträgen, bot sich ihnen hier die Möglichkeit, Reis zu kaufen und zu einem späteren Zeitpunkt zu einem wesentlich höheren Preis zu verkaufen.

Die Feudalherren sahen in diesem Umschlagplatz einen weiteren Nutzen. Wenn ihr Bargeld knapp wurde, wie es oft während ihrer alljährlichen, kostspieligen ›Pilgerreise‹ zum Tokugawa-Shogunat in Edo (Tokio) geschah, konnten sie Reis-Scheine verkaufen, mit denen sie den Reisbestand in ihren Lagerhäusern oder die noch nicht eingebrachte Ernte verpfändeten. Diese Pfandscheine galten als ein Zahlungsmittel, das sich bei den Reishändlern großer Beliebtheit erfreute, und so entwickelte sich der Dojima-Zweitmarkt zum ersten Terminmarkt der Welt.

Die Reismakler von Osaka standen in dem Ruf, eine besonders leicht erregbare, durchtriebene und aalglatte Clique zu sein. Der Handel begann jeden Morgen um acht Uhr auf das Signal eines offiziellen Börsenrepräsentanten hin: Ein schwer brennbares Seil wurde angezündet und in einer hölzernen Kiste außerhalb der Reichweite mutwilliger Hände, jedoch für alle sichtbar, oben an einem Balken in der Mitte des Raumes befestigt. Erst wenn das letzte Qualmwölkchen aus dem Kasten entwichen war, endete der Handel, und der Schlußkurs dieses Tages galt als Eröffnungskurs des nächsten.

Normalerweise war der Handel gemäß diesem Verfahren irgendwann am späten Nachmittag beendet. Aber in der Hitze des Gefechts kam es vor, daß die Makler mit allen Mitteln versuchten, die Geschäftsstunden zu verlängern. Um schließen zu können, obwohl noch emsiges Treiben herrschte, holten die offiziellen Vertreter der Börse oft die ›Wasserträger‹ zur Hilfe; sie bespritzten die Anwesenden mit Wasser oder kippten, wenn nötig, ganze Kübel über sie aus, um die Ansammlung zu zerstreuen. Deshalb wurde der Schlußkurs bald der ›Eimerkurs‹ genannt; er galt als amtlicher Schlußkurs, der als Grundlage für die Erfüllung sämtlicher Börsengeschäfte des Tages diente. Wenn bei Abbrennen des Seils kein Kurs ermittelt werden konnte oder die Flamme aus irgendwelchen Gründen schon vorher erlosch, wurden alle an diesem Tag durchgeführten Transaktionen für ungültig erklärt. Es muß wohl nicht erwähnt werden, daß diese Regel oft Tumulte auslöste, wenn sich der Handel dem Ende näherte. Ein Händler, der während des Tages riesige Verluste erlitten hatte, preschte auf seinem Pferd quer durch die Menge, um den Geschäftsablauf zu unterbrechen, oder versuchte mit Gewalt oder heimlich, an das brennende Seil zu gelangen und die Flamme vorzeitig zu ersticken.

Dreihundert Jahre lang versuchte die Regierung vergeblich, den Reispreis zu kontrollieren; die Reismakler ließen sich das Steuer nicht aus der Hand nehmen. Erst Mitte des zwanzigsten Jahrhunderts wurden die ersten Gesetze verabschiedet, die den Terminhandel verboten.

Der Status, den Händler wie Tokushichis Arbeitgeber Osakaya innehatten, ähnelte dem der europäischen Juden im neunzehnten Jahrhundert. Sie wurden wegen ihrer Geschäftstüchtigkeit beneidet und gleichzeitig als Betrüger angesehen. Am meisten verachtete man die Zunft der Geldwechsler. Sie konnten als einzige ohne gesetzliche Schranken Reichtum anhäufen, und die Bevölkerung haßte sie, weil ihr Wohlstand im allgemeinen auf Kosten anderer erworben worden war.

Die Geldwechsler spielten eine Schlüsselrolle in der Wirtschaft. Sie tauschten Reis gegen Geld ein, zu einem Kurs, den sie nach eigenem Gutdünken festsetzten, und bestimmten somit den offiziellen Wechselkurs zwischen Gold und Silber. Da Osaka eine Silber- und Tokio eine Goldwährung besaß, hingen alle Geschäfte zwischen diesen beiden Handelszentren von den Geldwechslern ab. Als Finanziers der Feudalherren, denen sie Bankdienste und Kredite gegen Verpfändung ihrer künftigen Reisernten zur Verfügung stellten, übten sie zusätzliche Macht aus, die weitreichende sozioökonomische Auswirkungen zeitigte.

Tokushichi Nomura war 1871, als Yahei Osakaya ihn offiziell adoptierte, einundzwanzig Jahre alt. Letzterer starb im darauffolgenden Jahr, und da er seinen Adoptivsohn zu seinem Erben ernannt hatte, konnte dieser in bescheidenem Wohlstand leben. Tokushichi benannte das Familienunternehmen in Nomura Shoten um (*shoten* bedeutet soviel wie ›Geschäft‹), ein damals häufiger Name für Handelsunternehmen. Sein Laden lag in einem zweistöckigen hölzernen Wohnhaus mit einem Dach aus gebrannten Ziegeln und einem Balkon. Die Räumlichkeiten waren einfach, aber zweckmäßig. Im Erdgeschoß wechselte er Geld, und in der oberen Etage befand sich seine Wohnung – ein Lebensstil, der seinem Charakter entgegenkam. Daß er schon mit 22 Jahren seinen eigenen Laden besaß, betrachtete Tokushichi als Glücksfall. Die harten und entbehrungsreichen Zeiten schienen der Vergangenheit anzugehören. Er hatte keine anderen Ziele, als eine Frau zu finden, einen Sohn großzuziehen, der später sein Geschäft übernehmen konnte, und ein behagliches Leben als wohlhabender Kaufmann zu führen.

Da Tokushichi seine ganze Energie Nomura Shoten widmete, fehlte ihm die Zeit, sich in Osaka nach einer passenden Frau umzusehen. Letztlich fand er sie innerhalb seines kleinen Unternehmens. Seine Braut Takiko Yamanouchi stammte aus einer Samurai-Familie, die sich nach der Restauration der kaiserlichen Meiji-Dynastie und der Auflösung der Kriegerkaste im Jahr 1868 als Kaufleute niedergelassen hatte. Tokushichi hielt sich für einen Glückspilz. Nur wenige Männer besaßen Mitte des neunzehnten Jahrhunderts schon vor dem 25. Lebensjahr ihr eigenes Geschäft, und die meisten warteten, bis sie das dreißigste Lebensjahr überschritten hatten, bevor sie eine arrangierte Ehe eingingen. Tokushichi war gerade zwanzig und hatte diese Herausforderungen bereits gemeistert. Seine Frau kannte das Geldwechselgeschäft und verstand es zu führen, wenn Tokushichi außer Haus weilte. Darüber hinaus war sie eine ausgezeichnete Köchin und Hausfrau, und Tokushichi schätzte sich glücklich, daß er die ideale Frau fürs Leben gefunden hatte. Er glaubte, schon in jungen Jahren nahezu all seine Ziele verwirklicht zu haben.

Mittlerweile war die Samurai-Gruppe, die den Shogun abgesetzt und im Namen des Kaisers die Macht ergriffen hatte, damit befaßt, einige bemerkenswerte Reformen einzuführen. Sie schuf eine starke zentrale Regierung und förderte den Erwerb von Privateigentum, das früher der Regierung gehört hatte. Der Handel mit Land wurde nun erlaubt, Hypotheken eingeführt und viele Geschäfte, die sich einst im Besitz des Staates befanden, gingen an einzelne Bürger über. Es hatte in Japan schon vor den siebziger Jahren des neunzehnten Jahrhunderts private Unternehmen gegeben, vor allem kleinere wie das von Tokushichi Nomura. Als die Industrie schneller zu wachsen begann als die Fähigkeit des Staates, die erforderliche Technologie zu finanzieren, unterstützte die Regierung mit Nachdruck den Beginn privater Investitionen. Nach und nach stieß das Finanzministerium die gerade flügge gewordenen Industriebetriebe an den Meistbietenden ab.

Gegen Ende des neunzehnten Jahrhunderts mehrte sich der Wohlstand des Landes. Der Grund dafür war nicht die Schwerindustrie oder der Ausbau der japanischen Kriegs- und Handelsflotte, sondern die Herstellung einfacher Produkte, die eine Blütezeit erlebte und den Lebensstandard des japanischen Durchschnittsbürgers verbesserte. Zu den neuesten Errungenschaften zählten Rikschas und Fahrräder, die zum Transport von Waren und Menschen eingesetzt wurden, Chemikalien zur Steigerung der Erträge in der Landwirtschaft, motorisierte Fischerboote, die bessere Fangergebnisse gestatteten, und die Glühlampe, die es ermöglichte, auch noch bei Nacht Bücher aus dem Westen zu lesen. Und schließlich garantierte eine weitere Neuerung, die Einführung von Gesellschaften mit beschränkter Haftung, daß ein Inhaber Privateigentum und Firmenvermögen und -verbindlichkeiten säuberlich voneinander trennen konnte.

Dieses spektakuläre Wirtschaftswachstum wurde durch die Gründung der ersten Banken begünstigt. Die neuen Gesetze wandelten die Reisanteile der Samurai in Anleihen um, und schließlich entstanden Banken, die Spareinlagen hereinnahmen. Dieses Geld wurde ausgeliehen, um das Expansionsprogramm für die Industrie voranzutreiben.

Die Japaner brauchten nicht lange, um sich zum Kapitalismus bekehren zu lassen. 1872 begannen die Banken mit der Emission von Aktien – und das in einem Land, wo ein Jahrzehnt zuvor Wirtschaftseinheiten wie ein Unternehmen nicht einmal existiert hatten! Die Aktienausgabe war keine Maßnahme, die der Kapitalbildung diente, sondern sollte vielmehr für eine Verteilung der Besitzrechte sorgen. Obwohl es bereits Aktiengesellschaften gab, zogen die Firmen es vor, ihren Kapitalbedarf durch Bankdarlehen und Anleihen anstelle von Aktienemissionen zu decken. Während der nächsten hundert Jahre sollten die Banken – und nicht die Aktienmärkte – das Wachstum des japanischen Privatsektors stärken.

Geldhandel und Spekulationsfieber hatten noch immer einen angestammten Platz, aber in einer weit weniger prestigeträchtigen Sphäre des Geldwesens. 1878 wurden in Tokio und Osaka Börsen errichtet, in denen Gold, Silber und Anleihen gehandelt wurden. Die Geldwechsler mußten ebenfalls in der Lage sein, mit Gold und Silber Handel zu treiben und ihre Engagements abzusichern, um ihren Tagesgeschäften nachgehen zu können, und dabei erwiesen sich die Börsen als wertvolles Medium.

Für die Besucher in Osaka war es nur ein Katzensprung vom Dojima-Reismarkt zur Kitahama-Börse, die nur zweimal im Monat für kurze Zeit ihre Pforten öffnete. Damit wollte man sichergehen, daß die neuen Börsen die Tradition des lebhaften, kurzfristigen Handels fortsetzten. Als 1894 die ersten Unternehmensaktien in den Börsenhandel eingeführt wurden, war es nicht erstaunlich, daß bald darauf ein parallel operierender Terminmarkt für diese Titel entstand.

Tokushichi Nomura war zwar ein konservativer Geschäftsmann, aber er fand, daß der börsliche Goldbarren- und Hartgeldhandel eine Entwicklung darstellte, die er nicht ignorieren konnte. 1878 wurde er Mitglied der Effektenbörse von Osaka, allerdings nur, um sich die erforderliche Liquidität bei seinen täglichen Geldwechsel-Aktivitäten zu sichern. Er hatte nicht die geringste Absicht, in Aktien zu spekulieren. Am 7. August desselben Jahres wurde sein erster Sohn, Tokushichi Nomura II, geboren. Tokushichi dem Älteren war damals nicht bewußt, daß die Entwicklung der Aktienmärkte in Tokio und Osaka eine tiefgreifende Auswirkung auf das Schicksal seiner Familie haben würde. Und ganz sicher hatte er keine Ahnung, daß sein Sohn einer der bekanntesten Börsianer und Gründer von Nomura Securities werden sollte, des mächtigsten Unternehmens der Welt.

Kapitel 3:

Der mißratene Sohn

In Japan war es während der Tokugawa- und Meiji-Periode für einen Mann üblich, während seines Lebens mehrmals den Namen zu wechseln. Der junge Nomura wurde im Familien- und Freundeskreis Shinnosuke genannt, was soviel wie ›Vertrauen‹ oder ›Lauterkeit‹ bedeutet. Diesen Namen behielt er bei, bis er 1904 das Geschäft seines Vaters übernahm; von nun an hieß er Tokushichi. Shinnosuke wurde in das Metier des Geldwechslers eingeführt und arbeitete und lebte in demselben Haus, in dem schon sein Vater seine Lehrjahre verbracht hatte. Ein eigensinniger junger Mann voller Tatendrang mußte dieses Umfeld als einengend empfinden.

Die schmale, staubige Gasse, in der seine Familie lebte, war kaum breiter als ein ausgestreckter Männerarm und erzwang ein intimes Zusammenleben der Nachbarn. Für die Nomuras stellte Osaka eine Welt dar, die sich auf drei Häuser rechts und links neben dem ihren erstreckte. Sie lebten in einer Stadt, in der sich eine Familie glücklich schätzen durfte, wenn sie nicht von einem streitenden Ehepaar, lärmenden Kindern und streunenden Tieren in ihrer Nachbarschaft belästigt wurde. Im Haus der Nomuras herrschte rege Geschäftigkeit und ein Geräuschpegel, der als lautester in der Straße galt. Shinnosuke hatte eine Schwester, Kiku, die vier Jahre älter war als er, einen zwei Jahre jüngeren Bruder namens Jitsusaburo (der immer der ›Zweite‹ bleiben und seine rechte Hand werden sollte), eine sieben Jahre jüngere Schwester namens Tani und einen weiteren Bruder, den neun Jahre jüngeren Motogoro.

Das Untergeschoß des Hauses diente, wie in Japan üblich, als Geschäftsbereich, neben dem sich eine kleine, dunkle Küche befand. Das obere Stockwerk enthielt einen mit *tatamis* (= Reismatten) ausgelegten Schlafraum. Die Terrasse vor dem Geschäft wurde am Tag zum Entladen von Waren benutzt; am Abend trafen sich dort die Nachbarn zu einem Schwatz. Der einzige Bereich, der eine Möglichkeit des Alleinseins bot, war der kühle Balkon in der oberen Etage, über den der Meerwind strich. Hier hängte Takiko, Tokushichis Mutter, ihre Wäsche zum Trocknen auf, aber dieses Fleckchen diente ihr wohl eher als Refugium, um den Gesprächen der Männer zu entgehen, die nur ihre Geschäfte im Kopf hatten.

Tokushichi war ein konservativer Geschäftsmann, der sich nicht auf Spekulationen einließ, welche die finanzielle Sicherheit seiner Familie gefährden konnten. Aber nach und nach begann er zu trinken und sein Geschäft zu vernachlässigen. Die Mutter hielt die Familie mit eiserner Hand zusammen und übernahm die Erziehung des jungen Shinnosuke. »Meine Mutter war eine zähe Frau«, schrieb Shinnosuke später. »Sie lehrte mich nicht nur alles, was mein Vater mir eigentlich hätte beibringen sollen, sondern führte auch hinter seinem Rücken das Geschäft.«

Als Kaufmann war dem älteren Tokushichi jede Art von Schulbuchwissen suspekt. Er hielt die jahrhundertealte Tradition, sich durch eine Lehre für einen Beruf zu qualifizieren, für sinnvoller. Die neuen Erziehungs- und Ausbildungsgesetze zwangen ihn jedoch, seinen Sohn auf die Handelsschule nach Osaka zu schicken. Shinnosuke brachte außergewöhnlich gute Noten nach Hause, aber er war aufsässig und ständig in Streitereien mit seinen Mitschülern verwickelt. Da er sich seinen Klassenkameraden körperlich unterlegen fühlte, benutzte er seinen wachen Verstand und nahm den riesigen Hund der Familie zu seinem Schutz in die Schule mit. Als ihn seine Mutter eines Tages dabei erwischte, erklärte sie ihm, es sei für den Sproß einer Samurai-Familie eine Schande, mit etwas anderem als den bloßen Händen zu kämpfen. »Du darfst dich niemals wie ein Mädchen benehmen«, bleute sie dem Achtjährigen ein. »Ein wahrer Samurai vermag an jedem Ort und zu jeder Zeit Harakiri zu begehen.« Dann nahm sie eines der kurzen Schwerter mit der kunstvoll ziselierten Klinge, die aus ihrer Familie stammten und zeremoniellen Handlungen vorbehalten waren, und zeigte ihm, wie man sich damit den Bauch von links nach rechts und von oben nach unten aufschlitzt.

Zu Tokushichis besten Freunden gehörte Einosuke Iwamoto, der Sohn eines einflußreichen Geldwechslers, der in der Nachbarschaft der Familie Nomura lebte. Jeden Tag legten die beiden gemeinsam den Weg zur Schule zurück. Shinnosuke lernte den Reichtum nicht in seinem eigenen Heim kennen – das bescheiden geblieben war, obwohl die Geschäfte florierten –, sondern durch den wohlhabenden Iwamoto, der stets prächtige Seidengewänder trug und in seinem Elternhaus von einer großen Dienerschaft umgeben war. Shinnosuke half dem Vater in seiner Freizeit im Geschäft; sein Freund hatte es hingegen nicht nötig, zu arbeiten. Für ihn war dieser Umstand beschämend, und so versuchte er sich vor Iwamoto zu verstecken, wenn dieser am Sonntag in seinen prachtvollsten Ausgehgewändern spazierenging, während er seine schmutzige Arbeitskleidung trug und meistens mit seinem Bruder den Handkarren zog. Shinnosuke war ein Jahr älter als Iwamoto, und es verwirrte ihn, daß der Freund zu Beginn jedes Schuljahrs mit brandneuen Büchern aufwarten konnte. Er hatte seine alten, nicht mehr benötigten Schulbücher dem Freund gegeben, um dessen Familie die Ausgabe für neue zu ersparen. Erst später entdeckte er, daß Reiche nicht im Traum daran denken, Geld zu sparen, wenn sie dafür Waren aus zweiter Hand in Kauf nehmen müssen, die durch den Gebrauch gelitten haben. Das Gefühl der Verbitterung und des Neids, das Shinnosuke anfangs noch empfunden haben mochte, machte bald einem brennenden Ehrgeiz Platz. Er nahm sich vor, ein sagenhaftes Vermögen zu erwerben.

k12 Aber um Shinnosukes Gesundheit stand es nicht zum besten. Mit achtzehn erkrankte er an einer Lungenentzündung und verließ die High School während der dritten Klasse mit einem miserablen Zeugnis. Er kehrte nie mehr zurück, um seine Schulausbildung zu beenden, sondern arbeitete statt dessen den ganzen Tag über im Geschäft seines Vaters, der ihn in das Metier des Geldwechselns einführte. Doch schon bald wurde er rastlos und bat inständig, den Aktienhandel erlernen zu dürfen. Als ältester Sohn war es ihm bestimmt, das kleine Geschäft zu übernehmen, aber er schlug vor, daß sein ausgeglichenerer jüngerer Bruder Jitsusaburo in die Fußstapfen des Vaters treten solle.

Tokushichi lehnte das Ansinnen ab. Mit Beginn der Industriellen Revolution erlebte auch die japanische Finanzindustrie eine Blütezeit: Adelige, ehemalige Samurai-Krieger und Künstler entdeckten ihr Interesse am Geldverdienen, und die Zunft der Geldwechsler begann in der Achtung der Gesellschaft zu steigen. Warum also ein unnötiges Risiko im Aktienhandel eingehen, wenn es der Familie Nomura bereits gutging und berechtigte Aussicht bestand, den Wohlstand künftig noch zu mehren? Dem jüngeren Nomura gelang es schließlich durch sein hartnäckiges Bitten, den Vater zu zermürben und ihm die Zustimmung abzuringen. Widerwillig gab er seinen Sohn zu Yasuhiro Shoten in die Lehre, einer Wertpapierfirma, die dem Ehemann seiner Tochter Kiku gehörte.

Aktientransaktionen wurden von den Japanern stets als eine Art Glücksspiel betrachtet. Das noch heute vorhandene Mißtrauen gegenüber Aktienverkäufern wurzelt in der Zeit, als Shinnosukes Lehre begann und die Börsen eine gewinnträchtige Alternative zum Reishandel darstellten. Sie galten als Symbol für Geschäfte in großem Stil – je mehr Titel an der Börse gehandelt wurden, desto mehr Geld häuften die Börsenmitglieder an. Obwohl diese Börsen als offene Handelsgesellschaften gegründet worden waren, wurden sie von Männern wie Tomoatsu Godai, dem wohlhabenden Kaufmann, der die Aktienbörse von Osaka ins Leben rief, und Eiichi Shibusawa, Gründer der Tokioter Börse, als ihre ganz persönliche Domäne betrachtet.

Shibusawa, der in seinem Leben mehr als 140 Unternehmen gründete, verkörperte die kapitalistische Gesinnung, die sich gegen Ende der Feudalzeit auszubreiten begann. Er wurde 1840 als Sohn einer Bauernfamilie in Osaka geboren. Es war ihm gelungen, sich den Rang eines Samurai zu verschaffen, kurz nachdem man die Kriegerkaste offiziell abgeschafft hatte, und in der neuen Meiji-Regierung Karriere zu machen. Diese Beziehungen entwickelten sich schließlich zu einer wichtigen Basis, auf der er sein eigenes industrielles Imperium aufbaute. Er gründete die Spinnerei von Osaka, die erste große Fabrik in Japan. Sie verfügte über die Technologie, um Produkte herzustellen, die sich mit westlichen messen konnten. Sein Erfolg in der Baumwollspinnerei löste einen wirtschaftlichen Boom aus, der 1883 in Osaka begann. Die Phase der Hochkonjunktur ermöglichte den inzwischen in Privathand befindlichen Unternehmen, sich eine finanziell gesicherte Ausgangsposition zu schaffen und sich in mächtige Handelsimperien, *zaibatsu* genannt, zu verwandeln, die Japans Wirtschaft bis zum Zweiten Weltkrieg beherrschen sollten. Shibusawa gebührt auch das Verdienst, die Bank of Japan und die First National Bank gegründet zu haben – Japans erste, als Unternehmen eingetragene Bank, Vorläuferin der Daiichi Kangyo Bank, die 1986 als größte der Welt galt.

Der Umsatz dieser ersten japanischen Börsen trug wesentlich zu ihrem Finanzerfolg bei. Obwohl sich Shibusawa und andere Börsengründer in hohem Maß an den Bestimmungen der Londoner Börse und der Satzung der Börse in San Francisco orientierten, wiesen die japanischen Börsen wenig Ähnlichkeit mit ihren westlichen Entsprechungen auf. Im Westen stellen die Aktienmärkte eine Finanzierungsquelle für Unternehmen und ein Vehikel für Privatinvestoren dar, das ihnen erlaubt, am künftigen Wachstum eines Unternehmens teilzuhaben. An den japanischen Börsen stand hingegen der lebhafte spekulative Handel im Vordergrund, wie man ihn aus den Anfangstagen der Reisbörsen kannte. Aufgrund der regen Geschäftstätigkeit konnten sich die Mitglieder des Börsenvorstands in Tokio und Osaka, die gleichzeitig Aktionäre waren, eine satte Jahresdividende auszahlen, die teilweise 40 Prozent überstieg.

Als Shinnosuke 1896 in die Firma Yasushiro Shoten eintrat, kurz nach Beendigung des ersten chinesisch-japanischen Krieges, erlebte der Aktienmarkt zum ersten Mal seit seiner Gründung im Jahr 1878 einen Boom. Zwielichtige Pfandleiher, Essiggurkenverkäufer, Möbelhändler und Geldwechsler – sie alle versuchten ihr Glück nun im Aktienhandel. Der Krieg sorgte dafür, daß der Markt blühte, denn die Industrie expandierte im Rekordtempo, um die wachsenden militärischen Bedürfnisse des Landes zu befriedigen.

Die Gewinnzuwachsraten der Schiffahrtsgesellschaften, Banken und Textilunternehmen ließen die Aktienpreise und das Umsatzvolumen der Börsen in die Höhe schnellen. Die Tokioter Börsenkapitalisierung stieg von 200000 Yen im Jahr 1878 auf 600000 Yen im Jahr 1896 an. Dieses Jahr sollte sich als Markstein erweisen: Die Tokioter Börse schüttete eine Dividende von 100 Prozent aus, als ob sie auf die neue Ära der Aktien und Anteile in Japan aufmerksam machen wolle. Das Handelsvolumen nahm zu, und zahlreiche neue Börsen entstanden. 1897 gab es in Japan bereits 155 Börsen. Dabei war die Effektenbörse von Osaka eine der größten.

Der Handel an der Börse von Osaka begann um neun Uhr morgens, wenn ein offizieller Vertreter mit einer hölzernen Klapper durch die Straßen der Stadt ging. Die *hinawa,* das von den Reisbörsen verwendete Spezialseil, wurde bei Eröffnung des Marktes angezündet, und die Geschäftstätigkeit erst dann eingestellt, wenn es am späten Nachmittag heruntergebrannt war. Im Sommer herrschte in der Börse durch die dichtgedrängte Menge schwitzender Händler eine brütende Hitze. Kühlung spendeten Ventilatoren an der Decke, die von Hand mit einem Seil in Gang gehalten wurden, und Bedienstete, die der Menschenansammlung auf dem stickigen Parkett mit riesigen Fächern Luft verschafften. Für die Kaufleute in der Stadt wurden die Neuigkeiten vom Aktienmarkt unerläßlich. Kleine Jungen liefen durch die Straßen Osakas und verbreiteten in ihrem eigenen ›Singsang‹ Informationen, die sie bei einem Blick durch die Fenster der Börse aufgeschnappt hatten. Wenn ihre Stimme im Straßenlärm unterging, übermittelten sie ihre Kenntnis der Marktlage anhand einer einfachen Körpersprache, die ein jeder verstand.

Obwohl die Aktienmärkte für einige Aufregung unter den Kaufleuten von Osaka sorgten, wurden sie von der Öffentlichkeit weitgehend ignoriert. Ehrbare Bürger lehnten es ab, mit den Börsen der Meiji-Periode in Verbindung gebracht zu werden, und kein achtbarer Haushaltsvorstand gestattete seinem Sohn, eine Laufbahn im Aktienhandel einzuschlagen. Eine Stellung im Bankwesen war die einzige, die gesellschaftlich akzeptiert wurde. Selbst die wohlhabenden Familien, die Aktien der wenigen börsengängigen Unternehmen besaßen, benutzten die Börsen nicht für Kauf- und Verkaufstransaktionen. Die meisten Aktien wurden von Banken und Treuhandgesellschaften gehalten, als Ausdruck eines ›beidseitigen ökonomischen Interesses‹ an den Firmen, die sie finanzierten. Der Großteil der aufgelegten Aktien gelangte nicht in den Handel, und wenn es aufgrund wirtschaftlicher Engpässe doch einmal geschah, dann wurden die Geschäfte außerhalb der Börsen abgewickelt. Damals gab es keine spezifischen Bestimmungen, die Aktionären den Weg über die Börse vorschrieben. Auch den Anlegern boten sie kaum Anreiz, denn die Broker waren für ihre aggressiven Methoden bekannt und schnappten anderen Kaufinteressenten die besten Brocken vor der Nase weg. Da die Börsen häufig unter einem Liquiditätsdefizit litten, ließen sich die exakten Kurse nur schwer ermitteln. Selbst bis Mitte des zwanzigsten Jahrhunderts war es in Brokerkreisen noch üblich, Aktien im Auftrag ihrer Kunden zum Niedrigpreis zu erwerben, ihrer ahnungslosen Klientel zum höchstmöglichen Preis zu verkaufen und die Differenz in die eigene Tasche zu stecken.

Die führenden Finanzinstitute sahen keine Notwendigkeit, ihre Geschäftspläne durch den Aktienhandel auf einem offenen, transparenten Markt zu gefährden. Da der Durchschnittsbevölkerung eine starke Finanzbasis fehlte, blieb der Aktienbesitz den Reichen vorbehalten und der Aktienhandel die Domäne der Reishändler, die allesamt als Gauner galten.

Shinnosuke faszinierte der Markt. Obwohl er darauf brannte, sich im Aktien- und Terminhandel zu betätigen, verlangte sein Schwager, der nun sein Chef war, von ihm die Pflichten, die jedem jungen Lehrling damals auferlegt wurden: die Straße vor dem Geschäft zu fegen, Wasser herbeizuschaffen, sich vor den Kunden zu verbeugen und ihnen Tee zu servieren. Wenn er Glück hatte, wurde er auf einen Botengang nach Kitahama geschickt, einem Stadtteil im Norden von Osaka. Dort angekommen, dehnte er den Besuch aus, um den Aktienhändlern zuzuhören, die ihm erzählten, wie man am schnellsten reich wird.

Dabei erfuhr er, daß für die Aktienhändler der Kauf und Verkauf von Wertpapieren auf kurzfristiger Basis im Vordergrund stand. Daß sie Miteigentümer eines Unternehmens waren, hatte für sie zweitrangige Bedeutung. Die Aktienkurse schwankten auf und ab wie die Entwicklungsgeschichte des Unternehmens, die sich hinter den Bewegungen verbarg. Die Aktien von Unternehmen mit guten Gewinnergebnissen stiegen, und 1896 erreichten diese eine Rekordmarke, so daß die Händler Aktien kauften.

Für Shinnosuke wurde der Drang, zu spekulieren, übermächtig. Eines Tages öffnete er, während sich sein Schwager außer Haus aufhielt, den Firmensafe, wo die Wertpapiere des Unternehmens verwahrt waren, und entnahm Regierungsanleihen im Wert von 500 Yen (mehr als das Jahresgehalt eines Durchschnittsarbeiters). Er ging damit zur Börse, um sie als Sicherheit zu hinterlegen, in der Hoffnung, sein Geld schnell verdoppeln und den Betrag zurücklegen zu können, ohne dabei entdeckt zu werden. Da er davon träumte, über Nacht zu Reichtum zu gelangen, investierte der ehrgeizige junge Mann die 500 Yen in Aktien, für die er sich aufgrund eines Gerüchts entschied, das er bei einem verläßlich erscheinenden Aktienhändler aufgeschnappt hatte. Die Aktien fielen, und er verlor das gesamte Geld. Sein Schwager brachte ihn wutentbrannt zu seinem Vater zurück, der die 500 Yen zurückzahlte, um einen Familienskandal zu verhindern. Mit zwanzig war Japans künftiger Aktienmarkt-König nicht nur völlig mittel-, sondern nun auch noch arbeitslos.

Beschämt, aber nicht entmutigt, kehrte Shinnosuke wieder ins väterliche Geschäft zurück, um hier für Nomura Shoten Aktien zu verkaufen. Die offizielle Firmenchronik von Nomura Securities schildert Tokushichi als einen jungen Mann mit höchst eigenwilligem Charakter, der sich vom Geist der Meiji-Periode und ihrer Orientierung am westlichen Lebensstil beeinflussen ließ. Während alle anderen Männer den traditionellen Kimono trugen, bevorzugte er Anzüge. In seiner Autobiographie gestand Nomura, er habe damals Ähnlichkeit mit einem Dandy gehabt, und berichtete, wie er eines Tages mit einem neuen Hut heimkehrte, den er stolz seiner Mutter vorführte. Sie warf das Prachtstück in den Fluß und erklärte ihm, er sei verrückt, sein Geld für derart unnütze Dinge auszugeben.

Für manche schien die Vorliebe des jungen Nomura für alles Westliche an Exzentrik zu grenzen. Im Sommer fuhr er in Shorts und im Winter in langen Hosen mit seinem hohen Zweirad der Marke Cleveland durch die abgelegenen Gassen Osakas, den täglichen Börsenkommentar in der Hand, und klopfte an jede Haustür, um Kaufinteressenten für die Aktien zu finden. 1898 benutzten nur wenige Menschen in der Stadt das Fahrrad, es sei denn, es war ihr Hobby. Erst 1901 erlebte die Fahrradindustrie in Japan einen Boom. Nach und nach begannen die Leute, Shinnosuke zuzuhören, und er eröffnete ein Konto bei Eguchi Securities (eine Wertpapierfirma, die später mit zwei anderen fusionierte, den Namen Sanyo Securities erhielt und bis zum heutigen Tag in engem Geschäftskontakt mit Nomura Securities steht). Über dieses Konto wickelte er die Aufträge seiner Kunden ab.

Shinnosuke pokerte schließlich doch zu hoch, als einer seiner treuesten Kunden, der regelmäßig Geschäfte mit ihm machte, zehn Aktien eines Unternehmens erwarb. Shinnosuke setzte ihm so lange zu, bis er schließlich weitere Stücke kaufte, als der Preis zu fallen begann. Der Kurs erholte sich jedoch nicht, und der Kunde geriet in Panik. Shinnosuke hatte ihn überredet, 500 Aktien zu kaufen, und noch bevor die ›Verkaufsschlacht‹ vorüber war, hatte der Kunde 1500 Yen verloren – für Shinnosuke der Gegenwert von mehreren Jahren Lohn.

Obwohl Shinnosuke den Aktienkauf in seiner Funktion als Makler völlig legal im Auftrag seines Kunden getätigt hatte, herrschte damals allgemein die Auffassung, der Broker sei haftbar für erlittene Verluste und folglich moralisch verpflichtet, den finanziellen Schaden wiedergutzumachen. Shinnosuke handhabte die Situation auf eine Weise, die für seine ersten Jahre in der Branche typisch war: Er lief vor dem Problem davon und erwartete, daß sein Vater ihm schon aus der Klemme helfen werde. Auch dieses Mal sprang dieser wieder in die Bresche und zahlte die 1500 Yen zurück – allerdings erst, nachdem Shinnosuke sein Elternhaus voller Verzweiflung verlassen hatte und in einem Abschiedsbrief schrieb, er müsse fortgehen, um über sein schreckliches Mißgeschick gründlich nachzudenken. Der Vater war jedoch nicht darauf gefaßt gewesen, daß sein nichtsnutziger Sohn Geld aus dem Familiensafe entwendet hatte, um die Zeit der ›Selbstbesinnung‹ zu finanzieren. Er sollte erst dann nach Hause zurückkehren, nachdem er den Anblick des Fudschijama im Westen und der Wasserfälle von Nikko im Norden Japans sowie die vielfältigen Freuden Tokios, der neuen Hauptstadt des Landes, ausgiebigst genossen hatte. Der verlorene Sohn kehrte heim, wie es seiner Art entsprach – völlig blank.

Kapitel 4:

Das erste Vermögen

Als Shinnosuke und sein Bruder Jitsusaburo im Dezember 1899 zum Militär einberufen wurden, war ihre Mutter überglücklich. »Meine Mutter glaubte, es sei im Sinne unserer Samurai-Tradition, unserem Land zu dienen«, schrieb Tokushichi später in seinen Memoiren. Dem Vater bedeutete die patriotische Pflicht der Familie weniger. Er beklagte den Verlust einer Arbeitskraft in seinem kleinen Geschäft. Aber gemäß den neuen Wehrpflichtgesetzen, die zwei Jahrzehnte zuvor während der Meiji-Periode eingeführt worden waren, blieb ihm keine andere Wahl, als seine Söhne ziehen zu lassen. Für die meisten Männer aus Osaka stellte die Armee ein Instrument dar, das Tokio die Ausdehnung der Kontrolle über die gesamte Region erlaubte. Sie betrachteten die Regierung als *kanemushi,* eine ›geldfressende Wanze‹ – ein Begriff, der noch heute in Zusammenhang mit einem verschwenderischen Mädchen gebraucht wird, das sich von ihren Eltern das Geld ausleiht, um ihre Prunksucht zu befriedigen.

Für Nomura war die Armee ein Katalysator, der ihn aus dem farblosen Dasein als Heranwachsender herausriß und ihm ein Selbstbewußtsein einflößte, das schon an Anmaßung grenzte. Er wurde der zweiten Kompanie des Pionierkorps von Fushimi zugeteilt und leistete einen großen Teil seiner Dienstzeit im Freien ab. Die zahlreichen Stunden, die er in der Sonne damit verbrachte, Erde zu schaufeln und Steine zu schleppen, machten aus dem kränklichen Jüngling einen athletisch gebauten Mann. Nicht nur seine physische Kondition, sondern auch seine Eigenarten besserten sich. Zuvor waren körperliche und charakterliche Schwäche Hand in Hand gegangen. Einem Jungen, der sich so eingeschränkt fühlte wie er, muß es wohl einfacher erschienen sein, seine Ziele in aller Heimlichkeit zu verfolgen. Nun war endlich Schluß mit dem Versteckspiel, und er konnte seinen Träumen offen nachjagen.

Viele andere Männer in Osaka hatten für die Armee nur Verachtung übrig: Die Soldaten standen in dem Ruf, undiszipliniert und aufsässig zu sein und geringen Kampfgeist zu besitzen. Zahllose Aufzeichnungen in der Chronik des Regiments legen Zeugnis davon ab, daß sie vor ihren Feinden geflohen waren, wenn sie glaubten, das Kriegsglück sei auf der Seite des Gegners. Nomuras Vorgesetzter, ein Sergeant, fand diese Feigheit verachtenswert. Ihm gefiel Nomuras erfrischende, draufgängerische Art, trotz der Tatsache, daß sie sich nicht immer mit dem strengen militärischen Verhaltenskodex vereinbaren ließ.

Wenn Nomura an einem Wochenende Ausgang hatte, durchstreifte er das Vergnügungsviertel in Kyoto und kehrte in Ponto-cho in eines der Teehäuser ein, die im Schutz der engen Gassen zwischen den Holzhäusern entstanden waren. Nur Fußgänger hatten hier Zugang, und es fiel ihnen mitunter schwer, sich im Gedränge den Weg zu bahnen. Nomura und seine Freunde tranken in den Teehäusern nicht Tee, sondern Sake, oft bis in die Nacht oder bis zum nächsten Morgen. Die wüsten Saufgelage dauerten bisweilen sogar vier oder fünf Tage und endeten erst, wenn Nomuras Sergeant die Militärstreife losschickte, um sie in die Kaserne zurückzuverfrachten. Manche Nächte verbrachte Nomura in den Armen einer Geisha, oder er zog mit seinen Freunden durch die Straßen, auf der Suche nach einem handfesten Streit mit Angehörigen anderer Regimenter. Einmal verprügelten sie sogar einen Polizisten, der verlangt hatte, Nomura möge sich mit seinem Gefolge lärmender Nachtschwärmer nach Hause begeben.

Nachdem er seinen dreijährigen Dienst in Uniform abgeleistet hatte, kehrte Nomura als Geschäftsführer in die väterliche Firma zurück. Die nächsten drei Jahre verbrachte er damit, das Familienunternehmen aufzubauen, den Aktienmarkt zu studieren und die Kunden zu überreden, Aktien zu kaufen und zu verkaufen. Hier lagen seine wahren Interessen. Der Handel in Gold, Silber oder Kupfer bereitete ihm wenig Freude, und so überließ er diese Aufgabe seinem Bruder Jitsusaburo. Nomura war der Überzeugung, daß die Geldwechsel-Branche in Zukunft nur eine begrenzte Rolle spielen werde. Die Banken übernahmen die meisten damit verbundenen Transaktionen, und dazu kam, daß Japan mit der Einführung des Yen nunmehr eine richtige Währung besaß. Geld ließ sich nach Nomuras Auffassung künftig nur noch am Aktienmarkt verdienen.

Nach anhaltenden Streitigkeiten über die Einflußsphären in Korea und der Mandschurei erklärte Japan Rußland im Februar 1904 den Krieg. Tokushichi entschied, nun sei es an der Zeit, Nomura Shoten auszubauen und die mittelständische Geldwechselfirma, die nur am Rande in Aktien handelte, in ein Unternehmen umzuwandeln, das auf Effekten spezialisiert war. Während des chinesisch-japanischen Krieges hatte er die spektakuläre Entwicklung des Aktienmarktes verfolgen können. Damals war er zu jung gewesen, um von der Hausse zu profitieren, aber nun setzte er sich das Ziel, reich zu werden. Er war fest davon überzeugt, daß der Krieg die industrielle Expansion vorantrieb. Es gab nur ein Hindernis für Nomura – sein Vater. Obwohl Nomura der Jüngere die Firma leitete und sein Vater selten im Geschäft erschien, weil er des öfteren betrunken war, mußte er – wie es die Tradition verlangte – seinem Vater die nötige Ehrerbietung erweisen und ihn irgendwie dazu überreden, den neuen Kurs des Familienunternehmens abzusegnen. Nomura redete mit Engelszungen, um ihn zu überzeugen, daß es weise sei, zu diesem Zeitpunkt in den Aktienmarkt zu investieren.

Sein Vater verwehrte ihm jedoch beharrlich den Zugang zum Familienvermögen, zum einen, weil die Aktienhändler in Osaka in einem schlechten Ruf standen, zum anderen, weil der Sohn schon bei seinen früheren Beutezügen am Markt erfolglos gewesen war. Der Gedanke an das Geld, das er verdienen konnte, wenn nur sein Vater einwilligte, quälte den jungen Tokushichi. Der Gedanke an das Vermögen, das ungenutzt im Familiensafe lag, ließ ihn nicht mehr los und grenzte nahezu an Besessenheit. Erst im Juni 1904, nach dem Tod seiner Mutter, konnte Nomura den Widerstand seines Vaters brechen. Der unverbesserliche junge Mann erweichte ihn mit Hilfe seines Bruder Jitsusaburo (der wegen seines untadeligen, verantwortungsbewußten Verhaltens der Liebling des Vaters war) und dadurch, daß er versprach, noch im gleichen Jahr zu heiraten.

»Wieviel brauchst du, um eine Maklerfirma zu gründen?« fragte der Vater. »Die Hälfte des Familienvermögens«, antwortete Nomura. Das waren *zwanzigtausend Yen* – mehr Geld, als ein Durchschnittsarbeiter in Osaka in seinem ganzen Leben verdiente. Tokushichi war völlig perplex über die Höhe der Summe, die sein Sohn als Startkapital forderte – Kapital, mit dem er zu spekulieren gedachte –, aber er gab völlig unerwartet nach: Er hatte ohnehin beschlossen, sich eines Tages aus dem Geschäft zurückzuziehen und alles seinem ältesten Sohn zu übergeben.

Nomura verlor keine Zeit und änderte den Namen Nomura Shoten in Nomura Tokushichi Shoten um. Noch im gleichen Jahr heiratete er Kikuko Yamada, die Tochter eines wohlhabenden Kaufmanns. Die Ehe wurde, wie es der Brauch war, von seinem Vater arrangiert und fand zu einem Zeitpunkt statt, der nicht günstiger hätte sein können: Kikus Aufgabe bestand darin, »die Wäsche zu besorgen, zu kochen und den Haushalt zu führen« – Arbeiten, die seit dem Tod der Mutter im Sommer vernachlässigt worden waren. Ihre Anwesenheit erwies sich um so zweckdienlicher, da Nomura zum großen Ärger seines Vaters und in Erwartung eines Booms am Aktienmarkt umgehend dreizehn neue Mitarbeiter eingestellt hatte. Kiku gebar ihm später zwei Söhne, Yoshitaro und Tokio.

Nomuras Intuition sollte sich als richtig erweisen. Die Wirtschaft blühte auf, und Japan bereitete Rußland nach einer Reihe spektakulärer Siege eine verheerende Niederlage, die den Aufstieg der Nation zu einer Militär- und Industriemacht symbolisierte. Die Aktienmärkte in Tokio und Osaka zogen scharf an.

1905 tätigte Nomura seine erste größere Aktieninvestition. Fukushima Boseki war ein Textilunternehmen, das Gerüchten zufolge am Rande des Bankrotts stand. Aber Nomura wußte es besser. Im Gegensatz zu den meisten Aktienhändlern des beginnenden zwanzigsten Jahrhunderts unterzog er sich der Mühe, den Firmen einen Besuch abzustatten, deren Aktien an der Börse notierten, und sich vor Ort von der Qualität des Managements zu überzeugen. Die Spinnerei war von seinem Schwager Yutaro Yasuhiro aufgebaut worden; sie befand sich nur einige Schritte von seinem eigenen Unternehmen entfernt in der gleichen Straße. Nomura ging gelegentlich auf einen Sprung hinüber, um dort Tee zu trinken und über Geschäfte zu reden. Ihm war klar, daß die Gerüchte von den Aktienhändlern verbreitet wurden, die auf Baisse spekuliert und Leerverkäufe getätigt – das heißt, Aktien des Unternehmens verkauft hatten, die sich nicht in ihrem Besitz befanden. Sie versuchten nun, eine Panik auszulösen und die Aktieninhaber zum Verkauf zu veranlassen, um Deckungskäufe vornehmen zu können, von denen sie sich Riesengewinne versprachen.

Eines Tages, nachdem besonders umfangreiche Fukushima-Boseki-Aktienblocks abgestoßen worden waren, drängte Nomura die Firmenleitung, ihm die Auftragsbücher zu zeigen. Er stellte fest, daß die Firma keineswegs dem Zusammenbruch nahe war – im Gegenteil, sie florierte dank der starken kriegsbedingten Nachfrage nach Uniformen, Socken und Zelten. Die Auftragsbücher quollen über, die Webstühle waren voll ausgelastet und die Gewinne nie höher gewesen.

Am nächsten Tag begann Nomura auf dem Börsenparkett in Osaka heimlich Fukushima-Aktien aufzukaufen. Andere Händler bemerkten sein Treiben und nahmen ihn ins Kreuzverhör, aber er teilte ihnen angelegentlich mit, er habe zuvor einige Baisse-Verkäufe getätigt und kaufe die Aktien nun zurück, um seine Baisseengagements abzusichern. Er begann bei einem Kurs von 20 zu kaufen, und im Laufe des Tages stieg der Kurs auf 25; Nomura kaufte weiter, bis der Kurs bei 30 lag. Einige Händler, die vorher Blankoverkäufe getätigt hatten, wurden nun sichtlich nervös und bemühten sich, die Aktien zurückzukaufen. Sie mußten zu ihrem Entsetzen feststellen, daß der Großteil der verfügbaren Bestände an Nomura gegangen und keiner von ihnen mehr in der

Lage war, seine Aktien zurückzukaufen, ohne den Kurs in die Höhe zu treiben. Gewitzte Händler verwandelten diese Zwangslage in einen ›Baisse-Engpaß‹ und lösten Panikkäufe aus, die ihre eigene Triebkraft entfalteten.

Nomura begann sich zu entspannen, als der Kurs auf 35, dann 40, 45 und 50 kletterte. Ende 1905 war der Preis der Fukushima-Boseki-Aktien um das Vierfache auf 100 Yen gestiegen, und Nomura erzielte einen nicht realisierten Gewinn von 20000 Yen – genau die Summe, die er drei Jahre vorher von seinem Vater ausgeliehen hatte. Er verkaufte zwar ein paar Aktien, als sich der Kurs im Aufwind befand, aber er war so begeistert über seinen ersten Spekulationserfolg, daß er die meisten als langfristige Investition behielt. Er lehnte es selbst dann noch ab, sich von diesem Bestand zu trennen, als er bereits ein reicher und berühmter Mann war. Die Nomura-Unternehmensgruppe respektierte den Wunsch ihres Gründervaters, so daß sie in den achtziger Jahren – mehr als acht Jahrzehnte nach der ersten Investition von Tokushichi Nomura II – noch immer 15 Prozent des Textilunternehmens hielt, das heute den Namen Shikibo trägt. Es scheint, als wolle man die nostalgische Verbindung zum Unternehmen betonen, denn der Vorstandsvorsitzende ist ein entfernter Verwandter von Tokushichi Nomura II.

Nomura folgte in groben Zügen einem Marktkonzept, das auf reiner Intuition basierte und ihm bald ein beträchtliches Vermögen einbringen sollte. Er verstand etwas von Gruppendynamik und Psychologie und wußte, wie er sie für seine Zwecke einsetzen konnte. Als die Gefühle der Marktakteure über die Vernunft siegten, war er zur Stelle, um von den Ängstlichen zu kaufen und an die Beflissenen zu verkaufen. Er machte sich die Mentalität der Masse zunutze, die Menschen zu impulsiven und oft irrationalen Entscheidungen treibt.

Nomura sah die beste Chance, sein Geld zu investieren und sich in der Branche einen Platz an der Spitze zu sichern, darin, sich vor Ort über einzelne Firmen genau zu informieren, mit dem Management zu reden, die Auftragsbücher zu prüfen und wenn möglich die Aktienkursbewegungen zu berechnen, die eng mit den Konjunkturzyklen in Japan und der Weltwirtschaft verknüpft waren. Er stellte einen Journalisten namens Kisaku Hashimoto ein, der mit Marktrecherchen betraut wurde und Nomura Tokushichi Shotens neu gegründete Research-Abteilung leiten sollte. Hashimoto war Starreporter der Zeitung *Osaka-Mainichi Shimbun* gewesen und stand in dem Ruf, ein ausgeprägtes Gespür für eine gute Story zu besitzen. Er verfügte außerdem über zahlreiche Kontakte, die ihm Insider-Informationen über die japanische Geschäftswelt liefern konnten. Er war der ideale Mann für die Position des ersten Research-Analysten Japans. Außerdem hatte er das College besucht, und damals wäre kein College-Absolvent auf die Idee gekommen, in eine Brokerfirma einzutreten. Selbst in Osaka, wo man Kaufleuten größere Toleranz entgegenbrachte als in Tokio, zogen es College-Absolventen vor, in Banken und Handelsgesellschaften zu arbeiten; sie rümpften die Nase über die Händler in Kitahama, die in der Gesellschaft wenig galten. Als Nomura Hashimoto einstellte, verfolgte er damit den Zweck, Nomura Shoten in Osaka zu größerem Ansehen zu verhelfen und sowohl sich selbst als auch sein Unternehmen von der Menge der ungeschliffenen Händler auf dem Börsenparkett positiv abzuheben.

Tokushichi übte harsche Kritik an seinem Berufsstand: »Das größte Hindernis für unseren Erfolg ist die Anzahl derer in unserer Branche, denen es an Persönlichkeitsprofil mangelt.« Als er Hashimoto 1907 in den Vorstand berief, schuf er einen Präzedenzfall, der das Unternehmen von anderen japanischen Firmen klar abgrenzte und ihm später die Entwicklung zum größten Finanzinstitut der Welt ermöglichte: Erstens war Nomura in der Lage, die besten College-Studenten anzuwerben – und das zu einem Zeitpunkt, als die Arbeit in einer Brokerfirma in den Augen der japanischen Gesellschaft geradezu als skandalös galt –; zweitens bot Nomura Gehälter, die weit über den branchenüblichen lagen; er schuf damit einen Anreiz, dem Unternehmen treu zu bleiben, der noch heute für das Haus typisch ist. Tokushichi schildert überzeugend in seiner Autobiographie, wie ›sein Blut in Wallung geriet‹ eingedenk der Behandlung, die den Brokern in Japan widerfuhr und sie buchstäblich zu Parias machte. Erst 1987 erlebten die Angehörigen dieser Branche – und insbesondere Nomura – eine Aufwertung ihres Status, der sich heute annähernd mit dem von Bankern vergleichen läßt.

Hashimoto verbrachte viel Zeit damit, Firmen aufzusuchen, Gerüchten nachzuspüren, neue Ideen zu entwickeln und seinen wöchentlichen, für Nomura bestimmten Bericht über die Lage am Aktienmarkt zu verfassen. Wenn ein oder zwei Kitahama-Händler nach Art heimlicher Verschwörer Aktien einer Spinnerei kauften, die angeblich einen großen Zuliefervertrag mit der Regierung abgeschlossen hatte, fand Hashimoto einen Weg, sich in das Unternehmen einzuschleusen und die Wahrheit herauszufinden. Seine wertvollsten ›Maulwürfe‹ saßen in der führenden Handelsgesellschaft Japans, Mitsui Bussan. Wenn Hashimoto ermittelte, welche Betriebe besonders häufig mit Mitsui Kontakt aufnahmen, damit die Gesellschaft Käufer für ihre Waren fand, konnte er die Spur der Auftragseingänge zurückverfolgen. Freunde bei Nippon Yusen trugen Hashimito zu, welche Firmen den meisten Laderaum in der Schiffsflotte beanspruchten, und gaben Nomura Shoten somit einen groben Überblick, wer ins Ausland exportierte. Tokushichi Nomura nutzte seinerseits diese Informationen, um am Aktienmarkt in Osaka Bestände zu kaufen und zu verkaufen.

1906 befand sich der Osaka-Aktienmarkt inmitten eines unvorhergesehenen Booms. Nomura hatte seine drei Telefonanschlüsse voller Optimismus um weitere zehn vermehrt und eine Frau für die zentrale Schaltstelle und den Empfang eingestellt – in dem Glauben, dadurch die männlichen Kunden zur Auftragsvergabe motivieren zu können. Tokushichis kleines Verkaufsteam ging von Tür zu Tür (wie noch heute üblich, obwohl es inzwischen um einiges gewachsen ist) und überredete bereits vorhandene und potentielle Kunden, Aktien zu erwerben.

Nomura selbst konzentrierte sich auf die risikoreicheren Aktien- und Aktien-Termingeschäfte für Rechnung des Hauses. Bei jeder Aktie, die er kaufte – und im wahrsten Sinne des Wortes im Firmensafe als längerfristige Investition verstaute –, erwarb er gleichzeitig auch einen wesentlich spekulativeren Terminkontrakt auf dieses Papier. Er kaufte Schiffahrtswerte von Firmen wie Japan Postal Service Shipping, die in Staatsbesitz befindliche Seefracht-Gesellschaft, deren Wert sich 1906 von 80 auf 190 verdoppelte. Zur gleichen Zeit stellten seine Fukushima-Boseki-Aktien, die ihm bereits sein ursprüngliches Startkapital von 20000 Yen eingebracht hatten, neue Rekorde auf. Im Mai waren sie auf 150, im Juni auf 160 und im Juli auf 175 gestiegen. Und dann begann der Kurs erst richtig zu klettern und erreichte 222 im August, 324 im Oktober und 421 gegen Ende des Jahres.

Die spektakuläre Hausse des Jahres 1906 breitete sich wie die Großfeuer aus, denen die dicht beieinander stehenden Holzhäuser in Tokio und Osaka immer wieder zum Opfer fielen. Sie flackerten in irgendeinem verborgenen Winkel auf, von allen unbemerkt, und wurden wie von Geisterhand zu einem Flammenmeer angefacht. Ähnlich war es im Börsengeschäft: Urplötzlich begann ein lebhafter Handel in bestimmten Aktien, die immer neue Höchstkurse erzielten und ihren Wert innerhalb von wenigen Wochen verdoppelten oder verdreifachten. Dann folgten Panikkäufe an der Börse von Osaka. Die Händler suchten sich gegenseitig auszubooten, um in den Besitz der Aktien zu gelangen, die nach dem neuesten Stand rapide stiegen – nur um dann feststellen zu müssen, daß das Interesse an ihnen nachgelassen und sich anderen Titeln zugewandt hatte.

Nomura hatte seit 1904 Aktien gekauft und hielt sowohl in seinem langfristigen Portfolio als auch in seinem Aktien-Terminbestand einige höchst gewinnträchtige Werte. Als reich galt in Japan zu Beginn des zwanzigsten Jahrhunderts jemand, der über ein Nettovermögen im Wert von 100000 Yen verfügte (damals 50000 Dollar, was einem heutigen Wert von 1,5 Millionen Dollar entspricht). Tokushichi Nomuras Kapital belief sich auf ein Zehnfaches dieser Summe. Im Dezember 1906 riet ihm sein stets zur Vorsicht neigender Bruder Jitsusaburo, seine Aktien zu verkaufen. Warum sollte man aus reiner Gier die zehn Millionen Yen aufs Spiel setzen, die man bereits verdient hatte? Nomura erkannte zwar, daß der Rat seines Bruders klug war, aber seine angeborene Neigung, alles auf eine Karte zu setzen – eine Charaktereigenschaft, die von seinem ständigen *Bedürfnis* nach Nervenkitzel und Marktrisiko gespeist wurde –, erwies sich als stärker. Seine Gewinne zu sichern befriedigte ihn nicht, und er rechnete sich aus, das Zweifache verdienen zu können, wenn er darauf spekulierte, daß die Kurse fielen.

Nomura zweifelte nicht daran, daß die 1906 entstandene ›Seifenblase‹ kurz vor dem Platzen stand. Gemeinsam mit Hashimoto stellte er eingehende Nachforschungen an und entdeckte Ähnlichkeiten mit den Marktbedingungen, die vor dem Aktienkursverfall nach Ende des chinesisch-japanischen Krieges geherrscht hatten. Sie befaßten sich intensiv mit den aktuellen Marktdaten, die von Nomuras ›Spürhunden‹ dadurch ermittelt wurden, daß sie die Kauf- und Verkaufsaktivitäten der Händler von Osaka genau studierten. Am 10. Dezember wurden sie auf eine subtile Veränderung aufmerksam: Einige große Händler begannen zu verkaufen. An diesem Tag beschloß Nomura zu handeln und sein langfristiges Portfolio abzustoßen; bis zum Ende der Woche hatte er ein Drittel seiner Positionen glattgestellt. Gleichzeitig schloß er Leerverkäufe im Aktienterminhandel ab, in der Annahme, der Markt werde fallen und ihm gestatten, die Stücke zu einem niedrigeren Kurs zurückzukaufen. Die Preise zogen jedoch weiterhin an, als die großen Händler aus Tokio gänzlich unerwartet Osaka-Aktien zu kaufen begannen. Jitsusaburo beschwor seinen Bruder, keine weiteren Risiken mehr durch Baisseverkäufe einzugehen. »Du solltest nur deine langfristigen Positionen glattstellen«, riet er Nomura, aber der Ältere ließ sich nicht umstimmen. Sein Entschluß stand fest – er wollte den prall gefüllten Geldsäckel seiner Familie um einen weiteren vermehren.

Nomuras Käufe hatten nur geringe Auswirkung auf den Markt. Die Kurse stiegen täglich an, und Jitsusaburo flehte seinen Bruder an, endlich Deckungskäufe vorzunehmen. Am 26. Dezember suchten fünf Aktienhändler mittlerer Größe Nomura in seinem Büro auf und baten ihn, Einosuke Iwamoto – seinen Freund aus Kindertagen, der inzwischen als erfolgreichster Aktienhändler Kitahamas galt – zum Abstoßen seiner Bestände zu überreden und damit einen Massenverkauf auszulösen. Sie waren auf seine Hilfe angewiesen, aber Nomura lehnte die Bitte mit der Begründung ab, er wolle kein Vorteile aus dieser Freundschaft ziehen. Die Händler zogen unverrichteter Dinge davon und beschlossen, sich Iwamotos Unterstützung auf direktem Weg zu sichern. Überraschenderweise sagte er ihnen seinen Beistand zu und begann am nächsten Tag auf dem Börsenparkett von Osaka, als einer der ersten zu verkaufen. Aber ihre Mühen waren vergeblich. Die Kauforgie hielt an.

Jeden Tag wartete Tokushichi, der seine gesamten langfristigen Positionen glattgestellt hatte, um seine Termin-Engagements zu finanzieren, ungeduldig darauf, daß der Markt erste Anzeichen von Schwäche erkennen ließ, und jeden Tag schlug ihm der Markt ein Schnippchen. Er verlor nun beträchtliche Summen. Die spektakuläre Hausse von 1906 – eine der größten in der japanischen Geschichte – hielt bis 1907 an. Tokushichi war zutiefst beunruhigt über den außergewöhnlichen Marktaufschwung und ging sogar so weit, die Investoren mittels einer riesigen Anzeige in der Tageszeitung von Osaka vor der kommenden Gefahr zu warnen.

Obwohl der Markt noch immer gegen ihn arbeitete, tätigte Nomura seine Leerverkäufe nun in noch schnellerem Tempo. Folglich ließ sich nicht vermeiden, daß sein Bedarf an Kapital wuchs, das zum Ausgleich seiner riesigen Verluste erforderlich war. (Bei Leerverkäufen im Aktientermingeschäft verlangten die Markthändler, die für Nomura arbeiteten, finanzielle Sicherheitsleistungen – eine Praxis, die man als Vorläufer der heute üblichen und gefürchteten Einschußsätze bezeichnen könnte.) Die japanischen Anleger brauchten um die Jahrhundertwende nur wenig Bargeld, um im großen Stil zu spekulieren. Wenn sie Gewinne erzielten, war alles in bester Ordnung, und der Profit wurde ihrem Konto bei den Brokern gutgeschrieben. Falls sie jedoch Pech und sich verspekuliert hatten, mußten sie ihre Konten täglich auffüllen.

Die von Nomura hinterlegte Summe schrumpfte rasch, so daß die nervösen Broker, denen er Geld schuldete, ihn Anfang Januar brüsk aufforderten, ihre ausstehenden Forderungen zu begleichen. Jahre später erzählte Nomura, wie er sich unter dem Schreibtisch versteckt hatte, um seinen Gläubigern zu entgehen. Schließlich sah er keinen anderen Ausweg mehr, als eine Rikscha für den ganzen Tag zu mieten, um jederzeit seine Flucht durch die Straßen Osakas antreten zu können. Es war mitten im Winter, und er traute sich nur in obskuren Hinterhof-Cafés eine Pause einzulegen, wo er sicher war, keinem seiner erbosten Gläubiger oder Freunden aus der ›Schönwetter-Periode‹ in Kitahama zu begegnen. Die Nervosität wuchs, als die Verkäufer, Büroangestellten und Sekretärinnen von Nomura Shoten erkannten, daß ihre Arbeitsplätze in Gefahr waren, wenn der Markt nicht bald einen Abwärtstrend erkennen ließ. Aber die Kurse stiegen unerbittlich, Tag für Tag.

Tokushichi war der Verzweiflung nahe. Er beschloß, einen Bankier namens Shibayama um Hilfe zu bitten; er war Leiter der Konoike-

Bank, eine der drei damals führenden Banken in Osaka. Shibayama sah sich mit einer heiklen Situation konfrontiert. Wertpapierhäuser wie Nomura Shoten gingen nur selten bankrott. Darüber hinaus zählte die Firma zu seinen wichtigsten Kunden. Wie seine Amtskollegen in anderen Banken verfügte auch Shibayama über nahezu unbegrenzte Macht, Ausleihungen an seine Kunden diskret abzuwickeln, und er hatte während der Anfangsjahre der Industrialisierung in Japan als Geldgeber eine entscheidende Rolle gespielt. Umfangreiche Formalitäten waren damals bei der Kreditvergabe nicht erforderlich. Die Banker verließen sich bei ihrer Entscheidung auf den Wert freundschaftlicher Beziehungen, ihren Instinkt und ihr Urteilsvermögen – oftmals in dieser Reihenfolge.

Nomura wußte Shibayamas Gefühle zu deuten und richtig darauf zu reagieren, als er seinen Bittgang antrat, der Nomura Shotens weitere Existenz sichern sollte.

»Wieviel brauchen Sie?« fragte Shibayama.

»Eine Million Yen«, lautete die Antwort.

Shibayama begann zu stottern: »Das ist ein Drittel des gesamten Betriebskapitals unserer Bank, und ich bin nur der Leiter einer Zweigstelle.«

Nicht, daß Shibayama die Macht gefehlt hätte, Nomura das Geld zu leihen. Was ihn beunruhigte, war vielmehr der Gedanke, daß er die Zukunft der Bank und – wichtiger noch – seine eigene Einkommensquelle gefährdete. Er zögerte, und Nomura spürte seine Bedenken. Er verlieh seinem Ansuchen Nachdruck, und allmählich konnte er Shibayamas Zweifel aus dem Weg räumen.

Während der folgenden Stunde hörte Shibayama Tokushichi aufmerksam zu, als dieser im einzelnen erklärte, warum mit einem Zusammenbruch des Aktienmarktes zu rechnen sei. Zum krönenden Abschluß überreichte er Shibayama eine Liste mit allen persönlichen Vermögenswerten, die er der Bank verpfändete. »Ich werfe mein Leben in die Waagschale, daß ich recht behalten werde«, sagte Nomura und erbrachte damit den letzten typisch japanischen Nachweis, daß er ein Mann von Ehre war. »Wenn jemand eine Angelegenheit gründlich durchdacht hat und nichts unternimmt, ist das Ergebnis dasselbe, als hätte er sich überhaupt keine Gedanken gemacht. Ich habe mich noch nie geirrt.«

Und dann bot er Shibayama in einer letzten Geste, die aus dem Mut der Verzweiflung erwuchs, eine hochrangige Position bei Nomura Shoten an – vorausgesetzt natürlich, daß er den Kredit erhielt. Shibayama hielt es für klug, das Angebot zu akzeptieren – für den Fall, daß ihm der Präsident der Konoike-Bank den Stuhl vor die Tür setzen sollte –, und erklärte sich einverstanden, Nomura das Darlehen zu gewähren. Viel später erklärte er, es sei ihm nicht möglich gewesen, einen so kompetenten Investor abzuweisen. Zum Glück für beide Männer hatte er keine Ahnung von Nomuras früheren Aktienmarkt-Eskapaden.

Tokushichi hatte nun eine Gnadenfrist und konnte seinen Zahlungsverpflichtungen nachkommen. Aber die nächsten beiden Tage erwiesen sich als nervenaufreibend. Der Markt erreichte Rekordhöhen, als eine weitere Kaufwelle einsetzte. In Osaka wurden neue Höchstkurse erzielt; der Index kletterte am 16. Januar um 58 und am darauffolgenden Tag nochmals um 51 Punkte. Zwei Tage später erreichte er mit 774 Punkten den nächsten Gipfel. Tokushichi und den anderen Händlern gelang es, Ruhe zu bewahren. Der Aufwärtstrend konnte sich ja nicht bis in alle Ewigkeit fortsetzen.

Am 19. Januar – einem Tag, an dem es schneite – geschah es: Der Markt zeigte die ersten Risse. Jitsusaburo erfuhr die Neuigkeit als erster. Er rannte durch die schneebedeckten Straßen von der Börse zu Nomuras Büro: Tokushichi, der gerade dabei war, ein Riesenvermögen zu verdienen, machte dort ein Nickerchen.

»Wach auf!« schrie er. »Der Verkauf hat begonnen.«

Nomura brummte und drehte sich auf die andere Seite, um weiterzuschlafen.

»Aufwachen!« schrie sein Bruder noch einmal. »Die Kurse fallen.« Dieses Mal hatte Nomura ihn gehört. Er sprang von seiner Futon-Matte und umarmte den Bruder. »Wir sind gerettet. Ich hab's gewußt!«

Innerhalb weniger Tage verwandelte sich die sensationelle Hausse des Jahres 1906 in die ebenso spektakuläre Baisse des Jahres 1907. Der Kurseinbruch war der dramatischste in der Geschichte des japanischen Aktienmarktes und der größte, den die Welt je erlebt hatte. Sein Ausmaß wurde nur noch vom völligen Ruin sozialistischer Investoren, der 1917 auf den Zusammenbruch der Börse in St. Petersburg folgte, und vom Crash der Shanghaier Börse im Jahr 1938 übertroffen. In den zwölf Tagen zwischen dem Höchststand am 19. Januar und dem Monatsende büßte der japanische Aktienmarkt ein Drittel seines Wertes ein. Ende 1907 hatte die Verkaufsschlacht den Marktwert um 88 Prozent reduziert. Der Index fiel Ende des Jahres auf 92.

Nomura verdiente 3 Millionen Yen – oder 60 Millionen US-Dollar nach damaligem Wert. Er wurde zur Legende. Die Händler, die eine Vorliebe für Spitznamen besaßen, nannten ihn ›den großen General des Aktienmarktes‹. Im Alter von 28 Jahren war er mehr als fünf Millionen Yen schwer, einschließlich der Million, die er mit seinen Hausse-Geschäften, und weiteren zehn Millionen, die er mit Immobilien-Spekulationen verdient hatte.

Im selben Jahr fand in einem anderen Teil der Welt ein weiteres Ereignis statt, das Geschichte machen sollte: Der zweiundzwanzigjährige halbprofessionelle Basketballspieler Charles Merrill lernte zufällig einen Handelsvertreter kennen: Sein Name war Edmund Lynch. Acht Jahre später gründeten die beiden eine Maklerfirma, die sie stolz Merrill, Lynch Co. nannten. Sie sollte nach dem Zweiten Weltkrieg dreißig Jahre lang den Rekord als größtes Brokerhaus der Welt halten.

Kapitel 5:

Gullivers Reisen

1907 und 1908 fielen die Aktienkurse auf weltweiter Ebene. London, New York und sogar Kalkutta, überall traten sie eine Talfahrt an – ein Zusammentreffen der Ereignisse, dessen Bedeutung Tokushichi auf Anhieb erkannte. Achtzig Jahre später fand mit dem großen Crash von 1987 ein weltweiter Kurseinbruch statt, der von noch größerer Hektik begleitet, jedoch weniger dramatisch war und für noch mehr Schlagzeilen sorgte. Es mag wie eine Ironie des Schicksals erscheinen, daß das Wertpapierhaus, das Nomura nach dem ersten Börsendebakel aufgebaut hatte, die Märkte 1987 retten sollte.

Tokushichi Nomuras Ruhm und Ansehen verbreiteten sich wie ein Lauffeuer in den umliegenden Städten. Die Geschichten, die über seine sagenhaften Fähigkeiten kursierten – alles was er anfaßte, in Gold zu verwandeln –, wurden auf diesem Weg aufgebauscht und halfen Nomura Shoten, seine Kundenbasis zu verbreitern. Nomura selbst war so etwas wie eine Jahrmarktsattraktion geworden. Eines Tages erschien Isuke Matsui, ein namhafter, für eigene Rechnung arbeitender Investor, auf Nomuras Türschwelle, um den Mann aufzusuchen, der – wie ihm zugetragen worden war – »ein Gott sei, der die Zukunft des Marktes voraussagen könne«. Da er eine heilige Stätte mit einem Schrein vorzufinden erwartet hatte, war er beim Anblick des kleinen Ladens, in dem der berühmte Aktienhändler arbeitete, überrascht und peinlich berührt. Andere Kaufleute, die Tokushichi aufsuchten, um ihm zu seinem Erfolg zu gratulieren, merkten sich heimlich die Glücksbringer, die sie in den Geschäftsräumen entdeckten und ebenfalls anzuschaffen gedachten. Besonders auffallend war Nomuras Keramikkatze, die auf den Hinterbeinen stand und mit einer Vorderpfote winkte, während die andere eine imitierte Goldmünze hielt. Viele japanische Läden waren damals mit Keramikkatzen der verschiedensten Formen und Größen ausgestattet – ein Brauch, der sich bis heute erhalten hat; sie galten als Symbol, daß der Kunde willkommen war. Aber nach dem Marktzusammenbruch des Jahres 1907 tauchten plötzlich eine Reihe von Katzen in Osaka auf, die eine bemerkenswerte Ähnlichkeit mit der aufwiesen, die den Eingang von Nomura Shoten schmückte.

Im Herbst 1907 fühlte sich Nomura bereit, sein Debüt in der honorigen japanischen Gesellschaft zu geben. In Unkenntnis der hier herrschenden Gepflogenheiten war er entschlossen, das Image seines Unternehmens mit einem Hauch von Noblesse aufzupolieren. Sein sparsamer Vater mußte voller Abscheu zusehen, wie Tokushichi über 2000 Yen – eine Summe, die zu damaliger Zeit mehr als das Doppelte der Bezüge eines Ministers betrug – für ein glanzvolles Fest in einem der ersten Hotels am Platze ausgab.

Die Party fiel auf den Geburtstag des Kaisers Meiji. Nomura hatte über vierhundert Einladungen an Finanzmagnaten, kirchliche Würdenträger, Politiker und namhafte Geschäftsleute verschickt. Mehr als die Hälfte erschien. Aber in Tokushichi Nomura I waren die Vorurteile zu fest verwurzelt; er weigerte sich, das Fest zu besuchen. Er lehnte es auch ab, die Schwelle des luxuriösen neuen Hauses zu betreten, das Nomura von seinen letzten Gewinnen gebaut hatte. Für Tokushichi Nomura II begann ein völlig neues Zeitalter. Es eröffnete sich ihm eine Welt, die vielen mit der Meiji-Periode verwachsenen Männern wie seinem Vater fremd erschien. Zeit seines Lebens blieb Tokushichi I ein konservativer Geldwechsler, der in den starren Formen einer längst vergangenen Epoche gefangen war. Er konnte sich dem Japan des zwanzigsten Jahrhunderts nicht mehr anpassen; seine Welt hatte sich aufgelöst. 1908 starb er, im Alter von achtundfünfzig Jahren.

Sein Sohn hatte sich lange danach gesehnt, jene Länder des Westens zu bereisen, die seit der Meiji-Restauration Japan so tiefgreifend beeinflußt hatten. Er war schließlich Absolvent einer nach westlichem Modell errichteten schulischen Institution gewesen, in einer Armee nach preußischem Stil gedrillt worden, trug englische Kleidung, benutzte die Trambahn und hatte sogar schon westliche Gerichte gegessen. Deshalb begab er sich 1908 auf eine fünfmonatige Reise durch Amerika und Europa, die von der drittgrößten japanischen Tageszeitung *Asahi,* einer Vorläuferin der heutigen liberalen *Asahi Shimbun* gesponsert wurde. Er ließ sein amtlich registriertes Siegel, das für alle Banktransaktionen erforderlich war, in den Händen seines Bruders Jitsusaburo zurück. Das war ein klarer Vertrauensbeweis, denn das Siegel galt damals wie heute als eines der bestgehüteten Besitztümer jedes Geschäftsmanns, ungeachtet seiner Branchenzugehörigkeit.

Sechzig, siebzig und achtzig Jahre später würde der Westen auf die Macht der japanischen Wirtschaft und Industrie – insbesondere im Automobil-, Computer-, Elektronik- und Stahlbereich – und die Fähigkeit Japans verweisen, westliche Technologien zu imitieren. Tokushichi machte schon 1908 geistige Anleihen bei Finanzkonzepten, die aus Amerika und Europa stammten. Er speicherte in Gedanken alles, was ihm wichtig erschien: die Handelsgepflogenheiten, die bei Amerikanern und Europäern herrschten, Art und Umfang ihrer Transaktionen, die Techniken der Geschäftsabschlüsse, ja selbst wie sie Telefongespräche führten.

In Wall Street und der Londoner City entdeckte er Modelle, die er in sein eigenes Finanzkonzept integrieren und sich somit seinen Weg in der japanischen Geschäftswelt ebnen konnte. Er hielt sich dort zu dem gleichen Zweck auf, den japanische Industrielle damals wie heute verfolgen – nämlich das Beste, was der Westen zu bieten hatte, noch zu verbessern.

Was Tokushichi aus Wall Street und der Londoner City mit nach Hause nahm, war genauso bedeutsam wie die Beutezüge der japanischen Industrie, die sich auf westliche Herstellungstechniken konzentrierten. Zweifellos war das Know-how im Finanzwesen weit schwerer in den Griff zu bekommen und sein Beitrag zum Wohl der Gesellschaft noch unverständlicher. Aber Tokushichi erkannte sehr wohl, daß Eisenbahnen, Schiffe und Fabriken börsengängige Werte darstellten und Brokerhäuser zu einer wichtigen Einrichtung machten. Deshalb erhielt er durch die Auslandsreise, die ebensogut eine angenehme Seite seines neuen Lebensstils hätte symbolisieren können, eine neue Perspektive, die weit über den spekulativen Charakter seines Unternehmens hinausging. Sie beschwor das Bild einer nicht allzuweit entfernten Ära herauf, in der Nomura als einer der namhaftesten Repräsentanten – oder wie er es sah, Baumeister der japanischen Industrie – gelten würde.

Nomuras Besuch in New York wurde von seinem Biographen später folgendermaßen geschildert: »Die riesigen Wolkenkratzer dieser Stadt erschienen ihm wie eine Märchenlandschaft, und er fühlte sich wie Gulliver, der in eine fremde, unglaubliche Welt gerät.« In Japan wurden wegen der ständigen Erdbeben selten Häuser gebaut, die mehr als zwei Stockwerke hatten. New York konnte voller Stolz auf zehn-, zwanzig-, ja sogar dreißigstöckige Bürogebäude verweisen. Die Wolkenkratzer standen so dicht gedrängt, daß die Sonnenstrahlen kaum die Straßenschluchten erreichten und Wall Street einen zusätzlichen Hauch von Erhabenheit verliehen, als Nomura von der Trinity Church zur New Yorker Börse schlenderte. Dort plante er als erstes, das Büro des legendären J. P. Morgan aufzusuchen, eines Mannes, den er schon seit Jahren kennenlernen wollte. Aber für Morgan war Nomura ein Niemand, ein Japaner in einer Welt, die von Amerikanern und Briten beherrscht wurde. Welche Vorteile konnte Morgan aus dem Treffen mit einem japanischen Geschäftsmann ziehen, der sich auf einer Urlaubsreise befand? Nomura wurde an der Tür abgewiesen.

Tokushichi war zutiefst deprimiert. Er verließ die Börse und betrachtete die mit Säulengängen geschmückte Fassade. Der Anblick weckte in ihm ein Gefühl des Neids und der Minderwertigkeit, als er an seine eigene Welt mit ihren kurzlebigen kleinen Finanzinstituten dachte, die eher Krämerläden glichen. Wall Street erschien ihm nicht nur wie eine für die Ewigkeit gebaute Prachtstraße, als Sitz der Hochfinanz, sondern wie ein Finanz-Kraftwerk, auf dessen Fundament Amerika erbaut worden war: Brokerfirmen, Versicherungsgesellschaften und Banken – sie alle wurden von Wall Street beeinflußt.

Vergleiche mit der Situation in Japan trugen dazu bei, die Niedergeschlagenheit des leicht zu beeindruckenden jungen Mannes noch zu vergrößern. Man konnte Wall Street kaum in einem Atemzug mit Kitahama oder Kabutocho nennen, den Stadtbezirken, in denen sich die Börsen von Osaka und Tokio befanden. Sie symbolisierten nicht mehr als eine Handvoll Getreide- und Wertpapierhändler und waren nur in den beiden sich ausdehnenden japanischen Städten bekannte Adressen. Nomura schrieb später über Wall Street: »Aller Reichtum der Welt sammelt sich hier an und wird nach außen hin verteilt.« In der japanischen Finanzwelt sammelte sich nicht viel an, außer ein paar ehemaligen Reishändlern, die sich auf ihre täglichen Spekulationen vorbereiteten.

Nomura besuchte die Research- und Handelsabteilung von Post and Flagg, einer Mitgliedsfirma der New Yorker Börse. Die Forschungsergebnisse von Post and Flagg waren so exakt, daß sich das US-Schatzamt bei der Erstellung seiner offiziellen Berichte auf die Statistiken dieser Firma verließ. Besonders beeindruckend fand Nomura, daß die Händler alle zehn Minuten mit London telefonierten, um ihre Marktdaten dem neuesten Stand anzupassen. Plötzlich wurde ihm bewußt, wie leicht sich die weltweiten Märkte miteinander vernetzen ließen. Obwohl er bereits bewiesen hatte, daß er im Aktienhandel nahezu geniale Fähigkeiten besaß, waren seine Vorstellungen über die Wechselwirkung zwischen Weltmärkten und Weltwirtschaft noch ungenau und unvollständig gewesen.

Nomura machte noch eine weitere wichtige Entdeckung. Die New Yorker Banken stellten den Brokern bereitwillig Mittel zur Verfügung. In Japan betrachteten die Banken und die Gesellschaft generell die Börsenmitglieder als ›Aussätzige‹, denen man möglichst aus dem Wege ging. Nomura und seine Mitarbeiter wurden hinter ihrem Rücken *sobashi* genannt, eine abwertende Bezeichnung, die noch heute gebraucht wird und wörtlich übersetzt soviel bedeutet wie ›Männer, die den Anstieg und Verfall der Aktienkurse beobachten‹; damit verbindet man jedoch sofort die Vorstellung, es handle sich um Gangster. Mit Ausnahme der kleinen Institute waren nur wenige japanische Banken bereit, den Aktienhändlern Kredite zu gewähren. Nomura geriet immer in Wut, wenn er zufällig hörte, wie jemand das Wort *sobashi* gebrauchte. Aber er wußte, daß es auch in seinem Metier eine Reihe von zwielichtigen Gestalten gab. »Ich nehme an«, schrieb er später, »daß wir zuerst Ansehen und Praktiken der japanischen Broker verbessern müssen, bevor uns die Banken akzeptieren. Die japanischen Broker interessieren sich nur für ihre Spekulationen.«

Auf seiner Europareise ›hakte‹ Nomura alle Sehenswürdigkeiten schnellstmöglich ab. Irgendwie schienen ihn die Kulturdenkmäler und Museen zu langweilen. Er konnte es kaum mehr erwarten, nach Osaka zurückzukehren und hier all die Lektionen in die Praxis umzusetzen, die er gelernt hatte. Ein brandneuer Wagen – ein ausländisches Modell, das sein Bruder Jitsusaburo gekauft hatte – stand am Pier von Yokohama, als sein Schiff im Sommer 1908 dort anlegte. »Es war eines der ersten Automobile, die Japan importierte«, erinnerte er sich später. Das Geschenk freute ihn über alle Maßen; es löste eine Begeisterung für schnittige Sportwagen aus, die einer Sucht gleichkam, der er zeitlebens verfallen blieb.

Die erste Amtshandlung nach seiner Heimkehr bestand darin, seine Research-Abteilung nach dem Post-and-Flagg-Muster umzugestalten und sie in vier getrennte Bereiche zu gliedern: Marktforschung, Statistik, Veröffentlichungen und Übersetzungen. Die Übersetzung von Dokumenten in die englische Sprache war unerläßlich für Nomuras Handel in Anleihen, die auf fremde Währung lauteten und von der japanischen Regierung im Ausland begeben wurden, beispielsweise in Großbritannien und Amerika, deren Investoren Japans Krieg gegen Rußland finanziert hatten. Danach nahm er den Ausbau seines Public-Relations-Programms in Angriff und investierte 10000 Yen pro Monat – für damalige Zeiten ein ungeheurer Betrag – in Berichte über den Aktienmarkt, die in den lokalen Tageszeitungen erschienen. Die Finanzbranche in Osaka hielt Nomura für verrückt, weil er solche Unsummen für Werbezwecke ausgab. Er ließ sich nicht beirren. Er wollte das breite Anlagepublikum für Aktienkäufe interessieren und dem von ihm gewählten Berufsstand die Achtung und Akzeptanz verschaffen, die er bislang nicht hatte.

1909 besaßen sechs von Nomura Shotens insgesamt dreißig Mitarbeitern einen akademischen Titel. Das Trainingsprogramm war gründlich und hart, und der Besuch der Fortbildungskurse am Sonntagabend Pflicht. Nomura versuchte, sein Geschäft so aufzubauen, daß die ganze

Familie einbezogen war: Seine Angestellten besuchten Vorlesungen über Buchführung, während Frauen und Kinder aufgefordert waren, ihre Bildung in anderen, weniger langweiligen Kursen zu vervollständigen. Er regierte seine Belegschaft mit väterlicher Hand und führte einen strikten Verhaltenskodex ein. Jüngeren Mitarbeitern war es beispielsweise verboten, sich nachts in Bars herumzutreiben. Sie hatten jeden Morgen pünktlich um acht Uhr am Arbeitsplatz zu erscheinen, auch wenn sie das Geschäft am Vorabend erst nach 22 Uhr verlassen konnten.

Er zahlte seinen Mitarbeitern höhere Löhne und Gehälter, als es damals in der Finanzbranche üblich war. Aber er führte auch äußerst strikte Regeln für den Aktienhandel ein, die seine Verkäufer und Büroangestellten davon abhalten sollten, für eigene Rechnung am Markt zu spekulieren. Natürlich galten diese Bestimmungen weder für Tokushichi, den größten Marktmacher in der Geschichte Japans, noch für seinen Bruder Jitsusaburo oder den Rest des Topmanagements. Sie benutzten den Markt auch weiterhin als Roulettetisch, um ihren persönlichen Reichtum zu mehren. Diese doppelbödige Moral – ein offenes Geheimnis – sollte in der Firma von einer Generation zur nächsten weitergegeben werden und in den sechziger Jahren einen Höhepunkt erreichen, als Minoru Segawa die Leitung von Nomura Securities übernahm.

Kapitel 6:

Kriegsbeute

Die meisten japanischen Geschäftsleute waren bei Ausbruch des Ersten Weltkrieges nicht über Gebühr beunruhigt. In ihren Augen beschränkte sich der Krieg auf Europa und würde geringe Wirkungen auf die japanische Wirtschaft ausüben. Obwohl die japanischen Händler hektisch Aktien gekauft hatten, als ihr eigenes Land mit Rußland und China Krieg führte, gab es für sie keinen Grund zu der Annahme, daß die Ermordung des Erzherzogs Franz Ferdinand in Sarajewo im Juni 1914 den Geschäftsgang der Kaufleute in Tokio und Osaka beeinträchtigen könnte.

Nomura wußte es besser. Er gehörte zu den wenigen Geschäftsleuten in Japan, die Europa besucht und gesehen hatten, wie eng die weltweiten Aktien- und Anleihemärkte durch die Börsen und verbesserten Kommunikationsmöglichkeiten miteinander vernetzt waren. Er hatte das untrügliche Gefühl, daß der Erste Weltkrieg drastische Konsequenzen für alle Aktienmärkte, einschließlich der japanischen, nach sich ziehen würde. Wie diese aussehen konnten, war ihm jedoch noch nicht ganz klar.

Die Antwort ließ nicht lange auf sich warten. Innerhalb von zwei Tagen nach Kriegsausbruch hob die Bank von England ohne die geringste Vorwarnung den Eckzins, den sie den führenden Geschäftsbanken für Ausleihungen berechnet, von drei auf zehn Prozent an. Die spektakuläre Erhöhung sollte einen Run auf den Sterling auslösen; in Wirklichkeit führte diese Maßnahme jedoch zu einem Zusammenbruch der westlichen Finanzmärkte, der in seinem Ausmaß selbst die Aktien-Kurseinbrüche von 1929 und 1987 in den Schatten stellte.

Die japanischen Aktienhändler gerieten in Panik und zwangen damit ihren eigenen Effektenmarkt in die Knie. Die Schlange derer, die Einlagenkonten bei der Kitahama-Bank unterhielten – der Hauptfinanzierungsquelle für Spekulanten und Anleger – und nun ihr Geld zurückforderten, wurde immer länger. Die Bank annullierte sofort sämtliche

Kreditzusagen gegenüber Brokerfirmen und stellte alle Darlehen, die sie an Spekulanten ausgereicht hatte, zur sofortigen Rückzahlung fällig. Ein Verkaufs-Wirbelwind fegte über den Markt, als die Händler versuchten, ihre Bestände abzustoßen, um ihre Schulden bei den Banken zu begleichen. Aber die meisten sahen sich außerstande, ihren Zahlungsverpflichtungen nachzukommen. Der Wert von 100 Yen war auf 80 gesunken, und es kam erschwerend hinzu, daß die Mehrzahl der Händler höhere Kredite aufgenommen hatten, als sie zurückzahlen konnten. Viele weniger angesehene, schwer verschuldete Händler verschwanden bei Nacht und Nebel aus der Stadt. Im August 1914 ging die Kitahama-Bank in Konkurs.

Tokushichis Jugendfreund Einosuke Iwamoto, einer der aufrechtesten Bürger Osakas, erlitt schwere finanzielle Verluste. Im Gegensatz zu Nomura Shoten verfügte Iwamotos Brokerfirma über keine zusätzlichen Einkommensquellen. Nomura kaufte und verkaufte Aktien und Anleihen im Auftrag der Anleger und erhielt dafür eine Kommission, ungeachtet der Tatsache, ob die Kurse anstiegen oder fielen. Iwamoto verdiente sein Geld damit, daß er intuitiv erriet, in welche Richtung sich der Markt bewegen würde, und setzte dabei sein eigenes beträchtliches Vermögen aufs Spiel.

Normalerweise ging Iwamoto – wenn er bei rückläufigem Kurs Aktien kaufte – einfach zur Kitahama-Bank und lieh sich dort das benötigte Kapital aus. Dieses Mal fiel es ihm aufgrund der Kreditkürzungen sogar schwer, die Gehälter seiner Angestellten zu zahlen, und die Bedingungen am Markt waren so schlecht, daß er keine Abnehmer für seine Aktien fand. Nomura sprang in die Bresche; er kaufte Iwamotos gesamten Aktienbestand auf, um seinen Freund vor dem Ruin zu bewahren.

Nomura war sich einer Sache sicher: Die Talfahrt des japanischen Aktienmarktes würde nicht lange anhalten. Die meisten Händler hatten diesbezüglich jedoch ihre Zweifel. Ihr Urteilsvermögen wurde durch eine Kette verhängnisvoller Vorzeichen getrübt: Der Sakurajima, ein Vulkan im Süden Japans, war zu Beginn des Jahres ausgebrochen, die Mutter des Tenno gerade gestorben, die Reisernte in Japan kläglich ausgefallen und ein Bestechungsskandal in Regierungskreisen aufgedeckt worden. Dann brach auch noch der Krieg aus. Die abergläubischen Aktienhändler von Osaka folgerten daraus, daß der Kurssturz unmittelbar bevorstehen müsse.

Nomura war der einzige japanische Broker, der verläßliche Informationsquellen in Europa besaß, die ihn mit den neuesten Berichten über den Kriegsverlauf versorgten. 1912 hatte er seinen jüngeren Bruder Motogoro nach England geschickt, um dort drei Jahre lang an der Universität von Birmingham Finanz- und Bankwesen zu studieren. Nach

Kriegsbeginn schickte Motogoro jeden Tag ein Telegramm an seinen Bruder, das Informationen über die aktuellen Ereignisse in Europa enthielt. Nomuras Konkurrenten mußten warten, bis die Meldungen zu den lokalen Tageszeitungen Osakas durchsickerten, die dann zumeist schon eine Woche alt und längst überholt waren. Nomuras zweite Informationsquelle war Mitsui Bussan, die große Handelsgesellschaft, die Europa mit Kriegsmaterial versorgte. Er erfuhr von den Mitsui-Führungskräften, daß Europa verzweifelt versuchte, den Nachschub an Schuhen, Kampfausrüstung, Booten und Munition zu regeln. Nach Aussage eines Managers, den Nomura um Informationen bat, dehnte die Firma Mitsui ihre Kreditlinien bei jeder Bank bis zur absoluten Höchstgrenze aus, um ›buchstäblich alles‹ aufzukaufen, was sich in Europa weiterveräußern ließ.

Das sollte die Basis für Nomuras zweites Vermögen werden. Tatsache ist, daß Mitsuis Auslandsniederlassungen später in dem Ruf standen, Japans Regierung während beider Weltkriege mit wertvollen Informationen versorgt zu haben. Aber es war Tokushichi Nomura, der sich als erster das Handelsnetz des Unternehmens zunutze machte. Er spielte während des Ersten Weltkriegs für Japan die gleiche Rolle wie Nathan Rothschild für England nach der Schlacht bei Waterloo. Rothschild war der erste, der von Englands Sieg über Frankreich erfuhr; er erzielte riesige Spekulationsgewinne, indem er sämtliche in London verfügbaren Aktien aufkaufte, und begründete somit das legendäre Rothschild-Vermögen. (»Er überbrachte der Bank von England sogar als erster die Siegesbotschaft«, behauptete sein Erbe Edmund Rothschild.) Große Vermögen werden oft während einer geschichtsträchtigen Epoche erworben, in Zeiten, die durch spektakuläre Katastrophen, politische Zwistigkeiten oder Kriege gekennzeichnet sind. Tokushichi erkannte diesen Tatbestand. Beim Erwerb seines nächsten Vermögens kam es nur auf die Wahl des richtigen Zeitpunkts an, und so begann er, seinen eigenen Spionagering in Japan aufzubauen.

Textilfabriken wie Fukushima Boseki, deren Hauptaktionär und Direktor Nomura war, verkauften mehr Waren als je zuvor nach Europa. Mit den europäischen Aufträgen war die Produktionskapazität voll ausgelastet. Nomura bemerkte auch, daß Kawasaki Steel Stahl und Schiffe für den Export in das Kriegsgebiet aufkaufte. Bald wurde ihm klar, daß weltweit ein Mangel an Gütern des täglichen Bedarfs und fabrikmäßig hergestellten Waren herrschte. Weder die amerikanischen noch die europäischen Herstellungsbetriebe konnten den Bedarf an Kriegsmaterial decken, selbst wenn sie eine zweite oder dritte Schicht einführten. Er schloß daraus, daß die starke Nachfrage die Gewinnergebnisse japanischer Unternehmen – und damit auch die Aktienkurse – in schwindelnde Höhen treiben würde, wenn der Krieg lange genug andauerte.

Ende 1914 begann Nomura in großem Umfang zu kaufen. Aber wie schon 1907, als der Markt zusammenbrach, war dieser Schritt verfrüht. Der Bombenteppich, mit dem Deutschland Großbritannien am Heiligen Abend belegte, sorgte für einen starken Kursrückgang am japanischen Markt. Danach folgte eine Welle von Firmenliquidationen. Zehn Broker in Kitahama schlossen ihr Geschäft, und Nomura Shoten, nunmehr im Besitz sowohl der jüngst nach eigenem Gutdünken als auch der von Iwamoto erworbenen Aktienpakete, mußte Verluste hinnehmen. Fünf Mitarbeiter wurden entlassen; sie waren die einzigen in der Geschichte des Unternehmens, die je aufgrund der schlechten Marktlage ihren Arbeitsplatz verloren. Andere begannen am Geschäftssinn eines Mannes zu zweifeln, der in einem rückläufigen Markt Aktien kaufte.

Auch im folgenden Jahr sahen Nomuras Aussichten trübe aus. Dann kamen endlich die Nachrichten, auf die er gewartet hatte: Das japanische Exportvolumen hatte sich schneller ausgeweitet als das im Einfuhrsektor ausgewiesene. Nomura kaufte umgehend in verstärktem Maß Textil-, Schiffahrts- und Stahlwerte sowohl am Kassa- als auch am Terminmarkt auf. Die regionalen Medien behaupteten, der Krieg werde noch in diesem Jahr beendet sein und der Handel sich normalisieren. Nomura erhielt jedoch von Motogoro, der in Großbritanniens Industriezone zurückgekehrt war, völlig anders lautende Informationen. Er erklärte, der Krieg werde mit Sicherheit noch länger andauern, da das blutige Gemetzel auf dem Kontinent zu einer Pattsituation geführt habe. Nachdem deutsche U-Boote die Schiffe der Alliierten zu versenken begannen, dauerte es nicht lange, bis sich weltweit eine Verknappung der Frachtkapazitäten bemerkbar machte. Es gab nicht genug Schiffe, die den Transport von Truppen und Gütern für militärische oder zivile Zwecke übernehmen konnten. Japan hatte bald ein dreimal höheres Frachtvolumen als vor dem Krieg vorzuweisen, und da das eigentliche Kampfgebiet in Europa lag, blieb die japanische Handelsflotte vor Zerstörung weitgehend verschont. Nomura erwarb Anteile an der Dampfschiffgesellschaft Osaka Steamship Company, ein Unternehmen, das sich im Besitz der Familie Sumitomo befand, des weiteren Beteiligungen an Nippon Yusen, der Frachtgesellschaft des Iwasaki-Clans. Wie es der (bis heute erhaltenen) Tradition entsprach, stellten die meisten japanischen Aktienmarkt-Teilnehmer ihre Positionen Ende März glatt, um sich auf die Jahresabschlußbilanz vorzubereiten. Nomura machte sich jedoch den lustlosen Handel zunutze und kaufte weiter.

Japans Wirtschaft florierte dank des Krieges, und Geld war im Überfluß vorhanden. In diesem Sommer betätigte sich Iwamoto, inzwischen wieder gut bei Kasse, neben Nomura auf dem boomenden Markt. Ende November 1915 war Japans Handelsüberschuß erneut gewachsen, und die Hausse nahm ein solches Ausmaß an, daß der Handel drei Tage unterbrochen werden mußte, damit die Effektenfirmen den Berg unerledigter Kaufaufträge bewältigen konnten. Wie schon während der spektakulären Hausse im Jahr 1906 ließen die Kaufaktivitäten die Aktienkurse nach oben schnellen. Nomura verdoppelte während der ersten sechs Monate des Jahres seinen Kapitaleinsatz bei Osaka Steamship, als der Aktienindex täglich kletterte: Im Juli 1915 stand er bei 66, im November bei 111 und am Ende desselben Monats bei 229. Nur wenige erkannten, daß die Kaufwelle gerade erst begonnen hatte.

Die größten Gewinner der Kurserholung, die 1915 am Aktienmarkt eintrat, waren die *zaibatsu*-Mitglieder, die ihren Reichtum eher ihrem Know-how im Handel, Bankwesen und Produktionsbereich verdankten als ihren Kenntnissen des Aktienmarktes. Sie konnten atemberaubende Kursgewinne erzielen: Eiichi Shibusawa, der Vater der japanischen Industrie und Hochfinanz, nahm Gewinne in Höhe von 40 Millionen Yen mit, was 1915 rund 20 Millionen und nach heutigem Wert mehr als 300 Millionen US-Dollar entsprach. Hachiroemon Mitsui, einer der elf Patriarchen des großen gleichnamigen Handels- und Bankenimperiums, verdiente am Markt das Dreifache von Shibusawas Vermögen, und Iwasaki von der Mitsubishi-Unternehmensgruppe landete einen noch größeren Coup, der ihm schätzungsweise 150 Millionen Yen einbrachte. Ein Kaufmann namens Shobo Hayasi übertraf sie jedoch alle. Seine Gewinne – mehr als 300 Millionen Yen oder drei Milliarden Dollar nach heutigem Wert – stellen das größte persönliche Vermögen dar, das in der Geschichte der Aktienmärkte jemals erworben wurde.

Niemand weiß, was aus Hayashi und seinen Milliarden geworden ist, aber der Stern eines weniger bekannten Mannes und seiner Firma begann aufzugehen. Tokushichi Nomura verdiente an der Aktienmarkt-Rallye 1915 über 700000 Yen – bescheidene Gewinne im Vergleich zu den Summen, die so manche ›Schwergewichtler‹ in der japanischen Industrie verbuchen konnten, aber genug, um ihn zu einem der reichsten Männer des Landes zu machen. Auch als andere Händler 1915 begannen, auf diese Rekordbeträge aufmerksam zu werden, verfolgte Nomura seinen Kurs weiter. Ein Jahr später, im Winter 1916, bewirkten Deutschlands siegreiche Feldzüge, daß der japanische Aktienmarkt eine Talfahrt antrat. Der stets vorsichtige Jitsusaburo riet seinem älteren Bruder zum Verkauf. »Sollte ein Friedensvertrag zustande kommen, dann wird der Markt abbröckeln«, warnte er. Iwamoto, der an der

Kursexplosion fast ebensoviel verdient hatte wie Nomura, begann zu verkaufen. Während er seine Aktienbestände und Terminpositionen glattstellte, tätigte er Leerverkäufe in großem Umfang. Nomura verließ sich auf die Informationen, die ihm Motogoro aus Großbritannien zukommen ließ; er berichtete, der Erste Weltkrieg sei noch lange nicht vorüber. Tokushichi wartete ab.

Der Kursrückgang war kurzlebig. Als bekannt wurde, daß Japan einen Handelsüberschuß von mehr als 200 Millionen Yen ausweisen konnte, zog der Markt erneut an; er blieb auch 1917 stabil. Der unbeugsame Iwamoto verkaufte jedoch weiter. Als Nomura erfuhr, daß die Firma seines Freundes riesige Verluste hinnehmen mußte, begann er sich Sorgen zu machen. Iwamotos Geschäftsführer bat Nomura inständig, zu intervenieren und Iwamoto zu überreden, die Terminverkäufe zu stoppen. Nomura lehnte ab. »Märkte sind launenhaft«, erklärte er dem Manager. »Die Überzeugung eines Mannes zu irgendeinem beliebigen Zeitpunkt ist vielleicht nur eine Sekunde lang richtig.« Er beruhigte den Mann und teilte ihm mit, daß Iwamoto gerade erst eine Million Yen für den Bau des neuen Rathauses in Osaka gespendet habe. So schlecht könne es folglich gar nicht um ihn bestellt sein. Aber Tokushichi, der den Markt normalerweise so scharfsinnig zu beurteilen verstand, sollte sich irren.

Der Aktienmarkt ließ sich von persönlicher Großmut wenig beeindrucken, und mit Iwamotos Geschäften ging es bergab, als die Gläubiger ihn bedrängten. Die Beziehungen zwischen Nomura Shoten und Iwamoto Shoten waren besonders gespannt, seit Nomura zu den größten Aktienkäufern und Iwamoto zu den größten Verkäufern auf dem Börsenparkett gehörten. Ähnlich wie Tokushichi es 1907 gehalten hatte, schlug nun auch Iwamoto Privateinladungen aus und mied die Öffentlichkeit. Er gab sogar seinen Direktorposten bei der Effektenbörse von Osaka auf. Iwamoto, einst ein kontaktfreudiger, extrovertierter Mann, wirkte nun in sich gekehrt und melancholisch. Für Nomura war es besonders schmerzlich, die selbstzerstörerischen Qualen seines Jugendfreundes mit ansehen zu müssen. Aber er konnte ihm nicht helfen, Iwamoto hatte sich bereits zu weit von ihm gelöst.

Im Herbst 1917 gab Iwamoto seinen Angestellten einen Tag frei und wollte Pilze in der Nähe von Kyoto sammeln. Er schrieb einen Abschiedsbrief in Form eines Haiku, ließ sich die Haare schneiden und vor dem Mitsukoshi-Kaufhaus fotografieren und besuchte dann seine Verwandten. Kurz nach dem Essen ging er in seinen Teeraum hinauf, nahm seine Pistole aus dem Seidenfutteral und schoß sich in den Kopf. Fünf Tage lang lag er im Krankenhaus im Koma, bevor er starb. Tokushichi hatte seinen einzigen wahren Freund verloren, einen Mann, den er für einen Gentleman in der Diebesbande hielt, die ihn umgab, einen »Storch unter lauter Hennen«, wie er später oft erklärte. Er wußte, der einzige Unterschied zwischen ihnen bestand darin, daß er mit seiner Entscheidung mehr Glück gehabt hatte. Beide Männer gehörten einer Branche an, die Flexibilität erforderte, und sie bereuten einen einmal gefaßten Entschluß nicht. Wäre der Markt 1917 zusammengebrochen, dann hätte er, und nicht Iwamoto, Schiffbruch erlitten.

Mehr als 1500 Menschen kamen zu Iwamotos Beisetzung. Er hinterließ eine Frau und eine dreijährige Tochter. Nachdem die offizielle Trauerzeit von sieben Tagen vorüber war, stattete Nomura Iwamotos Witwe einen Kondolenzbesuch ab. Sie zeigte ihm ein Gedicht, das ihr Mann am Morgen seines Todestages verfaßt hatte: »Das rote Ahornblatt fällt, ohne auf den Herbst zu warten.« Iwamoto erlebte die Einweihung des Rathauses von Osaka im November 1917 nicht mehr; heute steht dort eine Statue zu seinem Gedenken. Das Geld, das von seinem einst riesigen Vermögen übrigblieb, wurde von seinem Geschäftsführer an die Gläubiger verteilt. Iwamotos Frau blieb völlig mittellos zurück, und die Gläubiger machten es ihr unmöglich, unbemerkt Geldgeschenke entgegenzunehmen.

Nomura gab ihr 5000 Yen, genug, um viele Jahre davon leben zu können. Er sagte ihr, er habe sich diese Summe vor mehreren Jahren von Iwamoto ausgeliehen. Sie weigerte sich zunächst, das Geld anzunehmen, aber Nomura bestand darauf, damit zumindest der Lebensunterhalt ihrer Tochter gesichert sei. Kurze Zeit danach übte Nomura, der gerade sein zweites großes Vermögen am Aktienmarkt erworben hatte und noch immer um seinen Freund trauerte, scharfe Kritik an allen Spekulationsgeschäften. Im darauffolgenden Jahr traf ihn ein weiterer Schicksalsschlag: Sein Bruder Jitsusaburo, der über so viele Jahre sein engster Vertrauter und zuverlässiger Stellvertreter gewesen war, starb.

Kapitel 7:

Könige und Joker

Eine der beliebtesten Freizeitbeschäftigungen während Tokushichis Lebzeiten war ein Kartenspiel aus der Meiji-Periode, *Daihimin* genannt. Es wurde häufig in japanischen Teehäusern und nach einfachen Regeln gespielt. Interessant war, daß der Gewinner der ersten Spielrunde die drei besten Karten des Verlierers erhielt, so daß er sicher sein konnte, auch aus der nächsten Runde als Sieger hervorzugehen. Die übrigen Teilnehmer kämpften um den zweiten, dritten und vierten Platz. Nur ein revolutionäres Ereignis, im Spiel zwei Joker im Blatt, konnte den natürlichen Lauf des Geschehens oder, im übertragenen Sinn, die japanische Wirtschaft verändern. Nur die Gewinner galten als Sieger auf ganzer Linie. Jene, die Macht hatten, würden sie auch behalten, es sei denn...

Erfolg in der hochkarätigen Geschäftswelt Osakas bedeutete nicht nur, Kapital zu schaffen, sondern auch im Ruf eines Gewinners zu stehen. In dieser Hinsicht sah sich Tokushichi Nomura mit einem Image-Problem konfrontiert. In seinem Zeitalter lag die wahre Macht, zu der Nomura Zugang suchte, bei den großen *zaibatsu*-Häusern, und er gehörte nicht zu den Chefs eines solchen Clans.

Der Begriff *zaibatsu,* oder ›Vermögensbesitz‹, bezeichnet die Industrie-Imperien, die sich in Familienhand befanden und während der Taisho-Ära (1812–25) und Showa-Ära (1826–88) entstanden waren. Sie nahmen in Japan die gleiche Schlüsselrolle ein wie der amerikanische Magnat Rockefeller in der Ölbranche, Commodore Vanderbilt im Eisenbahnbau, Andrew Carnegie in der Stahlindustrie und J. Pierpont Morgan im Bankwesen. Der Unterschied zwischen den Titanen der amerikanischen Industrie zu Beginn des zwanzigsten Jahrhunderts und den japanischen *zaibatsu* bestand lediglich in der Skala ihrer Aktivitäten. Die *zaibatsu* kontrollierten nicht nur einen Industriezweig, sondern Hunderte von Unternehmen der verschiedensten Branchen. Würde jemand die amerikanischen Pioniere im Geschäftsleben als chronisch

Größenwahnsinnige charakterisieren, dann müßte er ihre japanischen Entsprechungen zwangsläufig als psychotisch Größenwahnsinnige betrachten.

Jedem *zaibatsu* stand ein Patriarch der Familie vor, der in der Regel von Samurai-Vorfahren abstammte. (Die Samurai hatten 1868 nach der Meiji-Restauration ihre Beziehungen zur Regierung benutzt, um das Privileg von Konzessionen und Lizenzen im Geschäftsbereich zu erhalten.) Kern der *zaibatsu* waren die Banken, die sich ebenfalls in Familienbesitz befanden und Dutzende anderer Familienunternehmen finanzierten. Eine strategische Schlüsselposition nahmen innerhalb dieser Imperien die Handelsfirmen ein, die Niederlassungen im Ausland unterhielten und nicht nur mit dem oftmals spekulativen Kauf und Verkauf von Waren befaßt waren, sondern auch – wie im Fall von Mitsui Bussan – als vorgeschobener ›Lauschposten‹ fungierten. Die Banken lieferten die Finanzmittel, die Handelsgesellschaft kaufte die Rohstoffe ein, und die hauseigenen Fabriken stellten die Produkte her, die wiederum von der Handelsgesellschaft verkauft wurden. Im Gegensatz zu Vanderbilt und Carnegie konzentrierten sich die *zaibatsu* nicht nur auf den Ausbau des Eisenbahnstreckennetzes oder den Aufbau eines Stahlkonzerns: Sie schlossen alle Branchen in die Palette ihrer Aktivitäten ein: Stahl, Eisenbahnen, Textilien, Chemie, Bankwesen, Bergbau, Schiffbau und Handel. Anders als in Amerika, wo ein oder zwei große Konzerne eine dominierende Stellung in einem bestimmten Marktsegment innehatten, beherrschten in Japan vier oder fünf *zaibatsu* die gesamte Wirtschaft.

Zu Beginn des Ersten Weltkrieges hatten sich fünf *zaibatsu* als führend herauskristallisiert: Mitsui, Mitsubishi, Sumitomo, Yasuda und Suzuki. Die ersten vier Häuser gehören bis heute zu den Eckpfeilern der japanischen Industrie. Der Glanz des fünften ist inzwischen verblichen: Suzuki wurde ein Opfer der vielschichtigen finanziellen Erschütterungen, die das Erdbeben von 1923 mit sich brachte.

Das Haus Mitsui galt als das größte von allen; sein Ursprung läßt sich auf das Jahr 1683 zurückdatieren, als die Wechselstube mit dem Namen Exchange House of Mitsui die Funktion einer Zentralbank wahrnahm. Hachiroemon Mitsui, der auf eine lange Ahnenreihe von Samurai-Kriegern zurückblicken konnte, kaufte Ende des neunzehnten Jahrhunderts Seidenfabriken von der Regierung auf und wandelte das Geldwechselgeschäft in eine Bank um. Bei Ausbruch des Zweiten Weltkrieges herrschte die Familie Mitsui über das größte Konglomerat der Welt, das sich aus einer florierenden Bank, einer Handelsfirma, einem Kaufhaus sowie Anteilen an Minengesellschaften und Produktionsbetrieben zusammensetzte und mehr als zwei Millionen Mitarbeiter beschäftigte.

Etwa zur gleichen Zeit gründete ein anderer Samurai-Nachfahre, Yataro Iwasaki, das riesige Mitsubishi-Imperium und erwarb ein Vermögen mit der Werft in Nagasaki, die er von der Regierung kaufte. Iwasakis Unternehmen wurde unter dem Namen Nippon Yusen Kaisha – oder NYK-Linie – als größte Reederei der Welt bekannt. Mitsubishi war auf dem Weg, sich den Platz des weltweit zweitgrößten Konglomerats zu erobern.

Die Familie Sumitomo stammte als einziges führendes *zaibatsu*-Haus aus dem Westen Japans, wie auch Nomura. Sie gelangte während der Edo-Periode zu Ruhm und Macht, die der Meiji-Restauration vorausging. Da die Familie die Kupferminen von Kyoto kontrollierte, oblag ihr folglich auch die Prägung der Münzen, die im Land in Umlauf gebracht wurden. Wer sich darauf verstand, in den Staatssäckel zu greifen, dem schienen bestimmte Vergünstigungen wie von selbst zuzufließen. Zu Beginn des zwanzigsten Jahrhunderts galt Sumitomo als drittgrößter Konzern Japans.

Zenjiro Yasuda war einer der letzten, der sich den *zaibatsu* zugesellte. Er hatte zunächst als Großhändler in getrocknetem Thunfisch und Geldwechsler begonnen und auf dieser Basis 1880 die Third National Bank gegründet, die bald in Yasusa-Bank umbenannt wurde. (Nach dem Zweiten Weltkrieg erhielt sie den Namen Fuji-Bank; sie sollte später die viertgrößte Bank der Welt werden.)

Die ›Großen Vier‹, wie die führenden *zaibatsu* genannt wurden, kontrollierten von 1920 bis zum Ende des Zweiten Weltkrieges nahezu jeden Bereich der japanischen Wirtschaft und repräsentierten die größte Vermögenskonzentration in der Geschichte der Menschheit. (Ihre Macht läßt sich nur mit der vergleichen, die japanische Brokerfirmen heute – allerdings beschränkt auf ihre Branche – über die Aktien- und Anleihemärkte ausüben. Auf die Häuser Nomura, Daiwa, Nikko und Yamaichi, ebenfalls als die ›Großen Vier‹ bekannt, entfallen knapp 40 Prozent* aller Aktien- und Anleihetransaktionen in Japan.)

In diese Elitegruppe der *zaibatsu* suchte Nomura sich Eingang zu verschaffen. Seit er erwachsen war, hatte er um Anerkennung in der Gesellschaft und Geschäftswelt gerungen, die er verdient zu haben meinte. Obwohl es ihm an formaler Bildung mangelte, galt er als reicher und höchst erfolgreicher Wirtschaftsmagnat. In Japan zählte jedoch nicht, wie groß das Vermögen eines Mannes war, sondern auf welche Weise er es erworben hatte. Tokushichi wurde von den anderen *zaibatsu*-Clans als Emporkömmling gebrandmarkt, als ein Mann, der seinen Erfolg und

---

* Im September 1989 waren es genau 34%;
vgl. The Economist 14. 10. 1989, S. 94 [Red.].

sein Vermögen dem Blutgeld verdankte, das er während des Ersten Weltkriegs am Aktienmarkt gescheffelt hatte.

Nomura war entschlossen, den Abgrund zu überwinden, der die Großen von den Mittelmäßigen, die Herrschenden von den Untertanen und die Superreichen von den Wohlhabenden trennte. Er nahm sich vor, seinen eigenen Markstein in der Geschichte der japanischen *zaibatsu* zu setzen, und entwickelte methodisch seine Strategie. Schließlich stammte auch er mütterlicher- wie väterlicherseits aus einem alten Samurai-Geschlecht. Jetzt schien es ihm an der Zeit, eine Bank und eine Handelsfirma zu gründen, die sich vielleicht eines Tages mit den Großen Vier messen konnte. Zum Glück war in der Region von Osaka nur ein *zaibatsu* in diesem Geschäftsbereich dominierend, die Sumitomo-Familie.

Die Saat des Nomura-*zaibatsu* begann in der grünen Wildnis der äquatornahen Länder auf dem asiatischen Kontinent aufzugehen. 1916 reiste Nomura in die niederländischen Kolonien Ostindiens und entdeckte, welche Fülle von Rohstoffen sich dort bot. Die großen *zaibatsu* hatten die riesigen Gewinne aus Aktienmarktspekulationen und Handelsaktivitäten während des Krieges in den Produktionsbereich und das Bankwesen investiert. Nomura fehlte in beiden Sektoren eine Basis. Während die *zaibatsu* darauf abzielten, ihre Präsenz in dem von Japan besetzten Korea, der Mandschurei und Formosa auszubauen, sah Nomura bessere Zukunftsaussichten in den Tropen, wo Gummi, Palmöl, Kaffee, Früchte und Nutzholz im Überfluß vorhanden waren. Vielleicht konnte er darüber hinaus auch noch Eisen, Erdöl, Zink, Kupfer und Zucker nach Japan importieren. Zu Beginn des darauffolgenden Jahres erwarb er eine Kautschukplantage auf Borneo und stellte somit die Belieferung seiner Handelsfirma sicher. Innerhalb von drei Jahren gelang es ihm, seine Niederlassungen auf ganz Südostasien auszudehnen – von Surabaya über Singapur, Hanoi und Bangkok.

Als nächstes stand die Bank auf der Tagesordnung. 1918 nahm die Nomura-Bank in Osaka (eine Vorgängerin der heutigen Daiwa-Bank, Japans neuntgrößter Geschäftsbank) mit Unterstützung von Jinnosuke Inouye, dem Leiter der Bank of Japan, ihre Geschäftstätigkeit auf. Nomura hoffte, die Gründung der Bank, die bald überall im Westen Japans Niederlassungen eröffnete, werde ihm in der Geschäftswelt Achtung verschaffen. Aber die Kaufleute von Osaka betrachteten sein Unternehmen noch immer als spekulativ – und das mit Recht. Denn anstatt sich von den anrüchigen Reis- und Aktienhändlern von Osaka zu distanzieren, konnte Nomura mit Hilfe der Bank seine eigenen Wagnisse am Aktienmarkt problemloser inszenieren, weil er auf diesem Weg leichter Zugang zu Krediten erhielt. Jedesmal, wenn der japanische Aktienmarkt rückläufige Tendenz zeigte (wie so oft zu Beginn der zwanziger Jahre), stürmten die Einleger die Nomura-Bank in Osaka, um ihre Ersparnisse zu retten, bevor sie in den Aktienmarkt geleitet wurden. Um seinen Bemühungen um geschäftliche Integrität Glaubwürdigkeit zu verleihen, entfernte Nomura seinen Namen aus dem Unternehmen und gab ihm 1923 seine ursprüngliche Bezeichnung – Osakaya Shoten – zurück. Auch dem Aktienhandel kehrte er den Rücken.

Um von der alteingesessenen japanischen Oberschicht akzeptiert zu werden, änderte Nomura seinen persönlichen Lebensstil. Er ging nun Beschäftigungen nach, die in ›vornehmen‹ Kreisen angemessen erschienen: Er übte sich in der Teezeremonie, besuchte Theater, in denen die traditionellen No-Dramen aufgeführt wurden, lernte Reiten und die Herstellung von Keramikgeschirr. Er begann, Häuser zu bauen, die der soeben gegründeten Nomura-Dynastie ein Denkmal setzen sollten. Ein neues Domizil in Kobe offenbarte sein Bemühen um gesellschaftliche Anerkennung. Es lag hoch auf einem Hügel, mit Blick auf die Häfen von Osaka und Kobe – ein idealer Platz für Feste in großem Stil, und Nomura verlor keine Zeit, Japans Finanzelite zu unterhalten. Das dreistöckige Gebäude, das im westlichen Stil erbaut worden war, beherbergte im Turm des Westflügels seine Frau, seinen jüngeren Sohn, seine Schwägerin (Jitsusaburos Witwe) sowie seine Neffen und Nichten. Nomura und sein ältester Sohn Yoshitaro bewohnten den Ostflügel des Hauses.

Im Privatleben gab sich Tokushichi ungezwungen. Obwohl er während der Arbeit in Osaka Anzug und Krawatte trug, bevorzugte er daheim den bequemen Kimono. Den Nachmittag verbrachte er gerne in seinem sonnendurchfluteten Arbeitszimmer vor dem Schreibtisch oder in einem Korbsessel, wo er las und seinem Sittich lauschte. Er beschäftigte sich mit den Kindern, zeichnete Bilder für sie oder erzählte ihnen Geschichten – wenn ihm Zeit dafür blieb. Sie bekamen ihn jedoch nur selten zu Gesicht. »Wir wurden von einer Gruppe von rund dreißig Dienstboten jeder Art – Hausmädchen, Butlern, Gärtnern, Hauslehrern, Kindermädchen und Chauffeuren – betreut«, erinnerte sich Fumihide, Nomuras ältester Enkel.

Nomuras zweiter Wohnsitz, seine Villa in Kyoto (die heute zum Treuhandvermögen der Nomura-Gruppe gehört und noch immer von Führungskräften der Nomura-Gruppe benutzt wird), entstand rund um einen Weiher, der von dem eiskalten Wasser aus den Abflüssen des Biwa-Sees, Japans größtem Binnengewässer, gespeist wird. Hier setzte Nomura orange-weiße Karpfen aus, eine Gattung, die bei den Japanern wegen ihrer langen Lebensdauer geschätzt ist. (Mitglieder der alten Garde behaupten, daß Nomuras Karpfen noch immer im Teich schwimmen.) Das Haus hat sich seit seiner Zeit kaum verändert. Es liegt vor den Blicken der Passanten verborgen hinter Pinienbäumen und einem meisterhaft gearbeiteten hölzernen Zaun. Innerhalb des Geländes ist nur das Plätschern des Bachs und das Zirpen der Vögel zu hören. Inmitten der wundervoll angelegten Ziergärten und gepflegten Rasenflächen erheben sich ein- und zweistöckige hölzerne Villen, die als Gäste- und Teehäuser dienen.

Tokushichi begann sich nach dem Ersten Weltkrieg der Teezeremonie zu widmen, um seine Geduld und Selbstdisziplin zu stärken und sein Ansehen in der Gesellschaft zu verbessern. Er lud viele einflußreiche Geschäftsleute, einschließlich verschiedener Mitglieder der Mitsui-Familie, zu diesem Ritual ein, das ein Höchstmaß an Kunstsinnigkeit verlangte und oftmals mehr als vier Stunden dauerte. Im Verlauf dieser Teezeremonien und aufgrund des gemeinsamen Interesses an Radrennen wurden Tokushichi und Takakimi Mitsui enge Freunde. Nomura hatte sein Ziel erreicht.

Als sich Tokushichi Nomura endlich einen Platz in der japanischen Gesellschaft erkämpft hatte, begann er sich von seiner Frau Kiku zu entfremden. Die Mitglieder der Familie geben keine Informationen über die Ehe preis, aber manche Außenstehenden erinnerten sich, daß das Paar ständig stritt, bis Tokushichi einfach in den Ostflügel des Hauses in Kobe übersiedelte und von seiner Frau getrennt lebte (ein Arrangement, das im Japan der Vorkriegszeit häufig getroffen wurde). In Kikus Augen war der Landsitz in Kobe ein Schloß, und sie erwartete, daß die Dienstboten ständig auf ihren Posten Wache standen, um die ›Rückkehr des Königs‹ zu melden, wie ein Familienmitglied es formulierte. Es schien, als habe sie Angst, ihr Leben sei nur ein Traum und sie werde am Morgen verlassen und heimatlos erwachen. Wie die meisten Japanerinnen besaß sie nur wenige Freunde, da sich die traditionelle Rolle der japanischen Frau darauf beschränkte, Heim und Herd zu hüten. Aber Kiku befand sich in einer besonders bedauernswerten Lage, weil ihr nicht einmal diese Aufgabe blieb. Sie war von einer Schar Bediensteten umgeben, die sie wie ›gemeine Arbeiter‹ betrachtete und die ihre Anweisungen mechanisch und ohne persönliches Engagement befolgten. Nach dem Tod des Sohnes Tokio im Jahr 1928 blieb ihr nur noch ein Kind, Yoshitaro, dessen Leben ausschließlich von Tokushichi bestimmt wurde.

Tokushichi hielt sich einen großen Teil der Zeit an seinem Zufluchtsort in Kyoto auf, fünfzig Kilometer von Kobe entfernt. Dort verbrachte er auch viele Monate, als er älter wurde, in den Armen von Hiroko, seiner Geisha. Daß ihm Hiroko Gesellschaft leistete, war kein Geheimnis (Familienmitglieder erinnerten sich sogar, daß Tokushichis Frau ihr am Neujahrsfest Geschenke machte, wie es der japanische Brauch erfordert). Es entsprach durchaus den gesellschaftlichen Gepflogenheiten in dieser Zeit, daß sich ein Mann eine Mätresse hielt, die als Gastgeberin in seinem Haus fungierte, mit den männlichen Gästen plauderte und junge Mädchen engagierte, die dafür zu sorgen hatten, daß sich die Männer wohl fühlten und Essen und Getränke richtig serviert wurden. Als Zeichen der geheimen Bindung, die zwischen ihm und Hiroko bestand, trug Tokushichi, wie es damaliger Sitte entsprach, einen schmalen Streifen ihres Kimonos unterhalb seines Knies. Geishas waren Kurtisanen, die eine höchst komplizierte, vielschichtige Ausbildung absolviert hatten und Fürsorge und Achtung forderten. Erst nach langem Werben erklärten sie sich bereit, die Mätresse eines wohlhabenden Gönners zu werden. Hiroko schenkte Nomura einen Sohn, der von seinem Vater insgeheim abgöttisch geliebt wurde.

Die Kontrolle der breit gestreuten Vermögenswerte war ein Schlüsselfaktor für den Erfolg der großen vier *zaibatsu.* Deshalb wurden die Schaltstellen ihrer Imperien mit Familienmitgliedern besetzt. Tokushichi suchte diese Strategie nachzuahmen, und der Weiterbestand des Hauses Nomura war für ihn ständiger Anlaß zur Sorge. Sein Neffe Kozo erinnert sich, daß Nomura seiner Familie stets die größte Fürsorge angedeihen ließ, dabei aber gleichzeitig auch nach einem Nachfolger Ausschau hielt. »Nomura liebte seine Söhne, Brüder und Neffen sehr, aber es bestand kein Zweifel daran, daß er der König und sie die Prinzen waren.« Andere Verwandte beschrieben Tokushichi als einen ›wohlwollenden Monarchen‹. Sein Wort galt als Gesetz, wenn er im Kreis seiner weitläufigen Familie weilte. Sie war seine Zukunft, und jeder hatte seinen angestammten Platz in der *zaibatsu*-Hierarchie. Als sein Sohn und seine Neffen älter wurden, drängte er sie ständig, mehr Kinder zu zeugen. Er hatte sich zum Ziel gesetzt, daß seine Erben einmal anerkannte Mitglieder der herrschenden Wirtschaftselite Japans werden sollten. Zu diesem Zweck gründete er eine exklusive Schule in Kobe, wo seine Söhne, Neffen und Enkel schon in frühen Jahren Freundschaft mit den Sprößlingen der Reichen schließen konnten. Im Gegensatz zu ihm sollten sie im Leben eine bessere Ausgangsbasis haben.

Um seinen neu erworbenen Wohlstand zu festigen und zu gewährleisten, daß seine Dynastie in guten Händen blieb, schuf Tokushichi 1922 Nomura Partnership, auf japanisch Nomura Gomei. Sie kontrollierte den größten Teil der Firmentöchter im Familienbesitz, wie beispielsweise die Bank und die Handelsgesellschaft (die er Nomura East Indies nannte). Tokushichi gehörten rund 60 Prozent von Nomura Partnership; dem Sohn seines toten Bruders überschrieb er 30 Prozent und seinem jüngsten Sohn Motogoro 10 Prozent. Nach seinem Tod sollte sein Anteil, mit dem er das Gleichgewicht der Macht aufrechterhielt, an seinen älteren Sohn Yoshitaro übergehen. Nomura Partnership war der am stärksten in Familienhand konzentrierte *zaibatsu*. Andere Häuser, wie Mitsui oder Mitsubishi, steuerten die Firmen, die zu ihrem Konglomerat gehörten, über Zweigfirmen, die sich nur teilweise in ihrem Besitz befanden. Nomura wollte ein solches Wagnis nicht eingehen.

Es mag wie eine Ironie des Schicksals erscheinen, daß Nomura in seinem Bemühen, Osakas Finanzwelt fester in den Griff zu bekommen, von einer der größten Tragödien in der japanischen Geschichte unterstützt wurde. Das Erdbeben, das sich 1923 in Kanto ereignete und im Raum Tokio und Yokohama mehr als 100000 Todesopfer forderte, machte Millionen von Menschen obdachlos. Als die finanziellen Auswirkungen der Katastrophe im Abklingen waren, hatte Tokushichi Nomura Securities gegründet – ein Wertpapierhaus, das in Staatsanleihen handelte, mit denen der Wiederaufbau Japans finanziert werden sollte – und eine Lebensversicherungsgesellschaft erworben, die durch ihre Auszahlungen an die Erdbebenopfer am Rande des Ruins stand.

Die japanischen Versicherungsgesellschaften übernahmen keine Haftung für Brände, die durch Erdbeben entstanden; aber die Regierung zwang sie, 10 Prozent aller ausgestellten Policen auszuzahlen. In den nächsten zwanzig Jahren hatten die Versicherungsfirmen damit zu kämpfen, ihre Schulden zu begleichen, mit dem Ergebnis, daß viele kurz vor dem Bankrott standen. Die Wirtschaft befand sich bereits seit Kriegsende in einer Deflationskrise. Die Nachfrage nach Fabrikwaren und Gütern des täglichen Bedarfs wies rückläufige Tendenz auf. Nun war sie endgültig am Nullpunkt angelangt. Das Feuer, das sich in den Stadtteilen von Tokio und Yokohama ausgebreitet hatte, in denen die Hochburgen der Finanzwelt lagen, zerstörte oder richtete schwere Schäden bei 121 der 138 Bankgebäude an. Werte, die auf dem Papier bestanden, wie beispielsweise Banknoten und Besicherungsurkunden, fielen den Flammen zum Opfer. Die Regierung versuchte, die Krisensituation durch die Anordnung zu überwinden, daß alle Schuldenrückzahlungen bis auf weiteres ausgesetzt werden sollten. Darüber hinaus drängte sie die Banken, den finanziell bereits angeschlagenen Produktionsbetrieben weitere Kredite einzuräumen. Die Kapitalnachfrage war in der Zeit nach 1923 so groß, daß sich japanische Firmen im Ausland nach Geldquellen umsahen. So begannen ausländische Mittel – vor allem aus Amerika – nach Japan zu fließen. Rund 80 Prozent aller Auslandsinvestitionen in Japan vor dem Zweiten Weltkrieg wurden von US-Bürgern und -Unternehmen getätigt.

Tokushichis Geschäfte blieben von der Katastrophe jedoch weitgehend verschont. Er besaß bis zu diesem Zeitpunkt weder eine Versicherungsgesellschaft noch einen Produktionsbetrieb. Als Eigner einer Bank mit Standort Osaka vergab er seine Kredite in erster Linie an Unternehmens- und Privatkunden im Westen Japans, wo nur wenige Geschäfte unter dem Beben gelitten hatten. Er baute jedoch den Kapitalstock seiner Aktienhandelsfirma Osakaya ab und ernannte Kisaku Hashimoto – den Journalisten, der Nomuras Research-Abteilung geleitet hatte – zu ihrem ersten Präsidenten. (1929 verkaufte er sie an Hashimoto und seine Mitarbeiter. Sie überlebte nicht nur alle Wirren der Zeit, sondern entwickelte sich unter dem Namen Cosmo Securities zu einer der erfolgreichsten Brokerfirmen Japans.) Der japanische Aktienmarkt hatte bereits nach Ende des Ersten Weltkrieges stagniert; nach dem Erdbeben kamen die Aktivitäten buchstäblich zum Stillstand. Die Anleger wandten ihr Interesse nun den Staatsanleihen zu, die dem Wiederaufbau dienen sollten, und auf diese Investorengruppe und das wachsende Volumen der japanischen Industrieanleihen richtete auch Nomura sein Augenmerk.

Als Nomura 1918 Otogo Kataoka, einen Mann, der sich insgeheim zum Christentum bekannte und als sittenstreng und puritanisch galt, zum Leiter der Nomura-Bank in Osaka ernannte, war kaum jemand mit dem Anleihegeschäft vertraut. Kataoka, der zum Banker geboren schien und eine Ausbildung im Bankfach vorweisen konnte, hatte zwölf Jahre lang die Abteilung Unternehmenskredite der Industrial Bank of Japan geleitet. Er war ein stiller Mann und bekennender Christ in einem Land, in dem die meisten Menschen von Geburt an dem Shinto-Glauben oder dem Buddhismus angehörten. Er verachtete die Aktienhändler zutiefst. Seine Aufgabe sollte darin bestehen, das Image der Nomura-Bank in Osaka aufzuwerten und die Brokerfirma mit geringem Ansehen in ein Bankinstitut mit erstklassigem Ruf zu verwandeln.

Kataoka leistete – von Nomura angespornt – Pionierarbeit, denn keine andere Bank übernahm damals die Emission von Staats- und Industrieobligationen. Industrieanleihen notierten bereits seit 1912 an den Effektenbörsen, aber sie wurden lustlos gehandelt. 1920 baute die Regierung die Restriktionen ab, die der Kontrolle des Anleihenmarktes dienten, um die Investitionstätigkeit in diesem Bereich zu fördern. Nach der Emission der Staatsanleihen, mit denen der Wiederaufbau des Landes nach dem Erdbeben von 1923 finanziert werden sollte, begann sich der Markt zu entwickeln. Zu diesem Zeitpunkt gab es in der Nomura-Bank in Osaka bereits eine Effektenabteilung, die auf Bondemissionen spezialisiert war. Kataoka hatte in New York die National City Company besucht, eine Brokerfirma mit Schwerpunkt Anleihenhandel, die gerade erst von der National City Bank als eigenständiger Geschäftsbereich ausgegliedert worden war. Dort lernte er, wie sich die Bond-Transaktionen aus der Nomura-Bank in Osaka ausgrenzen ließen.

Die Nomura Securities Company Ltd. erblickte am Heiligen Abend 1925 das Licht der Welt. Daß dieser Tag gewählt wurde, zeugt sowohl von Kataokas christlicher Überzeugung als auch einer typisch japanischen Interpretation der Geburt Christi. Tokushichi behielt 98 000 der insgesamt 100 000 aufgelegten Unternehmensaktien für sich, die er aufgrund seiner Rolle als ›Repräsentant der Mitarbeiter‹ von Nomura Partnership beanspruchte, und weitere 800 Aktien in Anbetracht seiner Funktion als Rechnungsprüfer der neuen Firma. Kataoka, der Präsident, erhielt nur 200 Aktien, und ebenfalls jeweils 200 gingen an die fünf Direktoren, zu denen auch sein Bruder Motogoro gehörte. (1986, als der Aktienkurs von Nomura Securities Rekordhöhen erreichte, waren diese kaum ins Gewicht fallenden Anteile jeweils mehr als 100 Millionen Dollar wert.)

Am 4. Januar 1926 nahm Nomura Securities seine Geschäftstätigkeit in Osaka auf und eröffnete Zweigstellen in Tokio, Nagoya, Kobe und Kyoto mit insgesamt vierundachtzig Angestellten.

Kapitel 8:

Panik und Peerswürde

1927 wurde Japan erneut von einer Katastrophe heimgesucht. Zwei Jahre vor dem Wall-Street-Crash und dem darauf folgenden Zusammenbruch amerikanischer Banken traten Japans Bankinstitute eine rasante Talfahrt an. Die Panik, die sich in ihren Reihen verbreitete, wurzelte im kometenhaften Aufstieg eines neuen Konglomerats im Westen Japans, eines fünften *zaibatsu.* Er war während des Booms entstanden, den der Erste Weltkrieg mit sich gebracht hatte. Das Suzuki-Imperium befand sich fest in der Hand der Matriarchin Yone Suzuki, Witwe des Gründers, die 1922 von der *New York Times* als reichste Frau der Welt bezeichnet wurde. Sie herrschte, wie eine Spinne, von ihrer Operationsbasis Kobe aus über ein Heer von 25 000 Mitarbeitern und ein Netz von fünfundsechzig Unternehmen. Ihre Handelsgesellschaft hatte bereits Mitsui die Marktführerschaft entrissen, und ihre Beteiligungen an Stahl- und Textilkonzernen bedrohten nun die Vorrangstellung anderer *zaibatsu.*

1929 brach Yone Suzukis Imperium jedoch zusammen. Die Abhängigkeit von zwei Großbanken – der Bank von Taiwan und der Bank von Kobe – hatte den Untergang beschleunigt. Da Yone Suzuki es ablehnte, die Expansion über firmenexterne Aktionäre zu finanzieren, war der Schuldenberg bei diesen beiden Instituten ins Unermeßliche gewachsen. Sie hatte sogar Mehrheitsanteile an der Bank von Kobe erworben, um sich den Zugang zu Krediten zu erleichtern. Aber die ungesunde Schuldenpyramide geriet ins Wanken. 1927 beliefen sich Yone Suzukis finanzielle Verbindlichkeiten allein gegenüber der Bank von Taiwan auf insgesamt 350 Millionen Yen, wovon rund 100 Millionen auf Darlehen entfielen, mit denen sie den Kauf der staatlich geförderten Erdbeben-Anleihen finanzierte. Sollte sie in Zahlungsverzug geraten, stand die Bank vor dem Bankrott.

Noch im selben Frühjahr forderte das Anlagepublikum von der Regierung die Rückerstattung der Erdbeben-Anleihen. Die Bevölkerung verlangte eine Erklärung dafür, warum die Steuerzahler labile Firmen finanzieren sollten, die aufgrund ihrer Vetternwirtschaft mit den Banken in den Besitz dieser Kreditfazilitäten gelangt waren. Das japanische Parlament gab schließlich dem Druck der Öffentlichkeit nach. Es forderte eine vorzeitige Rückzahlung der Schulden und versprach, die Vorgänge in der Bank von Taiwan zu untersuchen.

Ein Dominostein nach dem anderen begann einzustürzen. Die Bank von Taiwan war gezwungen, den Kredit an den Suzuki-*zaibatsu* zu stunden. Die Bank von Kobe – ein Suzuki-Trabant und deshalb indirekt vom Bargeldfluß der Bank von Taiwan abhängig – brach unmittelbar darauf zusammen. Suzuki selbst hätte überleben können, wenn die Bank von Taiwan nicht insgeheim von den Mitsui- und Mitsubishi-Banken gestützt worden wäre. Sie hatten das Suzuki-Imperium seit Jahren durch ihre Ausleihungen an die Bank von Taiwan indirekt finanziert. Jetzt forderten sie die Außenstände ohne Vorwarnung ein. Die Suzuki-Firmen brachen eine nach der anderen zusammen, als sich die Rivalen Mitsui und Mitsubishi über die Reste des einstigen Imperiums hermachten.

Tokushichi Nomuras eigene Bank geriet während der Panik, die in diesem Frühjahr herrschte, innerhalb von Wochen an den Rand des Bankrotts. Eines Tages bemerkte er, wie sich eine Schlange von Menschen vor den Pforten der Bankzentrale in Osaka bildete. Es waren Kunden, die hier Konten unterhielten. Die Gerüchte hatten sich in Windeseile in der Stadt verbreitet. Tokushichi war bis zu diesem Zeitpunkt keineswegs in einem finanziellen Engpaß gewesen. Als nun die Kaufleute von Osaka aufgebracht die Auszahlung ihrer Guthaben forderten, wurde ihm bewußt, daß seine Barreserven bald erschöpft sein würden. In den Tresoren seiner Bank und der fünfzehn Zweigstellen waren schätzungsweise neunzig Millionen Yen deponiert, aber Tag für Tag wurden ein bis zwei Millionen Yen von den nervösen Sparern abgezogen.

Nach Aussage von Kozo Nomura erklärte sein Onkel Tokushichi den Bankangestellten als erstes, er werde ihnen sein gesamtes Privatvermögen zur Verfügung stellen, falls die Bank die geforderten Auszahlungen nicht mehr leisten könne. Die Sprecher der Bank verbreiteten die Neuigkeit pflichtschuldigst, aber die Panik mit Worten bekämpfen zu wollen glich dem vergeblichen Bemühen, ein brennendes Haus mit einer Tasse Wasser zu löschen. Die Abhebungen hielten an.

In dem verzweifelten Bemühen, sein Imperium zu retten, griff Nomura zu einer List. Er wies seine Assistenten an, sämtliche Aktien- und Anleihezertifikate, die sich in seinem Privatbesitz befanden, aus dem Tresor zu nehmen und in ein Auto zu laden. Dann fuhren sie die kurze

Strecke die Straße entlang bis zur Bank of Japan, die sie gegen Bargeld eintauschte, und kehrten mit Yen-Scheinen beladen zur Nomura-Bank zurück. Der Anblick einer solchen Bargeldmenge, die jederzeit an die Einleger auszahlbar war, beruhigte die nervösen Kunden. Einige verließen die Schlange, andere folgten ihrem Beispiel. Jahre später wurde behauptet, Nomura habe seine eigenen Leute dafür bezahlt, sich unter die Wartenden zu mischen, sich als Kunden auszugeben und all jene zu verspotten, die ihr Geld abheben wollten. Die Welle der Abhebungen verebbte und der Kundenstrom versickerte. Nomuras List hatte Erfolg.

Selbst Japans Kaiser Hirohito, der 1926 – ein Jahr zuvor – den Thron bestiegen hatte, entging nicht den Auswirkungen der Bankenkrise. Das in der Hausbank der kaiserlichen Familie deponierte Privateigentum des Tenno drohte verlorenzugehen. Die sogenannte Fifteenth Bank, wegen ihrer adeligen Kunden auch als Peers Bank bekannt, war in den siebziger Jahren des neunzehnten Jahrhunderts gegründet worden. Ihren Kapitalgrundstock bildeten Anleihen, die an Adelige und Samurai ausgegeben wurden, welche im Zuge der Meiji-Reformen ihr Vermögen eingebüßt hatten. Zum Zeitpunkt der Jahrhundertwende galt sie als eine der größten Banken in Japan, deren Vorstand vom Kaiser selbst ernannt wurde.

Als die Peers Bank 1927 zusammenbrach, beschlossen Regierung und Bankvorstand, nicht tatenlos zuzusehen, wie ihr Herrscher und direkter Nachfahre der Sonnengöttin verarmte. Sie brachten mit der gebotenen Eile ein Gesetz durch alle Stufen des Parlaments, um das wankende Bankensystem zu stützen. Milliarden von Yen wurden einigen ausgewählten japanischen Banken zur Verfügung gestellt, um somit indirekt das kaiserliche Vermögen zu erhalten.

Als die Bankenkrise vorüber war, hatten die fünf führenden *zaibatsu* ihre Vorrangstellung im japanischen Bankensystem behauptet. Das Einlagenvolumen der Großen Vier war verdoppelt worden, und sie kontrollierten nun ein Drittel aller japanischen Bankdepositen. In der Zwischenzeit hatte Nomuras Geschick, Katastrophen wie diese relativ unbeschadet zu überstehen, der Nomura Bank in Osaka eine Hauptrolle in der landesweiten Bankenszene eingetragen. Tokushichi selbst begann sich mehr und mehr als einer der letzten überlebenden Samurai in Osaka zu fühlen. Die Panikstimmung im Bankwesen hatte ihn nicht von seinen Plänen abbringen können, sein Finanzimperium auszudehnen. Gegen Ende des Frühjahrs 1927, einen Monat nach Abklingen der Krise, eröffnete er am Broadway in New York eine kleine Niederlassung von Nomura Securities. Dieser Meilenstein in der Geschichte des Hauses wurde kaum zur Notiz genommen, obwohl es das erste Mal war, daß eine japanische Wertpapierfirma eine Zweigstelle in Übersee gründete. Noch im selben Jahr verkürzte Tokushichi den Namen auf ›Nomura Bank‹ und begann mit der Planung einer ›Kommandozentrale‹ für sein aufblühendes Finanzimperium.

Tokushichi war nun bereit, an die Spitze der Hochfinanz vorzustoßen. Er ging dabei nach einer Strategie vor, die schon den großen vier *zaibatsu* Erfolg gebracht hatte: Er finanzierte seinen Weg nach oben mit Hilfe von Fremdkapital. Innerhalb von nur zwei Jahren – zwischen 1928 und 1930 – erhöhte Nomura Partnership ihr Kreditvolumen von 8,7 auf 19,5 Millionen Yen. Da der größte Teil des Geldes von der Nomura-Bank stammte, sicherte sich Nomura Partnership über die Zuteilung der Bankmittel die Kontrolle über die Unternehmensgruppe. Dazu kam, daß Nomura Partnership (in Wirklichkeit konnte man die Gesellschaft nicht als offene Partnerschaft bezeichnen, da sich die Anteile nahezu ausschließlich in Tokushichis Besitz befanden) Nutznießer des Aktienportefeuilles der Familie Nomura war. Es besaß noch immer einen Wert von achtzehn Millionen Yen, obwohl Tokushichi behauptete, er habe seine Verbindungen zum Aktiengeschäft 1922 gelöst.

Die japanischen *zaibatsu*-Familien beherrschten die Kunst der Fremdfinanzierung, und Nomura hatte ihre Strategie, Holding-Gesellschaft zu gründen, noch verfeinert: Er lieh sich das Geld aus, das die Kaufleute Osakas bei seiner Bank deponiert hatten, investierte diese Kredite in Aktien, hinterlegte diese als Sicherheit, um weitere Mittel aufzunehmen, und brachte sich auf diesem Weg in den Besitz eines Aktienbestandes, der den gleichen Nettowert wie die Bank aufwies (18 Millionen Yen), die ihm ebenfalls gehörte.

In den Nachbeben der Bankenkrise begann Nomura Firmen aufzukaufen, die unter dem finanziellen Umbruch schwer gelitten hatten. Die weltweit herrschende wirtschaftliche Depression hielt bis 1933 an, und zu diesem Zeitpunkt, als die Zukunftsaussichten besonders düster waren, machte Tokushichi seinen Schachzug. Eine seiner langfristig wichtigsten Akquisitionen war eine kleine, um ihre Existenz kämpfende Treuhandgesellschaft, die er dem ebenfalls sorgengeplagten Fujita-*zaibatsu* abgekauft hatte, einem ehemals weitläufigen Imperium, zu dem Minen, Eisenbahnen, Banken und Forstwirtschaften zählten. Durch die Panik im Bankwesen stark angeschlagen, begannen die Vermögenswerte des Konglomerats langsam zu schrumpfen. Tokushichi erwarb den Taisho Trust für einen Spottpreis. Er benannte ihn in Osaka Trust um und setzte Otogo Kataoka als Präsidenten ein. Damit versorgte er Nomura Securities, dessen Vorsitz ebenfalls Kataoka führte, mit einer weiteren Kapitalquelle für die Manöver des Wertpapierhauses am Anleihemarkt. Weitere Zukäufe kleiner Treuhandfirmen folgten, bis Nomura 1933 eine der größten Treuhandgesellschaften Japans unter seine Kontrolle gebracht hatte, die den Namen Nomura Trust and Banking erhielt.

Tokushichis Finanzimperium wuchs unaufhaltsam weiter. 1933 erwarb er eine zweite kränkelnde Fujita-Firma, die Kyhoho Lebensversicherungsgesellschaft. Er war zu der Ansicht gelangt, der Verkauf der Policen ließe sich am besten ankurbeln, indem man Managern und Versicherungsvertretern eine prozentuale Beteiligung am Jahresumsatz zugestand. Er entwickelte ein für damalige Zeiten sensationelles Leistungsanreiz-System, indem er den Mitarbeitern Aktien der neuen Nomura Life Company überließ.

Vor dem Zweiten Weltkrieg gab es in Japan keine Überwachungsinstanzen im Finanzbereich. Die Lebensversicherungsfirmen befanden sich im Besitz der *zaibatsu*-Familien. Sie hatten die ausschließliche Verfügungsgewalt über die Gelder, die aus den Policen in ihren Pool flossen. Diese stellten eine weitere Finanzierungsquelle dar und wurden nach Gutdünken der Firmeninhaber investiert, ohne einen Gedanken an die Sicherheit der Anlage zu verschwenden. Auch die Absicherung gruppeninterner Vermögenswerte blieb den einzelnen Firmenbesitzern überlassen. Mitte der zwanziger Jahre hatte Nomura Partnership ihre eigene Revisionsabteilung gegründet; ihre Aufgabe bestand darin, die Bilanzen der wachsenden Anzahl von Unternehmen im Auge zu behalten, die sich dem Imperium hinzugesellten. Betrügerische Manipulationen aufzudecken und zu verhindern – insbesondere die Aufblähung der Unternehmensgewinne, um die Dividende zu erhöhen – wurde um so dringlicher, seit Tokushichi den Mitarbeitern Anteile an der Nomura Life Company zugestanden hatte.

Einer der ersten Buchprüfer, die Nomura engagierte, war Narajiro Kamata, ein kleiner, lebhafter Absolvent der Universität von Keio. Er erhielt ein Anfangsgehalt von 70 Yen pro Monat, eine Riesensumme für einen ›Grünschnabel‹, der frisch von der Schulbank kam. Die meisten Manager der Bankzweigstellen, die den mächtigen *zaibatsu* gehörten – Männer, die zum Teil eine zehnjährige Berufserfahrung vorweisen konnten –, verdienten nicht mehr als 100 Yen im Monat. Kamatas erste Aufgabe bestand darin, die Ergebnisse der Firmen Choya Shirt and Standard Shoe zu überprüfen, eine Hemden- und eine Schuhfabrik, die Nomura während der zwanziger Jahre gekauft hatte.

Kamata genoß die Machtstellung, die mit seiner Arbeit verbunden war. Er suchte die Nomura-Zweigstellenleiter in ihren eleganten Büroräumen auf und forderte die Aushändigung der Firmenunterlagen. Kamata behauptete, seine Abteilung habe zu den wichtigsten von Nomura Partnership gehört. Ihr sei zu verdanken, daß Unsummen eingespart werden konnten, die unnötig vergeudet wurden, und in manchen Fällen habe sie sogar Betrügereien verhindert. Ihre Bedeutung lasse sich außerdem am Gehalt ablesen, das der Leiter der Revisionsabteilung erhalten habe. »Die Abteilung unterstand Herrn Hamano«, erinnerte sich Kamata. »Er brachte es im Monat auf 500 Yen – mehr als die meisten anderen *zaibatsu*-Führungskräfte in einem halben Jahr verdienten. Und das hatte seinen Grund: Man kann keinen Fuchs im Hühnerstall gebrauchen.« Tokushichi war zu der Schlußfolgerung gelangt, daß es keinen Weg gab, die Wachposten zu bewachen. Deshalb zahlte er seinen Buchprüfern hohe Gehälter, so daß sie gegen die Versuchung gefeit waren, sich selbst auf betrügerische Geschäfte einzulassen.

Nachdem sich Kamata durch die Bilanzen der Hemden- und Schuhfabrik gearbeitet hatte, stieg er zum Buchprüfer der Nomura Life Company auf. Hier fand er skandalöse Geschäftspraktiken vor, die noch an die Methoden der Reismakler gegen Ende des neunzehnten Jahrhunderts erinnerten und zeigten, daß die Versicherungsexperten genauso skrupellos waren. Kamata stellte innerhalb kürzester Zeit fest, daß die Anzahl der Versicherungsnehmer gegen Ende des fiskalischen Jahres sprunghaft anstieg, um sich dann zu Beginn der neuen Steuerperiode urplötzlich und ohne ersichtlichen Grund wieder drastisch zu verringern. Die Führungskräfte von Nomura Partnership hatten diesen Umstand zwar zur Kenntnis genommen, jedoch vermutet, er sei lediglich auf die launenhafte Natur der japanischen Versicherungsnehmer zurückzuführen. Sie waren zwar verblüfft, aber der Angelegenheit nicht weiter auf den Grund gegangen. Das Versicherungsgeschäft stellte für sie Neuland dar. Herr Matsuda, der Präsident des Unternehmens, der von der Sumitomo Lebensversicherungsgesellschaft abgeworben worden war, hatte die Nomura-Vorstandsmitglieder mit der rapide wachsenden Anzahl der ausgestellten Policen beeindruckt, und sie sahen keinen Anlaß, seinen Erfolg in Frage zu stellen. Tokushichi ließ in dieser Hinsicht größere Vorsicht walten: Er hatte gespürt, daß es an der Zeit sei, Kamata mit Nachforschungen zu betrauen.

Kamata gelangte zu der Schlußfolgerung, daß dieser Zuwachs ein wenig *zu* spektakulär war. Er entdeckte bald, daß sämtliche Vertreter am Ende des fiskalischen Jahres eigenhändig Kundenkonten eröffnet hatten, um ihre Provisionen aufzublähen. Sie zahlten die Prämien der nichtvorhandenen Versicherungsnehmer aus eigener Tasche und stellten die Zahlungen ein, sobald sie ihre Provisionen kassiert hatten. Matsuda wurde fristlos entlassen, der Skandal vertuscht und Kamata zum Generalsekretär von Nomura Partnership ernannt.

Kamata nahm nun an den Konferenzen des Hauptvorstands teil und machte sich Notizen über die Diskussionen, die der Festlegung der Unternehmensstrategien dienten. Er erklärte, Tokushichi sei stets bestens informiert und gründlicher vorbereitet zu den Sitzungen erschienen als die Präsidenten der Nomura-Tochterfirmen. Während die Vorstandsmitglieder ihre Rede hielten, habe er eine ernste Miene aufgesetzt und eifrig in seinem Notizbuch gekritzelt. Eines Tages saß Kamata neben ihm und sah ihm über die Schulter, um herauszubekommen, was Tokushichi da fabrizierte. Es waren Karikaturen von den anwesenden Vorstandsmitgliedern.

1928, als Tokushichi das fünfzigste Lebensjahr erreichte, wurde ihm die höchste persönliche Auszeichnung seines Lebens zuteil. Kaiser Hirohito berief ihn in das House of Peers, die gesetzgebende, aus Adeligen bestehende Körperschaft. Die Angehörigen wurden von der konservativen japanischen Aristokratie oder vom Tenno selbst ernannt, und das Haus stellte einen verlängerten Arm der kaiserlichen Familie dar. Die Peerswürde konnte man kaufen, wie die meisten Titel in Japan, und manche Skeptiker behaupteten, Nomura sei auf eben diesem Weg in ihren Besitz gelangt. Aber aus der Familienchronik und den Aussagen von Familienmitgliedern geht eindeutig hervor, daß Nomura aufgrund der hohen Steuern, die er dem Staat einbrachte, in das House of Peers berufen wurde. Dieses System ist geradezu genial, denn es spornt die reichen Bürger Japans an, ihre Steuererklärungen ordnungsgemäß auszufüllen, wobei den Steuerzahlern mit den höchsten Abgaben in jeder Region des Landes die Mitgliedschaft im House of Peers winkt.

Tokushichi mischte sich nun mit einem leisen Gefühl des Unbehagens unter die Angehörigen des Hauses, die von Geburt an den Adelstitel trugen. Zunächst rümpften sie die Nase über den Sohn eines Geldwechslers aus Osaka, aber schließlich ließen sie sich von seinen hervorragenden Kenntnissen auf dem Finanzsektor, die er in seinen Reden offenbarte, überzeugen und akzeptierten ihn. Einer der Männer, der Nomuras Ausführungen aufmerksam zuhörte, war Prinz Konoe Fumimaro. Obwohl der Prinz neunzehn Jahre jünger als Tokushichi und kultivierter war, erkannte er Nomuras nahezu geniale Fähigkeiten. Er überwand die Vorurteile seiner Klasse und beschloß, von diesem ungeschliffenen Meister der Finanzkunst zu lernen. Ihre Beziehung brachte Nomura dem Zentrum der Macht nahe: In den dreißiger und vierziger Jahren wurde der Prinz dreimal zum Premierminister ernannt. Er besuchte Nomura häufig in dessen Haus in Kyoto und nahm an den Teezeremonien teil. Dort bat er Tokushichi, als Finanzminister in sein Kabinett einzutreten. Jedesmal, wenn der Prinz ihn bedrängte, lehnte Tokushichi höflich ab, zum einen, weil sein guter Freund Kaya Okinori den Posten innehatte, und zum anderen, weil ihm die exponierte Stellung zu gefährlich erschien.

Attentate auf Politiker waren in Japan damals an der Tagesordnung.

Drei Premierminister und ein Dutzend Mitglieder des Kabinetts waren zwischen 1926 und 1945 ermordet worden. Nomura hielt sich zwar für einen Patrioten, aber er sah nicht ein, warum er Anschauungen über den bevorstehenden Krieg vertreten sollte, die ihm im Grunde widerstrebten. Nomuras Familie erklärte nachdrücklich, er habe seinem Land zwar 1934 während der Angriffe Japans auf China und 1941 während der Kampfhandlungen im Pazifik im House of Peers gedient, sei aber gegen den Krieg gewesen. Sein Neffe Kozo bestätigte: »Tokushichi haßte die Militaristen, und das war einer der Gründe, warum wir keine Fabriken in der Mandschurei besaßen, wo alle anderen Produktionsstätten errichtet hatten und expandierten.« Die gute alte Zeit in der Armee, die Tokushichi 1899 genossen hatte, war vorbei. Die Streitkräfte wurden nun von Fanatikern beherrscht. Tokushichi konnte die militärische Aggression nicht öffentlich anprangern. Es gab zu viele radikale Angehörige des rechten Flügels, manche auch Mitglied in einem Geheimbund, die einem oppositionellen Parlamentarier nur allzu gerne eine Kugel verpassen würden. Die Gefahr, einem Attentat zum Opfer zu fallen, wäre als Minister im Kabinett um so größer gewesen. Er zog es vor, weiterhin die Rolle eines Kaufmanns in Osaka zu spielen, der sich politisch neutral verhielt.

Im selben Jahr, als Tokushichi in das House of Peers berufen wurde, begann er in Tokio ein Bürogebäude zu bauen, das 1930 fertiggestellt wurde. Der Standort – No. 1 Nihonbashi – galt als erstklassige Adresse und eines Finanzmonarchen würdig, da von diesem Ort aus traditionsgemäß alle Entfernungen in Japan gemessen wurden. Nihonbashi, oder die Japanische Brücke, war Ausgangspunkt des berühmten Tokaido, der Hauptverkehrsstraße des mittelalterlichen Japan. Nomura hatte es inzwischen weit gebracht. 1930 galt er sowohl in Tokio als auch in Osaka als Finanzgröße, mit der man rechnen mußte. Durch die Berufung in das House of Peers hatte er den höchsten gesellschaftlichen Rang erworben, und er hielt die Zügel seines inzwischen blühenden *zaibatsu* fest in der Hand. An der Spitze der Pyramide stand Nomura Partnership – die von Kozo Nomura als Scheitelpunkt des Dreiecks bezeichnet wurde – mit den drei stützenden Seiten des Familienimperiums, der Nomura Bank, Nomura Securities und Nomura East Indies.

Kapitel 9:

Die Nomura-Männer

In China gibt es ein Sprichwort, das besagt: Es ist besser, den männlichen Erben in der dritten Generation einer Familie vom Opium abhängig zu machen und ihn somit der realen Welt und ihren Schicksalsschlägen zu entziehen, als zuzulassen, daß er das Familienvermögen mit Frauen, Glücksspielen und riskanten Geschäften verpraßt. Für die meisten reichen und mächtigen Familien war es schon immer schwierig, ihr Vermögen und ihren Fortbestand über die dritte Generation hinaus zu erhalten. Die Familie Nomura stellte in dieser Hinsicht keine Ausnahme dar. Was den Erhalt der Nomura-Dynastie jedoch gefährdete, waren weniger Trägheit oder Überdruß, der viele Reiche kennzeichnet, sondern vielmehr private Tragödien.

1919 war Tokushichis jüngerer Bruder Jitsusaburo an einer Lungenentzündung gestorben. Im Frühjahr 1928 schlug das Schicksal erneut zu, als Tokio Nomura, der jüngste, erst siebzehnjährige Sohn, bei einem Autounfall ums Leben kam. Damals wurde Autofahren noch als eine Art Hobby betrachtet. Man brauchte keine Fahrerlaubnis, und Tokio hatte gerade erst gelernt, den Austin Seven seines Vaters zu steuern. Der Unfall ereignete sich nach einer Party in der exklusiven Konan High School, als Tokio ein Bahngeleise überquerte. Auf dem Beifahrersitz saß Daisuke Kuhara, Sohn einer Familie, die zu den ›Neureichen‹ zählte. Sie hatte ihr Vermögen während des Ersten Weltkriegs im Kupferbergbau erworben und legte später den Grundstein des Automobilkonzerns Nissan, eines namhaften *zaibatsu.* Der Austin Seven blieb stecken und wurde von einem aus Hankyu kommenden Zug überrollt. Tokio war auf der Stelle tot; Kuhara hatte viel Blut verloren und starb auf dem Weg ins Krankenhaus. Es mag wie eine Ironie des Schicksals erscheinen, daß das Leben dieser beiden jungen Männer, deren Aufgabe darin bestanden hätte, die beiden Imperien mit den höchsten Wachstumsraten in Japan zu lenken, durch eine Tragödie beendet wurde, die Japans Aufbruch in das Zeitalter der Moderne kennzeichnete.

Nach Tokios Tod brach Tokushichi zum ersten Mal zusammen, seit sein Bruder gestorben war. »Er weinte tagelang«, erinnerte sich Kozo Nomura, Tokios Cousin. Nur zwei Jahre später ereignete sich die nächste Katastrophe, als Minoru Nomura, der älteste Sohn von Tokushichis Bruder Jitsusaburo, beim Skifahren in den japanischen Alpen von einer Lawine überrollt und getötet wurde. Diese Todesfälle waren mehr als Familientragödien: Sie vereitelten Tokushichis Plan, Nomura Partnership im selben rasanten Tempo auszubauen.

Nomuras nächste Führungsgeneration war nun gefährdet, denn die Symbole der Macht würden ausschließlich an Yoshitaro Nomura übergehen, Tokushichis älteren Sohn, der nicht auf die einstimmige Unterstützung der Familie rechnen konnte. Als Tokio 1928 starb, studierte Yoshitaro Literatur an der Kaiserlichen Universität von Kyoto. Mit seinem akademisch ausgerichteten Verstand und der Vorliebe für die Geisteswissenschaften galt er nicht gerade als der geeignete Erbe des Nomura-Imperiums. In der Zwischenzeit bemühte sich Tokushichi jedoch, sämtliche verbleibenden männlichen Anverwandten in das Familienunternehmen zu integrieren.

Das Problem der Nachfolge war für die wichtigste Tochtergesellschaft, die Nomura-Bank, bereits gelöst. Tokushichis Bruder Motogoro hatte 1925, nach Beendigung seiner Ausbildung in England, die Leitung der Bank übernommen und den puritanischen Otogo Kataoka abgelöst, der die Treppe hinaufgefallen und zum Präsidenten von Nomura Securities ernannt worden war. Es blieben also noch Keiji und Kozo Nomura, die beiden Söhne von Tokushichis ältestem Bruder. 1930 befanden sich beide im ersten Studienjahr an der Kaiserlichen Universität von Kyoto, die nach der Kaiserlichen Universität in Tokio als die angesehenste in Japan galt. »Ich wollte Englisch studieren«, erklärte Kozo Nomura, »aber nach Minorus Tod war ein weiterer Akademiker das letzte, was wir brauchten.« In Tokushichis Rechnung stellten Keiji und Kozo nun einen wertvollen Posten dar, und die beiden wurden angewiesen, Wirtschaftswissenschaften zu studieren.

Während Keiji und Kozo 1930 die Universität besuchten, kehrte Yoshitaro Nomura auf den Landsitz der Familie in Kobe zurück. Er hatte ein Jahr in England verbracht und schwärmte für alles Britische, wie so viele Japaner in den ersten vier Jahrzehnten dieses Jahrhunderts. Die enge Beziehung zwischen der japanischen und der britischen Kultur hatte sich nach der Unterzeichnung des anglo-japanischen Handelsabkommens von 1905 noch gefestigt und in Japan zu einem Import-Boom britischer Waren geführt. Alles, was aus Großbritannien stammte – einschließlich Automobile, Bekleidung, Produktionstechnologie und Literatur –, galt als Qualitätsware und fand reißenden Absatz bei den wohlhabenden japanischen Familien, die damit demonstrieren wollten, daß sie zu leben verstanden. Die reichen *zaibatsu*-Clans wie das Haus Mitsui, Iwasaki und Sumitomo fuhren stets die neuesten britischen Automodelle. Tokushichi legte sich einen Jaguar SS und einen Armstrong Siddeley Special zu. Yoshitaro schwärmte für den Invicta und trat einem Rennsportclub bei. Mit Lederkappe und Brille bekleidet raste er durch Kobes holperige Straßen, ungeachtet der zahlreichen Schlaglöcher, die sie aufwiesen.

Für die Japaner war dies eine Epoche, in der Großbritannien die Welt beherrschte. Das englische Pfund galt auf den globalen Devisenmärkten als führende Währung, und britische Eisenbahnen und Schiffe nahmen im Transportwesen eine Vorrangstellung ein. Die anderen *zaibatsu*-Familien gaben zwar vor, Weltbürger zu sein, aber ihr Verständnis des britischen Lebensstils schien eher oberflächlich. Yoshitaro war jedoch ein wahrer Kenner und Befürworter der englischen Literatur, Demokratie und des wirtschaftlichen Liberalismus. Er führte in Japan den Club nach britischem Vorbild ein, der in Osaka Furore machte. Yoshitaro hatte erkannt, daß allein die Anwesenheit eines Geschäftsmanns in einer solch exklusiven Einrichtung dazu beitragen würde, sich zumindest einen Funken finanzieller Unterstützung zu sichern. Deshalb gründete er, noch während ihn sein Vater in seinen Aufgabenbereich bei Nomura Partnership einarbeitete, den Nomura Club. Ihm war ein Golfplatz angeschlossen, mit dem er der Vorliebe der Japaner für diese Freizeitbeschäftigung Rechnung trug. Inmitten der weitläufigen Clubanlage trafen sich hier die Familienmitglieder und Topmanager des Nomura-*zaibatsu* in entspannter Atmosphäre mit Kunden. Sie ahmten die Gewohnheiten der Briten nach, die es verstanden, Privat- und Berufsleben miteinander zu verbinden, um ihre Aussichten auf einen guten Geschäftsabschluß zu verbessern.

Kiku Nomura machte ihrem Sohn Yoshitaro mittlerweile nachdrücklich klar, wie wichtig es sei, eine passende Frau zu finden und einen männlichen Erben zu zeugen, um den Fortbestand des Namens zu sichern. Man hatte ihn nicht nur darauf vorbereitet, eines Tages das Ruder von Nomura Partnership zu übernehmen, sondern er war auch der einzige direkte Blutsverwandte der Nomura-Familie. Nach einer ausgiebigen Überprüfung des familiären Hintergrundes fiel Yoshitaros Wahl schließlich auf ein bildschönes einundzwanzigjähriges Mädchen namens Sae, Tochter eines wohlhabenden Textilkaufmanns. Sae und Yoshitaro wurden einander bei einer Teezeremonie vorgestellt; sie fand ihn zwar sympathisch, aber der Gedanke, künftig den weitläufigen Haushalt in Kobe eigenverantwortlich zu organisieren und Dienstmädchen, Gärtner, Chauffeure und Köche zu beaufsichtigen, machte ihr

Angst. Aber Yoshitaro war nicht nur gutaussehend und reich, sondern auch ein Meister der Überredungskunst, und 1933 fand die Hochzeit statt.

Ein Jahr später gebar Sae der Familie Nomura den nächsten männlichen Erben, der den Namen Fumihide erhielt. Vom Augenblick seiner Geburt an war er Kikus ›Augapfel‹, wie Sae sich später erinnerte. Er entwickelte sich zum idealen Verwalter des Nomura-Legats: Er war groß von Statur, strahlte Macht aus und zeigte die aristokratische Haltung, die seine Samurai-Vorfahren verriet. Eine Laune des Schicksals wollte es, daß er fünfzig Jahre später dem Vorstand von Nomura Securities beitreten sollte, der einzigen Firma, in der Tokushichi den Mitgliedern seiner Familie niemals zu arbeiten erlaubt hatte.

Tokushichi wußte nur zu gut, daß sein eigener Sohn weder die persönliche Ausstrahlung noch die physische Ausdauer und Zähigkeit besaß, die für die Führung des Familienunternehmens unerläßlich waren. Deshalb akzeptierte er ihn als das, was er war: der Intellektuelle in der Familie. Die Führungs- und Kontrollmechanismen mußten verändert werden. Als das Nomura-Imperium in den dreißiger Jahren expandierte, hatte Tokushichi eine Machtstruktur geschaffen, die ein Gleichgewicht zwischen firmeninternen und -externen Kräften, Mitgliedern und Nichtmitgliedern seiner Familie erlaubte. Die Führung des wichtigsten Unternehmens der Holdinggesellschaft, Nomura Partnership, sollte vorübergehend an einen Außenseiter delegiert werden, der bis 1938, als Yoshitaro das zweiundfünfzigste Lebensjahr erreicht hatte, als Geschäftsführer fungierte. Diese Regelung ließ dem nunmehr geadelten Tokushichi mehr Zeit, seinen esoterischen Hobbys nachzugehen, die er in Kyoto mit seinen weißen Zuchthengsten, als Mitwirkender in den klassischen japanischen No-Dramen, bei Teezeremonien und der Anfertigung von Keramikgeschirr verbrachte.

Tokushichi wurde im Alter abgeklärter und zog das seriöse Bankgeschäft der hektischen Welt der Broker vor. Das zeigte sich beispielsweise daran, daß er 1925 einen weiteren Außenseiter, Otogo Kataoka, zum Leiter des Aktienhandelsbereichs von Nomura Securities ernannte, während Motogoro Nomura den Vorsitz über die Bank führte. Die Brokeraktivitäten in den Jahren zwischen den beiden Weltkriegen waren nicht nur vom Volumen her unbedeutend, sondern galten noch immer als anrüchig. »Mein Onkel vertrat die Ansicht, der Aktienhandel sei zu riskant und kein besonders glanzvolles Metier«, sagte Kozo Nomura. Nomura Securities wurde somit zum einzigen größeren Geschäftsbereich in der Unternehmensgruppe, der nie unter der Führung eines Familienmitglieds stand. Von 1925 bis zum Zweiten Weltkrieg erhielten damit Außenstehende die Möglichkeit, bei Nomura Securities Karriere zu machen. Ohne die direkte Überwachung der Familie und den Verhaltenskodex im Bankwesen, der auf persönlicher Bekanntschaft und einem Vertrauensverhältnis zwischen den Geschäftspartnern basiert, war das Verkaufspersonal der Firma in der Lage, gerade das zu tun, was die Nomura-Familie so verachtenswert fand – nämlich eine Kundenbasis zu schaffen, die auf Spekulationen aus war.

Nomura Securities brachte nach dem Krieg zwei der mächtigsten Finanziers in Japan hervor, Tsunao Okumura und Minoru Segawa – der eine ein verwöhnter Playboy, der mit Mühe und Not das College geschafft, der andere ein verarmter, hart arbeitender Bauer, der in seinem College als Jahrgangsbester abgeschlossen hatte. Okumura wurde der erste Unternehmenspräsident nach dem Krieg, Segawa sein Nachfolger. Okumura war gutmütig, unbeschwert und bei den meisten Menschen beliebt, Segawa kühl, unerschütterlich und von allen gefürchtet.

Kapitel 10:

Playboy und Opportunist

Tsunao Okumura, der in den fünfziger Jahren als König der japanischen Aktienmakler galt (und bis zu seinem Tod im Jahre 1972 mit sämtlichen Premierministern der Nachkriegszeit befreundet war), wurde 1903 als einziges Kind eines reichen Konditors geboren. Er verlebte eine sorglose Kindheit in der Präfektur Shiga wenige Meilen östlich von Kyoto nahe dem Biwa-See, dem größten Binnengewässer Japans. »Da ich ein Einzelkind war, gewöhnte mich mein Vater an einen ziemlich luxuriösen Lebensstil«, erklärte Okumura später nachdenklich.

Mit neunzehn besuchte er die Universität von Kyoto, wo er die angenehmen Seiten des Lebens kennenlernte, die sich damals einem Studenten aus guten Verhältnissen boten. »Mein Vater gab mir im Monat 100 Yen Taschengeld, und das in einer Zeit, in der 20 Yen für einen aufwendigen Lebensstil ausgereicht hätten«, erinnerte er sich Jahre später, nachdem er sich als Präsident von Nomura Securities aus dem Geschäftsleben zurückgezogen hatte. Diese 100 Yen Taschengeld pro Monat entsprachen in etwa dem Gehalt, das Japans höchstdotierte Bankangestellte im ersten Jahr nach Eintritt ins Berufsleben monatlich nach Hause brachten – und für ihre Lebenshaltungskosten aufwenden mußten. Okumura war Stammgast in den Tanzlokalen Kyotos, wo er mit anderen reichen jungen Männern das Leben und die Zugehörigkeit zur Oberschicht genoß.

Okumuras ausschweifender Lebenswandel blieb nicht ohne Folgen für seine Noten, und die Banken des Mitsubishi-, Mitsui- und Yamaguchi-Konglomerats lehnten seine Bewerbung ab. Durch persönliche Vermittlung gelang ihm jedoch der Sprung in die Research-Abteilung von Nomura, wo er zunächst Aufgaben übernahm, die keine hohen Anforderungen an ihn stellten und seiner eigenwilligen Persönlichkeit entgegenkamen. 1926, kurz nach seinem Examen und nur ein Jahr nach der Gründung des Wertpapierhauses, wurde er in die Nomura-Truppe aufgenommen.

Von den Mitarbeitern, die damals zum Familienunternehmen stießen, war Okumura wohl derjenige, dem man am wenigsten zugetraut hätte, daß er zweiundzwanzig Jahre später Nomura Securities leiten sollte. Mit nur wenigen Ausnahmen hatte sich jeder Direktor nach dem Krieg aus dem Verkauf nach oben gearbeitet. »Während sich die anderen Männer mühsam ihren Weg durch die verschiedenen Abteilungen bahnten, tänzelte Okumura auf seinem weißen Roß umher«, erinnerte sich ein Kollege. Okumura war umgänglich und selbstsicher, aber er hatte wenig gemein mit dem barschen Segawa. Seine ehemaligen Mitarbeiter merkten, daß ihm der ›Biß‹ fehlte, der später zum Kennzeichen der Nomura-Securities-Truppe werden sollte.

Okumuras beruflicher Ehrgeiz wurde dadurch gebremst, daß er in eine immens reiche Familie eingeheiratet hatte. Kurz nach seinem Eintritt in den Nomura-Konzern arrangierten seine Eltern die Ehe mit der ältesten Tochter eines bekannten Großgrundbesitzers in Osaka. Sein eigener Vater galt als wohlhabend, aber die Familie seiner Braut Masiko war extrem reich. 1926, im ersten Regierungsjahr des Kaisers Hirohito, zogen Okumura und seine achtzehnjährige Frau in ein prächtiges neues Haus mit eigenen Tennisplätzen ein, das Masikos Eltern direkt neben ihrem Anwesen errichten ließen.

Trotz seines Wohlstands ging es Okumura Mitte der dreißiger Jahre nicht gut. Er konnte den Tod seiner siebenjährigen Tochter nicht verwinden, und kurz danach verlor er sein gesamtes Vermögen im Aktienmarkt-Crash. Seine Frau erinnerte sich: »Ich mußte mit den sterblichen Überresten meiner Tochter zu meinen Eltern gehen und gleichzeitig meinen Vater irgendwie um Geld bitten.« Masikos Vater gab dem jungen Paar mehr als 10000 Yen in Aktien – eine riesige Summe für die damalige Zeit –, drängte seine Tochter aber, sich von ihrem Mann zu trennen, was sie jedoch ablehnte. In späteren Jahren behauptete Okumura, er sei von dieser Geste der Loyalität so erschüttert gewesen, daß er fortan einem traditionellen japanischen Brauch entsprochen und als Zeichen der Achtung seine Füße im ehelichen Gemach niemals mehr in die gleiche Richtung gelegt habe wie seine Frau. Derartig unbequeme Schlafgewohnheiten boten ihm eine Rechtfertigung für seine ehelichen Seitensprünge. Okumura blieb vom Tag seines College-Eintritts im Jahr 1922 bis zu seinem Tod fünfzig Jahre später ein Playboy, der ständig in den Armen irgendeiner Tänzerin oder Geisha lag.

Okumuras Kollegen, die im Hinblick auf tragische Ereignisse abergläubisch waren, machten seine Trägheit für sein persönliches Schicksal verantwortlich. Er kam ständig zu spät zur Arbeit, wirkte mutlos und verließ als einer der ersten das Büro. Das streßreiche Brokergeschäft nahm auf seiner Prioritätenliste einen der letzten Plätze ein. Die Kollegen übten laufend Kritik an ihm. Nachdem er zum Präsidenten ernannt worden war, schrieb er (mit einigem Sinn für Humor) in seiner Autobiographie: »Zehn Jahre nach dem Eintritt waren all meine Freunde Zweigstellenleiter, während ich um drei Jahre zurücklag und es nur zum Stellvertreter gebracht hatte. Aber das störte mich nicht im geringsten.«

1935 unterlief Okumura jedoch ein Fehler, der ihn beinahe seine Anstellung gekostet hätte. In seiner Doppelfunktion als Mitglied des Research-Teams und Marketing-Experte gab Okumura heimlich eine Broschüre für Anleger heraus, indem er die Vorteile des Erwerbs ausländischer Anleihen pries. Das war ein verhängnisvoller Mißgriff, denn die Bank of Japan hatte den Kauf von Auslandsbonds ausdrücklich verboten. Japan brauchte dringend das gesamte Kapital, dessen das Land habhaft werden konnte, um die Kriegsmaschinerie auszuweiten, und war keineswegs daran interessiert, daß es ins Ausland abfloß. Irgendwie gelangte die Broschüre in die Hände von Repräsentanten der Bank of Japan, die Otogo Kataoka, dem Präsidenten von Nomura Securities, daraufhin eine scharfe Rüge erteilten. Okumuras Veröffentlichung wurde bei Nomura nicht nur als unliebsam, sondern auch als Bedrohung betrachtet, da das ganze Land unter dem patriotischen Fieber litt. Das Leben verlief auf einem einfachen, klar erkennbaren Gleis: Alles Japanische galt als gut, alles aus dem Ausland Kommende als schlecht. Kataoka war wütend und verlangte Okumuras Rücktritt; die übrigen langjährigen Nomura-Führungskräfte konnten ihn jedoch überreden, ihn einfach zu ignorieren. Okumura wurde in die Registratur strafversetzt, wo ausschließlich Frauen arbeiteten. Seine erste Aufgabe bestand darin, sämtliche Wertpapiere numerisch aufzulisten, die gekauft oder verkauft wurden. »Das reinste Gefängnis«, klagte er später, das ihm jedoch dadurch erträglicher wurde, daß die Frauen ihn maßlos verwöhnten.

In der Zwischenzeit erwarb Minoru Segawa einen Ruf, der sich von dem Okumuras völlig unterschied. Er hatte seine Laufbahn 1930 als ungehobelter, trinkfester, großmäuliger Verkäufer bei Nomura Securities begonnen; achtundzwanzig Jahre später war er Präsident des Unternehmens und einer der einflußreichsten Männer Japans – was niemanden erstaunte. Er galt als einer der Außenseiter, dessen steile Karriere das Ansehen widerspiegelte, das Broker in Japan nach und nach gewannen.

1906 in der kleinen Stadt Oofuka, nicht weit von Osaka entfernt, geboren, lernte er schon früh, daß er sich in der japanischen Gesellschaft seinen Weg nach oben hart erkämpfen mußte. Sein Vater war ein angesehener Lehrer an einer städtischen Schule gewesen, aber eine Sehschwäche hatte ihn gezwungen, den Dienst zu quittieren und den Lebensunterhalt für seine Familie mehr schlecht als recht mit dem Transport von Brennholz zu verdienen. Das Bild des Vaters, der den holzbeladenen Karren durch die Straßen der Stadt zog, war für Segawa eine schmerzliche Erinnerung, die ihn ein Leben lang verfolgen sollte. Dennoch erlebte er eine verhältnismäßig unbeschwerte Kindheit. Er verbrachte viel Zeit damit, sich in der Kunst des Sumo-Ringens zu vervollkommnen, und verabscheute es, im Klassenzimmer sitzen zu müssen. Die Männer von Osaka besuchten selten eine weiterführende Schule, und wenn, dann entschieden sie sich für ein College, wo sie sich auf die Fächer Wirtschaft und Handel konzentrierten. Nur wenige liebäugelten mit dem Besuch einer der kaiserlichen Universitäten, um dort Kunst und Literatur zu studieren. Segawa entsprach in vieler Hinsicht diesem in Osaka gängigen Musterexemplar eines Kaufmanns, und er haßte die Schule. Als es mit dem kleinen Brennstoffgeschäft seines Vaters jedoch kurzfristig bergauf ging und die Familie über zusätzliche Einnahmen verfügte, wurde er zum Besuch einer höheren Schule gedrängt. Segawa gab sich die größte Mühe, durch die Aufnahmeprüfung zu fallen, bevor er seinem Vater mitteilte, er wolle sich einen Job suchen. Sie handelten einen Kompromiß aus: Segawa durfte als Laufbursche bei der Bank of Taiwan anfangen und mußte gleichzeitig Abendkurse besuchen. Seinen Lohn erhielt die Familie. Als das väterliche Geschäft zu florieren begann, gab Segawa seinen Arbeitsplatz auf und besuchte ganztags die Handelsschule in Seiki.

Dann traf ihn ein Schicksalsschlag: Sein Vater und sein Bruder starben im Abstand von wenigen Monaten. Als ältester Sohn mußte er nun das väterliche Geschäft übernehmen. Sein Dilemma, zwischen Schule und Arbeit hin und her zu pendeln, war den Lehrern in Osaka gut bekannt, und einer erklärte ihm, er sei intelligent genug, die Prüfungen auch ohne regelmäßigen Besuch des Unterrichts zu schaffen. Jahre später erinnerte sich Segawa, daß diese Jahre auf der High School zu den härtesten seines Lebens gehörten. Er stand jeden Morgen um fünf Uhr auf, zeigte sich kurz in der Schule, ging zur Arbeit und lernte dann bis spät in die Nacht. Diese Routine hielt er monatelang bei, bis er einen Jungen einstellen konnte, der das Brennholz an seiner Stelle beförderte.

Segawa schnitt bei den Prüfungen so gut ab, daß ihm ein Lehrer unterstellte, er habe gemogelt – eine Anschuldigung, die er energisch zurückwies. Diejenigen, die Segawa gut kannten, erinnerten sich noch gut, wie er Jahre später seine Version der Geschichte mit den Worten zum besten gab: »Ich habe mein Examen mit Auszeichnung bestanden, was zeigt, daß ich nicht gemogelt habe.« Es schien, als ob er noch immer seine Unschuld beweisen müsse. Er war achtundzwanzig Jahre alt, als er die High School verließ, und weigerte sich, den Wünschen seiner Verwandten zu entsprechen und in das väterliche Geschäft einzutreten. Da sein Vater tot war, fühlte er sich nicht verpflichtet, die Firma weiterzuführen, den Karren mit Holz von Haus zu Haus zu ziehen und sein Leben am Rande des Existenzminimums zu fristen. Er war unstet und arbeitete ein paar Monate in der Kajima-Bank, bevor er beschloß, an der Hochschule für Handel in Osaka weiterzustudieren und einen akademischen Titel zu erwerben. Segawa wußte, daß es ihm dort gelingen würde, sich von der anonymen Masse abzuheben und die Schicht der Unterprivilegierten hinter sich zu lassen, in die er hineingeboren worden war.

Segawa war sich seines minderwertigen Status sehr wohl bewußt. Seine Kommilitonen besuchten das College, weil sie Geld hatten, während er studierte, weil er keines besaß. Die Erniedrigung motivierte ihn, härter als alle anderen zu arbeiten, und machte ihn – wie er selbst zugab – zu einem eigenbrötlerischen, nüchternen und auf sein Studium fixierten Menschen, der sich mit Wissen vollstopfte. Er lehnte jede Form von Vergnügung ab. Die Sportarten und Hobbys, die er später betrieb, dienten einzig geschäftlichen Zwecken und machten jede Freude zunichte, die er daraus hätte ableiten können. Für den Opportunisten Segawa gab es während der College-Zeit nur eine Freizeitbeschäftigung: gebrauchte Lehrbücher mit großem Gewinn an seine Kommilitonen zu verkaufen.

Verbissen und hartherzig war Segawa geworden, als er mit dreiundzwanzig als Jahrgangsbester sein Examen ablegte und sein Professor vorschlug, er solle sich bei Nomura Securities bewerben. Segawa zog jedoch eine Stellung bei der prestigeträchtigen Sumitomo-Bank vor. Sie bildete den Kern des Sumitomo-*zaibatsu,* der größten Unternehmensgruppe in Osaka, in der die Oberschicht-Familien der Stadt ihre Sprößlinge unterbrachten. Segawa konnte dem Gedanken, sich in der Domäne der Reichen behaupten zu müssen, wenig abgewinnen, aber ihn reizte das hohe Gehalt, das Sumitomo bot: 70 Yen pro Monat – für den armen Segawa ein fürstliches Salär. Dann informierte er sich über die Gehälter, die Nomura Securities zahlte, und stellte fest, daß er dort 110 Yen im Monat mehr verdienen konnte. Damit stand seine Wahl fest.

Der junge Segawa lieh sich einen schlecht sitzenden Anzug aus, um an den Einstellungstests von Nomura teilzunehmen. Er war der erste Student seines Colleges, der bestand. Im Frühjahr 1930 trat er mit einigen anderen frischgebackenen ›Rekruten‹ in die Nomura-Securities-Truppe ein, und zu diesem Anlaß kaufte er sich einen eigenen Anzug. Nomura Securities war das erste Brokerhaus mit einem formalen Ausbildungsprogramm. Segawa bemühte sich, die ihm übertragenen Aufgaben, die ihm unmännlich erschienen – beispielsweise Briefe schreiben (was ihn unangenehm an die Kalligraphiestunden in der Grundschule erinnerte), Telefonverbindungen herstellen und Rechnungen ausstellen (wofür nach seiner Ansicht Büroangestellte zuständig waren) –, so schnell wie möglich hinter sich zu bringen. Er war ein draufgängerischer, pragmatischer Mann und hatte das Gefühl, er sei zum Verkäufer und nicht zum Laufburschen geboren.

Einige Monate nach seinem Eintritt erhielt er die Chance, sein Können unter Beweis zu stellen: Er wurde in die Zweigstelle von Nomura Securities nach Hiroshima versetzt, vier Eisenbahnstunden westlich von Osaka. Zum ersten Mal trennte er sich nun von seiner Familie und trat die bisher weiteste Reise seines Lebens an. Hiroshima sollte ihm, wie er sich später erinnerte, zur ›zweiten Heimat‹ werden: Hier begann er, Alkohol, Zigaretten und dem Mah-Jongg-Spiel Freude abzugewinnen. Mit seinen Freunden über dem Brett zu sitzen und, das Glas in der Hand, dem Klick-Klack der Steine zu lauschen, gab ihm ein Gefühl der Sicherheit. Er fühlte sich nicht länger wie ein Mensch, der im Exil lebte. Mah-Jongg wurde sein liebstes Hobby, und er spielte auf Sieg. Mitglieder der Nomura-Familie erinnerten sich, daß sie sich in den sechziger Jahren im Mah-Jongg mit ihm maßen und erstaunt waren, wie generalstabsmäßig er seine Züge plante und wie strikt er auf die Regeln achtete – besonders, wenn sie sich zu seinen Gunsten auslegen ließen. Segawa haßte es, zu verlieren.

Anfang der dreißiger Jahre herrschte im Aktiengeschäft Flaute. Die weltweite Depression machte sich bemerkbar, und Japan hatte sich von der Panik im Bankwesen, die im Jahr 1927 ausgebrochen war, noch immer nicht ganz erholt. Dessenungeachtet klapperte der hartnäckige Segawa jeden Tag zu Fuß die Straßen Hiroshimas ab, um Aufträge einzuholen. Vor dem Krieg wickelten die japanischen Broker ihre Geschäfte selten per Telefon, sondern in erster Linie im persönlichen Gespräch ab, um eine Vertrauensbasis herzustellen. Die Kunden erteilten die Kauf- und Verkaufsorders, und der Verkäufer lieferte die Aktien später gegen Bezahlung aus – eine Methode, die zwar archaisch anmutet, sich aber bis zum heutigen Tag erhalten hat.

Eines Tages suchte Segawa einen einflußreichen Geschäftsmann in Hiroshima namens Tanaka auf, der in dem Ruf stand, aus Verkäufern ›Kleinholz‹ zu machen. Sämtliche Mitarbeiter von Nomura Securities hatten es aufgegeben, an den aggressiven Tanaka heranzukommen – außer Segawa, der ihm Tag für Tag auf den Pelz rückte und erklärte, warum es sich lohne, Auslandsanleihen zu erwerben und in ein Anlagevehikel zu investieren, mit dem nur wenige vertraut waren (Broschüren über Auslandsbonds zu veröffentlichen war eine Sache; diese unter der Hand zu verkaufen, um Geld für seine Firma zu verdienen, stand hingegen auf einem ganz anderen Blatt). Tanaka reagierte zunächst zurückhaltend, aber am Ende der zweiten Woche kaufte er Auslandsanleihen im Wert von 10000 US-Dollar. Da dies einer der größten Aufträge war, die jemals von einem Zweigstellen-Mitarbeiter eingeholt wurden, galt Segawa in der Hiroshima-Filiale fortan als Held.

Segawa hatte nun eine sichere Position bei Nomura inne und sah sich nach einer passenden Frau um. Seine Bekanntschaft mit Tanaka trug die ersten Früchte, als dieser ihm anbot, die Ehe mit der Tochter eines Freundes zu arrangieren. Die Hochzeit fand im Herbst 1932 statt.

Als Segawa vier Jahre für Nomura arbeitete, wurde er plötzlich nach Moji versetzt, eine geschäftige Hafenstadt an der Nordspitze von Kyushu, einer Insel im Süden Japans. Hier sollte er als stellvertretender Leiter eine neu gegründete Niederlassung führen. Aufgrund der Entfernung zog Segawa allein um und ließ seine Frau in Hiroshima zurück – eine Praxis, die in Japan noch heute weit verbreitet ist und *tanshin funin* genannt wird. Dahinter steht der Gedanke, daß Kinder sich keinen Schulwechsel leisten können, da das japanische Erziehungs- und Ausbildungssystem außerordentlich stark auf Wettbewerb ausgerichtet ist und nicht zuletzt die Prüfungsnoten bestimmen, welche Stellung jemand später in der Gesellschaft einnimmt. Das Arrangement kam Segawa nicht ungelegen: Zum einen war seine Frau schwanger und konnte in der Nähe ihrer Eltern bleiben, zum anderen war er somit in der Lage, sich ausschließlich auf seine Arbeit zu konzentrieren.

Er lebte nun in einem Wohlstand, den er nie kennengelernt hatte. Nomura Securities brachte ihn in einem Hotel in Moji unter, das in westlichem Stil erbaut worden war – das erste, in dem Segawa übernachtete und dessen Einrichtungen er höchst verwirrend fand. Er hatte nie zuvor in einem Bett geschlafen, das auf dem Fußboden stand, sondern stets auf Futon-Matten, die abends ausgerollt wurden. Eine Schlafstätte, die zum festen Inventar gehörte, war für ihn reine Platzverschwendung, als ob Schlafen eine Vollzeitbeschäftigung sei. Auch das Badezimmer befremdete ihn; da er nicht wußte, wie man eine Badewanne benutzt, wusch er sich davor stehend, während das Wasser aus den Hähnen lief. Eine ähnliche Überraschung muß die Toilette mit Wasserspülung für einen Mann gewesen sein, der daran gewöhnt war, sich über ein Loch im Fußboden zu hocken.

In der Moji-Zweigstelle arbeiteten bei der Eröffnung drei Dutzend Angestellte. Segawa hatte für die Beschaffung der Büroeinrichtung und die Installation der Telefone zu sorgen und mußte die jungen Verkäufer motivieren, auf ›Kundenfang‹ zu gehen. Es gelang ihm, die Arbeitsmoral seiner Mitarbeiter dadurch zu verbessern, daß er als erstes ein Baseball-Team gründete, das an den Wochenenden trainierte, und Tische mit Mah-Jongg-Spielen aufstellte, an denen man sich nach Büroschluß zusammensetzte. Dann begann er, das Geschäft anzukurbeln. Innerhalb eines Jahres hatte er so viele aktive und außerordentlich hoch spekulierende Kunden geworben, daß Moji nach Tokio zur gewinnstärksten Niederlassung wurde. Segawa war zwar nicht der Leiter der Filiale, aber er sorgte für das größte Handelsvolumen, und jeder betrachtete Moji als seine Domäne.

In den Augen Otogo Kataokas, Leiter von Nomura Securities, und anderer Führungskräfte war Moji jedoch eine ›Spielhölle‹, und Segawa und seine Leistungen ernteten bei ihnen wenig Lob. Kataoka zog konservative Anlageinstrumente wie Bonds vor und betrachtete Segawa als eine unverbesserliche Spielernatur – als genau den Mitarbeiter-Typ, dem Kataoka pflichtgemäß ein wenig ›Schliff‹ verpassen sollte. Für Segawa waren Anleihen Bargeld, und Bargeld mußte investiert werden. Sein angeborener Instinkt trug dazu bei, daß er dem schleppenden und arbeitsintensiven Anleihegeschäft wenig abgewinnen konnte. Er wollte das wirklich große Geld für Nomura, sich selbst und seine Kunden verdienen, indem er so viele Aktien kaufte wie möglich. Er baute ein engmaschiges Netzwerk von Beziehungen zu Männern auf, die wußten, wann ein Wert im Aufwärtstrend lag. Es dauerte nicht lange, bis er sich eine Stammkundenbasis geschaffen hatte und seine Prophezeiungen sich selbst zu erfüllen begannen. Er entdeckte, daß er den Kurs einer Aktie aus eigener Kraft in Bewegung setzen konnte, indem er zunächst für seine Kunden kaufte und dann das Gerücht vom Kursanstieg am Markt verbreitete, so daß andere Spekulanten auf den fahrenden Zug aufsprangen. Diese Aktivitäten gaben ihm ein herrliches Gefühl der Macht über die herrschende Klasse, die ihn einst verachtet hatte. Dreißig Jahre später wurde er aufgrund seiner Fähigkeit, die japanische Gesellschaft zu manipulieren, zum einflußreichsten Mitglied eben dieser Gesellschaft.

Kapitel 11:

Die Stürme des Krieges

Die wahre Macht in Japan und im Nomura-Imperium lag während der dreißiger Jahre bei den *zaibatsu* der Oberschicht-Familien und ihren Bankzentren. Der Aktienmarkt war ein Spielfeld, das den Reichen vorbehalten blieb, auf dem sie sich nebenher betätigten. Erst nach dem Krieg gelang Praktikern wie Segawa – die keine gesellschaftlichen Beziehungen, wohl aber die nötigen Fähigkeiten besaßen – der Aufstieg im Brokergeschäft. Damals verfolgte die japanische High Society das Ziel, sich einen internationalen Anstrich zu geben, worunter die *zaibatsu*-Familien Macht verstanden. Der Kauf europäischer Luxusgüter reichte ihnen nicht aus: Sie strebten danach, ihre eigenen Waren herzustellen und ihre Marktanteile zu vergrößern. Zu diesem Zweck gründeten sie eine Handelskolonie in der Mandschurei, die heute zum nördlichsten Teil Chinas gehört und Japan gegenüberliegt, getrennt vom Japanischen Meer. Die Mandschurei besaß, was Japan fehlte: großräumige Flächen, auf denen Fabriken errichtet und Eisenbahnschienen verlegt werden konnten, natürliche Rohstoffe und die geographische Nähe zu China, das sich Japan eines Tages – wie manche Imperialisten hofften – als Kolonie einverleiben würde. Von 1931 bis zum Ausbruch des chinesisch-japanischen Krieges im Jahr 1937 verstärkte Japan seinen Zugriff auf die Mandschurei, während Tokushichi sein Finanzimperium in der Heimat und seine Machtstellung in den holländischen Kolonien in Ostindien ausbaute.

1934 ernannte Japan den entmachteten chinesischen Kaiser Pu Yi zum obersten Statthalter der Mandschurei. Ein Jahr später verkündete die japanische Regierung stolz, sie plane, dort im Verlauf der kommenden zwanzig Jahre fünf Millionen Japaner anzusiedeln. Sie schickte umgehend Hunderttausende von Bauern und Fabrikarbeitern in die Produktionsbetriebe von Manchukuo, die sich in Händen des Staates oder der *zaibatsu* befanden. Paradoxerweise waren es eben diese internationalen Expansionsabsichten Japans, die den Untergang der führenden *zaibatsu*-Familien herbeiführten.

Tokushichi betrachtete den Imperialismus Japans mit den Augen des Pragmatikers. Er folgerte, daß sämtliche Auslandsgeschäfte über die Yokohama Specie Bank abgewickelt werden sollten, die sich quasi im Besitz des Staates befand und heute den Namen Bank of Tokyo trägt. Sie galt damals wie heute als die wichtigste Devisenbank des Landes. Viele der Mitarbeiter sprachen Englisch, und noch heute wird verlangt, daß alle zumindest Englisch lesen können. Tokushichi sorgte dafür, daß sein Neffe Kozo Nomura dort 1934 eine Anstellung fand, da er sich auf diesem Weg Zugang zu den geheimnisvollen Mechanismen des internationalen Finanzwesens in Japan zu verschaffen hoffte. Der Finanzsektor und seine Funktionen hatten eine Schlüsselstellung für das Wachstum des Landes inne. Dazu kam, daß die Personalliste der Bank einem Who's Who glich, in dem die Söhne prominenter Politiker, Staatsbeamter und Geschäftsleute verzeichnet waren. Tokushichi hatte immer als Emporkömmling gegolten, aber die nächste Nomura-Generation, zu der auch Kozo zählte, verfügte über eine erstklassige formale Erziehung und Ausbildung, den entsprechenden finanziellen Hintergrund und inzwischen auch über einen festgefügten Platz in der japanischen Aristokratie. Kozos engster Freund in der Bank war Kenji Hirota, dessen Vater 1934 zum japanischen Außenminister und 1936 zum Premierminister ernannt wurde. Die Yokohama-Münzbank beschäftigte ein ganzes Heer junger Angestellter mit so bekannten Familiennamen wie Mitsui, Yasuda und Uchida (ebenfalls Sohn eines ehemaligen Außenministers).

Kozo Nomura faulenzte vier Jahre in der Yokohama-Münzbank in Tokio und fuhr selten mit dem Zug nach Kobe. Seine Tage waren mit den typischen Aufgaben eines Büroangestellten ausgefüllt, die keine großen Anforderungen an ihn stellten. Die Nächte verbrachte er in den Tanzlokalen der Ginza, dem ersten Vergnügungsviertel in einer Stadt, in dem die Japaner in ihrer Freizeit durch die Straßen flanieren, in Bistros nach französischem Vorbild sitzen (in Tokio gibt es noch heute Hunderte französischer Restaurants) und die Auslagen in den Schaufenstern bewundern konnten. Hier verbrachte Kozo – ein Playboy, wie er selbst gestand – viele Nächte gemeinsam mit Reniichi Takenaka, der später Leiter der größten japanischen Baufirma in Privatbesitz wurde.

In der Zwischenzeit war Minoru Segawa mit seiner Karriere beschäftigt. 1936, zu einem Zeitpunkt, als Nomura Securities noch immer als ein auf Anleihen spezialisiertes Brokerhaus mit einem auf die Region beschränkten Aktionsradius galt, bot sich ihm endlich die große Chance. Da Segawa den Bondhandel langweilig fand, hatte er versucht, sich in der Moji-Zweigstelle durch den Kauf und Verkauf von Aktien auf Kommissionsbasis zu profilieren. Nun gestattete man ihm, seine eigene

Filiale in Shizuoka zu eröffnen, einer Küstenstadt von mittlerer Größe, die zwischen Tokio und Osaka liegt. Langsam tastete er sich zum Machtzentrum Japans vor, das seine Basis im Finanzsektor hatte.

Wenn er in Shizuoka Erfolg hatte, überlegte Segawa, dann würde er es überall schaffen. Der Aktienverkauf wurde von ihm nach einer bewährten Formel angekurbelt: Der erste Schritt bestand in der Anschaffung eines Baseballs und eines Mah-Jongg-Tisches für das Verkaufspersonal. Innerhalb von zwei Jahren gelang es Segawa, die Arbeitsmoral merklich und die Gewinne in noch höherem Maß zu verbessern, was dazu führte, daß man auf ihn aufmerksam zu werden begann. Der Anleihemarkt befand sich 1936 und 1937 – wie die Ertragslage des Unternehmens – in einem desolaten Zustand: Nomura Securities konnte in der zweiten Hälfte des Jahres 1937 nur 228000 Yen Gewinn verbuchen, ein Viertel der Vorjahressumme. Der risikoscheue Präsident Kataoka begann seine Einstellung zum Aktienhandel zu überdenken, als er der Shizuoka-Zweigstelle 1937 einen Besuch abstattete. Er war beeindruckt von den Erträgen, die sie erzielt hatte, und stellte fest, daß der Großteil aus Aktientransaktionen stammte und in einem Zeitrahmen erzielt worden war, als Segawa eigentlich Anleihen verkaufen sollte. Anstatt ihn zurechtzuweisen, lenkte er ein: »Ich behaupte nicht, daß der Einstieg ins Aktiengeschäft schlecht wäre, und vielleicht können wir uns eines Tages auf diesen Markt konzentrieren.« Der übereifrige Segawa sah darin eine Aufforderung, sämtliche Aktivitäten der Zweigstelle auf den Aktienverkauf und -handel zu verlagern. 1937 war die Filiale in Shizuoka der einzige Geschäftsbereich des Nomura-Konzerns, der Gewinne ausweisen konnte.

Ein Jahr später wertete Nomura Securities seine Aktienabteilung durch die Umwandlung in einen eigenständigen Geschäftsbereich auf. Ein solcher Schritt war für jedes japanische Unternehmen von Bedeutung, weil der Aktienverkauf nun als integrierter Bestandteil der Unternehmensaktivitäten anerkannt und rein technisch auf die gleiche Stufe wie der Verkauf von Anleihen gestellt wurde. In diesen Geschäftsbereich wechselte Segawa nun über. Er war einem Mann unterstellt, den er als ›inkompetenten Chef‹ bezeichnete; ein Jahr lang stritt er sich mit ihm herum. Seine Vorgesetzten waren zwar mit dem Anleihemarkt vertraut, aber sie begriffen die Feinheiten des Aktienhandels nur langsam. Sie fühlten sich durch Segawas ›Hau-ruck-Methoden‹ bedroht, die sie als untypisch für einen Japaner empfanden, und erste Stimmen wurden laut, die seine Versetzung nach Tokio forderten. Dann starb unerwartet Segawas Frau und ließ ihn mit einem sechsjährigen Sohn zurück. Seinen Kummer und die aufgestaute Wut ließ er im Büro aus, so daß er sich bald mit jedem seiner Kollegen angelegt hatte und die Firma ihm schließlich mitteilte, sie beabsichtige, ihn in die Mandschurei zu schikken. Dort habe er fünf Jahre Zeit, um dafür zu sorgen, daß die dortige Nomura-Zweigstelle schwarze Zahlen schrieb. Die großen Kunden saßen jedoch in Tokio, wo sich auch das Kapital konzentrierte. Segawa geriet über dieses Angebot in Wut und reagierte zunächst halsstarrig; als er sich beruhigt hatte, lehnte er die Versetzung höflich, aber entschieden ab.

Die Mandschurei erschien Segawa wenig reizvoll, aber sie sollte sich für Okumura als großer Schritt auf der Erfolgsleiter erweisen. Genauso schnell, wie es mit seiner Karriere abwärts gegangen war, ging es nun wieder bergauf. Er war bei Nomura Securities berüchtigt, weil er aussprach, was er dachte – ohne Rücksicht auf die Folgen. Er gehörte zu den wenigen Menschen, deren Offenheit gelegentlich an Naivität grenzte, aber Vertrauen schuf. Seine freimütig geäußerte Meinung über Investitionen im Ausland weckte 1937 Tokushichi Nomuras Aufmerksamkeit, und zwei Jahre nach seiner Degradierung wurde Okumura gebeten, die expandierende Geschäftsstelle in der Mandschurei in Augenschein zu nehmen. Tokushichi schickte ihn mit einer Delegation, bestehend aus verschiedenen Geschäftsleuten, die dort auf Bitten der Regierung den Markt erkunden sollten, nach Manchukuo; hier traf er Pu Yi, den entmachteten chinesischen Kaiser. »Ich zitterte bei dem Gedanken«, erinnerte er sich viele Jahre später. Okumura fühlte sich den übrigen Mitgliedern der Gruppe, von denen viele erfahrene Geschäftsleute waren, so unterlegen, daß er heimlich Visitenkarten mit dem fiktiven Titel ›Direktor der Planungsabteilung‹ drucken ließ. Eine solche Abteilung existierte bei Nomura nicht.

Während Okumuras Aufstieg an die Spitze begann, trat Yoshitaro 1938 die Nachfolge seines Vaters an, der ihm mit der Leitung von Nomura Partnership die Krone überreichte. In diesem Jahr war Tokushichi sechzig geworden und damit beschäftigt, den Bau seiner neuen Prachtvilla in Ataru, an der Küste im Süden Tokios, fertigzustellen, mit der er sich selbst – dem ruhmreichen, größten Handelsbaron Japans – Tribut zollte. Er scheute keine Ausgaben für dieses Bauwerk, das seinem Reichtum ein Denkmal setzen sollte: Es ruhte auf einem Fundament schwerer Granitblöcke, die sich nach oben verjüngten und in senkrechte, schneeweiß gekalkte Mauern übergingen. An der einen Seite des Hauses erhob sich ein schlanker Turm mit riesigen Glasfenstern. Einer der Teesalons war nach dem Vorbild der Räume im berühmten kaiserlichen Katsuura-Palast in Kyoto entstanden und mit Holzpaneelen ausgekleidet, die man aus der ehemaligen kaiserlichen Hauptstadt herbeigeschafft hatte.

Die Villa wurde jedoch mehr Yoshitaro zuliebe als zu Tokushichis

Vergnügen erbaut. Der zweiunddreißigjährige Nomura-Erbe kränkelte oft, und man glaubte, die kräftige Meerluft würde seine Gesundheit festigen. Von 1938 bis zu seinem Tod sieben Jahre später verbrachte Yoshitaro den größten Teil seiner Zeit in diesem Domizil.

Yoshitaro, der in Atami lebte, besaß nicht das Charisma und die Macht, die für seinen Vater charakteristisch waren. Die Zentrale der Nomura Partnership befand sich noch immer in Osaka und wurde nun ausschließlich von Yamanouchi geleitet, der den Rang eines Generaldirektors innehatte. Obwohl einige Aktivitäten nach Tokio verlegt worden waren, hatte nur die Nomura Life Insurance Company hier ihren Hauptsitz. Noch vierzig Jahre, nachdem die Führung von Nomura an Yoshitaro übergegangen war, behielten viele Nachfolgeorganisationen der einstigen *zaibatsu* – die Daiwa Bank, das Wertpapierhaus Cosmo Securities, die Osaka Gas, die Baugesellschaft Nomura Construction und Shikobo – ihre Hauptgeschäftsstellen in Osaka, im Westen Japans, bei. Die Nomura-Gruppe galt in den dreißiger Jahren in den Augen vieler Japaner noch immer als eine provinzielle Firma. Selbst Nomura Securities mit zehn über das ganze Land verstreuten Filialen wurde als ›kleinkariert‹ abgestempelt und war nicht einmal Mitglied der Börse in Tokio. Natürlich verfügte es über eine Lizenz, die ihm den Handel an der Effektenbörse von Osaka gestattete, aber wenn es um Aktiengeschäfte in Tokio ging, mußte es sich eines anderen Brokers bedienen, der Nomura Gebühren berechnete.

Zu diesem Zeitpunkt – 1938 – erklärte Japan China den Krieg.

TEIL II

Krieg und Wiederaufbau

Kapitel 12:

Das verlorene Paradies

Der Krieg verändert das Leben jedes Menschen. Die Nomura-Familie war geteilter Meinung über die imperialistischen Bestrebungen Japans. Tokushichi nahm den Krieg als eine unabänderliche Gegebenheit hin und hielt es mit dem Establishment. Yoshitaro fand Japans Nationalismus beklagenswert und die japanischen Streitkräfte unerträglich arrogant. Er erklärte der Familie, er würde lieber unter der Besatzung der britischen Armee oder Kriegsmarine als der seiner eigenen Landsleute leben. »Die Japaner sind Barbaren«, vertraute er seinem Cousin Kozo an, »aber die Briten handeln selbst im Krieg noch wie Gentlemen.«

Kozo war der erste Nomura, der unmittelbar in den chinesisch-japanischen Konflikt hineingezogen wurde. Nachdem er fünf Jahre in der Yokohama-Münzbank eine anspruchslose Tätigkeit ausgeübt hatte, wurde er plötzlich zu einer Infanterie-Einheit in Osaka eingezogen. Er war sicher, man würde ihn zum Offizier ernennen, da er eine militärische Grundausbildung an der Universität von Kyoto absolviert hatte, aber die Armee weigerte sich, weil ihm von den erforderlichen Übungsstunden hundert fehlten. Am Ende der Grundausbildungszeit versuchte er, sich das Offizierspatent dadurch zu verschaffen, daß er seinen Vorgesetzten mit Kuchen belieferte; aber die List mißlang. Aus diesem Grund überlebte er den Krieg. »Sämtliche Offiziere fielen im Kampf«, erinnerte er sich später. »Aber als gemeiner Fußsoldat, der im Süden Chinas stationiert war, bekam ich überhaupt keine Kampfhandlungen zu sehen.«

Nachdem alle Kämpfe eingestellt worden waren, schickte ihn die Armee nach Kanton, eine erniedrigende Erfahrung für den Angehörigen einer *zaibatsu*-Familie. »Das Essen war grauenhaft, und wir schliefen wie die Ölsardinen«, beklagte er sich später. Kozo glaubte, etwas Besseres verdient zu haben, und überredete den unterbezahlten Kapitän eines Kriegsschiffes, seiner Mannschaft zu gestatten, während der Woche seine Mahlzeiten zuzubereiten. Am Wochenende machte er einen Abstecher zur Kantoner Zweigstelle der Yokohama-Münzbank, wo ihm der hauseigene Diener Toast und Kaffee servierte, während er eine der seltenen englischen Zeitungen las. Später am Tag nahm er für gewöhnlich eine Dusche – ein Luxus, den sich kein Wehrpflichtiger leisten konnte. Nachts gab es wenig Zerstreuungen, und so verbrachten Kozo und seine Freunde das Jahr damit, sich zu betrinken oder sich die Liebesdienste chinesischer Frauen zu erkaufen. Dann wurde er nach Kambodscha versetzt, wo er ein weiteres relativ unbequemes Jahr verbrachte, bevor er 1941 nach Hause zurückkehrte. In Tokio hatten jedoch viele der Bars an der Ginza, deren Stammgast er früher gewesen war, geschlossen. Auch die Pariser Cafés, die sich an den von Weiden gesäumten Straßen aneinanderreihten, waren aufgrund des Mangels an ausländischen Gütern mit Brettern vernagelt.

Obwohl sich Japan zum Zeitpunkt von Kozos Rückkehr im Krieg mit den USA befand, florierte Nomura Securities. Nomura hatte inzwischen zwölf Niederlassungen in allen Teilen Japans eröffnet und konnte beträchtliche Kommissionserträge verbuchen, als die japanische Regierung weitere Anleihen zur Finanzierung der Kriegsausrüstung auflegte. Der Anteil des Hauses am japanischen Bondmarkt stieg 1942 auf 19 Prozent an und erreichte damit ungefähr das gleiche Niveau wie fünfundvierzig Jahre später.

Angespornt durch die Militärs führte Nomura ein neues Anlagevehikel bei seinen Kunden ein, das ihm vier Jahrzehnte später Ruhm eintragen sollte: den Investmentfonds. Das Konzept war von den Briten ›abgekupfert‹ worden und gehörte zu den Importprodukten, denen bei Japans Aufstieg zur Finanzmacht eine Schlüsselrolle zukommen sollte. Der Fonds, in den die Gelder verschiedener Kunden einflossen, wurde am Aktienmarkt investiert. Dieses blühende Investmentfonds-Geschäft ermöglichte Nomura nach Ende des Zweiten Weltkriegs, das marktführende Wertpapierhaus Yamaichi Securities auf den zweiten Platz zu verdrängen und auf der weltweiten Finanzbühne eine dominierende Rolle zu übernehmen.

Otogo Kataoka war jedoch wütend über den Vorschlag seines Stellvertreters Seizo Iida. Er hielt die Gründung eines Investmentfonds für hochgradig spekulativ, da Nomura den Anlegern im Fall von Verlusten eine Entschädigung in Höhe von 20 Prozent garantierte. Aber Kataoka wurde von Tokushichi überstimmt. In der Überzeugung, daß der Aktienmarkt dadurch gestärkt und den Herstellern weitere Finanzmittel erschlossen würden, sicherten sich die japanischen Militärs Tokushichis Zusage, daß Nomura das Vorhaben unterstützen werde. Auf dem Weg von Kyoto nach Osaka, wo die entscheidende Vorstandssitzung stattfinden sollte, erklärte Tokushichi: »Da sich das Land auf einen verstärkten Kriegseinsatz vorbereitet und uns dazu erwählt hat, bei der Einrichtung von Investmentfonds die Vorreiterrolle zu übernehmen, glaube ich, daß wir damit beginnen und es richtig machen sollten.«

Kataoka fühlte sich gedemütigt und reichte seinen Rücktritt als Leiter von Nomura Securities ein; sein siegreicher Gegner Seizo Iida trat die Nachfolge an. Hinter Iida stand jedoch Minoru Segawa. Er war derjenige, der dem Fonds nach der Einführung im November 1941 den Weg zum Erfolg bahnte. Der Nomura Investment Trust schlug wie eine Bombe ein. Mehr als 7000 Nomura-Kunden kauften Fondsanteile, und aufgrund dieser Ausgangsbasis konnte Nomura während der Kriegsjahre rund die Hälfte aller Marktanteile im Fondsgeschäft für sich verbuchen.

Einen Monat nach Gründung des Fonds bombardierten die Japaner Pearl Harbor. Am Heiligen Abend wurde Singapur erobert. Kozo Nomura las vom Sieg über die Briten und erinnerte sich, er habe gedacht, dies sei zwar ein großer Triumph für Japan, »aber für die Briten nur ein winziges Feuer in einer kleinen Scheune, die auf einem riesigen Landbesitz steht«.

Der Krieg im Pazifik wütete, als sich Kozo Nomura 1943 auf eine achtmonatige Reise durch Südostasien begab, um die Interessen des Hauses zu wahren. Obwohl Kozo – der zehn Monate jünger als sein Bruder Keiji war – nicht den Vorsitz über seinen Geschäftszweig im weit verästelten Nomura-Unternehmen führte, hatte Tokushichi ihn mit der Leitung von Nomura East Indies beauftragt, in dem ein großer Teil des Familienvermögens investiert war. Aber selbst Tokushichis gute Beziehungen zum japanischen Militär konnten nicht verhindern, daß es sich in Familienangelegenheiten einmischte. Die Erträge, die Nomuras Besitztümer abwarfen, kamen ausschließlich der Armee zugute, und dennoch hatte sie bei ihrem Eroberungsfeldzug in Südostasien Nomuras Kautschukplantagen, Erdöllagerstätten und -Raffinerien beschlagnahmt. Obwohl die Regierung Nomura Partnership über die Yokohama-Münzbank Darlehen gewährt hatte, war Nomura beunruhigt. Die Handelsgesellschaften in Ostindien galten als Kronjuwelen des Hauses Nomura, die mit hohen Krediten der Nomura Bank erworben worden waren. Nun brachte das Familienschmuckstück keine Gewinne mehr ein und stellte nicht mehr als einen Vermögenswert dar, den man gezwungenermaßen dem Militär überlassen hatte. Kozo sollte nun dafür sorgen, daß die Handelsgesellschaften nicht in Grund und Boden gewirtschaftet wurden.

In der Zwischenzeit sah das Nomura-Research-Team Japans Niederlage voraus. Die Hiobsbotschaft wurde zwar heimlich an die langjährigen Nomura-Mitarbeiter weitergeleitet, so daß sie ihre Vermögenswerte schützen konnten, aber kein Wort davon drang je an die Öffentlichkeit. Schon 1942 – nach Japans Niederlage in der Seeschlacht bei den Midwayinseln, die einen Wendepunkt im Pazifischen Krieg brachte – hatte die Familie Nomura begonnen, den größten Teil ihrer Aktienbestände zu verkaufen. Nomura veräußerte auch Papiere für Rechnung des Hauses, wobei Segawa wie üblich die draufgängerische Methode bevorzugte und vorher eine künstliche Verknappung einleitete. Nomura Securities überstand später die harten Nachkriegsjahre dank dieser Mittel, die es rechtzeitig aus dem Markt abgezogen und in Sicherheit gebracht hatte.

Während die Familie noch um den Erhalt ihrer Vermögenswerte in Südostasien kämpfte, verstärkte Segawa seinen Zugriff auf Nomura Securities. Einer alle Zeiten überdauernden japanischen Tradition folgend erwies er mit großer Schläue einflußreichen Männern Gefälligkeiten, um sie später an diese Verpflichtungen zu erinnern. 1933 war er Direktor der Nomura-Niederlassung in Tokio geworden, womit er freie Hand über die Auftragserteilung in der Metropole erhielt. Manche glaubten sogar, er habe den Tokioter Börsenmaklern gegen Bezahlung die heißbegehrten Aufträge von Nomura zugeschanzt und auf diesem Weg seine eigenen Taschen gefüllt. Er war unter anderem mit Yozaburo Tsuchiya befreundet, dessen Familie über sagenhafte Verbindungen zur Börse verfügte. Diese Beziehung wurde gefestigt und Jahre später zementiert, als Nomura Securities eine Minderheitsbeteiligung an der Brokerfirma erwarb, die sich im Besitz von Tsuchiyas Familie befand. Yozaburo Tsuchiya zählte bereits zu den reichsten Männern Japans, aber Segawa sorgte dafür, daß sein Vermögen noch wuchs. Im Herbst 1939 hatte er begonnen, einen großen Teil der Geschäfte, die Nomuras Zweigstelle in Tokio tätigte, über Tsuchiya Shoten abzuwickeln. Tsuchiya erhielt eine Kommission für jeden Abschluß und ließ Segawa als Gegenleistung Insider-Tips über Aktien zukommen, deren Kursanstieg forciert werden sollte. Abgesehen von ihrem gemeinsamen Interesse am Geldverdienen konnte es kein ungleicheres Gespann geben. Yozaburo Tsuchiya stammte aus einer reichen Familie, die zudem noch zur intellektuellen Führungselite des Landes zählte. Als Absolvent der Tokioter Wirtschaftsakademie Hitotsubashi hatte er gehofft, in den Handel mit China einzusteigen; aber 1937 war seine Mutter verstorben und der Vater, ein gebrochener Mann, übergab das Familienunternehmen an Yozaburo. 1943 sah er sich, wie es in Japan der Pflicht des ältesten Sohnes entspricht, nach einem Ehemann für seine Schwester um. Segawa arrangierte prompt und in einer Weise, die für seine späteren Aktionsmuster typisch war, die Heirat mit Masai Ono, der bei Nomura Life arbeitete.

Die beiden Jahre vor Kriegsende bescherten dem japanischen Aktienmarkt eine turbulente Zeit. Die Regierungsbeamten hegten ein natürliches Mißtrauen gegenüber Männern, die Brokerhäuser leiteten. Sie hatten die kleineren Firmen aus dem Geschäft gedrängt und den Rest zu größeren Unternehmensgruppierungen zusammengefaßt, um die Marktaktivitäten besser kontrollieren zu können. Das einzige japanische Wertpapierhaus von Bedeutung, das die Säuberungsaktionen der Jahre 1943 bis 1944 relativ unbeschadet überlebte, war Nomura Securities. Tokushichi widersetzte sich vehement allen Versuchen, Nomura Securities und andere Firmengruppen zusammenzulegen. Das ringsum herrschende Chaos konnte seinem Imperium nichts anhaben. Die jüngeren Mitglieder der Regierung waren nicht bereit, den größten Finanzmagnaten des Landes herauszufordern, der sich nun aus dem aktiven Geschäftsleben zurückgezogen hatte und einmal gebeten worden war, das Ministerium zu übernehmen, in dem sie arbeiteten.

Aufgrund der kriegsbedingten Notstandsverordnungen der Regierung konnten die drei heute größten Konkurrenten von Nomura am Markt Fuß fassen. Die gemeinsame Macht dieser ›Großen Vier‹ wurde später nahezu legendär. Vor dem Krieg war nicht Nomura, sondern Yamaichi Securities mit Hauptsitz in Tokio das bedeutendste Wertpapierhaus in Japan gewesen. 1943 fusionierte es mit Koike Securities, behielt jedoch seinen ursprünglichen Namen bei. Nomuras größter Rivale in Osaka war stets Fujimoto Securities gewesen, das zum Sumitomo-*zaibatsu* gehörte und sich 1943 mit der Nippon Trust Bank zu Daiwa Securities zusammenschloß. Zwanzig Jahre später sollte sich Daiwa als das zweitmächtigste Brokerhaus in Japan positionieren, knapp gefolgt von Nikko Securities, einer Tochtergesellschaft des Mitsubishi-*zaibatsu,* der 1944 mit Kawashimaya fusionierte. Die kleineren Brokerhäuser blieben auf der Strecke, obwohl Yozaburo Tsuchiyas Firma dank einer Finanzspritze des Hauses Nomura überlebte, das 2,5 Prozent der Anteile des inzwischen in Nitto Securities umbenannten Unternehmens erwarb.

Tokushichi war es gelungen, das Nomura-Imperium während der turbulenten Jahre 1943 und 1944 zusammenzuhalten. Aber Japans Niederlage im Krieg programmierte den Untergang des Hauses Nomura und den Verlust der scheinbar unerschöpflichen Macht geradezu vor, die von den zehn reichsten Familien Japans auf ihr Land und die übrige Welt ausgeübt wurde. Bis 1945 hatten diese zehn Familien die unumschränkte Herrschaft über drei Viertel der gesamten japanischen Produktions-, Finanz- und Handelsunternehmen inne – eine Konzentration des Kapitals im Industriebereich, die in der Geschichte ohne Beispiel war. Es hätte einer größeren Katastrophe bedurft, um sie zu entmachten, aber wenn auch Japans Niederlage aus heutiger Sicht unvermeidlich erscheint, so war sie zu damaliger Zeit keineswegs offensichtlich. Vor allem die japanischen Bank-, Industrie- und Handelsmoguln konnten sich nicht vorstellen, daß irgend etwas den natürlichen Verlauf der Dinge hätte stören können. Der Erfolg hatte sie zur Überheblichkeit verleitet und diese wiederum ein Gefühl der Unfehlbarkeit genährt.

Die Familie Nomura hatte sich jedoch einen bemerkenswerten Sinn für die Realität bewahrt und war auf die Situation vorbereitet, die das Schicksal unvermeidlich bereithielt. Anfang 1943 sagte die Nomura-Research-Abteilung das Ende des Krieges voraus. Diese Einschätzung der Lage drang jedoch aus Furcht vor militärischen Repressionen nie an die Öffentlichkeit. Nach Aussage von Narajiro Kamata, Rechnungsprüfer von Nomura – ein quirliger Mann von kleiner Statur –, begann die Holdinggesellschaft der Familie Personal in die Zweigstellen zu versetzen, während die Mitglieder des Hauptvorstands ›untertauchten‹. »1945 war ich der einzige langjährige Mitarbeiter, der noch in der Firma verblieb.« Seine Aufgabe bestand darin, sämtliche Firmenunterlagen zu frisieren, zu vernichten oder zu verstecken, die den Behörden Einblick in den Nomura-Vermögensbestand erlaubt hätten. Aber bevor Kamata seine Arbeit beendet hatte, starb Tokushichi Nomura.

Er kam nicht durch eine Bombe ums Leben, wie jeder vermutet hätte, der seine beharrliche Weigerung kannte, bei Luftangriffen den Bunker neben dem Haus in Kobe aufzusuchen. Er erlag den Strapazen, die der Krieg mit sich brachte: 1944 war ein japanisches Frachtschiff mit zahlreichen Nomura-Mitarbeitern an Bord auf seinem Weg zu den Plantagen in Ostindien versenkt worden. Als Tokushichi die Unglücksbotschaft erhielt, brach er zusammen. Die Familie erinnerte sich, daß dies eine der seltenen Situationen war, in denen sie ihn weinen sah. Zur Trauer gesellten sich heftiges Herzklopfen und ziehende Schmerzen im Brustkorb, die im Laufe der Jahre immer schlimmer wurden, als er erfuhr, daß sich die Amerikaner von den Philippinen aus nach Japan vorkämpften. Tokushichi wußte, daß seinem Land die Niederlage bevorstand. Die amerikanischen Streitkräfte bereiteten den Angriff auf Leyte vor, eine Insel nördlich der Philippinen, um dort einen Luftflotten-Stützpunkt für die Bombardierung der Schiffe von Ostindien bis Japan zu errichten. Dadurch sollte Japans lebenswichtige Nachschublinie für den Transport von Öl, Kupfer, Nickel, Palmöl und Gummi unterbrochen werden. Tokushichi erkannte, daß die Plantagen und Fabriken der Nomura-Gruppe in der südlichen Hemisphäre verloren waren, wenn ihnen dieses Vorhaben gelang.

Anfang Januar 1945 konnte Tokushichi die militärischen Rückschläge, die Japan hinnehmen mußte, nicht mehr ertragen. Nach mehreren kleineren Herzanfällen verlor er das Bewußtsein. »Der Krieg ist vorbei«, hörten ihn seine Enkelkinder im Schlaf murmeln, »die Japaner sind am Ende.« Am 13. Januar erlitt er einen letzten massiven Infarkt. Im Alter von 67 Jahren starb einer der größten Aktienmarktspekulanten Japans; er hinterließ ein Finanzimperium, das eines Tages Anspruch darauf erheben würde, das mächtigste der Welt zu sein. Sein Tod war in gewisser Hinsicht zur rechten Zeit erfolgt und ersparte ihm, miterleben zu müssen, wie sich der Nomura-*zaibatsu* auflöste. Neun Monate später war die Nomura-Gruppe zerrissen. »Er hat Glück gehabt; er starb zu dem Zeitpunkt, als Nomura noch eine Einheit war«, sagte sein Enkel Tomohide später.

Innerhalb von sechs Monaten nach dem Tod seines Vaters ereilte Yoshitaro der erste Herzinfarkt. Die Angst, einen Krieg zu verlieren, den er niemals unterstützt hatte, ging über seine Kräfte. Mit ansehen zu müssen, wie sich Japaner und Menschen aus dem Westen gegenseitig umbrachten, war für Yoshitaro ein Wahnsinn, den er nie begreifen konnte. Mit seiner Gesundheit ging es bergab. Knapp einen Monat später, am 9. August, warfen die Amerikaner die Atombombe über Hiroshima ab. Einen Tag später erhielt Yoshitaro, der in Atami Zuflucht gesucht hatte, telefonisch die Mitteilung, daß der Landsitz der Familie in Kobe ausgebombt sei. Menschen waren dabei nicht zu Schaden gekommen, aber der Krieg, der sich einst in so weiter Ferne abzuspielen schien, rückte bedrohlich näher. Yoshitaro erlitt einen Schock. Am 14. Oktober wurde Nagasaki dem Erdboden gleichgemacht, und am folgenden Tag saß er im dunklen Anzug in seinem Haus in Atami vor dem Radio, in dem die Ansprache des Tenno an die Nation übertragen wurde. Es war das erste Mal, daß die Bevölkerung die exaltierte aristokratische Stimme Kaiser Hirohitos hörte. Yoshitaro kannte bereits den Inhalt der Rede aufgrund seiner Kontakte zu hohen Militärs. Dennoch war dies einer der bewegendsten Augenblicke in der Geschichte des Landes, und obwohl nur wenige Menschen den Text verstanden, der in dem klassischen Japanisch der Gelehrten abgefaßt war, folgte Yoshitaro still den Worten. Seine Frau Sae hörte sich die Rundfunkübertragung in der Nomura-Villa in Kyoto an. »Ich war erleichtert«, gestand sie. »Ich hatte wirklich Angst, wir müßten bald mit Bambusspeeren kämpfen.« Zehn Tage später, am 24. August, landete General Douglas MacArthur in Japan. Es war an diesem denkwürdigen Tag, als Yoshitaro Nomura starb, und die Welt, die er gekannt hatte, zu zerfallen begann. Ein Dienstmädchen in Atari rief Sae völlig verstört an und überbrachte ihr die Nachricht vom Tod ihres Mannes. In Japan war das Leben zum Stillstand gekommen; das Land bereitete sich darauf vor, von der Siegermacht Amerika ausgeplündert zu werden. Die Menschen blieben in ihren Häusern, zum einen aus Unsicherheit, zum anderen, weil sämtliche Formen des Transports eingestellt worden waren. Sae beschloß jedoch, nach Atami zu reisen, aus Ehrerbietung gegenüber ihrem Mann und weil der Brauch forderte, daß sie die Beisetzung in die Wege leitete. In Gesellschaft des Chauffeurs und eines Hauslehrers fuhr sie in einem Automobil, das in Ermangelung von Benzin mit Holzkohle betrieben wurde, vierundzwanzig Stunden ohne Pause von Kyoto nach Atami. Die Straßen waren übersät mit Schutt und Trümmern, die der Krieg hinterlassen hatte; dreimal während der Fahrt wurden die Reifen von Nägeln oder Steinsplittern durchlöchert und mußten notdürftig geflickt werden. »Wäre er vier Wochen später gestorben, hätte es ein Problem gegeben«, erklärte Sae. »Zu dem Zeitpunkt verunsicherten nämlich bewaffnete Banditen und Wegelagerer die Straßen.«

Yoshitaros sterbliche Überreste wurden in die Villa nach Kyoto überführt, wo einige Tage später die Beisetzung stattfand. Es war ein trüber, regenschwerer Tag, der das Elend einer geschlagenen Nation zu symbolisieren schien. Die Freunde der Familie, die den Krieg überlebt hatten oder sich nicht versteckt hielten, versammelten sich bedrückt in dem Raum des Hauses, der eigens für die Zeremonie reserviert war und bis zum heutigen Tag nicht verändert wurde. Hier sollte Yoshitaros Seele, wie es japanischem Brauch entspricht, in Geborgenheit und Freiheit ihre Wanderung aufnehmen.

So kam es, daß zehn Tage nach Ende des Zweiten Weltkrieges der zwölfjährige Fumihide Nomura, der älteste Sohn von Yoshitaro und Enkel des Gründers des Nomura-*zaibatsu,* alleiniger Nutznießer des gesamten Familienbesitzes wurde. Aber dieser Ruhm währte nur einen Augenblick lang. Der Junge war nur dem Namen nach Herr über ein Vermögen, das zudem lediglich auf dem Papier existierte. Fumihide Nomura witzelte später: »Ich war vier Monate lang Multimillionär.« Der Nomura-*zaibatsu* hatte als aufsteigender Stern am Finanzhimmel gegolten, der zwanzig Jahre lang hell erstrahlte und nun kurz vor dem Explodieren stand. Obwohl Fumihide finanziell gesehen der größte Verlierer der nachfolgenden Säuberungswelle war, nahm seine psychische Stabilität durch die mißliche Erfahrung kaum Schaden. Die Mitglieder der älteren Nomura-Generation – Kozo, Keiji und Motogoro – waren ruiniert und gebrochen. Die Macht der einst so riesigen Nomura-Gruppe schien auf immer verloren und die zahlreichen Tochtergesellschaften in Bruchstücke zersplittert, die sich später um zwei Firmen neu gruppieren sollten: Nomura Securities und die Daiwa-Bank.

Obwohl das Jahr 1945 für die Nomura-Kinder zahlreiche Härten durch den Verlust des Großvaters und Vaters mit sich brachte, war das Kriegsende eine Zeit des Umbruchs, deren Dynamik sie sich nicht entziehen konnten. Für Saes drei Söhne, den zwölfjährigen Fumihide, den elfjährigen Tomohide und den neunjährigen Haruhate sowie die knapp sechsjährige Tochter Kazuko besaß sie wenig Bedeutung, weder auf politischer noch gesellschaftlicher Ebene. Aber die Aufregung des Jahres 1945 blieb ihnen in Erinnerung, weil die gesamte Grundschule von Kobe in die Hügellandschaft von Kyoto evakuiert wurde. Dort standen sie, getrennt von ihren Eltern, unter der Aufsicht der Lehrer und verbrachten weniger Zeit im Schulzimmer als auf Streifzügen in den Wäldern, Tempeln und Flüssen Kyotos. Sae lebte mit Kiku in der Nomura-Villa, die sich in der Nähe befand.

Als MacArthurs Truppen im Herbst 1945 Japan zu erobern begannen, wurde beiden Frauen allmählich klar, daß sie wenig zu befürchten hatten. Die Amerikaner quartierten sich in den großen, nach europäischem Muster gebauten Villen in Kyoto ein, da die winzigen japanischen Holzhäuschen mit ihrem zerbrechlich wirkenden Mobiliar und den Binsenmatten auf dem Fußboden nicht ihrem Wohnstil entsprachen. Um vor aufgezwungenen ›Gästen‹ sicher zu sein, hatte Sae einen Teil der Villa an das japanische Außenministerium vermietet, und in diesem Herbst beschloß sie, ihre Zelte in Kyoto ganz abzubrechen und nach Tokio zu übersiedeln. Da sie Witwe war und sich im Chaos, das 1945 in Japan herrschte, ganz allein zurechtfinden mußte, hielt sie es für das beste, dort ein neues Leben zu beginnen, wo sie ihre Kinder lehren konnte, stark, unabhängig und für den Überlebenskampf gerüstet zu sein. Sie würden wie alle anderen Bürger Japans leben, die öffentlichen Verkehrsmittel benutzen und dasselbe wie alle Japaner essen. Sie wußte, daß die Tage der *zaibatsu* unwiederbringlich vorüber waren und ihre Kinder nicht von der Vergangenheit zehren konnten, in der es kein Mittelmaß gab und die Menschen entweder zu den Reichen oder zu den Armen zählten. Das neue Japan würde ein völlig neues Gesicht haben.

Deshalb zog Sae Ende 1945 mit ihren Kindern und nur zwei Dienstmädchen in ein kleines japanisches Haus, das in einem Außenbezirk von Tokio lag. Lebensmittel für ihre Kinder zu beschaffen hatte für sie Vorrang – eine äußerst schwierige Aufgabe, da Reis, Fisch und Gemüse rationiert waren. Vor dem Krieg kannte Sae als Frau des Nomura-Erben keine materielle Not. Jetzt war sie eine alleinstehende Witwe, die für ihren Lebensunterhalt kämpfen mußte und sich nur im Notfall an die Führungskräfte von Nomura Securities um Hilfe wenden konnte, da diese selbst vor dem Problem standen, ihre Familien zu ernähren. Mit zunehmender Verknappung der Lebensmittel wurde es für Sae gefährlich, das Haus zu verlassen. Finstere, in Lumpen gehüllte Gestalten machten die Straßen unsicher. Viele Japaner, die zu stolz waren, um zu betteln, verhungerten. Diese Katastrophe, die nur wenigen bekannt ist, war in der Zeit unmittelbar nach dem Krieg jedoch eine grausame Realität. Der drohende Hungertod trieb die weniger Ehrbaren dazu, ihren Lebensunterhalt durch bewaffnete Raubüberfälle zu bestreiten. Die *zaibatsu*-Familien erregten in wachsendem Maß den Unmut der Bevölkerung, und es wurde gefährlich, in irgendeiner Form mit Wohlstand in Verbindung gebracht zu werden. Masumi Nomura, Kozos Frau, erinnerte sich daran, wie sie einmal in der Öffentlichkeit ihren kostbaren seidenen Kimono trug und eine Frau versuchte, ihr das Kleidungsstück vom Leib zu reißen, und eine andere ein Tintenfaß über sie ausgoß.

Während Sae Nomura kämpfte, um den Lebensunterhalt für ihre Kinder zu sichern, bemühten sich andere darum, die Vermögenswerte des Nomura-*zaibatsu* vor den Amerikanern zu verbergen. Diese betrachteten die großen japanischen Konglomerate als Kräfte des Bösen, als eine dämonische Macht, in deren Händen die Fäden der japanischen Marionetten-Streitkräfte zusammenliefen. Das entsprach zwar nicht ganz den Tatsachen, aber die Nomura-Führungsetage wußte, daß man sie mit den anderen *zaibatsu* in einen Topf werfen würde, wenn ein Sündenbock gebraucht wurde.

Bei Kriegsende war der Nomura-*zaibatsu* ein Finanzkonglomerat, das einem dichtmaschigen Netz glich, in dessen Mittelpunkt sich die Nomura-Bank befand. Sie galt damals als achtgrößte Bank des Landes, während sich Nomura Securities den höchsten Marktanteil im Investmentfonds-Bereich gesichert hatte. Die Liste nahm kein Ende: Die Nomura Life Insurance behauptete Platz fünf in ihrem Geschäftsbereich, Nomura Trust und Banking den sechsten in ihrer Branche. Trotzdem war das Familienunternehmen dem Druck der Militärs nicht gewachsen gewesen. Gegen Kriegsende hatte man es gezwungen, eine Stahlfabrik zu errichten und eine Quecksilbermine in Hokkaido zu erschließen, die den Grundstoff für die Farben lieferte, mit denen die Kriegsschiffe grundiert wurden. Bei Kriegsende gehörte die Nomura-Gruppe zu den Hauptaktionären von Osaka Gas, eines der größten Versorgungsunternehmen des Landes, und hielt Mehrheitsanteile an Fukushima Boseki, jener Textilfirma, mit der Tokushichi Nomura zu Beginn des ersten Jahrzehnts des zwanzigsten Jahrhunderts ein Vermögen verdient hatte.

Unter dem Druck der amerikanischen Öffentlichkeit, die eine Inhaftierung und in manchen Fällen die Todesstrafe für die kriegslüsternen japanischen Imperialisten forderte, beschloß die US-Regierung zu handeln. Im Herbst 1945 wurden die mächtigen japanischen Konglomerate im Rahmen eines umfassenderen Planes, die weltweiten Handelskartelle abzuschaffen, demontiert. General MacArthur war zu der Ansicht gelangt, daß sämtliche *zaibatsu* die japanische Kriegsmaschinerie direkt finanziert hatten. Andere, wie Eleanor Hadley, Princeton-Professorin und entschiedene Befürworterin der Anti-Trust-Bewegung, erklärte sich nicht damit einverstanden, daß man auch den integren Banken und Wertpapierhäusern den Schwarzen Peter zuspielte. »Offensichtlich waren weder die *zaibatsu*-Familien noch ihre handverlesenen Führungskräfte eine Bande von Kriminellen...«, erklärte sie. Frau Hadley und General MacArthur stimmten jedoch darin überein, daß die Wirtschaft von einigen wenigen beherrscht und ausgebeutet worden war, mit dem Ergebnis, daß der japanische Durchschnittsbürger Sklavenarbeit für einen Hungerlohn verrichtet hatte, der nicht einmal zum Kauf von Gütern des täglichen Bedarfs reichte. Allein das Haus Mitsui, das seinen Aufstieg 350 Jahre vor Ausbruch des Zweiten Weltkrieges als eine kleine Geldwechselstube begonnen hatte, beschäftigte 1945 mehr als zwei Millionen Mitarbeiter, eine Zahl, die in der Geschichte der Menschheit beispiellos war. Eine derartige Machtkonzentration müsse zerschlagen werden, führten die Amerikaner an. Die Unterdrückung der Masse zum Nutzen einer kleinen Elite ließ sich nicht mit dem amerikanischen Demokratieverständnis vereinbaren. In den Augen der USA war diese Zusammenballung die Manifestation eines totalitären Wirtschaftssystems.

Am letzten Oktobertag des Jahres 1945 wurden die Guthaben und Vermögenswerte der großen japanischen Häuser von den Amerikanern eingefroren. Die Namen der betroffenen Familien waren den Japanern ebenso vertraut wie der Finanzmagnat J. D. Rockefeller den US-Bürgern oder der Staatsmann Cecil Rhodes den Briten. Und dennoch verfügte die japanische Oberschicht über eine Macht, die um ein Vielfaches größer war. Vierzehn *zaibatsu* wurden zum Zielobjekt der Zerstörung erklärt: Mitsui, Mitsubishi, Sumitomo, Yasuda, Asano, Furukawa, Fuyok, Kawasaki, Nisso, Nichitsu, Nomura, Okura, Riken und Shibusawa. (Nur zehn löste man tatsächlich auf.) Die amerikanischen Firmenprüfer waren verblüfft über die Entdeckung, daß die großen vier *zaibatsu* ein Viertel des gesamten Einlagekapitals japanischer Unternehmen kontrollierten. Die Hälfte des Finanzsektors und ein Drittel der Schwerindustrie befanden sich in ihrer Hand. MacArthur liquidierte die Holdinggesellschaften dieser Industriegiganten und hoffte, die einzelnen Zweigstellen über den Aktienmarkt an das Anlagepublikum veräußern zu können. Mit diesem Schritt hoffte er, einer Einrichtung den Weg zu ebnen, die in der japanischen Gesellschaft bisher gefehlt hatte: eine Mittelschicht.

Die Aktien der Nomura-Firmen wurden, wie die aller *zaibatsu*, beschlagnahmt. Man erlaubte den Führungskräften nicht, mehr als 500 Yen im Monat von ihren Bankkonten abzuheben, was für sie eine erniedrigende Erfahrung darstellte. Während der letzten Sitzung der

Nomura-Partnership-Direktoren, die am 15. Oktober stattfand, wurden die Holdinggesellschaft und ihre Firmen offiziell aufgelöst. Danach entfernte man alle Mitglieder der Nomura-Familie aus den Vorständen. Ihre Bezüge wurden gestrichen und ihr Vermögen konfisziert. Die Alliierten listeten das gesamte Inventar in den Häusern der Nomura-Familie auf, und Kozo erinnerte sich, daß sie sogar die Schuhe in seinem Schrank zählten. Schließlich wurde ihnen sogar untersagt, die Nomura-Filialen zu betreten – ein Verbot, das Kozo ignorierte, da er im Büro in Osaka jeden Tag seine englischen Tageszeitungen las. Die Amerikaner erkannten Motogoro, Keiji und Kozo sämtliche Titel ab. Sie beschleunigten zwar den Zusammenbruch des Familien-Imperiums, aber der Tod der beiden Nomura-Patriarchen zu Beginn des Jahres hatte schon Unheil verkündet. In gewisser Weise war das Haus Nomura bereits dem Untergang geweiht, bevor die Amerikaner das Kriegsbeil ausgruben und es in Stücke schlugen.

Im Herbst 1945 – bevor die Amerikaner die komplexen Strukturen der *zaibatsu* entdeckten – schlug General MacArthur vor, daß die *zaibatsu*-Familien selbst die Entflechtung ihrer ausgedehnten Besitztümer vornehmen sollten. Die Clan-Chefs konnten soviel Glück kaum fassen. Sie hatten ihr Leben damit verbracht, dieses vielschichtige Gefüge zu konzipieren, und nun verlangte jemand, der weder die japanische Sprache noch die japanischen Geschäftsmethoden verstand, es zu zerstören. Sie entwickelten pflichtgemäß einen Plan, der keinen großen Schaden anrichten konnte, und lieferten ihn mit kaum verhohlener Freude ab. Als einige klügere, erfahrenere und mit der japanischen Mentalität vertrautere Amerikaner in Tokio eintrafen, machten sie mit diesem Liquidationsplan kurzen Prozeß. Im Winter 1948 hatten sie sich endlich durch das Labyrinth verschlungener und umstrukturierter Firmengruppen und Vermögenswerte gekämpft und legten die Namen von 325 aufzulösenden Firmen vor (viele waren Zweigstellen der führenden *zaibatsu*), die über große Marktanteile, Personalbestände oder Vermögenswerte verfügten. Tatsächlich liquidiert wurden jedoch nur achtzehn.

MacArthur delegierte die Verantwortung für die Entflechtung dieser gigantischen Unternehmensstrukturen an das Finanzministerium und seinen blaublütigen Leiter Keizo Shibusawa. Er begann die kaum verhohlene Bündnispolitik zu begreifen, die japanische Minister, Politiker und Geschäftsleute verfolgt hatten, um ihre gemeinsamen Interessen zu wahren. Er fürchtete, irgendein Staatsdiener könne sein anvisiertes Ziel untergraben. Deshalb untersagte er Shibusawa ausdrücklich, jemanden aus der japanischen Bürokratie mit der Überwachung des Auflösungsprozesses der *zaibatsu* zu betrauen. Er erteilte ihm vielmehr die Anweisung, seine Kontakte auf höchster Ebene zu nutzen, das Projekt einem unparteiischen japanischen Geschäftsmann zu übertragen, der das engmaschige Netz geschäftlicher Querverbindungen, familiärer Beziehungen und Freundschaften kannte und verstand. Um ihm die Aufgabe zu erleichtern, hatte der General entschieden, das grundlegende politische und wirtschaftliche Rahmenwerk Japans solle zunächst unangetastet bleiben.

MacArthur hätte keinen Mann mit vielschichtigeren Kontakten finden können. Shibusawa war der Sohn des Meiji-Anhängers und Industriellen Eiichi Shibusawa, des Gründers der Tokioter Börse – der Mann, der Japan in einen modernen Industriestaat verwandelte und dessen Sohn nun aufgefordert war, Japans Industrie dem Erdboden gleichzumachen. Keizo Shibusawa leitete das Bankenimperium, das sein Großvater aufgebaut hatte. Dieses Erbe brachte einen Interessenkonflikt mit sich, da er einen Mann finden sollte, der die vierzehn führenden *zaibatsu* – einschließlich seines eigenen – liquidieren sollte. (Später erreichte er, daß die Amerikaner sein Familienunternehmen unangetastet ließen; er erklärte bescheiden, es sei zu unbedeutend und nicht wert, sich damit zu befassen.) Die Suche nach einem Mann, der für die Aufgabe der ›Demontage‹ in Frage kam, war nicht leicht. Die meisten, die sich mit der Arbeits- und Funktionsweise der *zaibatsu* auskannten, waren MacArthurs Säuberungsaktionen zum Opfer gefallen oder mußten damit rechnen, mit der nächsten Welle erfaßt zu werden. Shibusawa nahm zuerst Kontakt mit Herrn Nakane auf, dem Leiter der Sanwa-Bank, der nicht nur Bankier, sondern auch ein Humanist war, der großes Ansehen in der japanischen Gesellschaft genoß und in seiner Freizeit Gedichte schrieb. Er schien der geeignete Mann zu sein, um die Aufgabe zu übernehmen, ohne dabei sein Gesicht zu verlieren. Aber kurz nachdem Shibusawas Wahl feststand, wurde Nakane von den Amerikanern auf die schwarze Liste gesetzt, die ihn aus allen leitenden Positionen wegen eines Gedichts entfernten, das aus seiner Feder stammte. Erst viel später erfuhren die Amerikaner, daß dieses Gedicht, an dem sie Anstoß genommen hatten, einen Fehler enthielt: Nakanes Ausdruck ›loose belt‹ (in der Umgangssprache jemand, der ständig den Finger am Abzug seiner Pistole hat), war mit ›Roosevelt‹ übersetzt worden.

Shibusawa ernannte schließlich einen Bankier namens Tadao Sasayama zum Vorsitzenden des Liquidationsausschusses. Sasayama war als Mitarbeiter der Bank of Japan von den Säuberungsaktionen verschont geblieben, da Bankiers während des Krieges als Pazifisten galten. Er sprach jedoch kein Wort Englisch und hatte ebensowenig Ahnung von der westlichen Denkweise, so daß sein Wert für die bevorstehende Aufgabe begrenzt war.

Während Shibusawa Sasayama anheuerte, hatte er durch Zufall Iwajiro Noda kennengelernt, einen redegewandten Mitsui-Mitarbeiter, der ausgezeichnet Englisch sprach und in einem Kriegsgefangenenlager in den USA interniert gewesen war. Noda, in Kyushu geboren, hatte die besten Schulen Japans absolviert und an der Hitotsubashi-Universität in Tokio einen akademischen Titel erworben. Er war ein Anhänger der Meiji-Dynastie, westlich orientiert, intelligent und hatte sich vor dem Krieg – im Rahmen des reichhaltigen Arbeitsangebots, das jedem Sohn aus aristokratischer Familie zur Verfügung stand – für den Eintritt in die riesige Handelsfirma Mitsui und Co. entschieden. Es war Nodas Glück, daß ihn Mitsui nach New York geschickt hatte, als der Krieg ausbrach, und es dauerte nicht lange, bis ihn die Amerikaner internierten.

Als Noda im Winter 1946 nach Japan zurückkehrte, trat Shibusawa mit dem Angebot an ihn heran, die Auflösung der *zaibatsu* zu überwachen. Zunächst erklärte Noda – erschreckt vom Umfang der Aufgabe und der Verantwortung, die sie mit sich brachte –, er sei nicht interessiert. Shibusawa, ein sanfter, sensibler Mann, war jedoch ziemlich hartnäckig und ein Meister der Überredungskunst. Er wies Noda darauf hin, daß es im Verlauf der Geschichte keine größere Niederlage als die Japans gegeben habe. Shibusawa stellte die Aufgabe in den übergeordneten Zusammenhang: Niemals zuvor habe es eine solche Machtkonzentration gegeben wie die der *zaibatsu,* und niemals wären die Siegermächte bereit gewesen, den besiegten Kriegsgegnern gegenüber Gnade walten zu lassen. Da es keine Präzedenzfälle gebe, an denen er sich bei der Bewältigung seiner Aufgabe orientieren könne, brauche er sich auch der Fehler nicht zu schämen, die ihm dabei möglicherweise unterlaufen und der Nachwelt bekannt werden würden.

Es blieb das Problem, wer den Vorsitz über den Ausschuß führen sollte, aber Noda fand einen Ausweg aus dem Dilemma: Er schlug großzügig vor, Sasayama solle diese Funktion für die ersten drei Jahre wahrnehmen, wohl wissend, daß sie im Anschluß daran mehr als fünf Jahre lang ihm selbst zufallen würde. Da Iwajiro Noda die englische Sprache fließend beherrschte, gelang es ihm, die *zaibatsu* aufzulösen und gleichzeitig dafür zu sorgen, daß die *zaibatsu*-Familien einen bescheidenen Rest ihres Vermögens behalten durften. Noda behauptete später: »Ich war der einzige kompetente Mann, der nicht dem Krieg oder den Säuberungsaktionen zum Opfer gefallen war. Nur wenige Leute kennen die Geschichte, wie Japan systematisch auseinandergepflückt und wieder zusammengefügt wurde, sobald die Amerikaner das Land verlassen hatten.«

In den Jahren, die auf den Krieg und die Demontage folgten, machte

Noda Karriere und wurde Leiter der renommierten Okura-Hotelgruppe. Er spielte eine wichtige Rolle, da sich die Hotels – und insbesondere das Okura – nach dem Krieg zum Treffpunkt der japanischen High-Society entwickelten. Hier ging Noda später auch seiner inoffiziellen diplomatischen Mission nach und freundete sich mit zahlreichen Staatsoberhäuptern an, beispielsweise Ronald Reagan und Margaret Thatcher. Sobald ein Repräsentant aus Diplomatenkreisen oder jemand, der als Kapazität in seinem Fachbereich galt, Japan besuchte, stattete er Noda einen Höflichkeitsbesuch ab – falls er nicht ohnehin schon in seinem Hotel residierte.

Noda standen für die Liquidierung der japanischen Unternehmen fünfhundert Mitarbeiter zur Verfügung, wovon die Mehrheit die besten Universitäten des Landes besucht hatte. Arbeitsplätze waren damals rar, und die meisten nahmen die Chance wahr, eine Anstellung zu erhalten. In den ersten drei Jahren fanden endlose Verhandlungen mit den Amerikanern statt, an denen Sasayama teilnahm – stets lächelnd, der englischen Sprache nicht mächtig und oft nicht einmal in der Lage, der Übersetzung zu folgen. Als Noda schließlich den Vorsitz übernahm, hatte er klare Vorstellungen von dem, was er erreichen wollte. Im Grunde mangelte es ihm nicht an Verständnis und Sympathie für die *zaibatsu*-Familien, die einst so reich und eine treibende Kraft im Leben Japans gewesen waren. Noda war persönlich mit Hachiroemon Mitsui befreundet, dem Vorstand des größten *zaibatsu* und der reichsten Familie der Welt in Vorkriegszeiten. Mitsui lebte nun von 500 Yen im Monat, und Noda verabscheute insgeheim die Art, wie man die japanische Aristokratie behandelte. Er war zutiefst aufgewühlt, wenn solche Männer Geld von ihm leihen mußten. Später verteidigte er die *zaibatsu*: »Die *zaibatsu* waren keine Kriegstreiber. Die Militärs trugen die Schuld, nicht die Familien.«

Nodas Geschick im Umgang mit Menschen machte ihn zum geborenen ›Unterhändler‹ für Amerikaner und Japaner. Dennoch war die Mission, mit der man ihn betraut hatte, für den Vorsitzenden des Liquidationsausschusses ein wahrer Drahtseilakt. Er gewann viele Freunde, aber er schuf sich noch mehr Feinde. Aus der Perspektive der Amerikaner bestand seine Aufgabe darin, die wohlhabenden japanischen Familien zu ruinieren. Da er Japaner war, nahmen sie an, daß ihn die *zaibatsu*-Familien zum Sündenbock stempeln würden. Tatsächlich begegneten ihm diese zunächst mit Verachtung; sie betrachteten ihn als einen Mann, der es darauf anlegte, sie an den Bettelstab zu bringen. Mit der Zeit nötigte Noda jedoch allen Japanern Achtung ab, und besonders geschätzt wurde er von den Reichen. Im Grunde bemühte er sich, das Vermögen seiner wohlhabenden Landsleute so weit wie möglich unangetastet zu lassen, so daß sie es nach dem Abzug der Besatzungsmacht zurückfordern konnten. Aber dieses Ziel erreichte er nur in sehr beschränktem Umfang.

Die Bedingungen, die MacArthur an Nodas Auftrag geknüpft hatte, waren einfach: Alles, was sich im Besitz der *zaibatsu* befand, sollte requiriert werden. Die *zaibatsu*-Familien, einschließlich Nomura, verloren all das Geld, das sie heimlich auf Bankkonten in Japan deponiert hatten. Die Mittel, die nicht konfisziert wurden, fielen der Inflation der Nachkriegszeit zum Opfer. Nodas Liquidierungsausschuß beendete die autokratische Herrschaft in der Industrie, die Patriarchen wie Tokushichi Nomura, Hachiroemon Mitsui und Kichizaemon Sumitomo ausgeübt hatten. Die Besitzrechte gingen von einer kleinen, wohlhabenden Elite an das große japanische Anlegerpublikum über. 1946 befand sich jede vierte Aktie in Händen eines *zaibatsu* und anderer großer Konzerne; 1950 hielten sie nur noch einen von zwanzig Anteilen. Der größte Teil ging an die führenden Finanzinstitute des Landes über.

Die einzigen Vermögenswerte, die Noda letztlich schützen und den Familien belassen konnte, waren große Landparzellen, die den Amerikanern wertlos erschienen. Was ließ sich schon mit Grund und Boden anfangen – dachten sie –, wenn der größte Teil der Wirtschaft ausradiert war? Später sollte Kichizaemon Sumitomo, der nach dem Krieg riesige Forste behalten durfte, einer der reichsten Männer Japans, ja sogar der Welt werden.

Noda verbrachte die erste Periode seiner Amtszeit damit, die großen vier *zaibatsu* auseinanderzureißen, und die letzten zwei Jahre mit der Demontage der Konglomerate mittlerer Größe, einschließlich des Hauses Nomura. Er arbeitete eng mit Narajiro Kamata zusammen, dem Rechnungsprüfer der Nomura Holdinggesellschaft und einzigen Direktor, der vom ursprünglichen Vorstand übriggeblieben war. Er begann systematisch, die Überreste von Tokushichis Imperium aufzulösen. Theoretisch sollte nach dem Liquidationsprozeß nichts mehr an Werten vorhanden sein, da die Anweisung bestand, sämtliche Nomura-Beteiligungen, Barmittel, Grundstücke und andere Besitztümer zu beschlagnahmen. Die Begegnung zwischen Kamata und Noda sorgte dafür, daß es nicht dazu kam.

Kamata hatte sich seit Anfang 1945 versteckt gehalten und die Dokumente der Nomura-Familie ›frisiert‹. Als die Amerikaner im Herbst durch Noda die Herausgabe der Familiendokumente verlangten, stellte sich Kamata unwissend und erklärte den Behörden, er habe keine Ahnung, wo sich diese befinden könnten. Die Amerikaner setzten die Nomura-Familie unter Druck und drohten Kamata, ihn vor ein Kriegsgericht zu stellen, falls er bis zum Jahresende nicht sämtliche Unterlagen übergeben habe. Die Drohung wirkte: Kamata ›zauberte‹ die Bilanzen herbei. Aber dadurch wurde die Aufgabe der Liquidatoren nicht einfacher. Obwohl sie nun Zugang zu den Firmendokumenten hatten, waren sie bald hoffnungslos in ein Netzwerk von Verträgen, Fremd- und Eigenkapitalstrukturen, Firmen, auf deren Namen Aktien gemeinsam oder einzeln registriert worden waren, Direktorenposten, die jemand in mehreren Unternehmen gleichzeitig innehatte, Familienbeziehungen und das *Oyabun kobun*-Geflecht verstrickt, das die Geschäftswelt zusammenhielt: Sobald sie einen Strang des Knäuels entwirrt und durchtrennt hatten, wurde er hinter ihrem Rücken neu verknüpft.

Nachdem die Amerikaner die Nomura-Gruppe zerlegt hatten, schätzten sie den Nominalwert des einst so mächtigen Hauses auf 165 Millionen Yen – eine Summe, die Kamata noch bewußt nach unten korrigierte, um die Behörden zu veranlassen, Milde walten zu lassen. Er hoffte auf Nachsicht, wenn es zur Umverteilung des Familienvermögens kam. Die 165 Millionen Yen stellten das Grundkapital des Imperiums dar, den Betrag, der als Startkapital des Unternehmens gedient hatte. Er stand in keinem Zusammenhang mit der spektakulären Ertragslage, den Marktanteilen oder dem Einfluß, den das Haus Nomura im japanischen Finanzwesen ausübte. Nomura Securities wäre heute – im Frühjahr 1987 – 70 Milliarden Dollar, die Daiwa Bank mehr als 20 Milliarden Dollar und die Osaka Gas über 15 Milliarden Dollar wert gewesen. Hätte die Familie nur 5 Prozent dieser Firmen behalten können, würde sie zu den reichsten der Welt gehören.

Selbst der optimistische Kamata erkannte 1945, daß die Zersplitterung der Nomura-Familie und des Nomura-Imperiums endgültig sein würde. Er war jedoch fest entschlossen, soviel wie möglich zu retten und alles daranzusetzen, daß die Firmen innerhalb der Gruppe nicht auseinandergerissen wurden. Im Sommer 1948 beschlagnahmte man die Aktien der Nomura-Zweigstellen, die 1945 von den Amerikanern eingefroren worden waren. Über die Absicht, die sich dahinter verbarg, konnte es keinen Zweifel geben: Die Nomura-Aktien sollten dem Anlagepublikum auf einer öffentlichen Auktion angeboten werden. Kamata suchte völlig aufgelöst Noda auf und flehte ihn an, die Versteigerung, bei der jeder japanische Bürger mitbieten konnte, zu verhindern. »Sie werden eine der stolzesten Firmen unseres Landes zerstören«, sagte er.

Noda stand dem Ansinnen wohlwollend gegenüber, und gemeinsam arbeiteten die beiden Männer einen geradezu genialen Plan aus: Die Nomura-Mitarbeiter sollten das Optionsrecht auf die Aktien der Niederlassungen erhalten. Dieses Konzept konnten die Amerikaner schlecht ablehnen. Sie hatten sich zum Ziel gesetzt, die Besitzrechte an japanischen Unternehmen so breit wie möglich zu streuen, und da die meisten Angestellten kaum Geld besaßen, bestand nach Auffassung der Amerikaner wenig Gefahr, daß sie den gesamten Aktienbestand aufkaufen würden. Den amerikanischen Behörden war jedoch nicht bekannt, daß jede Nomura-Firma auf Kamatas Anregung hin vertrauenswürdigen Mitarbeitern Geld für den Kauf der Aktien geliehen hatte. Sie erklärten sich einverstanden, die Aktien zu einem späteren Zeitpunkt an die Firma zurückzuverkaufen, um auf diesem Weg sicherzustellen, daß die Kontrolle über die Nomura-Gruppe nicht in unerwünschte Hände gelangte. Das Ergebnis war eine Verlagerung der Besitzrechte von der Familie auf das Firmengeflecht. Nach der Abwicklung besaß Nomura Securities Anteile an der Nomura Bank, und diese hielt wiederum Aktien von Nomura Securities. Bis zum heutigen Tag bezeugt Nomura Securities Iwajiro Noda Respekt, der dem Unternehmen in der Nachkriegszeit beistand. Als Geste der Anerkennung finden die meisten Firmenfeiern im Okura-Hotel statt.

Obwohl die Firmen, die zur Nomura-Gruppe gehörten, ihre Anteile gegenseitig aufkauften, verfolgten andere japanische Firmen diese Strategie aus noch dringlicheren Gründen. Unfreundliche Übernahmen stellten nach dem Krieg für viele Unternehmen eine Bedrohung dar und führten zu der engmaschigen Strukturverflechtung, die sich bis zum heutigen Tag in Japan erhalten hat. Iwajiro Noda erzählte später gerne die Geschichte von der Auflösung des Mitsubishi-*zaibatsu,* den er auf Befehl der Amerikaner in 120 eigenständige Einheiten ›zerlegen‹ mußte. Der gesamte Grundstücksbesitz nahe dem Tokioter Bahnhof, der heute im Zentrum der Metropole liegt, sollte verkauft werden. Noda, der mit der Familie Mitsubishi Mitleid empfand, hielt es für eine Schande, die Immobilien an ein außenstehendes Unternehmen zu veräußern. Deshalb wandte er sich an Yowa Immobilien, eine Schwesterfirma innerhalb der Mitsubishi-Unternehmensgruppe, und verkaufte ihr das Land zu einem Spottpreis. Alles lief bestens bis 1949. In diesem Jahr wurde die Tokioter Börse wiedereröffnet, an der die Yowa-Aktien notierten. Der Kurs erreichte schwindelnde Höhen, als Kuniro Fujizuna, ein wohlhabender, mit Gangstermethoden arbeitender Spekulant, 35 Prozent der Yowa-Aktien aufkaufte. Japan hatte seinen ersten Greenmail-Fall – eine Form der sanften Erpressung, die heute bei unfreundlichen Firmenübernahmen oder um die Aktienpreise hochzutreiben angewendet wird –, und Fujizuna wurde mit einem satten Profit abgefunden. Diese Bedrohung sorgte dafür, daß viele börsengängige Unternehmen durch Zusammenschlüsse Schutz suchten. 1953, nachdem die Amerikaner das Land verlassen hatten, änderte Japan seine Antikartell-Gesetzgebung und gestattete den Firmen den wechselseitigen Aktienbesitz.

Kamatas Aufgabe, die Nomura-Vermögenswerte zu schützen, erwies sich als ungleich schwieriger. Zum Glück hatte er gegen Ende des Krieges beim Aufbau einer Baugesellschaft namens Nomura Construction geholfen (die bis zum heutigen Tag überlebt hat und als Depotstelle für das Nomura-Familienvermögen fungiert), und Herrn Yasui, einen führenden japanischen Architekten, zum Leiter ernannt, da er voraussah, daß nach dem Krieg in der Bauwirtschaft große Nachfrage herrschen würde. Kamata begann, die Besitzrechte an den zersplitterten Immobilien des Nomura-*zaibatsu* auf die Baufirma zu übertragen. Dazu gehörten auch drei Grundstücke in erstklassiger Lage in Osaka und drei weitere in Tokio, die später auf mehr als 40 Millionen Dollar geschätzt wurden. Nomura Construction gelang es, unbemerkt Anteile in Höhe von 1,5 Millionen Dollar an Nomura Securities zu behalten, deren Wert an der Tokioter Börse einst bis zu 50 Millionen Dollar betragen hatte. Sobald die Grundstückspreise nach dem Krieg zu steigen begannen, konnte die Nomura-Familie ein bescheidenes Vermögen damit erzielen, und Kamata wurde als ›Vater und Beschützer‹ der Nomura-Kinder bekannt. Noda stellte sich blind bezüglich Kamatas Winkelzügen und Transaktionen.

Den Amerikanern gelang indes ein großer Teil dessen, was sie sich vorgenommen hatten, als sie Noda in ihre Dienste nahmen. Das Portfolio der Nomura-Familie war in Bruchstücke zersplittert, die sich nie wieder zusammensetzen ließen. Heute besitzt die Familie nicht den gesamten Konzern, sondern nur ein Prozent der Aktien von Nomura Securities, dem größten Finanzunternehmen der Welt. Auch die Besitzrechte an der heute neuntgrößten japanischen Bank, die einst die Hauptfinanzierungsquelle der Nomura-Gruppe gewesen war, gingen ihr verloren. Sie wurde in Daiwa-Bank umbenannt, an Schwesterunternehmen verkauft, in ein börsengängiges Unternehmen umgewandelt und unter den Vorsitz eines erklärten *zaibatsu*-Gegners namens Taheo Terao gestellt, der früher ein kleiner Bankangestellter gewesen war. Dieser auf Unabhängigkeit bedachte Mann spaltete die Nomura-Gruppe in zwei Lager: Das eine stand unter dem Einfluß von Nomura Securities, das andere unter dem der Daiwa-Bank.

Das Versorgungsunternehmen Osaka Gas, das Tokushichi in den zwanziger Jahren vor einer Zwangsfusion bewahrt hatte, wurde ebenfalls in ein börsengängiges Unternehmen umgewandelt. Die Nomura Partnership ging in die Hände des Anlagepublikums über. Die Nomura Life Insurance, die zu den sechs größten Lebensversicherungsgesellschaften Japans gezählt hatte, koppelte man ebenfalls aus dem Familienbesitz aus. Die Finanzreformen der Nachkriegszeit änderten das Strukturgefüge der Lebensversicherungsfirmen: Früher waren sie Stahlkammern vergleichbar gewesen, in denen stets Bargeld auf Abruf für den Bedarfsfall bereit lag; nun entwickelten sie sich im Zuge von MacArthurs Demokratisierungskampagne in Versicherungen auf Gegenseitigkeit, die theoretisch den Versicherungsnehmern gehörten. Nomura Life Insurance wurde in Tokio Mutual Life Insurance Company umgetauft, die unter Japans Branchenführern den sechzehnten Platz hält. Andere Firmen, die den Krieg unterstützt hatten, wie das Stahlwerk Nomura Steel und die Fluggesellschaft Nitto Aviation, blieben für immer geschlossen. Die Handelsgesellschaft Nomura East Indies fiel ohne Ausgleichszahlung an Holländisch-Ostindien. Die Firma Fukushima Boseki änderte ihren Namen in Shikibo; sie zählt bis zum heutigen Tag zu den führenden Textilfirmen in Osaka und befindet sich teilweise im Besitz der Nomura-Gruppe.

Kapitel 13:

Kerker und Kino

Das Leben in Tokio war rauh nach dem Krieg. Die Straßen der Stadt wurden von Banditen unsicher gemacht, die sich mit Messern und Pistolen bewaffnet auf Nahrungssuche begaben. »Ende der vierziger Jahre glich Japan dem Afrika der achtziger Jahre; es gab wenig zu essen und kaum Hoffnung, und Hilfe aus dem Ausland traf nur sehr schleppend in Form von Säcken mit Weizen und Reis ein«, erinnerte sich Tadashi Ishida, einer der Nomura-Securities-Mitarbeiter, die 1946 zum Unternehmen gestoßen waren. Die Hilfsgüter der Amerikaner wurden zwar begrüßt, aber sie reichten nie aus. Die japanischen Familien schickten ihre ältesten Söhne mit der Eisenbahn aufs Land, in der Hoffnung, daß sie mit ein wenig Gemüse oder einer Handvoll Reis zurückkehrten. Die Züge in die ländlichen Gebiete waren so überfüllt, daß die Stationsvorsteher die Türen nicht schließen konnten. Iishida sieht noch heute das schmerzliche Bild von Hunderten hungernder Menschen, die auf der Plattform zurückbleiben mußten, während es den flinkeren jungen Burschen gelang, an den Waggons hochzuklettern und sich durch ein Fenster zu quetschen, um ihre Mitfahrt zu sichern.

Als die Lebensmittelpreise ins Unermeßliche stiegen, mußten viele japanische Familien ihre sämtlichen Ersparnisse abheben und für eine Handvoll Reis, Fisch oder Gemüse opfern. Die Inflation entwickelte sich zu einem Teufelskreis, aus dem es kein Entrinnen gab, als sich die Banken bei der Zentralbank des Landes Geld ausliehen, um ihre leeren Tresore wiederaufzufüllen.

Unter dem Druck der amerikanischen Besatzungsmacht schlug die japanische Regierung den einzigen Aktionskurs ein, der ihr blieb. Sie fror sämtliche Guthaben ein und führte eine neue Währung ein, in der Hoffnung, damit einen weiteren Ansturm auf die Banken zu verhindern. Strikte neue Bestimmungen wurden erlassen: Privathaushalte durften nicht mehr als 100 Yen pro Monat von ihren Konten abheben – eine Summe, die kaum ausreichte, um eine vierköpfige Familie zu ernähren.

Die Bankguthaben konnten in die neue Währung umgetauscht werden, allerdings im Schneckentempo von jeweils 100 Yen pro Tauschaktion. Die alten Yen durften zwar noch zur Begleichung der Steuerschulden verwendet werden, aber der kleine Mann auf der Straße fürchtete, daß seine ohnehin geringen Ersparnisse bald völlig wertlos sein würden.

Es mag wie eine bittere Ironie des Schicksals erscheinen, aber Japans Elend brachte Nomura einen gewissen Wohlstand, denn man entdeckte eine Lücke in den drakonischen Kontrollen, die im Bankwesen herrschten. Kein Gesetz verbot den Transfer eingefrorener Guthaben an Brokerhäuser. Die Banken begannen, Geld an die Händler zu überweisen, die ihrerseits Aktien für ihre Kunden kauften. Obwohl die Börse in Tokio offiziell geschlossen war, hatte sich ein riesiger Schwarzmarkt entwickelt. Die Privatinvestoren verkauften ihre Aktienbestände schnellstmöglich und erhielten dafür neue Yen.

Minoru Segawa, der geschickteste unter den japanischen Schwarzmarkt-Hasardeuren, war damals Leiter der Tokioter Zweigstelle von Nomura Securities. Im Frühjahr 1946 machte er Nomuras Präsident Seizo Iida einen verwegenen Vorschlag. Er zeigte ihm, wie das Unternehmen profitieren konnte, wenn es Aktien illegal mit alten Yen kaufte, die Bestände verkaufte, und den Erlös in neue Yen umtauschte. Iida, ein ehrlicher und aufrechter Mann, hielt im Grunde nicht viel von der Idee, aber die Sorge um Nomuras Belegschaft und ihre Familien war stärker als seine Skrupel. »Ich gebe Ihnen die Erlaubnis, auf welchem Weg auch immer Geld zu verdienen, damit unsere Leute zu essen haben.«

Segawa machte sich umgehend ans Werk. Innerhalb von fünf Monaten verdiente er mit seinen Währungstransaktionen auf dem schwarzen Markt für Nomura Securities ein beachtliches Vermögen. Dann, am 10. August 1946, nur einen Tag, bevor Nomura Securities aus der *zaibatsu*-Firmengruppe ausgekoppelt und in ein eigenständiges Unternehmen umgewandelt werden sollte, verkündete das Finanzministerium, eingefrorene Bankguthaben für Aktientransaktionen zu verwenden sei ab sofort gesetzlich verboten. Aber die Verlautbarungen des Ministeriums konnten Segawa nicht aufhalten. Er setzte seine Schwarzmarktgeschäfte fort, schon aus Protest. Jeder Yen des Gewinns, den er in der ersten Hälfte des Jahres 1946 erzielte, stammte aus dem Umtausch alter in neue Yen, wobei der Aktienmarkt als Geldwaschanlage diente. Sein Verdienst an diesem Umtauschprozeß war zu lukrativ, um ihn aufzugeben.

Er wußte jedoch nicht, daß die Generalstaatsanwaltschaft bereits in aller Stille Ermittlungen gegen Nomura, Yamaichi und Yamazaki Securities wegen derartiger Gesetzesverstöße eingeleitet hatte. Am 9. September stürmte die Tokioter Polizei die Nomura-Büros in Nihonbashi und verlangte den Präsidenten zu sprechen. Segawa erklärte ruhig, die Zentrale von Nomura Securities befinde sich in Osaka, und folglich habe keiner der Topmanager seinen Arbeitsplatz in Tokio. »Ich bin hier der Verantwortliche«, prahlte er. Das reichte der Polizei, um ihn in eine Zelle des Sugamo-Gefängnisses zu sperren.

Jahre später erinnert sich Segawa in seiner Autobiographie, daß er von den Kriminalbeamten stundenlang in einem Raum durch die Mangel gedreht wurde, in dem sich die beschlagnahmten Firmenunterlagen von Nomura türmten. Er merkte, daß die Verhörspezialisten nicht die geringste Ahnung von Finanzmärkten hatten und erwarteten, daß Segawa ein Geständnis ablegte. Segawa erkannte, daß die Staatsanwaltschaft keine stichhaltigen Beweise gegen ihn besaß, selbst wenn sie aus den Nomura-Dokumenten schlau geworden wäre; er verweigerte jede Aussage. Seine Hartnäckigkeit trug ihm eine Haftstrafe von zwei Wochen ein. Die japanischen Behörden durften – und dürfen noch heute – auch ohne ausreichende Indizien eine Untersuchungshaft anordnen. Sie hofften, daß Segawa schließlich geständig sein würde, wenn sie ihn lange genug in seiner Zelle schmoren ließen. Segawa hatte jedoch nicht die geringste Absicht, ihnen diesen Gefallen zu erweisen. Er war ein nicht gerade schmächtiger Mann, und anstatt im Gefängnis zum Schatten seiner selbst zu werden, legte er sogar noch einiges an Gewicht zu. »Meine Freunde von Nomura brachten mir jeden Tag etwas zu essen, und nach zwei Wochen wurde ich richtig fett.«

Die Hitze erwies sich jedoch als unerträglich, und eine seiner Lieblingsgeschichten aus dieser Zeit war jene, wie er sich unter dem Wasserhahn im Gefängnishof erfrischte. Er stampfte zum Brunnen wie ein Rhinozeros zur Tränke, riß sich sämtliche Kleider vom Leib, hielt seinen Kopf unter den Hahn und spritzte sich das eiskalte Wasser über den ganzen Körper. Der Aufseher schrie: »Anziehen!« »Wozu?« wollte Segawa wissen. »Die Anstaltskleidung an, aber sofort!« brüllte der Wachhabende nochmals. Später entdeckte Segawa, daß die Zellen der weiblichen Gefängnisinsassen auf den Hof hinausgingen; ihm behagte der Gedanke, »daß die Frauen meine edelsten Körperteile gesehen haben«.

Segawa kooperierte mit den Kriminalbeamten nur, um sie davon zu überzeugen, daß Nomura Securities gegen kein einziges Gesetz verstoßen habe. Er erklärte ihnen sogar den Ablauf von Aktien-Transaktionen und lenkte sie somit von der Fährte ab, die zu illegalen Aktivitäten seiner Firma hätte führen können. Obwohl der Leiter der Tokioter Niederlassung noch immer im Gefängnis saß, erzielte Nomura weiterhin beachtliche Gewinne, indem es Aktien mit eingefrorenen Guthaben kaufte.

Die neuen Yen-Banknoten spielten auch in einem anderen blühenden Geschäftszweig während jener entbehrungsreichen Nachkriegsjahre eine entscheidende Rolle – nämlich für den höchst verdeckt operierenden, aber ebenso aktiven Schwarzmarkthandel mit Gütern aller Art. Segawa machte sich die Verwirrung und anarchischen Zustände, die in dieser Periode herrschten, zunutze und trieb Handel mit allem, was für Nomura einen Gewinn versprach. Nach seiner Entlassung aus dem Gefängnis brachte er die Nomura-Mitarbeiter dazu, Lotterielose zu verkaufen, die von der Kango-Bank in einem Holzverschlag an der Ginza, dem größten Einkaufszentrum Japans, angeboten wurden. Für nur einen Yen erhielten die Japaner die Chance, ihren Traum vom Millionengewinn wahr zu machen. Bei anderer Gelegenheit wurde Segawa erwischt, wie er Pflanzenöl durch einen militärischen Kontrollpunkt schmuggelte. Manche Nomura-Verkäufer gingen sogar mit Küchengeräten, die von Nippon Light Metal stammten, von Tür zu Tür – in der Hoffnung, ihren Verdienst durch eine Provision aufzubessern.

Das Japan der Nachkriegszeit war der ideale Nährboden für Männer wie Segawa, denn es gab keine sozialen Unterschiede, keine Hierarchie und keine eisernen Regeln. Es ging nur um eines: zu überleben. Das legale und illegale Glücksspiel eroberte das Land, als die von Unterwelt-Syndikaten betriebenen Pachinko-Spielhallen Furore machten. Für einen Sen – der zehnte Teil eines Yen – warfen die notorischen Spieler silberfarbene Metallkugeln von oben in einen Automaten ein, der Flipperautomaten gleicht. Sie fielen durch ein Labyrinth von Nägeln, wobei der Lauf der Kugeln beeinflußt werden konnte. Landeten sie in der richtigen Schale, gab es Gratis-Kugeln, die gegen Bargeld eingetauscht werden konnten; manche kehrten jedoch völlig mittellos nach Hause zurück. Mah-Jongg-Klubs schossen wie Pilze aus dem Boden, und bald hallte in den Seitengassen Tokios bis spät in die Nacht das Klick-Klack der Spielsteine wider.

Das Topmanagement betrachtete Segawa nicht aufgrund seiner Schwarzmarktgeschäfte als Helden, aber in der Firma bestand ein Machtvakuum, und Nomura brauchte eine starke Führung. Die meisten fähigen Mitarbeiter von Nomura Securities waren im Krieg umgekommen oder verwundet worden. Deshalb beförderte man Segawa nach seiner Entlassung aus dem Gefängnis im September 1946 zum Direktor und im April 1948 zum geschäftsführenden Direktor, im gleichen Monat, als Tsunao Okumura Präsident wurde.

Als der Krieg zu Ende war, hatte der Playboy Okumura die Nase voll vom Chaos, das in Osaka herrschte. Ringsum lag alles in Trümmern. Er wollte ein ganz neues, beschaulicheres Leben mit seiner Frau beginnen und bat um seine Versetzung in das nahegelegene Kyoto. Zum einen war die Stadt von den Alliierten verschont worden, und zum anderen hatte er dort auch seine unbeschwerten Studienjahre verbracht. Nomuras Präsident Seizo Iida stimmte seiner Ernennung zum Leiter der Zweigstelle in Kyoto zu. Diese Entscheidung sollte ihn, ohne daß er es ahnte, zu einem reichen und mächtigen Mann machen.

Inmitten der stillen Schönheit Kyotos, und während der Rest der Bevölkerung hungerte, wurde Okumura zum Millionär, allerdings nicht durch Aktiengeschäfte. Er baute ein Munitionslager zum Kino um, und der Zustrom der Japaner, die sich keine andere Form des Freizeitvergnügens leisten konnten, riß Tag und Nacht nicht ab. Die Familien opferten das Geld, das eigentlich zum Kauf von Lebensmitteln gedacht war, um sich einen Film anzusehen, im Warmen zu sitzen und sich drei Stunden lang in einer Welt zu verlieren, in der es kein Elend gab wie jenes, das sie wieder erwartete. Das Kino war ständig bis auf den letzten Platz ausverkauft. Die Besucher drängten sich in den Gängen, um ihre liebsten Hollywood-Stars zu sehen: Maurice Chevalier, Greta Garbo, Ingrid Bergman und den populärsten von allen, Clark Gable. Als größter Kassenfüller erwies sich *Vom Winde verweht.* Die japanische Bevölkerung, die nie zuvor einen Farbfilm gesehen hatte, war von dem Spektakel überwältigt und füllte Nacht für Nacht den Saal, um die grell orangefarbenen Flammen der Feuersbrunst in Atlanta zu bestaunen. Diese Stadt und der amerikanische Bürgerkrieg erinnerten die Japaner an die Bombenangriffe, Brände und Zerstörungen, die sie selbst erlebt hatten, und daran, daß es auch für sie noch Hoffnung oder einen Neubeginn gab.

Da Okumura 40 neue Yen – ein extrem hoher Preis – für den Eintritt in seinen Filmpalast verlangte, wurde er nach kürzester Zeit einer der wohlhabendsten Bürger Kyotos. Er verschob den wachsenden Berg neuer Yen in eine Briefkastenfirma und finanzierte damit die aufwendige Bewirtung seiner Kunden, die ihr Geld in Aktien investierten. Das war ein brillanter Schachzug, der zu Nomuras Aufstieg zur Macht in der Nachkriegszeit beitrug. Tomohide Nomura, Yoshitaros Sohn, der damals das Teenageralter erreicht hatte, erinnerte sich, daß Okumura das Vergnügen liebte. »Die Kunden waren Nomuras Zukunft. Okumura wußte, daß die Armut nicht ewig andauern konnte. Eines Tages würde er wieder lohnende Geschäfte machen können.«

Um Kunden bei einem gemeinsamen Essen zu gewinnen, mußte Okumura vor allem eine Lebensmittelquelle finden. Auch wenn jemand genug Bargeld besaß, war es schwierig, Kunden in einem Restaurant vor Ort mit Speisen und Getränken zu bewirten. Die Grundnahrungsmittel mußten vom Gastgeber beschafft werden, da man den Restaurants nach dem Krieg verboten hatte, eigene Vorräte anzulegen, um den Schwarzmarkthandel mit Lebensmitteln zu unterbinden. Gäste wie Okumura, die besser bei Kasse waren, brachten ihre Lebensmittel mit, die dann von den Küchenchefs zubereitet und in gelockerter Atmosphäre verzehrt wurden. Ein Kunde erinnerte sich, daß Okumura eines Tages einen Fisch gekauft und eine Gruppe hungriger Geschäftsleute in ein Restaurant eingeladen hatte. Zur Überraschung aller Anwesenden öffnete er dort eine Flasche mit schottischem Whisky. Nahrung war schon knapp, aber Scotch ein unerhörter Luxus. Okumura hatte die Bekanntschaft eines amerikanischen Soldaten gemacht, der ihm Speisen und Getränke verkaufte und dabei einen riesigen Gewinn einstrich. Der Whisky war für die Männer wie Nektar, die in dieser Hinsicht nicht verwöhnt waren; sie konnten sich für gewöhnlich nur mit unausgegorenem Kartoffelschnaps betrinken, der aus faulenden Erdäpfeln gebrannt wurde. »Das haben wir ihm nie vergessen, und als es mit der Wirtschaft in den fünfziger Jahren wieder bergauf ging, gingen alle Aufträge an Nomura Securities«, berichtete ein Kunde.

Der Versorgungsengpaß wurde so akut, daß die Tokioter Polizisten sich die größte Mühe gaben, dafür zu sorgen, daß die Restaurants nur die von Gästen gelieferten Lebensmittel zubereiteten. Wenn sie einen Lokalbesitzer dabei erwischten, daß er das Essen auf dem hauseigenen Geschirr servierte, mußte er mit einer Haftstrafe rechnen. »Das brachte uns auf die Idee, unsere eigenen Aluminium-Teller mitzubringen, denen jeder Polizist auf den ersten Blick ansehen konnte, daß sie von zu Hause stammten. Der Restaurantbesitzer teilte dann eine Portion Reis und Gemüse aus einem Behälter aus, der im Hinterzimmer versteckt war«, erinnerte sich Tadashi Ishida.

Okumuras Parties wurden bald berühmt. Er schloß Freundschaft mit einem der Nachtclubbesitzer im ›Gion‹* von Kyoto, wo junge Mädchen, die nicht ganz den Status einer Geisha besaßen, sangen, tanzten und Shamisen spielten, ein dreisaitiges, mandolineähnliches Zupfinstrument. Dort tranken und aßen Okumuras Kunden bis spät in die Nacht. Sie liebten diese Form der Kontaktpflege, und Okumura stand bald mit Japans führenden Geschäftsleuten und Politikern auf vertrautem Fuß. Jeder Prominente, der auf der Durchreise in Kyoto eine Pause einlegte, konnte sich darauf verlassen, daß Okumura einen vergnüglichen Abend arrangieren würde. Okumura engagierte die Frauen aus dem Gion-Viertel sogar für eine Darbietung in der Villa der Nomura-Familie in Kyoto, wo er als Gastgeber des Premierministers Shigeru Yoshida fungierte und später Freundschaft mit Finanzminister Hayato Ikeda schloß.

Okumuras Organisationstalent auf gesellschaftlicher Ebene war das

---

* Geisha-Viertel in Tokio

Fundament seines Aufstiegs zur Macht. Als die Amerikaner die Topmanager des Hauses Nomura aus ihren Positionen entfernt hatten, war er zwar nur Zweigstellenleiter in Kyoto, aber aufgrund der Säuberungsaktion eine der dienstältesten Führungskräfte. Vor dem Krieg galt er als ein Niemand, und nun katapultierte man ihn im April 1948 an die Spitze des größten japanischen Brokerhauses.

Hinter der Fassade von Okumuras Geselligkeit verbarg sich jedoch das scharfsinnige Urteil eines Geschäftsmannes. Als er von einem Ausschuß, der sich aus Nomura-Führungskräften zusammensetzte, zum Präsidenten von Nomura Securities gewählt wurde, war das für ihn ein Signal, nach Mitteln und Wegen zu suchen, um Nomura für die im Krieg erlittenen Verluste zu entschädigen. Sein Vorgänger Seizo Iida war da zu konservativ gewesen. Okumura ging weit aggressiver vor. Er machte sich umgehend an die Aufgabe, das Wertpapiergeschäft wieder aufzubauen, das drei Jahre lang im Dornröschenschlaf gelegen hatte. Als erstes stockte er die Kapitalbasis des Unternehmens von zwölf auf fünfzig Millionen Yen auf. Es konnte nur aufwärts gehen: Mehr als die Hälfte aller Nomura-Zweigstellen waren von Bomben und Bränden zerstört worden und nur die Gebäude in Kyoto, Niigata und Sapporo unversehrt geblieben. Die meisten Männer der Nomura-Belegschaft hatte man während des Krieges eingezogen, und nur die Hälfte der 800 Mitarbeiter, die vor dem Krieg im Verkauf tätig gewesen waren, kehrte 1945 zurück. Nomuras Auslandsniederlassungen in den einstigen Kolonien Mukden und Dalien in der Mandschurei waren in den Besitz der Russen und Chinesen übergegangen. Von keinem der Mitarbeiter in der Mandschurei erhielt man jemals wieder ein Lebenszeichen. Die meisten haben wohl in den Arbeitslagern Sibiriens den Tod gefunden.

Die Nomura-Zweigstelle in Hiroshima hatte sich während des Atombombenabwurfs am 6. August 1945 in Staub aufgelöst, obwohl die stählernen Tresore des Unternehmens die atomare Hitzewelle überstanden. Als es den Nomura-Männern schließlich gelang, die Überreste der Niederlassung ausfindig zu machen, öffneten sie den Safe und fanden darin lediglich ein Glas Wasser, das irgendein Angestellter dort kühl gestellt hatte, um seinen Durst in diesem heißen Sommer in Hiroshima zu löschen.

Okumura schaffte es dank seines unverbesserlichen Optimismus, der auf alle wohltuend wirkte, mit denen er sich umgab, den Nomura-Mitarbeitern wieder Mut zu machen. Einmal von seiner frohen Natur abgesehen, war er ein eher unscheinbarer Mann. Jeden Morgen kämmte er sein Haar mit Pomade straff nach hinten, was sein strahlendes Gesicht noch betonte. »Die Augen und das Lächeln waren der Schlüssel zu Okumuras Persönlichkeit. Wenn er mit jemandem sprach, schienen seine Augen größer zu werden und sich zu weiten, bis man meinte, der einzige Mensch auf der Welt zu sein, der für ihn zählte«, erinnerte sich Shuzo Nagata, ein ihm nahestehender Kollege, der später Präsident von Kukusai Europa wurde, einer Nomura-Auslandstochter.

Okumura hatte die anderen Nomura-Führungskräfte mit seinem Charme dazu gebracht, ihn zum Präsidenten zu wählen, und sich ihnen als warmherziger Mann und wahrer Menschenfreund präsentiert. Einige Kollegen verglichen ihn jedoch mit einem zwar gutmütig wirkenden, aber listigen Bären, der andere übers Ohr zu hauen verstand, ohne daß sie es merkten. »Der Fuchs und der Bär symbolisieren in der japanischen Tradition die typischen Betrüger. Der Fuchs ist verschlagen, der Bär ein humorvoller Geselle. Wenn du einen Fuchs siehst, schlägt eine Alarmglocke im Kopf an, aber der Bär spielt den Clown, der dich zum Lachen bringt, während er dir die Taschen ausleert.« Das galt auch für Okumura.

Sein Lächeln trug ihm viel Unterstützung ein. Die jüngere Generation betrachtete ihn als onkelhaften ›Paten‹ von Nomura Securities, als einen Mann, der ihre Probleme verstand und sowohl fähig als auch gewillt war, sie zu lösen. Selbst schüchterne Menschen konnten mit Okumura reden, und die Frauen fanden ihn aufgrund seiner vorurteilslosen Einstellung zum weiblichen Geschlecht besonders attraktiv. Er hörte ihnen aufmerksam zu, was in einem Land, in dem Männer Frauen wie niedere Dienstboten behandelten, eine gewinnende Eigenschaft war. Diese ›feinfühlige Masche‹ brachte ihm viele weibliche Eroberungen ein, und er sorgte für ständige Neuzugänge in seinem ›Harem‹, der bei seinem Tod im Jahre 1972 aus vier Mätressen nebst einer Ehefrau bestand.

Das Wertpapiergeschäft der Nachkriegszeit war drei Jahre lang ein Alptraum gewesen. Dem legalen Aktienhandel wurde am 25. September 1945 ein Ende gesetzt, als der Oberbefehlshaber der amerikanischen Streitkräfte sämtliche japanischen Effektenbörsen schließen ließ. Obwohl sie erst dreieinhalb Jahre später wiedereröffnet werden sollten, waren die Broker bald darauf in der Lage, ihre Aktivitäten außerhalb der Börsen bei informellen Versammlungen weiterzuführen. Der größte Teil der japanischen Wertpapiertransaktionen hatte sich vor dem Krieg auf den Aktienterminhandel konzentriert. Die Händler kauften die Aktien nicht wie auf dem Kassamarkt üblich, wo die Auslieferung des Aktienzertifikats gegen Bezahlung erfolgt. Statt des Tauschs Geld gegen Aktie versuchten sie einzuschätzen, ob der Preis während der nächsten drei Monate einen Auf- oder Abwärtstrend zu verzeichnen haben würde. Bargeld wechselt bei diesen Spekulationen über die künftigen Kursbewegungen kaum jemals den Besitzer. Und so warteten im Oktober 1945 Hunderte von Aktienmarktteilnehmern auf das Geld, das ihnen in den vorausgegangenen drei Monaten versprochen worden war. Die *saitori,* jene Makler auf dem Tokioter Börsenparkett, die Angebot und Nachfrage zusammengeführt hatten, versuchten anfangs noch, die Flut dieser offenstehenden Engagements einzudämmen. Aber der Handel hatte bald eine Schneeballwirkung, und schließlich entwickelte sich ein riesiger inoffizieller Markt, der bis zur Wiedereröffnung der Tokioter Effektenbörse im Mai 1949 bestehen blieb. Die Besatzungsbehörden stellten sich blind.

Das Ende des Krieges kündigte den größten Aktienmarkt-Boom in Japan an. Bei Nomura Securities entschied man, Tokio in den Mittelpunkt jedweder Entwicklungen im Aktienbereich zu stellen, weil die wichtigsten Kunden dort angesiedelt waren. Im Dezember 1945 wurde der Handel lebhafter, als einzelne Privatanleger ihre Bestände abstießen, um Lebensmittel zu kaufen. Nomura witterte eine günstige Gelegenheit und verkaufte die Aktien privater Investoren an die institutionellen Anleger, die über ausreichende Bargeldmengen verfügten. Wenn Kawashima den Auftrag eines Instituts an Land ziehen konnte, schickte er einen Nomura-Boten zum Japan Securities Building, einem alten Gebäude nahe der Börse, wo sich dreißig an der Börse zugelassene Broker zu treffen pflegten. »Wir konnten die Tokioter Börse nicht benutzen, weil sie von den Amerikanern beschlagnahmt und in eine Sporthalle umgewandelt worden war.«

Während die Tokioter Börse der Körperertüchtigung der Amerikaner diente, waren die Gebäude der Börse in Osaka in ein amerikanisches Hospital umfunktioniert worden. Fujio Kodama, der 1945 als Verkäufer arbeitete und später zum Vorstandsvorsitzenden des Wertpapierhauses Wako Securities avancierte (das seine Zentrale in Osaka hatte und sich zu einer der zehn führenden Brokerfirmen Japans und Konkurrenten von Nomura entwickelte), erinnerte sich, daß die nach hinten gelegenen Bürogebäude der Börse als Krankenzimmer und das Börsenparkett als Tanzlokal dienten. »Den Japanern war der Zutritt zu den Tanzveranstaltungen nicht erlaubt, und die Amerikaner stellten einen der baumlangen Militärpolizisten als Wachposten am Eingang zum Börsensaal auf, für den Fall, daß sich jemand hereinzuschleichen versuchte.«

Sieben Händler aus Osaka begannen im Herbst 1945 mit dem Kauf und Verkauf von Aktien in winzigen Hinterzimmern nahe der Börse. Verkäufer wie Kodama hatten es schwer, für ihre Firmen Geld zu verdienen. »Essen war damals die Hauptsache«, erinnerte er sich. »Wir handelten vornehmlich mit Lebensmitteln und erst in zweiter Linie in Aktien.«

Obwohl die Tokioter Börse offiziell nicht existierte, heizte ihr Index, der jeden Tag gewissenhaft in den Tageszeitungen veröffentlicht wurde, den größten Haussemarkt seit dem Ersten Weltkrieg an. Er war von 65 Punkten im Herbst 1946 bis Mai 1949, als die Börse ihre Tätigkeit wieder aufnahm, auf 700 gestiegen. Nach und nach tauchten neue Aktienemissionen auf, als die Regierung die Holdinggesellschaften der *zaibatsu* und Hunderte ihrer Zweigstellen aufzulösen begann. Vor dem Krieg, als sich die Bestände im festen Zugriff der wohlhabenden Familien befanden, hatte man den Kassamarkt umgangen und dem spekulativeren Aktienterminhandel den Vorzug gegeben. Nun zeichnete sich ein anderer Trend ab, als die frisch aus dem *zaibatsu*-Verband ausgekoppelten Unternehmenssplitter an der inoffiziellen Börse notierten. Japan brauchte Geld, um seine ausgebrannten Fabriken wiederaufzubauen. Welche bessere Kapitalbeschaffungsmöglichkeit stand dem Land zur Verfügung, als die Firmen aus der Knechtschaft der *zaibatsu* zu befreien und sie über den Aktienmarkt an private und institutionelle Investoren zu verkaufen? Im April 1946 kam die erste Neuemission, Aktien der New Japan Chemical, auf den Markt, gefolgt von weiteren zwei Dutzend neuer Titel in den darauffolgenden sechs Monaten. Die Broker waren auf das Geschäft erpicht und gestatteten den Anlegern, diese Emissionen mit Bankguthaben zu kaufen, die noch auf alte Yen lauteten.

Der Aufstieg Japans vom Elendsgebiet zur Supermacht war schwindelerregend. »Man muß sich das Japan der Nachkriegszeit wie einen einzigen riesigen Slum vorstellen«, so Richard Devine, ein bekannter Historiker und Japankenner, »ein Schandfleck, wohin man auch blickte, mit Barackensiedlungen, die überall und mit allen nur denkbaren Materialien errichtet worden waren, die vor Regen schützten – Metall, Holzbretter, Schnüre.« Tokio war ein kunterbunt zusammengewürfeltes Mosaik aus Wellblechhütten, bis auf das eine oder andere noch erhaltene Gebäude wie jene, die sich vor dem kaiserlichen Palast in Marunoichi, im Zentrum der Metropole, befanden. Sie wurden mit Rücksichtnahme auf die nahe liegende kaiserliche Residenz verschont und nach dem Krieg von den amerikanischen Streitkräften beschlagnahmt.

Brauchbare Büroräume im zerbombten Tokio zu finden, erwies sich als schwierig. »Nichts war leicht Ende der vierziger und Anfang der fünfziger Jahre«, klagte Kawashima, der sich als Verkäufer mit den primitivsten Arbeitsbedingungen abfinden mußte. Die meisten Büros, auch Nomuras, hatten keine Klimaanlage im Sommer und keine Heizung im Winter. Nur wenige konnten sich elektrische Heizgeräte leisten, und so behalf man sich mit Kerosinöfen. Junge Burschen verdienten sich zusätzlich Geld damit, die Dochte zu reinigen, eine Aufgabe, die morgens von höchster Wichtigkeit war. Außerdem schaffte sich schon deshalb niemand elektrische Heizgeräte an, weil der Strom mehrmals am Tag ausfiel. An den meisten Abenden arbeiteten die Nomura-Mitarbeiter bei Kerzenlicht, weil das Versorgungsnetz überlastet und Tokio in Finsternis gehüllt war. Einrichtungen wie ein Telexgerät, an das sich die Nomura-Männer später gewöhnten, gab es nicht, und Telegramme faßte man in Kurzschrift ab, um Geld zu sparen. Die meisten Kundenaufträge wurden persönlich eingeholt und die Berichte von Hand geschrieben.

Als Tsunao Okumura 1948 die Leitung übernahm, bereitete ihm die Beschaffung ausreichender Telefonanschlüsse in der Nomura-Zweigstelle in Nihonbashi am meisten Kopfzerbrechen. Das Telefon war das wichtigste Requisit im Alltag eines Aktienhändlers, aber Tokio hatte kaum noch Anschlüsse frei. Nomura mußte sich in eine Warteliste eintragen mit der Aussicht, in zwei Jahren einen einzigen Anschluß zu erhalten. Auf dem schwarzen Markt blühte der Verkauf und Verleih von Telefonanschlüssen, und Nomura stellte geschickterweise einen Mitarbeiter ab, dessen einzige Aufgabe darin bestand, den Kontakt zu Nippon Telephone and Telegraph (NTT) zu pflegen. 1948 stellte die Regierung dann fest, daß sie dringend Geld brauchte, und belohnte jeden, der eine bestimmte Anzahl Staatsanleihen kaufte, mit einem Telefonanschluß. Alle stürzten sich auf den Handel in Staatstiteln, einschließlich der Produktionsbetriebe, die mit festverzinslichen Wertpapieren gänzlich unvertraut waren. Sie erwarben die Anleihen lediglich wegen der Telefoneinrichtung und verkauften sie unmittelbar nach dem Erwerb weiter.

Die Installationen von Telefonen stellte das erste Problem dar, aber es gab noch ein zweites: Die Gespräche wurden von einer NTT-Telefonistin handvermittelt, die jeden Morgen Voranmeldungen entgegennahm und Anrufe durchstellte, was gelegentlich Stunden dauerte. Man konnte nur hoffen, sich in der Nähe des Telefons zu befinden, sobald die Verbindung zustande kam. Wenn es regnete, brach das gesamte Netz zusammen. Diese Schwierigkeiten im Fernsprechverkehr, die nach dem Krieg auftraten, führten dazu, daß viele dem Telefon in höchstem Maß mißtrauten und Aktienhändler und Kunden das persönliche Gespräch vorzogen. Bis zum heutigen Tag verlassen die Broker ihren Schreibtisch bei Börsenschluß, um mit ihren Kunden Tee zu trinken und zu plaudern.

Yukio Aida gehörte ebenfalls zu den Nomura-Mitarbeitern, die in dieser Zeit im Verkauf tätig waren; er stieg später zum Vorstandsvorsitzenden der einflußreichen, zwanzig Milliarden schweren Vermögensverwaltungsgesellschaft Nomura Investment Management Company auf. Zwischen 1948 und 1958 war er für den Verkauf an institutionelle Anleger zuständig. Sämtliche Hauptakteure am japanischen Aktienmarkt zählten zu seinen Kunden. »Ich hatte zehn oder fünfzehn Großkunden, in erster Linie Lebensversicherungsgesellschaften, Banken und Unfallversicherungsfirmen. Damals war Nippon Life der größte Marktteilnehmer, und er ist es bis heute geblieben.«

Aida begann gleich an seinem ersten Arbeitstag in der Firma, in die er 1947 eintrat, mit dem Aktienhandel. Es gab damals nur eine Handvoll Titel, die aktiv im Markt gehandelt wurden. Vier Jahrzehnte später hatte sich die Palette auf 2000 verschiedene Werte und ein Dutzend Sektoren erweitert. In jener Zeit mußte ein Nomura-Verkäufer in sämtlichen Bereichen des Handels bewandert und mit allen Firmen vertraut sein, die für seine Kunden als Anlageobjekt in Frage kamen.

Der Aktienverkauf war ein anstrengendes Metier, zumal das Verkehrssystem in Tokio nur aus einer Untergrundbahn, einer Straßenbahn, Bussen, Taxis und einigen wenigen Privatwagen bestand. Aida fuhr jeden Nachmittag mit der Straßenbahn (die von Shinagawa im Süden nach Ueno im Norden der Stadt führte) bis zur Haltestelle an der Ginza. Von dort aus suchte er zu Fuß seine Bank- und Versicherungskunden in Marunoichi auf. Es gab nach dem Krieg eine Fülle von Taxis der Marke Renault, die mit Holzkohle betrieben wurden. Benzin war schwer zu beschaffen, da nur Mitglieder der amerikanischen Streitkräfte und japanische Regierungsbeamte mit guten Beziehungen Zuteilungsscheine erhielten. Deshalb hatten viele Taxifahrer ihren Kofferraum zweckentfremdet und dort Holzkohleöfen aufgestellt. Bald hortete jeder Holzkohle. Da es mit dem kostbaren Brennstoff sparsam umzugehen galt, durchquerten die Taxifahrer nicht langsam die Straßen, um nach Fahrgästen Ausschau zu halten, sondern warteten, bis jemand befördert werden wollte, um dann die Holzkohle im mitgeführten Ofen anzuzünden. Die Flammen griffen manchmal auch auf andere Teile des Wagens über, und nicht selten sah man Fahrer, die ihre lodernden Fahrzeuge löschten. Die Busse bedienten sich einer ähnlichen Methode. Sie verwendeten langsam abbrennende Holzscheite als Treibstoff für ihre Motoren. Nur wenige Japaner fuhren im eigenen Auto, und selbst die Mitglieder der Nomura-Familie verzichteten auf Wagen und Chauffeur.

»Wir haben versucht, nach 1945 so wie jedermann zu leben«, sagte Tomohide Nomura. Zudem war das Auto ein unpraktisches Transportmittel. Man brauchte eine Sondergenehmigung, und wenn ein Japaner hinter dem Steuer saß, wurde er normalerweise von der japanischen oder amerikanischen Polizei angehalten, einfach weil er Japaner war. Jeder wußte, daß in Japan nur Amerikaner Autos fuhren.

Kapitel 14:

Das wiedergewonnene Paradies

»Kaufen Sie eine Aktie für ein Päckchen Peace«, lautete ein Werbeslogan der japanischen Broker Ende der vierziger und Anfang der fünfziger Jahre. ›Peace‹ war der Name einer beliebten japanischen Zigarettenmarke, die rund 50 Yen pro Päckchen kostete, ungefähr soviel wie eine Aktie bei einem der Wertpapierhändler vor Ort. Fünfzig Yen war in der damaligen Zeit für den japanischen Durchschnittsbürger eine Menge Geld. Ein Päckchen Zigaretten galt als großer Luxus und mußte oft vierzehn Tage ausreichen. Jeder Japaner, der damals auf den flüchtigen Genuß des blauen Dunstes verzichtete und sein Erspartes statt dessen in Toshiba- oder Nomura-Aktien investierte, sollte allerdings langfristig einen spektakulären Gewinn erzielen.

Im Frühjahr 1949 platzte der verdeckt operierende japanische Aktienmarkt aus allen Nähten. 360 Händler, 40 Börsenmakler und 24 Zeitungsreporter kämpften um einen Platz in dem rund 200 qm großen Raum im Gebäude der Securities Association – dem Verband der Wertpapierhändler –, welches sich neben der Tokioter Börse befand. Das Handelsvolumen des inoffiziellen Marktes brach mit einer Million Aktien pro Tag alle Rekorde und lag unvergleichlich höher als 1944, wo nur 68 Millionen Aktien im gesamten Jahr den Besitzer gewechselt hatten.

Den Besatzungsbehörden blieb keine andere Wahl, als die Tokioter Börse wieder zu öffnen. Am 16. Mai 1949 wurde der Handel aufgenommen, begleitet von Festgelagen, auf denen der Alkohol in Strömen floß, offiziellen Banketten und allgemein herrschender Euphorie. Die Feierlichkeiten schienen die Geburt des neuen Japan zu symbolisieren. In der Vorkriegszeit hatte sich der Handel auf Anleihen konzentriert. Nun begann das Zeitalter der Aktien. Die Börse in Tokio wies zu Beginn 120, die Osakas 83 eingetragene Mitglieder auf. Inzwischen hatte man eine neue Firma, die Immobilienfirma Heiwa Real Estate, gegründet, um den Haus- und Grundbesitz der Mitgliederfirmen (vornehmlich Aktienhändler) zu schützen, die vor dem Krieg zugleich Anteilseigner der Börse und Marktteilnehmer für eigene Rechnung waren und nun Heiwa-Aktien als Entschädigung erhielten. Heiwa verpachtete jedoch lediglich sein Immobilienvermögen an die Börse. Die Geschäftsführung derselben blieb einem Mitgliederausschuß vorbehalten, der unter der Aufsicht des Finanzministeriums stand.

Die Aufbruchstimmung, die in Kabutocho, Japans Wall Street, herrschte, verflog jedoch ein Jahr nach Wiederaufnahme des Börsenhandels. Am 6. Juli 1950, nur zehn Tage nach Ausbruch des Koreakrieges, war der Aktienmarkt-Index um die Hälfte seines Eröffnungsniveaus von 176 auf 85 gesunken. Dieser Punktestand sollte der niedrigste in der Nachkriegszeit sein, und wäre jemand weitsichtig genug gewesen, um sich an diesem Tag mit Aktien einzudecken und sie langfristig zu halten, hätte er zu den reichsten Männern der Welt gehört. Aber wer besaß schon eine Kristallkugel, aus der sich voraussagen ließ, daß der Nikkei-Dow Jones Average, der dann und wann eine Verschnaufpause einlegte, bald die magische Grenze von 100, 1000, 5000, 20000 und am Ende gar 30000 durchbrechen sollte – und das während der Lebensspanne nur einer Generation?

Im Sommer 1987, siebenunddreißig Jahre nach diesem niedrigsten Stand des japanischen Aktienmarktes, konnte die Tokioter Börse einen kometenhaften Aufstieg verzeichnen und die New Yorker Börse (NYSE) weit in den Schatten stellen. Die Experten starrten ungläubig auf die neue Supernova am Finanzhimmel, als die Tokioter Börse mit dem höchsten Umsatzvolumen weltweit die Führung übernahm. Da ihr Schicksal lange Zeit eng mit dem von Nomura Securities verknüpft war, erschien es nur logisch, daß sich Nomura im selben Jahr, 1987, zum gewinnstärksten Finanzunternehmen der Welt entwickelte.

Tsunao Okumura legte das Fundament für Japans Haussemarkt der Nachkriegszeit, die längste Periode des Kursanstiegs in der Geschichte der Menschheit, die von 1945 bis heute andauert. Damit gelang es ihm – als Leiter von Nomura Securities –, die Interessen des Hauses Nomura zu den Interessen der japanischen Regierung zu machen. Obwohl Okumuras Leistung als bemerkenswert gelten muß, war sein Geschick, höchste Regierungskreise für die Unterstützung des Aktienmarktes zu gewinnen, im Grunde nicht mehr als die in Japan übliche Art, Geschäfte abzuwickeln. Als er Premierminister Shigeru Yoshida und Finanzminister Hayato Ikeda nach dem Krieg in der luxuriösen Nomura-Villa in

Kyoto zu Gast hatte, verbarg sich hinter aller Lustbarkeit eine ernste Absicht. Seine freigebig arrangierten Feste brachten Nomura einen Statusgewinn in der japanischen Finanzwelt ein. Hayato Ikeda baute seine eigene Machtbasis auf und übte einen prägenden Einfluß auf die japanische Industrie aus, die als Motor des Wirtschaftswunders galt. Er wurde als Retter Japans gefeiert, und Okumura hängte sich fest an seine Rockschöße.

Ikeda schuf mit seinem Wohlwollen gegenüber Nomura und der Broker-Branche eine Atmosphäre, die sich an den beidseitigen Interessen japanischer Premiers und Finanziers orientierte und bis zum Recruit-Cosmos-Skandal Ende der achtziger Jahre Bestand hatte. Ikeda wurde im Jahr 1900 als Sohn eines wohlhabenden Sake-Brauers in Hiroshima geboren. Zu seinen Klassenkameraden im Gymnasium gehörte Eisaku Sato, der 1964 Premierminister wurde. Er besuchte die Kaiserliche Universität in Kyoto, wo er Okumura um ein Jahr voraus war, und trat dann als Finanzbeamter in den Staatsdienst ein. 1944 entdeckten Japans Finanzmagnaten, daß der unauffällige kleine Steuerbeamte nicht nur eine Schlüsselposition bekleidete, sondern auch ein geschickter ›Jongleur‹ war, der einen Vermögenswert zu ihren Gunsten zu taxieren verstand und sich seine Dienste bezahlen ließ. Dabei handelte es sich allerdings nicht um Geldbeträge, die unter dem Tisch den Besitzer wechselten, denn Ikeda hatte weit ehrgeizigere Pläne. Er strebte eine echte Machtposition an, und 1946 wurde er von Premierminister Shigeru Yoshida zum Finanzminister ernannt.

Die japanische Politik wurde nach dem Krieg nicht vom Willen des Volkes bestimmt, ja nicht einmal von der amerikanischen Besatzungsmacht, sondern von den Nestoren des japanischen Finanzwesens, die als die ›Vier himmlischen Herrscher‹ bekannt waren. Zu ihnen zählten Takeshi Sakuada von der großen Textilfirma Nisshinbo, Shigeo Nizumo von der Sankei-Tageszeitung, Atatu Kobayashi von der Entwicklungsbank und Shigeo Nagano von den Fuji-Eisenwerken. Gemeinsam finanzierten diese vier den Aufstieg japanischer Politiker. Sie waren es auch, die Yoshida zum Premierminister ausersehen hatten und dafür sorgten, daß Ikeda in das Amt des Finanzministers berufen wurde. Für Nomura Securities sollte es sich jedoch als noch wichtiger erweisen, daß diese vier Männer dem einflußreichen Kayokai- oder Dienstags-Club angehörten, der noch weitere Mitglieder an den Schaltstellen der Macht besaß, einschließlich Okumura, Ikeda und des Gouverneurs der japanischen Zentralbank.

Bis 1950 hatte Ikeda seine Position dadurch gefestigt, daß er seine Funktion als Finanzminister erweiterte und zusätzlich das Ministerium für Internationalen Handel übernahm. Er traf sich oft mit Okumura im

Ogawaken, einem als teuer bekannten Steak-Haus in Shimbashi, wo sie bis zum frühen Morgen Hennessy-Cognac tranken. An anderen Abenden aßen sie fangfrischen rohen Fisch, nur wenige Schritte von den Docks entfernt, wo die Fischerboote anlegten und Thunfisch und Brassen entluden, um damit die Sushi-Restaurants in der Tokioter Bucht zu beliefern. Danach zogen sie durch die Bars in Shimbashi oder Asakusa. Selbst als Ikeda ein paar Jahre später Premierminister geworden war, behielten die beiden ihre Gewohnheit bei, in Tsujiki Sushi zu essen, umringt – wie sich Okumura später erinnerte – von einem Troß Leibwächter und unter der Aufsicht von Beamten der Tokioter Stadtpolizei, die in ihrem Dienstwagen warteten. (Okumura aß so oft außer Haus, daß er 1959, als er seinen Präsidentensessel aus Altersgründen abgab, genauso übergewichtig wie Segawa war.)

Ikedas Sturz aus den Höhen der Macht bahnte sich ohne Vorwarnung an. Im November 1952 hielt er in seiner Funktion als Minister für Internationalen Handel und Industrie (MITI) eine Rede vor dem japanischen Unterhaus, in der er seine selektive Subventionspolitik gegenüber den stets nach Bargeld hungernden japanischen Unternehmen verteidigte. »Für mich spielt es keine Rolle, ob fünf oder zehn kleine Geschäftsleute gezwungen sind, Selbstmord zu begehen«, erklärte er der Versammlung. »Die Armen können Weizen essen statt Reis.« Tausende von kleinen Geschäftsleuten verlangten daraufhin seinen Kopf, und Ikeda mußte als Finanz- und Handelsminister abdanken.

Plötzlich war der Mann, der im Zentrum der Macht an den Fäden gezogen hatte, gesellschaftlich isoliert, ohne Arbeit und Freunde – bis auf einen, Okumura. Tsunao Okumura wußte aus eigener Erfahrung, was es bedeutet, sich in einem persönlichen Tief zu befinden, und stellte dem vergrämten Ikeda die am Meer gelegene Nomura-Villa in Atami zur Verfügung, um dort seinen Kampfgeist aufzufrischen. Die beiden Männer gingen gemeinsam zum Fischen, und Ikeda genoß die kulinarischen Köstlichkeiten, die rund um die Uhr von einem Tempura-Koch* zubereitet wurden, den Okumura eigens angestellt hatte. Zur gleichen Zeit erhielt ein weiterer ehemaliger Finanzminister von Okumura Starthilfe: Kaya Okinori, der weithin gefürchtete und allmächtige Freund von Tokushichi Nomura aus der Zeit vor dem Krieg, wurde aus dem Sugamo-Gefängnis entlassen, wo er wegen schwerwiegender Kriegsverbrechen eine langjährige Haftstrafe verbüßt hatte. Okumura nahm ihn sofort als Chefberater in den Dienst von Nomura Securities.

Bevor Ikeda als Finanzminister geschaßt wurde, hatte er Nomura ge-

* Gericht aus fritierten Garnelen, das von einem amtlich zugelassenen Tempura-Koch zubereitet wird

stattet, die Investmentfonds wiederzueröffnen, ein Konzept, das Nomura 1941 in Japan entwickelt hatte. Die Besatzungsmacht verbot nach dem Krieg sämtliche Aktivitäten in diesem Bereich, obwohl Nomura 1949 alle Anteilseigner der fünfzehn Fonds für ihre Verluste entschädigte. 1950 reichte Okumura eine Bittschrift bei seinem Freund Ikeda und John R. Allison ein, in der er um die erneute Zulassung des Investmentfonds nachsuchte. Gegen Ende des Jahres gab Allison schließlich nach: »Sie haben gewonnen, Mr. Okumura. Da ich bald in meine Heimat zurückkehre, erhalten Sie von mir ein Abschiedsgeschenk.« Es bestand darin, daß Allison kein Wort von dem Handel verlauten lassen würde, wenn die japanische Regierung die Amerikaner drängen sollte, die Investmentfonds wieder zu genehmigen. Somit überließ er die Regelung der Angelegenheit den Japanern.

Wenn man den Boom des japanischen Aktienmarktes, ja sogar den Reichtum Japans auf eine einzelne Verlautbarung oder Aktion zurückführen wollte, so wäre Allisons Satz: »Sie haben gewonnen, Mr. Okumura« der Schlüssel. Als Okumura an diesem Tag Allisons Büro verließ, war er den Tränen nahe. Er wußte instinktiv, daß er damit eine neue Epoche der Macht für das Haus Nomura eingeleitet hatte. Sein Unternehmen hatte die Investmentfonds in Japan geschaffen, und seine Verkäufer wußten besser als jeder andere Konkurrent in der Wertpapierbranche, wie sich das Konzept am Markt umsetzen ließ. Er teilte die Neuigkeit unverzüglich Ikeda mit. Dieser sorgte dafür, daß bis zum Frühjahr 1951 ein neues Gesetz verabschiedet wurde, das Wertpapierhäusern gestattete, die Mittel einzelner Anleger zusammenzulegen und in ihrem Auftrag im Markt zu investieren. Der Kaufkraft dieser Investmentfonds verdankte der Index seinen kometenhaften Höhenflug bis in die sechziger Jahre.

Die Investmentfonds hatten für Nomura Securities die gleiche Bedeutung wie die Sparguthaben für die Banken: Sie stellten eine günstige Finanzierungsquelle dar, die Nomura die Kontrolle über den Aktienmarkt erlaubte. Während Banken an gleich welchem Standort zu einem Symbol der Stagnation wurden, die nur mehr aus einer Ansammlung von verwitternden Steinen und Mörtel bestanden und darauf warteten, daß Kunden den Weg zu ihnen fänden, galten die Wertpapierfirmen als flexible, aggressive Marktmacher. Die Banken glichen zahnlos gewordenen Raubtieren, die nur mehr friedlich auf der Weide grasten; die Broker ließen sich eher mit einer Horde hungriger Geparden vergleichen, die sich auf Beutezug befinden. Obwohl Nomura bei Kriegsende nur vier voll funktionstüchtige Zweigstellen besaß, hatte Okumura 1953 ein Netzwerk von 53 Filialen errichtet, das sich über ganz Japan erstreckte. Jeden Tag durchkämmten die Nomura-Verkäufer die Städte bzw. ländlichen Gebiete Japans auf der Suche nach gutbetuchten Privatleuten, die sie für die Fonds gewinnen konnten.

Aber Okumura verließ sich nicht allein auf sein Verkaufsteam. In Japan kontrollieren Frauen das Haushaltsbudget der Familie, und deshalb nahm Okumura Kontakt mit großen Kaufhäusern wie Daimaru und Matsuzakaya auf, die Investment-Beratungszentren errichteten und die Besucher über den Aktienmarkt informierten. Dieses Konzept war ein Vorläufer der Aktien-Einzelhandelstechnik, die in Amerika, beispielsweise von Sears Roebuck, noch heute angewendet wird. Die US-Kaufhauskette richtete nach dem Aufkauf der führenden Wall-Street-Firma Dean Witter Reynolds in allen größeren Sears-Filialen Aktienverkaufsstände ein.

Die Japaner konnten ihre Aktien schon vor der offiziellen Wiedereröffnung des japanischen Aktienmarktes im Jahr 1949 im gleichen Kaufhaus erwerben, in dem sie auch ihre Socken erstanden. 1953 erlebten Nomuras Beratungszentren eine Blütezeit, die zur Errichtung von mehr als 600 ›Service-Stationen‹ im ganzen Land führte – Agenturen, die eine ständig zunehmende Anzahl japanischer Durchschnittsbürger in das Nomura-Netzwerk einbanden.

Dennoch mußten sich Okumura und sein wachsendes Verkaufsteam den Weg nach oben hart erkämpfen. Die Japaner begegneten Brokern noch immer mit Mißtrauen, und der Markt selbst blieb launenhaft, auch wenn er zwischen 1950 und 1953 infolge des Koreakrieges stark anzog. Die japanische Industrie erlebte einen Boom, als sie den Westen mit Kriegsmaterial versorgte. 1953 folgte ein kurzfristiger Marktschock, als Josef Stalin starb. Nach seinem Tod, so überlegte man, würden sich die Beziehungen zwischen Rußland und der westlichen Welt entspannen, und allein der Gedanke trug dazu bei, daß der japanische Aktienmarkt an einem einzigen Tag um zehn Prozent fiel. Derartige Ereignisse machten einen großen Teil der Bemühungen zunichte, die Okumura in die Statusaufwertung des Aktienmarktes investiert hatte. Kunden, die riesige Gewinne erzielen konnten und sich für gerissen gehalten hatten, hielten nun ihren Brokern vor, sie hätten zugelassen, daß dieser Profit von der Baisse aufgefressen würde.

Okumura sah sich außerstande, die Marktentwicklung zu beeinflussen. Hierfür war Nomura noch zu klein. In seiner Frustration begann er, Nomuras Einfluß auf den Markt zu stärken, so daß seine Nachfolger eines Tages imstande sein würden, dessen Bewegungen zu diktieren. Ähnlich wie Tokushichi begriff auch Okumura die Notwendigkeit der Expansion. Da er einmal alles verloren hatte, was er besaß, wußte er, daß Krisen vorübergehen, und sollte sich der Markt eines Tages wieder erholen, mußte Nomura gerüstet sein.

1953 war ein schlechtes Jahr für Yozaburo Tsuchiya, Leiter von Nitto Securities, heute unter dem Namen Sanyo Securities bekannt, Japans größtes Brokerhaus in Familienbesitz. Der Aktienkursverfall hatte Nitto an den Rand eines Konkurses gebracht. Nitto war besonders anfällig, weil man sich dort einen riesigen Anteil eines noch in der Entwicklung befindlichen, höchst spekulativen Marktes gesichert hatte, in Japan ›Blue-Sky-Markt‹ genannt. In diesem inoffiziellen Markt wurden die zersplitterten, börsengängigen *zaibatsu*-Firmen gehandelt, und Tsuchiya erzielte beachtliche Gewinne durch Kauf und Verkauf der Rechte, in diesen neuen Unternehmen zu handeln, bevor sie offiziell auf den Markt kamen.

Der Ausdruck ›Blue-Sky-Markt‹ entstand, weil der Handel nicht offiziell unter dem Dach, sondern unter ›blauem Himmel‹, in den Gängen der Tokioter Börse stattfand. Die Aufteilung der großen japanischen Konglomerate in kleinere Einheiten hatte zur Entstehung Hunderter neuer Unternehmen geführt. Die gewagtesten Spekulationen konzentrierten sich auf Mitsubishi Chemical, eine der zahlreichen Tochtergesellschaften des Mitsubishi-*zaibatsu,* die man in die Firmen Asahi Glas, Shinko Rayon und Nippon Chemical aufgesplittert hatte. Von diesen drei Firmen wurden Berechtigungsscheine ausgegeben, die Aktienzertifikate für künftige Emissionen darstellten. Händler aus Tokio und Osaka begannen fieberhaft, solche Rechte zu kaufen und zu verkaufen, weil dies ähnliche Gewinnchancen bot wie die Kontrakte an der ehemaligen Reis-Terminbörse. Sie kauften die Rechte in der Hoffnung, sie nach kürzester Zeit mit Gewinn weiterzuveräußern, ohne die gehandelten Bargeldbeträge anschaffen zu müssen. Diese Praxis, Spekulationsgeschäfte auf dem Terminmarkt genannt, erfreute sich im Frühjahr 1950 großer Beliebtheit, und die Aktien der drei Mitsubishi-Splitterfirmen wurden Tag für Tag lebhaft gehandelt. Schließlich platzte die Seifenblase: Die Kurse brachen zusammen, und viele Broker aus Osaka standen vor dem Konkurs.

Die Besatzungsmächte hatten ihr Bestes getan, solche Handelsaktivitäten einzuschränken, aber schon 1953 kauften die Händler wieder fieberhaft Blue-Sky-Aktien. Als die Kurse 1953 starke Einbrüche zu verzeichnen hatten, wurde Nitto beinahe vom Markt gefegt. »Man könnte sagen, meine Kunden bewegten sich im spekulativen Bereich des Kreditsystems«, erinnerte sich Tsuchiya kummervoll. »Als Stalin im März starb und der Markt zusammenbrach, wollten meine Kunden nichts von ihren Zahlungsverpflichtungen wissen. Bis zum folgenden September schuldeten sie mir 70 Millionen Yen.« Die Gläubiger, die Blut gerochen hatten, scharten sich wie Geier zusammen, um die letzten Fleischfetzen abzurupfen, die noch am Nitto-Skelett hingen.

Am 28. September suchte Tsuchiya Okumura auf und enthüllte ihm mit dem Mut eines Samurai seine Geschichte. »Ich bitte Sie um Ihre Hilfe«, erklärte er ohne Umschweife. »Ich werde meinen Posten als Präsident von Nitto niederlegen, wenn Sie meine Firma retten.« Okumura war huldvoll. »Wieviel brauchen Sie?« Einhundert Millionen Yen (ein kleines Vermögen in damaliger Zeit), lautete die Antwort. Und dann verkündete der Präsident von Nomura mit dem Charme, der ihm Freunde auf allen Ebenen der politischen Bühne und Finanzwelt Tokios eingetragen hatte: »Nomura Securities wird Nitto Securities keinen Kredit gewähren. Es wird nur dem ehrenwerten Herrn Tsuchiya persönlich Geld leihen, wenn Sie Nitto weiterführen.« Kurz danach erhielt Tsuchiya 100 Millionen Yen zu einem niedrigen Zinssatz. Die Unternehmen der Nomura-Gruppe erhöhten ihre Anteile an Nitto Securities auf 10 Prozent und schickten, mit der Zustimmung Tsuchiyas, einen riesigen Stab von Managern in das Unternehmen, die den Verkauf und die Finanzabteilung ›auf Vordermann‹ bringen sollten. Die Japaner begannen, Nomura als *bakimono* zu bezeichnen – ein koboldartiges Wesen mit zahlreichen Fangarmen, das wie ein Schemen seine Fühler überall ausstreckt.

Strategien wie diese – in Krisenzeiten die Kontrolle über Mitgliederfirmen der Börse zu gewinnen und ein Verkaufsteam aus dem Boden zu stampfen, das sich auf die Vermarktung von Investmentfonds und Aktien verstand – trugen dazu bei, daß Nomura Ende der achtziger Jahre über den mit Abstand größten Anteil, 20 Prozent, des japanischen Aktienmarktes verfügte.

Okumura war ein taktisches Genie. Er rechnete sich aus, daß er nur dann an das Geld japanischer Kleinanleger herankam, wenn er ihr Vertrauen gewinnen konnte. Er machte einen brillanten Schachzug, um das breite Anlagepublikum zu erobern: 1953 lancierte er die ›Eine-Million-Ryo-Spar‹-Kampagne. Der Ryo war eine alte japanische Währungsform, und die Japaner seufzten oft: »Hätte ich doch nur eine Million Ryo.« Um die Illusion zu nähren, daß dieser Traum wahr werden könne, ließ Nomura Tausende der traditionellen japanischen Holzkästen anfertigen, die 1000 10-Yen-Münzen fassen konnten und von den Verkäufern in ganz Japan feilgeboten wurden. Diese ›Sparbüchsen‹ stellte man den Kunden leihweise zur Verfügung, und wenn sie mehr als halb voll waren, wurden sie von den Nomura-Verkäufern, die den Schlüssel besaßen, geleert und das Geld in einen Nomura-Investmentfondsanteil von gleichem Wert investiert.

Okumuras Neffe Tetsuo erinnerte sich, wie er als frischgebackenes Mitglied der Nomura-Verkaufstruppe in den fünfziger Jahren die Tokioter Straßen abklapperte und die Ryo-Sparbüchsen an den Mann zu bringen versuchte. »Ich schleppte sie jeden Tag mit mir herum, und die wohlhabenden Sushi-Restaurantbesitzer waren meine wichtigste Zielgruppe.« Dank seines hartgesottenen Magens aß er Tag für Tag in sechs Sushi-Bars, und am Ende jeder Mahlzeit fragte er den Besitzer, ob er nicht den Ryo-Tresor in seinem Lokal aufstellen wolle. Tetsuo Okumura schätzte, daß er sich durch rund 500 Sushi-Lokale aß, bevor er durch seine Versetzung erlöst wurde.

Allisons Abschiedsworte: »Sie haben gewonnen, Mr. Okumura« ebneten Nomura den Weg an die Spitze des weltweiten Effektenmarktes; aber das Vehikel, das Nomura zum Gipfel brachte, war der Eine-Million-Ryo-Tresor. Er erwies sich als Sesam-öffne-Dich, der Nomura gestattete, die geradezu legendäre Sparaktivität des japanischen Durchschnittsbürgers anzukurbeln und die Einstellung des kleinen Mannes auf der Straße zugunsten des Aktienmarktes schrittweise zu beeinflussen. 1962 hatte Nomuras Verkaufsteam, das einst einen so schlechten Ruf besaß, in mehr als einer Million Haushalte im ganzen Land Ryo-Tresore aufgestellt. Diese Holzkästen, die den Namen Nomura trugen, hatte es in Japan schon immer gegeben. Sie stellten folglich keine Neuerung dar, die Skepsis weckte. Okumura stellte fest, daß die japanischen Hausfrauen – potentielle Kundinnen – Geschlechtsgenossinnen ihr Geld bereitwilliger anvertrauten, und so stellte er gegen geringe Bezahlung Frauen ein, die ihren Freunden und Nachbarn als Kundenberaterinnen die Vorteile des Aktienmarktes schmackhaft machten. Ende der achtziger Jahre standen mehr als 2500 solcher Mitarbeiterinnen auf der Nomura-Gehaltsliste.

Okumura – der ›lächelnde Bär‹ – wußte, wie leicht dieses Vertrauen genutzt werden konnte. Nomura glich in vieler Hinsicht einer Bank, die über eine ständig verfügbare Kapitalquelle in Form von Sparguthaben verfügte. Es gab jedoch einen entscheidenden Unterschied: Nomura berechnete seinen Kunden Gebühren dafür, daß sie ihr Geld in seine Investmentfonds investierten, während die Banken Zinsen zahlen mußten. Jede 10-Yen-Münze, die von einer Hausfrau in Saitama, dem Krämerladen in Aomori oder den Mönchen in Nikko in den Ryo-Tresor eingeworfen wurde, war ein Sieg über die Skepsis des japanischen Anlagepublikums. Zunächst lachten Nomuras Konkurrenten – Banken und andere Wertpapierfirmen – über das Klimpern der spärlichen Münzen, die ihren Weg in die Safes des Hauses Nomura fanden. Aber langsam breitete sich das Netz der Sammelstellen über das ganze Land aus. 1962 beschäftigte Nomura schon mehr als 150 Frauen, die jeden Tag die Tresore leerten, die Münzen zählten und den klingenden Inhalt in den wachsenden Topf warfen, der Nomura eines Tages die Übernahme des Aktienmarktes ermöglichen sollte.

Kapitel 15:

Aufbruchstimmung

1955 formierte sich in Japan eine neue politische Partei, die Liberaldemokraten. Hier bot sich für Tsunao Okumura die Gelegenheit, nach der er gesucht hatte, um seinen Freund Hayato Ikeda aus dessen trübsinniger Stimmung zu reißen. Ikeda stimmte bereitwillig zu, sich der neuen Partei anzuschließen, und innerhalb eines Jahres hatte ihn der Dienstagsclub wieder zum Finanzminister gewählt. Der Club und seine Verbündeten waren so mächtig und einflußreich, daß sie zwischen 1946 und 1972 in fast allen Fällen über die Wahl des Kandidaten für das Amt des Premierministers entschieden; 1960 wurde Hayato Ikeda an die Spitze der Nation berufen. Japan läßt sich in dieser Hinsicht nicht mit westlichen Demokratien vergleichen, wo das Volk die Staatsführung wählt. Hier ist das Budget ausschlaggebend, das für den Wahlkampf zur Verfügung steht. Als Ikeda 1959 für das Amt des Premierministers kandidierte, unterstützte Okumura dessen Wahlkampagne. Ikeda ließ sich den Sieg mehr als jeder andere seiner Rivalen kosten, nämlich rund 232 Millionen Yen. Schätzungen zufolge soll er insgesamt mehr als eine Milliarde Yen für den Wählerstimmenfang zur Verfügung gehabt haben, und ein großer Teil dieser Summe stammte von seinem Gönner Okumura.

Diese freundschaftliche Beziehung zwischen Okumura und Ikeda trug entscheidend dazu bei, den japanischen Brokern zu ihrer heutigen Machtstellung zu verhelfen. Ikeda blieb der Effektenbranche während seiner gesamten politischen Karriere gewogen. Beispielsweise wurde während Ikedas Amtszeit jede Bestrebung, in Japan eine Spekulationssteuer einzuführen, im Ansatz erstickt und die Gesetzgebung hinsichtlich der Investmentfonds auf eine Weise beeinflußt, die Nomuras Führungsposition am Effektenmarkt noch ausbaute. Das Konzept der Kapitalstockerhöhung mittels Aktienausgabe gewann gegen Ende der fünfziger Jahre zusehends an Beliebtheit, als es mit der japanischen Wirtschaft in Riesensprüngen aufwärtsging. Das japanische Wirtschaftswachstum lag 1959 bei 11 Prozent, 1960 bei 12 Prozent und 1961 bei 13 Prozent. Diese spektakuläre Wachstumsperiode wurde als Iwato-Boom bezeichnet, ein Name, der sich von der Sonnengöttin in der japanischen Mythologie herleitet.

Daß nach den düsteren Kriegsjahren die Sonne wieder über Japans Wirtschaft schien, war Ikedas Verdienst. Chalmers Johnson, einer der größten Nationalökonomen und Japanexperten, nannte ihn einmal den ›Architekten des japanischen Wirtschaftswunders‹. Ikeda lenkte die Geschicke des Landes während der goldenen Jahre des Wachstums, der Zeit, in der in Japan Aufbruchstimmung herrschte. Sie gipfelte darin, daß Tokio 1964 als Gastgeber der Olympischen Spiele fungierte. Das ganze Land schien unter dem Bann von Ikedas magischer Wirtschafts-Zauberformel zu stehen. Es schien, als hätten die Japaner beschlossen, den kriegerischen Habitus ihrer Samurai-Vorfahren abzulegen und sich in eine Nation von Kaufleuten zu verwandeln, die in ihren festlichen Roben prunkten. Finanzmittel, die einst in die Verteidigung des Landes geflossen waren, wurden nun in die industrielle Fertigung gepumpt.

Das Leben in den vierziger Jahren hatte einem Alptraum und das der fünfziger Jahre mit seinem grauen Alltag einem Fegefeuer geglichen, das der Läuterung diente. Die sechziger Jahre gaben Japan hingegen neuen Schwung und neues Leben. Nichts symbolisierte in stärkerem Maße, daß die Welt Japan in ihre Gemeinschaft aufgenommen hatte, als die Olympischen Spiele von 1964, ein Jahr, das eine klare Trennlinie zwischen dem alten und dem neuen Japan der Nachkriegsära zog. Richard Devine, ein Kenner der japanischen Geschichte, der Ende der fünfziger Jahre nach Tokio übersiedelte, schrieb, daß die Straßen 1959 vor dem Bau der Wolkenkratzer, die vor der Olympiade auftauchten, leer wirkten und nur von flachen Bauten gesäumt waren. Seit dem großen Erdbeben, das 1923 Kanto heimsuchte, durfte in Tokio kein Haus mit mehr als dreizehn Stockwerken gebaut werden. Jetzt konnte man dank der Fortschritte bei der Entwicklung leichter, dehnbarer Materialien Gebäude errichten, die biegsam wie Bambus den Erdstößen nachgaben und nicht starr wie eine Eiche mit dem Boden verwurzelt waren und zersplitterten.

Auch das Transportwesen wurde merklich verbessert. Obwohl Japan über ein gut ausgebautes Eisenbahnstreckennetz verfügte, hatte es in Tokio nur eine Untergrund- und eine Straßenbahn gegeben; vor den Olympischen Spielen schossen dann die U-Bahn-Stationen wie Pilze aus dem Boden. Bis dahin besaßen die japanischen Intercity-Züge noch Holzböden, die nachts von Hand mit Desinfektionsmitteln geschrubbt wurden und jeden Morgen einen schier unerträglichen Geruch verbreiteten. Die Bahnbehörden versuchten, das Ungeziefer auszurotten, das in den Spalten der Holzplanken Unterschlupf gefunden hatte. Aber laut Devine vergaß man, hinter den Sitzbänken zu kehren, der bevorzugten Brutstätte von Flöhen. »Man konnte im Herbst immer auf Anhieb erkennen, wer das Glück gehabt hatte, einen Sitzplatz zu ergattern, weil das die Leute waren, die sich am ganzen Körper kratzten.«

Auf den Straßen in der Stadt und in den ländlichen Regionen stank es nach menschlichen Exkrementen; von Kühen gezogene Karren, gefüllt mit den nächtlichen Fäkalien (»Wir nannten sie Honigtöpfe«, sagte Devine), waren auf dem Lande noch immer ein gewohnter Anblick. Sie wurden in Zisternen am Straßenrand abgeladen, der Inhalt mit Stroh gemischt und auf die Felder gekippt, oft auf das Gemüse, das die Bauern später auf dem Markt verkauften. »Damals mußte ich dauernd Käfer und andere unaussprechliche Beigaben aus meinem Essen fischen«, erinnerte sich Devine.

Nach den Olympischen Spielen tauchten neue Methoden der Kanalisation, sanitäre Einrichtungen und Düngemittel in der Landwirtschaft auf, so daß sich der Gestank der vom Menschen produzierten Abfälle merklich verringerte (obwohl er in japanischen Groß- und Kleinstädten bis zum heutigen Tag noch vorhanden ist). Das Nahrungsmittelangebot wuchs in Umfang und Qualität, und nach und nach wurde das Walfleisch, aus dem der japanische Durchschnittsbürger seine Sushi-Gerichte zubereitete, durch exotischere Thun- und Schellfisch-Scheiben ersetzt. Wie in den meisten Konjunkturzyklen, in denen sich Armut und Wohlstand abwechseln, folgte die äußere Form dem Inhalt, so daß alle Bereiche des täglichen Lebens – von der Nahrung über die Architektur bis hin zu Mode und Design – einen Charakter erhielten, der zunehmend von ästhetischen Gesichtspunkten geprägt war. Nicht nur das Schuhwerk zeugte von dem Weg, der Japan aus tiefer Armut zum Reichtum geführt hatte. »Gleich nach dem Krieg gingen alle Kinder barfuß, dann trugen sie Holzpantinen, die sogenannten *geta,* dann Plastikschuhe, und nach den Olympischen Spielen kam dann schließlich Leder in Mode«, sagte Devine.

Der neuerworbene Wohlstand spiegelte sich auch im japanischen Aktienmarkt wider, dessen Volumen sich zwischen 1957 und 1961 mit einem Riesensprung verdreifachte. Aktien wie die von Toshiba emittierten, zum damaligen Zeitpunkt eine Tochtergesellschaft der General Electric, stiegen von 35 auf 280 Yen. Es war das Zeitalter der sogenannten Wachstumsaktien, ein Konzept, das Nomura von Wall Street ›abgekupfert‹ hatte. In diesen Jahren eröffnete man in den USA die Jagd auf die Investoren mit Slogans wie »Kaufen Sie Amdahl«, »Investieren Sie in DEC« und betrieb intensiv Werbung für jeden Hersteller der neuesten elektronischen Errungenschaften im anbrechenden Technologiezeitalter.

Nomura gelang es, Investoren für Aktien wie die der relativ unbekannten Matsushita Electrical Industrial Company zu erwärmen, eine kleine Firma mit Standort in Osaka, die Haushaltsgeräte für den täglichen Bedarf produzierte. Später sollte sich Matsushita zum größten Hersteller von Erzeugnissen der Unterhaltungselektronik entwickeln, aber 1961 war es nicht mehr als ein Unternehmen unter vielen, dessen Aktien vielversprechend erschienen. Als 1957 der Iwato-Boom begann, konnten die Anleger eine Matsushita-Aktie für weniger als 50 Yen kaufen. 1961, kurz bevor sich die wirtschaftliche Glanzzeit dem Ende näherte, stieg der Kurs auf 430 Yen. Sony hatte gerade seine ersten Radioempfänger in einer Hinterhofgarage in Nagoya produziert, und die Anleger waren von den Zukunftsaussichten des Unternehmens so begeistert, daß sie während der zwei Tage andauernden Panikkäufe im Juni 1960 den Aktienpreis um 117 Yen hochtrieben.

Die hektischen Kaufaktivitäten nahmen ein solches Ausmaß an, daß sich die Börse unter dem Druck des Finanzministeriums gezwungen sah, jeden Tag eine Grenze für die Auf- und Abwärtsbewegungen der Kurse zu setzen. Die Anleger häuften immer größere Summen in Nomuras Investmentfonds an (deren Anzahl heute auf mehr als hundert gewachsen ist; sie repräsentieren das drittgrößte Kapitalanlagevehikel in Japan). Für Nomura Securities und die übrigen Brokerfirmen waren dies die goldenen Jahre. Okumura verdreifachte das Filialnetz auf 97 Filialen. Die Nettogewinne des Unternehmens, die 1959 700 Millionen Yen betragen hatten, erreichten 1961 die Rekordmarke von mehr als 4 Milliarden Yen.

Der Aufstieg von Shuzo Nagata, einem Verkäufer, der in diesen umtriebigen Jahren zum Unternehmen gestoßen war und später Präsident von Kokusai, Nomuras europäischer Tochtergesellschaft, werden sollte, symbolisiert Nomuras Expansionsdrang. Er erinnert sich an diese Jahre nur noch nebelhaft. Zunächst arbeitete er in der Nomura-Zweigstelle in Miyazaki, einer abgelegenen kleinen Stadt am Meer, und gehörte zum ›Fußvolk‹, das die Umgebung nach Aktienorders abgraste. Aber die Entfernung zwischen den Dörfern und sogar Anwesen war für Fußmärsche zu weit, und um Männern wie Nagata die Arbeit zu erleichtern, schaffte Nomura einen Park brandneuer Firmenwagen vom Typ Mitsubishi mit einem Hubraum von 500 Kubikzentimeter an – Japans Antwort auf den VW-Käfer. Mit seinem Zwei-Zylinder-Heckantrieb tuckerte er über das hügelige Gelände und brauchte für eine Strecke von zwanzig Kilometern oft fünf oder sechs Stunden. Die khakifarbenen Mitsubishi mit ihrem knirschenden Getriebe – das sie der Unerfahrenheit ihrer Fahrer zu verdanken hatten – waren in den ländlichen Gebieten Japans in den fünfziger Jahren ein vertrauter Anblick.

Nagata hatte das Glück, zur rechten Zeit am rechten Ort zu sein, als viele Landbesitzer in Kyushu völlig unvorhergesehen zu Reichtum gelangten. Die Regierung trieb den Bau von Wasserkraftwerken in dieser Region voran, und diejenigen, die zwangsumgesiedelt werden mußten, erhielten eine großzügige Entschädigung. Viele entdeckten, daß sie nach dem Kauf eines neuen Hauses sogar noch Geld übrighatten, aber keine genaue Vorstellung besaßen, was sie damit anfangen sollten. Japan war in den fünfziger Jahren noch alles andere als eine Konsumgesellschaft, in der jede Familie über eine Geschirrspülmaschine, ein Fernsehgerät und ein Auto verfügte. Die Präfekturen in Kumamoto und Miyazaki, wo Nagata Werbung für die Nomura-Investmentfonds betrieb, waren im Vergleich zum restlichen Japan sogar besonders schlecht mit langlebigen Konsumgütern ausgestattet. Die meisten Einwohner hatten als einfache Leute recht einfache Wunschvorstellungen. Als der Staudamm gebaut wurde, mehrten auch die Vertragsfirmen ihren Wohlstand. Nomura erklärte die Zweigstelle in Miyazaki zum neuen Wachstumsbereich des Unternehmens, und bald standen Nagata und seinen Kollegen mehr 500er Mitsubishi zur Verfügung, als sie benötigten. Nagata selbst hatte zwei Autos: Das eine stand vor dem Nomura-Wohnheim, das andere vor dem Büro. »Wenn ich zuviel getrunken hatte, ließ ich mich von jemandem nach Hause mitnehmen und konnte am nächsten Tag wieder mit dem eigenen Auto zur Arbeit fahren.«

Damals machten sich die Firmen in Tokio die Kaufhysterie zunutze, die am Aktienmarkt herrschte. 1961 gab es dort 293 Unternehmensneuemissionen. Vor dem Nomura-Bürogebäude standen die Anleger Schlange, um die zur öffentlichen Zeichnung aufgelegten Emissionen zu erwerben, von denen viele am ersten Tag mit 30 oder 40 Prozent über dem offiziellen Bezugspreis gehandelt wurden.

Als größtes Glücksspiel sollte sich jedoch der OTC-Markt erweisen. In diesem Freiverkehrs-Sekundärmarkt, der sich eine eigene Nische an der Tokioter Börse geschaffen hatte, gab es keine echten Zulassungsbestimmungen und nur laxe Vorschriften bezüglich der Erfüllung von Börsengeschäften. Die Preise ließen sich dort relativ leicht manipulieren, so daß Kursbewegungen von 10, 20, 30 Prozent – nach unten wie oben – innerhalb von Tagen oder sogar Stunden keine Seltenheit waren. Als unumstrittener Herrscher des OTC-Marktes galt Yamaichi Securities, eine Brokerfirma mit Hauptsitz in Tokio, Nomuras größter Rivale. Yamaichi war der unbestrittene Marktführer im japanischen Emissionsgeschäft. Wenn sich ein Unternehmen über eine Notierung seiner Aktien an der Tokioter Börse oder den Handel im OTC-Markt beraten lassen wollte, wandte er sich an Yamaichi. Yamaichi war so

›blaublütig‹, wie eine Brokerfirma überhaupt jemals sein konnte: Seine Führungsschicht setzte sich aus Mitgliedern des alteingesessenen Adels zusammen, die Zugang zu jedem Konzernvorstand besaßen und mit ihren Querverbindungen Japan wie ein Netzwerk überzogen. Nomura ähnelte im Gegensatz dazu mehr der Wall-Street-Firma Merrill Lynch: Es verfügte über eine ausgezeichnetes Vertriebsnetz, aber es galt eben nur als zweite Wahl und nicht als die Firma, der ein Unternehmen die öffentliche Zeichnung seiner Aktien anvertraut hätte.

Kapitel 16:

Die Grabräuber

Der große Zulauf, den der OTC-Markt genoß, verleitete Yamaichi, dubiose Unternehmen auf den Aktienmarkt zu bringen, von denen viele mit unreellen Methoden arbeiteten. Die unseligen japanischen Investoren waren außerstande, zwischen guten und windigen Firmen zu unterscheiden. Es gab keine Veröffentlichungsvorschriften, und die Preisstellung spiegelte anarchische Zustände wider. Die Anleger mußten feststellen, daß der Preisunterschied der einzelnen Broker für die gleichen Aktien oft bis zu fünf Prozent betrug. Sie ›hauten ihre Kunden übers Ohr‹, indem sie ihnen einen weit höheren Preis als den abverlangten, den sie tatsächlich gezahlt hatten, und die Differenz in die eigenen Taschen steckten.

Im Oktober 1961 versuchte das Finanzministerium schließlich, Ordnung in das Chaos zu bringen, das im Freiverkehr herrschte. Es schuf eine zweite Aktienmarkt-Sparte, die sogenannte ›Zweite Sektion‹ (so als würden die im amerikanischen NASDAQ-System* notierten Aktien plötzlich an der American Stock Exchange gehandelt). Mit dieser Neuerung zielte man darauf ab, den spekulativen Markt aufzuwerten, indem man exakte, für das Anlagepublikum verfügbare Preise festsetzte und somit die Marktfähigkeit der Aktien und die Abwicklung der Börsengeschäfte verbesserte. Rund 385 Unternehmen traten im Oktober 1961 der Zweiten Sektion bei; die meisten wurden von Yamaichi plaziert. Niemand ahnte, daß die Katastrophe damit vorprogrammiert war.

Yamaichi galt zu Beginn der sechziger Jahre unbestritten als einflußreichstes Wertpapierhaus im Emissionsgeschäft, aber um diese Vorrangstellung zu erreichen, hatte es sich sehr weit exponieren müssen. Yamaichi besaß Emissionsverträge mit 40 Prozent aller Firmen, die zur Zweiten Sektion zugelassen waren. Seine Rolle bestand darin, einen liquiden Markt zu schaffen, in dem diese Firmen gehandelt wurden,

---

* Elektronisches Kursnotierungssystem der Händler am over-the-counter market

und als ihr Berater tätig zu sein. 1965 hatte Yamaichi 160 der insgesamt 462 Aktienemissionen in der Zweiten Sektion übernommen. Es betreute die schwer handelbaren Papiere – ähnlich wie die Kursmakler auf dem Parkett der New Yorker Börse –, indem es die Marktfähigkeit der Titel verbesserte. »Unsere Aufgabe war es, Aktien zu kaufen, wenn es zu viele Anbieter am Markt gab«, erklärte Masayoshi Katsuta, Anfang der sechziger Jahre Verkäufer bei Yamaichi, der später Präsident der Anlageberatungs- und Verwaltungsgesellschaft Kleinwort-Benson Investment Management in Japan wurde. »Ein gefährliches Spiel in einem Baisse-Markt.«

Yamaichi war nicht nur für die Firmen der Zweiten Sektion zuständig, sondern auch noch als Berater der Blue-Chip-Klientel tätig, zu denen so erstklassige Kreditnehmeradressen wie Mitsubishi Heavy Industries, Ajinimoto, Kanebo und Asahi Glas zählten. Yamaichi glaubte wie die meisten Unternehmen und Privatpersonen in Japan, daß die guten Zeiten kein Ende nehmen würden. Leider waren auch die Vorstände der Unternehmen der Überzeugung, ihre Firma müsse besser sein als die Konkurrenz, wenn ihre Aktien höher notierten. Es gab in Japan keinen Bewertungsmaßstab für den Anlageerfolg außer dem absoluten Preis. Die japanischen Investoren hielten nichts vom Konzept des Kurs-Gewinn-Verhältnisses, um das die amerikanischen Anleger soviel Aufhebens machten. Der Aktienmarkt war in Japan ein Barometer für das Ansehen, das ein Unternehmen genoß – der höchste Kurs deutete auf die beste Firma hin. »Innerhalb jeder börsengängigen Industrie-Branche war das gesellschaftliche Prestige überaus bedeutend, und wenn es uns nicht gelang, die Aktienkurse unserer Kunden auf hohem Niveau zu halten, gingen die Emissionsverträge an jemand anderen«, erklärte Katsuta. Matsushita notierte bei 350 Yen pro Aktie und war damit nach Auffassung der Japaner eindeutig Hitachi überlegen, deren Aktien bei 150 Yen lagen. Um den Aktienpreis eines Kunden zu stützen, brauchte man einiges an Kaufkraft, die wiederum besaß nur Yamaichi. Das Wertpapierhaus verfügte jeweils über einen Anteil von 30, 40 oder sogar 50 Prozent des Marktes, in dem die Aktien jener Firmen gehandelt wurden, als deren Finanzberater es fungierte.

Wenn der Aktienmarkt einen Abwärtstrend verzeichnete, was zwischen 1960 und 1965 mehr oder weniger kontinuierlich der Fall war, verlor Yamaichi ein Vermögen. Die Situation am Markt hatte sich schon in November 1963 zugespitzt. Ein Zeichen für die Angst, die in ganz Japan herrschte, waren die Telefongespräche Premierminister Hayato Ikedas, der sich anläßlich der Beisetzung von Präsident Kennedy in Arlington aufhielt und sich ständig über die Kursentwicklung informierte. Der Riese Yamaichi war angeschlagen. Das Problem lag zum Teil darin begründet, daß 1965 1700 Aktien an der Tokioter Börse notierten, während sich ihre Anzahl vier Jahre vorher nur auf 790 belief. Die Finanzierungsbedürfnisse wuchsen unaufhaltsam. Die Firmen fluteten scharenweise auf den Markt und klopften an Yamaichis Tür, wenn sie die Umwandlung in eine Aktiengesellschaft planten. Die Kapitalbasis des Wertpapierhauses zeigte die ersten tiefen Risse.

Fujio Kodama – der inzwischen silberhaarige Berater und Vorstandsvorsitzende von Wako Securities, der 1963 zum Führungsstab von Oi Securities gehörte (eine Firma, die 1965 ›den Bach hinunterging‹) – bestätigte, daß der Umfang des Aktienmarktes im Gegensatz zum Aktienindex Anfang der sechziger Jahre zu schnell wuchs. Der Index fiel von 1800 im Jahr 1960 auf knapp 1000 im Jahr 1965, was auf die Einführung der Investmentfonds zurückzuführen war. »Sie ließen sich mit Walen in einem hölzernen Waschzuber vergleichen«, sagte Kodama. »Sie sprengten ihn – die Aktiennachfrage war 1960 einfach zu groß für den kleinen Markt.« Nach seiner Auffassung wurden in der Zweiten Sektion ›Steine‹ mit den ›Diamanten‹ nach oben befördert. Seine eigene, relativ kleine Wertpapierfirma Oi stellte 600 zusätzliche Mitarbeiter für den Aktienhandel ein. Als die Investoren jedoch erkannten, daß sich ihre Aktien in bezug auf den Anlageerfolg kaum von anderen Emissionen abhoben, stießen sie ihre Bestände schnellstmöglich ab. Die Brokerhäuser aber mußten auf ihren hohen Fixkosten sitzenbleiben. »Uns war es zu viele Jahre zu gutgegangen«, meinte Kodama.

Ein Mann sah den Zusammenbruch der japanischen Wertpapier-Industrie voraus, aber seine Warnungen stießen auf taube Ohren. Die Kassandrarufe stammten von Akira Miyazawa, ab 1963 Leiter der Effektenabteilung der Bank of Japan. Als er später den Vorsitz von Nippon Telephone & Telegraph Systems Technology übernahm (ein Konzern, der auf die Systemtechnologie im Fernsprechwesen spezialisiert ist), erinnerte er sich: »Ich habe die Krise schon zwei Jahre, bevor sie eintrat, prophezeit, aber das Finanzministerium hörte nicht auf mich.« Miyazawa beschäftigte damals in seiner Abteilung vier Mitarbeiter, und seine Aufgabe war es, die Zentralbank über alle Probleme in der Industrie auf dem laufenden zu halten. Die wichtigste Funktion der Bank of Japan bestand in der Kreditvergabe an Industrie- und Handelsfirmen, wobei die Geschäftsbanken als Finanzintermediäre dienten. Leider war die Bank of Japan 1956 dem Finanzministerium unterstellt worden, nachdem sie einen erbitterten Machtkampf mit Hayato Ikeda verloren hatte. Das Finanzministerium ist bis zum heutigen Tag Japans dominierende Kraft im Finanzbereich.

Miyazawas angeborenes Mißtrauen gegenüber Brokern, eine Einstellung, die er von seinem Vater übernommen hatte, und die Professur an der juristischen Fakultät der Tokioter Universität waren ideale Voraussetzungen für die ›Wachhund‹-Funktion, die er ausübte. Sein Vater hatte ihm stets eingebleut, wie wichtig es sei, seinen Beitrag zum Wohl der Gemeinschaft zu leisten. Miyazawa erinnerte sich noch an dessen Worte, wonach »Aktienmakler das Geld anderer Leute benutzen und der Gesellschaft nichts dafür zurückgeben«. Technisch gesehen war es der Bank of Japan untersagt, Brokern Darlehen auf direktem Weg zu gewähren; sie hatte vielmehr den Auftrag, ihre Aktivitäten zu überwachen. Aber selbst das war für Miyazawa ein Problem, denn die Brokerhäuser standen in einem so schlechten Ruf, daß sie die Bank of Japan nicht einmal betreten durften. Miyazawas erste Amtshandlung nach Antritt seiner neuen Stellung bestand darin, von seinen luxuriösen Büroräumen die wenigen Schritte zu Fuß nach Nihonbashi zurückzulegen, wo die Großen Vier ihr Hauptquartier hatten. Er suchte die Topmanager von Yamaichi, Nomura, Nikko und Daiwa auf und eröffnete ihnen, ihnen sei der Zutritt zur Bank of Japan von nun an gestattet und er werde die Zusammenarbeit mit ihnen begrüßen. Als Gegenleistung wollte er wöchentlich eine Kopie des Finanzplans eines jeden Brokers, und er erhielt sie auch.

1963 machte Miyazawa eine verblüffende Entdeckung. Die Mehrzahl der japanischen Brokerfirmen boten Privatanlegern attraktive, sechsprozentige Anleihen an und investierten das eingenommene Geld im Aktienmarkt. Yamaichi verwendete das Kapital der Privatinvestoren vornehmlich, um die stetig fallenden Aktien seiner bevorzugten börsengängigen Firmenkunden zu kaufen. In den Jahren vor 1965, als das Brokerhaus vor einer ernsthaften Finanzkrise stand, hatte »Yamaichi mehr Geld mit dem Handel für eigene Rechnung als im Auftrag seiner Kunden verdient«, erklärte T. F. M. Adams, die größte Autorität im japanischen Finanzwesen. Dieser Umstand beunruhigte Miyazawa. Die Japaner haßten Spekulanten und hätten einen Run auf das Finanzsystem ausgelöst, wenn ihnen bewußt gewesen wäre, daß sie ihr in Anleihen investiertes Geld abschreiben konnten.

Miyazawa ahnte, daß es Probleme geben würde, und empfahl seinen Vorgesetzten, die Bank solle den Brokern mit Darlehen unter die Arme greifen. Der Aufsichtsrat reagierte nicht, denn es war verboten, Kredite auf direktem Weg an Wertpapierhäuser auszureichen, und man sah keine Veranlassung, die Gesetze zu ›beugen‹. Das Finanzministerium wäre die einzige Körperschaft gewesen, die den Banken Kreditausreichungen an die Brokerfirmen gestatten konnte, aber es besaß keinen Einfluß auf die tägliche Aktienmarktentwicklung. »Die vom Ministerium waren auf einer zu hohen Ebene angesiedelt«, klagte Miyazawa, der als einziger für stützende Maßnahmen plädierte. Jede Woche legten ihm die Großen Vier ihre Finanzpläne und Mindestreservemeldungen vor. Es konnte kein Zweifel daran bestehen, daß alle Firmen mit Ausnahme von Nomura Securities dringend eine Finanzspritze benötigten, aber niemand zeigte sich bereit, einem Brokerhaus Geld zu leihen. Selbst die Industrial Bank of Japan weigerte sich, ihnen Kredite zu gewähren, weil sie es für unter ihrer Würde hielt, Geschäfte mit Aktienhändlern zu machen. »Deshalb kamen sie zu mir; ich war ihre letzte Rettung«, berichtete Miyazawa stolz. »Ich hatte den Geldbeutel.« Aber die Führungsetage der Bank of Japan lehnte die Kreditgesuche der Broker ab.

Miyazawa fand jedoch heimlich Mittel und Wege, den Großen Vier Geld zu leihen. »Ich hatte nicht besonders viel für den Wertpapierhandel übrig, aber irgend etwas mußte geschehen, um die Industrie zu retten.« In einer der geheimsten Operationen in der Geschichte der Bank of Japan, die nirgendwo verzeichnet ist, gewährte Miyazawa den Großen Vier im Rahmen der Refinanzierungskontingente der Bank einen riesigen Kredit; um keine Spuren der Transaktion zu hinterlassen, gab es keine schriftlichen Unterlagen über die ausgereichten Summen. Im Februar 1965 lieh Mizayawa Nikko 13,5 Milliarden, Daiwa 8,6 Milliarden, Yamaichi 8,2 Milliarden und Nomura 5,2 Milliarden Yen – Gelder, von denen der Aufsichtsrat nie etwas erfuhr. Obwohl sich Nomura Securities nicht in einem finanziellen Engpaß befand, fand es Miyazawa nur fair, dem Haus ebenfalls einen Kredit zu einem niedrigen Zinssatz anzubieten. Die Stärke von Nomura spiegelte sich auch in einer Anlagenbewertungsliste wider, die Miyazawa ständig aktualisierte und noch Jahre später unter seinen Akten aufbewahrte. Im März 1965 sammelte Miyazawa wie üblich die Berichte aller Brokerfirmen ein: Nomura wies Nettovermögenswerte von 17,1 Milliarden, Daiwa von 2,6 Milliarden, Nikko von 9 Milliarden und Yamaichi ein Minus von 18,2 Milliarden Yen aus. Zwei Monate später war Nomura das einzige Unternehmen, das keine roten Zahlen schrieb.

Das Geld konnte jedoch wenig ausrichten; die Panik war unvermeidbar. Die Yamaichi-Kunden wandelten ihre Abzinsungsanleihen in rasendem Tempo in klingende Münze um. Dazu kam – was das Anlagepublikum nicht wußte –, daß »Nikko Securities kurz vor dem Bankrott stand«, erklärte Miyazawa. Er war überzeugt, daß sich die Krise nur überwinden ließ, wenn man die Presse auf das Problem aufmerksam machte. Auf diese Weise hätte man Druck auf das Finanzministerium ausüben können, der gesamten Wertpapierbranche Kredite zu gewähren. »Wir beschlossen, Yamaichi als Sündenbock zu benutzen«, gestand Miyazawa. »Nikko Securities war ebenfalls auf dem besten Weg, den

Bach hinunterzugehen, aber das konnten wir der Öffentlichkeit nicht mitteilen. Dann wäre die Panik noch größer geworden.« Anfang Mai 1965 waren sich die Zeitungen des bevorstehenden Fiaskos bewußt, aber sie hatten sich darauf geeinigt, die sensationsträchtige Meldung im Interesse des Landes bis zum 23. Mai zurückzuhalten. Einige Führungskräfte von NHK, dem größten staatlichen Fernsehsender, wurden informiert, jedoch angewiesen, die Neuigkeit vorläufig noch geheimzuhalten. »Wenn der NHK ein Wort davon verlauten läßt«, warnte ein Sprecher des Finanzministeriums einen NHK-Berichterstatter, »dann wette ich, daß sich einige Leute vor Ihrem Haus aufhängen.«

In der Zwischenzeit war ein undurchsichtiger Zeitungsreporter namens Tsutomo Matsuo nahe daran, die Bombe platzen zu lassen. Er arbeitete für den *Nishi-Nippon-Shimbun,* eine regionale Tageszeitung mittlerer Größe. Er war ein typisch japanischer Bürger, der jeden Tag seiner Arbeit als Finanzberichterstatter eines zweitrangigen Blatts in der verrußten Stadt Fukuoka nachging, die inmitten eines Kohlereviers liegt. In seinem Alltag gab es kaum Sensationen. Mitte Mai ließ einer seiner Kontaktleute bei Yamaichi, Herr S. – ein Nachwuchs-Manager, der seine Ohren offenzuhalten verstand –, die ›Katze aus dem Sack‹ und berichtete ihm von einem Reorganisationsplan, von dem er Wind bekommen hatte. Matsuos Zeitung hatte sich nicht zum Stillschweigen verpflichtet wie die sieben größten japanischen Tageszeitungen, und seine Vorgesetzten drängten darauf, der Sache auf den Grund zu gehen. Da die Auflagenhöhe in den letzten Jahren stark zurückgegangen war, kam ihnen ein Skandal gerade gelegen, um den Umsatz zu beleben. Jahre später gab Matsuo zu, er sei sich nicht sicher gewesen, ob er gegen den Ehrenkodex seiner Zunft verstoßen habe. Aber unter dem Druck seiner Chefs beim *Nishi-Nippon-Shimbun* brachte Matsuo am 21. Mai 1965 *die* Sensationsmeldung im Finanzwesen der Nachkriegszeit: einen Artikel über Yamaichi Securities, Japans größtes Brokerhaus. Die Schlagzeile mag die Phantasie westlicher Leser vielleicht nicht entzünden, aber für die Japaner besaß sie das Ausmaß eines Skandals. Sie lautete: »Yamaichi reif für Umstrukturierung.«

Matsuo hatte das Undenkbare gewagt und eine Story gebracht, die noch nicht veröffentlicht werden sollte. Es war in Finanzkreisen zwar ein offenes Geheimnis gewesen, daß Japans Broker-Industrie kurz vor dem Zusammenbruch stand, aber es stand noch nicht fest, mit welchen Maßnahmen die Regierung die Broker ›herauszupauken‹ gedachte. Der Sozialistischen Partei Japans – eine winzige Gruppierung, die sich erklärtermaßen als Opposition zur Regierungspartei verstand – war das sich anbahnende Yamaichi-Desaster ebenfalls nicht entgangen, aber sie hatte sich bereit erklärt, Schweigen zu bewahren im Austausch für die

Zusicherung, die Nachricht zu gegebener Zeit auf dem Börsenparkett bekanntzugeben. Matsuo, der den Mut besaß, das zu drucken, wovor andere Zeitungen zurückscheuten, hatte Japan Inc. mit ›heruntergelassenen Hosen‹ erwischt. Die Öffentlichkeit, die normalerweise von der Regierung, der Geschäftswelt und der Presse gleichermaßen geschickt manipuliert wurde, erfuhr nun von der bevorstehenden Katastrophe.

Zunächst gab es zahlreiche Drohungen und rote Köpfe; niemand wußte genau, wie das Land die Krise bewältigen wollte. Aber eines war gewiß: Die von Yamaichi Securities gezündete Bombe, die an diesem verhängnisvollen Tag hochging und das Unternehmen verschlang, katapultierte Nomura Securities an die Spitze des japanischen Aktienmarktes. Die Nomura-Männer hatten während der nächsten zehn Jahre alle Hände voll zu tun, den noch zuckenden Kadaver von Yamaichi waidgerecht zu zerlegen.

Tsutomo Matsuo wurde über Nacht berühmt. Obwohl es in Japan selten Angaben über den Verfasser eines Zeitungsartikels gibt, wußten alle Presse-Insider, daß die Sensationsmeldung von Matsuo stammte, und belagerten ihn, um ein Interview mit ihm zu ergattern. »Noch heute rufen mich Leute wegen der Geschichte an, obwohl ich längst im Ruhestand bin«, erklärte Matsuo. Sein Gehalt erhöhte sich schlagartig von 130000 auf 300000 Yen im Monat.

Die Zeitung erschien nicht im Norden des Landes, zum Beispiel in Tokio, aber Mizayawa erhielt früh am Morgen desselben Tages einen Anruf von der Zweigstelle der Bank of Japan in Kyushu. »Ich war darüber ganz glücklich«, gestand er. »Ich wollte, daß die Geschichte durchsickert.« Jeder fürchtete, eine Panik auszulösen, wenn er die Wahrheit bekanntgab, aber Mizayawa hatte erkannt, daß der Weg über die Presse der einzige war, um Japans Broker zu retten. Matsuo zwang die Regierung zu handeln, und um 11.30 Uhr hielt Finanzminister Kakuei Tanaka eine Pressekonferenz ab, um das Anlagepublikum zu beruhigen. »Die Bank of Japan ist bereit, Yamaichi notfalls einen Kredit zu gewähren.« Das sollte wenig nützen: Der Leiter der Bank of Japan haßte Tanaka, weil er glaubte, dieser sei bestrebt, die Kontrolle über die Zentralbank an sich zu reißen. Um die Autorität des Finanzministers zu untergraben, gab die Bank nach der Pressekonferenz eine offizielle Erklärung ab, in der sie ihre Vorbehalte gegen eine Kreditvergabe an Yamaichi Securities zum Ausdruck brachte.

Bis mittags war in den neunzig Yamaichi-Zweigstellen ein wahrer Tumult ausgebrochen. Draußen bildete sich eine endlose Schlange, weil jeder auf Rückzahlung seiner Yamaichi-Anleihen drängte und Aktien abholen wollte, die in den Depots des Wertpapierhauses verwahrt wurden. Bis zum Samstag, den 22. Mai, hatten mehr als 14000 Menschen ihr Geld abgezogen, und in der darauffolgenden Woche war Yamaichi um 10 Milliarden Yen ärmer. Bis Juli wurden mehr als 25 Milliarden Yen aus den Tresoren entnommen. Über 20 Prozent der börsennotierten Aktien aus der Zweiten Sektion, die von Yamaichi durch massive Käufe gestützt worden waren, fielen um mehr als 80 Prozent. Wie sich herausstellte, hatte die Firma schon ein Jahr vor Matsuos Enthüllung in betrügerischer Absicht verlustreiche Aktien an ihre Zweig- und Tochterfirmen abgestoßen und damit begonnen, zwei Bilanzen zu führen: die eine für sich selbst, die andere für die Prüfer vom Finanzministerium.

»Bitte strecken Sie uns das Geld vor. Niemand würde uns auch nur eine Million Yen leihen«, flehte ein Yamaichi-Manager einen Mitarbeiter des Finanzministeriums am Telefon an, der im Hintergrund jemanden schluchzen hörte. Vertreter der Bank of Japan, der Fuji-Bank, der Mitsubishi-Bank, der Industrial Bank of Japan und des Finanzministeriums trafen sich nach Börsenschluß am 28. Mai, um darüber zu beraten, wie man der Panikstimmung der Investoren entgegenwirken könne. »Wir sollten vorsichtig sein«, riet der Präsident der Mitsubishi-Bank. Finanzminister Tanaka wurde wütend: »Und Sie wollen Präsident einer Bank sein?« Kurze Zeit später kamen alle Parteien auf Tanakas Drängen hin überein, der Presse mitzuteilen, die Regierung sei bereit, für die Rettung von Yamaichi und der japanischen Wertpapier-Industrie eine unbegrenzte Summe zur Verfügung zu stellen. Am 7. Juni stimmte die Bank of Japan zu, Yamaichi einen Kredit in Höhe von 28 Milliarden und Oi Securities von 5,3 Milliarden Yen zu gewähren. Sie informierte die Öffentlichkeit allerdings nicht darüber, daß sie auch einer großen Anzahl weiterer Brokerhäuser, die unter akutem Geldmangel litten, riesige Summen ausleihen wollte.

Fujio Kodama, zum damaligen Zeitpunkt einer der Direktoren von Oi Securities, behauptete hartnäckig, daß die ganze Branche zusammengebrochen wäre, wenn nicht die Firma, die als erste vor dem Zusammenbruch stand, ein solches Renommee gehabt hätte. »Nur das Prestige von Yamaichi zwang die Zentralbank zum Eingreifen«, erklärte er. Kodama meinte auch, Tanakas Entscheidung, den Brokern großzügig und bereitwillig Kredite zu gewähren, habe keinesfalls auf der Hand gelegen. »Japans Finanzwelt sähe heute ganz anders aus, wenn Tanaka die Bank of Japan nicht unter Druck gesetzt hätte, das Geld zur Verfügung zu stellen.« Jeder außer Tanaka versuchte die Ausleihung an die Broker zu verhindern. Auch die Steuerzahler hielten nichts davon, den Aktienhändlern aus der Klemme zu helfen, die sie als Schmarotzer betrachteten. Als Gegenleistung für die Finanzspritze der Regierung reichten mehrere Führungskräfte in der japanischen Wertpapierbranche ihren Rücktritt ein. Auch der Vorstandsvorsitzende von Yamaichi, der Sohn des Gründers, wurde gezwungen, seinen Hut zu nehmen. Der Präsident der Firma nahm ebenfalls seinen Abschied; sein Nachfolger war Teru Hidaka, der früher für die Industrial Bank of Japan (IBJ) gearbeitet und den Vorsitz von Nissan Chemical geführt hatte. Die IBJ galt als Spezialist für Unternehmenssanierungen und Hidaka als einer ihrer klügsten Köpfe.

In der gesamten Broker-Branche folgte ein chaotischer Veränderungsprozeß: Daiwa, Nikko und Osakaya schaßten ihre Präsidenten, und nur an Nomuras Führungsspitze blieb alles beim alten: Minoru Segawa stand weiterhin am Ruder. Die Zweigstellen der Brokerhäuser wurden von 2424 auf 2166 ausgedünnt. 1964 und im darauffolgenden Jahr wurden rund 20000 Arbeitnehmer entlassen. Der Satz: »Bye-bye Broker, hallo Banken« war in aller Munde. Die Aktienverkäufer trugen ihre Pakete mit dem Firmenzeichen nicht mehr stolz und für jedermann sichtbar unter dem Arm, sondern »schlichen durch die Straßen und versuchten zu verbergen, daß sie von Yamaichi kamen«, gestand Yamaichi selbst. Sie weigerten sich, Klebebilder mit einem Hinweis auf die Firmenzugehörigkeit auf ihre Autos zu kleben, aus Angst, beschimpft oder sogar verprügelt zu werden. Vor der Krise war es für Tsunao Okumura und Minoru Segawa gang und gäbe gewesen, Yamaichi in seinem Büro gelegentlich einen Höflichkeitsbesuch abzustatten. Ab 1965 wurde der Spieß umgedreht.

Kapitel 17:

Pioniere im Exil

Shoshi Kawashima hatte nicht die geringste Ahnung, warum er in Segawas Büro zitiert worden war, aber er rechnete mit dem Schlimmsten. Im Winter 1953 galt Segawa nach Präsident Okumura als zweitmächtigster Mann von Nomura Securities. Er stand in dem Ruf, unverhohlen und harsch Kritik zu üben, eine für Japaner untypische Eigenschaft, die viele seiner Verkäufer zusammenzucken ließ. Bei dieser Gelegenheit zeigte sich Segawa jedoch ungewohnt höflich, was den eingeschüchterten Kawashima völlig überraschte. Segawa war fünf Jahre älter als er und 1929 zu Nomura Securities gekommen. Aber Kawashima hatte während des Krieges in der Firma gearbeitet und fünfzehn Dienstjahre mehr vorzuweisen als der Mann, vor dessen Schreibtisch er sich nun befand.

»Kawashima-Chan«, eröffnete Segawa das Gespräch. Diese Nachsilbe wurde normalerweise nur gebraucht, wenn man Kinder anredete, und sie war ein sicheres Zeichen, daß Segawa mit einer heiklen Bitte an den jüngeren Mann heranzutreten gedachte. Segawa fuhr fort: »Ich möchte, daß Sie in Sachen Wertpapiere ins Ausland gehen. Sie sollen in New York die Wiedereröffnung unserer ersten Auslandsniederlassung in die Wege leiten.«

Nomuras erste Filiale in Übersee war 1927 in New York eröffnet und 1936 wieder geschlossen worden, nachdem die japanischen Militärs die Regierung überredet hatten, alle Investitionen im Ausland gesetzlich zu verbieten. Da der größte Teil der Erträge, welche die Nomura-Tochter in New York erwirtschaftete, von wohlhabenden japanischen Privatanlegern und Unternehmen stammte, die ihr Geld in US-Schatzanleihen investiert hatten, wäre das Geschäft auf jeden Fall zum Stillstand gekommen. Während die japanischen Banken, Handelsgesellschaften und Reedereien langjährige Auslandserfahrungen und weltweite Aktivitäten vorweisen konnten, war Nomura mit seiner New Yorker Niederlassung das erste japanische Wertpapierhaus, das den Sprung nach Über-

Eine Gruppe von Investoren gegen Ende des neunzehnten Jahrhunderts handelt auf der Straße in Kabutocho, dem Finanzviertel in der Nähe der Tokioter Börse, mit Aktien. Der Mann ganz links verkauft Sushi.

Der Beginn des Börsenhandels wurde von einem Mann verkündet, der mit Holzklappern durch die Straßen der Stadt ging. Bedienstete der Börse verschafften den schwitzenden Händlern mit riesigen Fächern Kühlung.

Ein Aufseher und ein lächelnder Schreiber sehen zu, wie der Registrator die Aktien im Buch verzeichnet. Links ist das langsam brennende Spezialseil, ›hinawa‹ genannt, zu sehen, das man jeden Morgen anzündete. Der Handel wurde eingestellt, wenn es heruntergebrannt war.

Neuigkeiten vom Aktienmarkt verbreiteten sich in Windeseile; kleine Jungen verkündeten sie in einem eigenen Singsang, Nachdem sie einen Blick durch die Fenster der Börse geworfen hatten, liefen sie schreiend und gestikulierend durch die Straßen, um die Marktinformationen zu verbreiten.

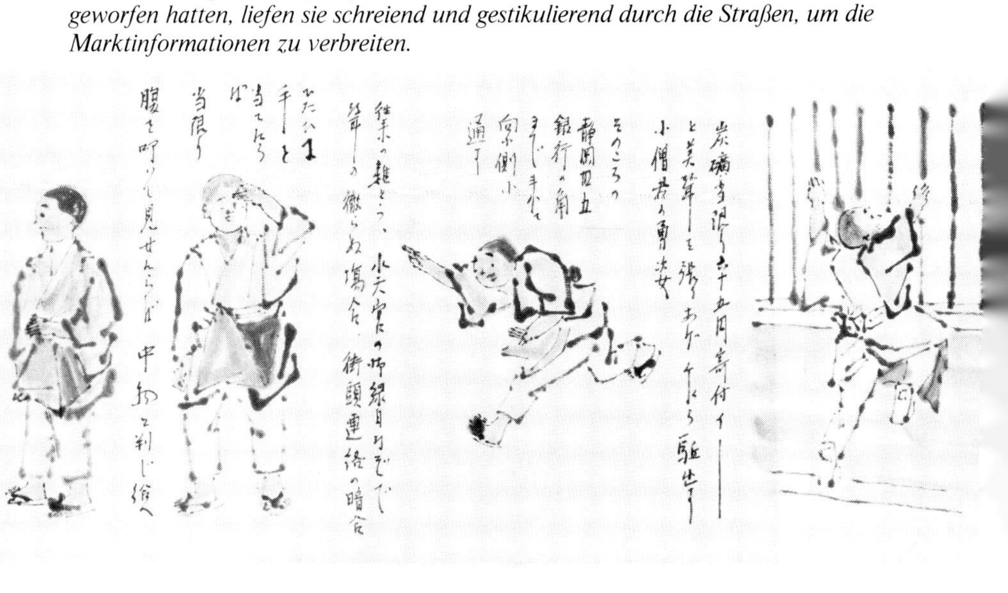

Der Nomura-›shoten‹ oder ›Laden‹, gezeichnet von Tokushichi Nomura um die Jahrhundertwende.

Eine Fotografie vom ›shoten‹, die etwa zur gleichen Zeit entstand. Die vor dem Haus stehende Rikscha trug Tokushichi durch Osaka.

Die Mutter von Tokushichi Nomura II, Takiko Yamanouchi.

Tokushichi Nomura nach seiner Berufung in das House of Peers im Jahre 1928.

Der Gründer, Tokushichi Nomura II (1878–1945), im traditionellen Kimono.

Motogoro Nomura an der Birmingham University in Großbritannien (1908). Danach übernahm er die Leitung der Nomura-Bank, wurde 1945 jedoch enteignet.

Der gelehrtenhafte Yoshitaro Nomura mit seiner Frau Sae. Er bevorzugte Zigarren der Marke ›Romeo y Julieta‹.

Die Nomura-Villa in Atami, die zu Tokushichis sechzigstem Geburtstag (1878) fertiggestellt wurde. Der kranke Yoshitaro starb hier 1945. Nomura Securities kaufte das Anwesen in den achtziger Jahren der Familie ab, als der Unterhalt zu teuer geworden war.

Die Nomura-Familienresidenz in Kobe in den dreißiger Jahren. Der Aussichtsturm wurde von den Flugzeugen der Alliierten während der letzten Tage des Krieges gesichtet und die Villa bombardiert.

Die stille Nomura-Villa in Kyoto, die von Tokushichi erbaut wurde, nachdem er im ersten Weltkrieg am boomenden Aktienmarkt sein zweites Vermögen erworben hatte. Hier lebt heute Fumihide Nomura. Das Anwesen befindet sich insgeheim im Besitz der Daiwa-Bank, die die Instandhaltungskosten übernommen hat.

Tokushichi hielt drei weiße Hengste auf seinem Anwesen in Kyoto. Hier ist er mit seiner Frau Kiku (links) und seinem Sohn Yoshitaro (rechts) abgebildet.

Tokushichis Sohn Yoshitaro, Erbe des Nomura-zaibatsu, der von seinem Vater gegründet worden war. Der Liebhaber britischer Automobile ist hier mit seinen beiden Söhnen, Fumihide (Mitte) und Tomohide (links), zu sehen.

Kozo Nomura in Uniform, während der Vorbereitungen zum Chinesisch-Japanischen Krieg (1939).

Amerikanische Offiziere während der Besatzungszeit in der Nomura-Villa in Kyoto. Tokushichi Nomuras Witwe, Kiku, ist als zweite von rechts zu sehen.

Tsunao Okumura (Präsident von Nomura Securities, 1948–1959).

Minoru Segawa (Präsident von Nomura Securities, 1959–1968).

Setsuya Tabuchi (links), von 1978 bis 1985 Präsident von Nomura Securities, mit Ryoichi Sasakawa, einem der reichsten und mächtigsten Männer der Welt. Sasakawa, der sich vom Drahtzieher der Unterwelt in einen Philanthropen verwandelte, pflegte damit zu prahlen, daß er mehr als 12 Milliarden Dollar verschenkt habe.

Toshio Komoto, Leiter der japanischen Wirtschaftsplanungsbehörde, begrüßt im März 1984 US-Finanzminister Regan in Tokio. Komoto hatte zu diesem Zeitpunkt den Kampf um das Amt des Premierministers verloren und den Untergang seiner Firma Sanko Steamship miterlebt.

Die Tokioter Börse.

Aktienhändler beklatschen bei der Neujahrsfeier den ersten Handelstag an der Tokioter Börse, den 4. Januar 1989. Das Neujahrsritual wurde verhaltener als üblich vollzogen, da Kaiser Hirohito schwer erkrankt war.

Eine Arbeiterin im Kimono huscht durch die dichtgedrängte Menge der Makler in ihren marineblauen Anzügen, die sich am 4. Januar 1989, dem ersten Handelstag des Neuen Jahres an der Tokioter Börse, versammelt haben.

Die allmorgendliche, um 7.50 Uhr stattfindende Besprechung in der Nomura-Zweigstelle in Shinjuku.

Eine Nomura-Mitarbeiterin rechnet in den Stahlkammern des Konzerns mit einem Abakus.

Zweimal in der Woche findet im neunten Stockwerk ein Kurs statt, in dem die Nomura-Büroangestellten die Teezeremonie üben.

Eine Aerobic-Klasse für die neuen Nomura-Mitarbeiter.

Morgengymnastik um 7.40 Uhr in der Nomura-Zweigstelle in Shinjuku.

see gewagt hatte. Die Mitsubishi-Bank, Handelskonzerne wie Mitsui und Marubeni oder Reedereien wie Nippon Ysen Kaisha waren schon seit langem in New York vertreten. Die Firmenmitglieder, die im Ausland die ›Stellung‹ hielten, und ihre Angehörigen hatten einen Status inne, der sich mit dem eines Diplomaten vergleichen ließ. Sie stammten aus den reichsten japanischen Familien, beherrschten mehrere Sprachen, und ihre Kinder besuchten amerikanische und englische Universitäten. Nun erklärte Segawa Kawashima: »Nomura hatte bisher keine Botschafter auf internationaler Ebene. Sie werden unser erstes Bindeglied zum Ausland sein. Sie sollen nach New York übersiedeln und alle Brücken zu Tokio abbrechen. Sie müssen lernen, wie man dort überlebt.« Kawashimas Aufgabe als ›strategischer Brückenkopf‹ des Nomura-Wertpapierbereichs in den USA bestand darin, sich Aufnahme und Anerkennung in der elitären japanischen Enklave zu verschaffen, ein Ziel, das sowohl Segawa als auch Okumura mit allen Mitteln anstrebten.

Nomuras brennender Wunsch, in New York erneut Fuß zu fassen, ließ sich nicht zuletzt auf das wachsende Interesse amerikanischer Institutionen an japanischen Aktien zurückführen. Aber Geschäfte auf internationaler Basis zu tätigen, war für Nomura schwierig, wie für die meisten Unternehmen Anfang der fünfziger Jahre. Nur wenige Japaner beherrschten die englische Sprache perfekt in Wort und Schrift, und Sekretärinnen einzustellen, die des Englischen mächtig waren, erwies sich als eine kostspielige Angelegenheit. Die einzige Alternative für jene, die englische Briefe aufsetzen oder sich bei einer Verhandlung eines Dolmetschers bedienen mußten, war die Einstellung von Hausfrauen im Gastland, die jedoch mehr Geld erhielten als die Führungskräfte der meisten japanischen Firmen. Die buchstäblich einzige Form internationaler Geschäftstüchtigkeit bestand 1952 für die Japaner im Import- und Exportbereich.

Der Mann, den Segawa mit dieser internationalen Mission betraut hatte, sollte sich für seine Aufgabe als bestens geeignet erweisen, obwohl das Kawashima keineswegs klar war, als er mit seiner Familie 1953 nach New York aufbrach. Er stammte aus einer wohlhabenden Kaufmannsfamilie in Omi, nahe der aufblühenden Industriestadt Nagoya, die zwischen Tokio und Osaka liegt. Kawashima hatte 1935 sein Examen an der Handelsakademie von Nagoya abgelegt und sich dem Wunsch des Vaters entsprechend für eine Laufbahn im Wertpapiergeschäft entschieden. Sein Vater pflegte zu sagen: »Glaube mir, eines Tages wird niemand mehr auf Börsenmakler herabsehen, wie es heute der Fall ist.« Kawashima fand eine Anstellung in Osaka, beim Nomura Bond House, wie es damals hieß. Nach zehn Monaten wurde er zur

Armee eingezogen, wo er bis 1946 diente. »Die meiste Zeit verbrachte ich in China im Kampf mit den Kommunisten, aber ich habe es geschafft, nicht erschossen zu werden«, erinnerte sich Kawashima. Dann nahm er seine unterbrochene Laufbahn als Aktienverkäufer wieder auf, dieses Mal in Tokio und mit größerem Erfolg, denn der von Amerika forcierte Verkauf der Unternehmensaktien aus der Vorkriegszeit, die sich einst im Besitz einer kleinen Gruppe befanden und nun von der japanischen Bevölkerung erworben werden konnten, war bereits in vollem Gang.

Kawashima hatte auf dem College Englisch studiert, aber während der Kriegsjahre in China und der darauffolgenden Tätigkeit als Aktienverkäufer in Tokio das meiste vergessen. Als er nach New York kam, beherrschte er nur zwei Sätze: »Der Frühling ist gekommen. Auf dem Boden liegt kein Schnee.« Zum Glück empfanden viele Amerikaner nach dem Krieg Sympathie für die Japaner; ihr anfänglicher Haß verwandelte sich in Mitleid mit Japan, das durch seine Niederlage eine abgrundtiefe Erniedrigung erlitten hatte. Amerikanische Korrespondenten schilderten den Hunger und die verzweifelte Lage der Obdachlosen, und die amerikanische Öffentlichkeit war tief bewegt beim Anblick der Fotos, die das erschöpfte und gedemütigte japanische Volk zeigten.

Kawashimas Aufgabe war es, den Amerikanern einen Eindruck von der japanischen Industrie zu vermitteln, in der Hoffnung, die Investoren dadurch für den Kauf japanischer Aktien zu interessieren. Aber diese Mission sollte sich als schwieriger erweisen, als die Nomura-Führungsetage voraussehen konnte. Dieselben Gefühle, die das Mitleid mit Japan hervorgerufen hatten, hinderten die Amerikaner daran, japanische Unternehmen als eine vom kaufmännischen Standpunkt sinnvolle Investition zu betrachten. In ihren Augen befand sich die japanische Wirtschaft noch in der Phase des Wiederaufbaus. Die drei Jahre, die Kawashima in New York verbrachte, waren hart und von Isolation geprägt. Die japanische Exilgruppe war damals klein und zu einer Gemeinschaft zusammengewachsen, die sich Trost spendete; sie fühlten sich als Fremde in einem Land, das ihnen fremd erschien. Nicht ein einziges Mal rief Kawashima Tokio an. Es dauerte mitunter mehr als zehn Stunden, bis ein Telefongespräch nach Japan vermittelt werden konnte, und niemand wußte, wann die Verbindung zustande kommen würde. Nomura besaß in New York auch kein Telexgerät, obwohl dieser Mangel keine Probleme aufgab, denn Kawashimas geschäftliche Aktivitäten waren von begrenztem Umfang. Kurz nach seiner Ankunft hatte er jedoch großes Glück: Er erhielt einen Anruf von General Electric: Der Konzern wollte seine Bezugsrechte für die neuen Aktien von Toshiba verkaufen, einer Elektronikfirma, an der GE bereits beträchtliche Anteile besaß.

General Electrics Geschäftsbeziehungen zu Japan gingen schon auf die Jahrhundertwende zurück, als das Unternehmen begonnen hatte, japanischen Unternehmen sein Know-how im Produktionsbereich anzubieten, in der Hoffnung, sich dadurch den Zugang zum Verbrauchermarkt zu sichern. Es besaß zeitweilig sogar die Aktienmehrheit an einer Firma namens Tokyo Electric, die Glühlampen herstellte. Toshiba war 1939 durch eine Fusion mit Shibaura Engineering entstanden, an der GE eine Sperrminorität hielt. Nach dem Koreakrieg riet Nomura dem Toshiba-Vorstand, die Expansion des Unternehmens durch die Ausgabe neuer Aktien zu einem Vorzugspreis an die bereits vorhandenen Aktionäre zu finanzieren. Unglücklicherweise ließ Toshiba diese Neuemissionen nicht bei der Securities and Exchange Commission, der Börsenaufsichtsbehörde in den USA, registrieren und zwang somit GE, die Bezugsrechte für diese zusätzlichen Anteile zu veräußern. Toshiba war hoch erfreut, denn die Firma legte Wert darauf, GEs Einfluß zu verringern. Kawashima erging es nicht anders, denn Nomura sorgte dafür, daß der große Aktienblock in ›hilfreiche‹ japanische Hände überging, und zwar an die Mitsui Bank. Der Nomura-Mann in New York hatte damit einen Riesencoup gelandet.

Kawashimas Leben in New York entwickelte mit der Zeit seine eigene Routine. Gemeinsam mit seiner Frau traf er sich mit anderen Japanern zum Mittag- und Abendessen, und wenn auch nur, um sich wieder einmal in seiner Muttersprache statt in gebrochenem Englisch zu unterhalten. Frau Kawashima fand Freunde, die ihr zeigten, wo man preiswert einkaufen konnte und wie man sich in der Umgebung zurechtfand. In Japan wagten sich Frauen selten aus dem Haus, es sei denn, um Lebensmittel einzukaufen. Besonders erstaunlich fand Frau Kawashima, daß in Amerika Frauen öffentliche Verkehrsmittel benutzten und sogar arbeiten gingen. An den Wochenenden hatten die Kawashimas oft Gäste. Allein die Tatsache, daß man in New York jemandem über den Weg lief, der aus Japan stammte, reichte aus, um den Landsmann einzuladen, der das Exil teilte. Japanische Geschäftsleute und Touristen, die sich in New York aufhielten, wurden oft von der gastfreundlichen Familie Kawashima zum Abendessen gebeten, ungeachtet der Tatsache, wie entfernt ihre Verbindung zum Haus Nomura auch sein mochte.

Ein häufiger Gast war Keisuke Egashira, der nach Erhalt des ersten akademischen Grades an der Princeton-Universität weiterstudierte. Fünfundzwanzig Jahre später wurde er zum Vorstandsvorsitzenden von Nomuras ertragsstarken europäischen Niederlassungen ernannt. Egashira war nach Amerika gekommen, um dort mit Hilfe eines Stipendiums Geld- und Bankwesen zu studieren, und stand offiziell seit 1954, schon während seines Studiums, auf der Gehaltsliste des Unternehmens. »Ich war damals ein armer Student und teilte mir das Benzingeld für die Fahrt nach New York mit einem Freund; ich konnte bei den Kawashimas in Brooklyn wohnen. Auf diese Weise sparte ich die Hotelkosten.«

Egashira war einer der ersten Mitarbeiter in der internationalen Abteilung von Nomura, der im Ausland studiert hatte; während seiner Zeit in Princeton betrachtete er sich jedoch nicht als Nomura-Mann. »Segawa mußte mich dazu überreden, bei Nomura einzutreten«, gestand er später beschämt. Egashira war in Kyushu geboren und aufgewachsen, einer ländlichen Insel im Süden Japans. Es dauerte nicht lange, bis man auf seine brillanten Fähigkeiten aufmerksam wurde. Er bestand die schwierige Aufnahmeprüfung der Keio-Universität in Tokio, wo er sich ebenfalls durch seine Leistungen auszeichnete, und erhielt das Fulbright-Stipendium, das ihm ein Studium in Amerika ermöglichte. Gegen Ende des Winters 1954, vor dem Examen an der Keio-Universität, wurde er in das Büro von Herrn Kanzaki bestellt. Kanzaki war Finanzdirektor der Universität und das dienstälteste Mitglied im Verwaltungsrat, der den Studenten dank seiner Verbindungen nach Abschluß der Ausbildung zu einer Anstellung verhalf. Er erzählte Egashira, Herr Segawa von Nomura Securities sei mit der Bitte an ihn herangetreten, ihm Studenten für die Nomura-Niederlassung in New York zu empfehlen, und er habe ihm Egashiras Namen genannt. Egashira suchte eigentlich keine Arbeit, da er im Herbst nach Princeton gehen wollte. Aber als höflicher und freundlicher junger Mann wußte er nicht, wie er das Angebot ablehnen sollte, ohne seinen Gesprächspartner zu beleidigen, und so beschloß er, zumindest zu dem Vorstellungstermin zu gehen, der mit Segawa arrangiert worden war.

Nach dem Austausch der üblichen Höflichkeitsfloskeln gratulierte Segawa dem jungen Mann zu seiner glänzenden neuen Laufbahn. Egashira, aufgeschreckt durch Segawas Annahme, er werde bei Nomura eintreten, war drauf und dran, ihm zu sagen, daß er nicht die Absicht habe, für ihn zu arbeiten; doch plötzlich wurde das Gespräch durch die Ankündigung unterbrochen, Botschafter Iguchi sei eingetroffen. Iguchi war der neue japanische Botschafter in den USA und ein persönlicher Freund von Präsident Okumura. Segawa stellte Egashira dem Botschafter mit den Worten vor: »Das ist unser neuer Nomura-Mitarbeiter, der in die Vereinigten Staaten gehen und in Princeton studieren wird.« Iguchi lud Egashira ein, ihn an einem seiner freien Tage in Washington zu besuchen, eine Auszeichnung, für die sich der junge Mann demutsvoll bedankte. Innerhalb von zehn Minuten stellte er fest, daß er bei Nomura angestellt war, ohne überhaupt gefragt worden zu sein. Er versuchte, seine Einwände geltend zu machen, aber Segawa ließ nicht lokker und setzte seine Verkaufstaktiken ein, für die er berühmt war. Egashira fand keine Möglichkeit mehr, abzulehnen, wenn er nicht als unvorstellbar dreist gelten wollte. Als er 1956 sein Examen an der Princeton-Universität ablegte, begann sich das internationale Netzwerk Nomuras langsam auszuweiten. In diesem Jahr wurde Kawashima nach Hause zurückbeordert und durch Tadashi Ishida ersetzt, einen Mann, der die englische Sprache recht gut beherrschte und sich auf seine neue anspruchsvolle Aufgabe freute. Die Lebensqualität in Japan ließ noch immer zu wünschen übrig, und Ishida hoffte, in Amerika werde sich ihm ein üppigerer Lebensstil bieten. »Wir trugen bis 1950 nicht einmal Anzüge während der Arbeit«, erinnerte er sich später. »Und selbst später nur solche aus braunem und weißem Segeltuch. Ich dachte, in Amerika würde alles anders sein.« Ishida sollte 650 US-Dollar im Monat oder mehr als 230000 Yen erhalten – für japanische Verhältnisse ein Riesengehalt. Als er in New York eintraf, stellte er fest, daß College-Absolventen im Schnitt 480 Dollar verdienten, und es ärgerte ihn, daß sie sich über die schlechte Bezahlung beschwerten. Dreißig Jahre danach klagten Amerikaner, die in Tokio lebten und arbeiteten, wie schwer es sei, mit 600 Dollar pro Tag auszukommen.

Der lange Flug von Tokio nach New York war eine Tortur, aber Ishida, der wie die meisten der siebzig Passagiere noch nie in einem Flugzeug gesessen hatte, genoß ihn trotzdem. Touristen-Visa wurden von der japanischen Regierung aufgrund gesetzlicher Bestimmungen überhaupt nicht und Visa für Geschäftsleute nur spärlich erteilt. Das Menü, das die Fluggesellschaft an Bord servierte, bestand aus kulinarischen Köstlichkeiten, welche die meisten Japaner seit Jahren nicht mehr gesehen hatten: Rindfleisch, Brot, Kaffee mit Milch und Zucker, Bananen und Wassermelone. Iishida fühlte sich wie im Schlaraffenland; Bananen erhielten in Japan nur die Kranken oder Sterbenden im Hospital.

Ishida fand eine Unterkunft in Greenwich Village in der Nähe des Washington Square Park, der damals noch nicht von Drogenhändlern überlaufen war. Er wollte seine Frau erst in einem halben Jahr nachkommen lassen, um in dieser Zeit ein wenig Geld zu sparen, und er stellte bald fest, daß er beinahe die Hälfte seines Monatslohns beiseite legen konnte. Nomura Securities bewilligte Ishida ein Budget von nur 5000 Dollar im Monat, von denen er alle Ausgaben der Niederlassung, einschließlich der Mietkosten für das Büro am Broadway, bestreiten mußte. Im Gegensatz zu Kawashima durfte er jedoch einmal pro Woche in Japan anrufen, wobei die Verbindung oft erst nach rund acht Stunden zustande kam. Ein Telexgerät fehlte noch immer.

Als Gesandter des Hauses Nomura in New York hatte Ishida dafür zu sorgen, daß alle auf der Durchreise befindlichen japanischen Kunden angemessen empfangen und bewirtet wurden. Da Nomura eine der handverlesenen, damals nur aus zehn Mitgliedern bestehenden Gruppe japanischer Niederlassungen in der amerikanischen Metropole war, riß der Gästestrom nicht ab. Bisweilen fuhr Iishida fünfmal am Tag mit seinem panzerähnlichen Buick Electra – den er gekauft hatte, weil er im Kofferraum vier oder fünf Gepäckstücke unterbringen konnte – zum Flughafen La Guardia. Viele Japaner, die Ende der fünfziger Jahre in die USA kamen, erinnerten sich als erstes an das lächelnde Gesicht ihres Landsmannes Tadashi Ishida, der sie am Flugsteig abholte. Seine Gegenwart wirkte beruhigend und förderte Nomuras Ansehen in Japan. Tatsache ist, daß Nomura New York mehr einem Touristikunternehmen glich und Ishida einem Reisebegleiter. Als er New York verließ, hatte er fünfundachtzigmal das Musical *My Fair Lady* und fünfzigmal *Sound of Music* gesehen und mehr als dreißig Volksfeste besucht.

Tsunao Okumura setzte seine erprobte ›Spendierhosen‹-Strategie ein, um die Nomura-Operationen in New York anzukurbeln. Obwohl die Geschäfte dünn gesät waren, stellte er Ishida ein Budget zur Verfügung, das einer erstklassigen Wall-Street-Firma angemessen gewesen wäre. Er wies ihn an, darauf zu achten, daß er mit seinem Team in Restaurants mit gedeckten Tischen und Bedienung aß, und verlangte, daß sie um Fast-Food-Ketten wie Dunkin Donuts oder Chock Full O'Nuts einen Bogen machten. Nomuras Startphase in New York war alles andere als gewinnträchtig, sondern eines der größten Verlustgeschäfte, ein Brückenkopf in den internationalen Gewässern der Finanzen, der in den meisten Fällen Pyrrhussiege errang. Dennoch glaube Okumura so fest an die symbolische Bedeutung der New Yorker Filiale, daß er ihr im Februar 1959 einen Besuch abstattete. Unmittelbarer Anlaß war die Emission der ersten japanischen Regierungsanleihe nach dem Krieg, mit der Nomura betraut wurde – ein Meilenstein, auch wenn die Bonds nur einen Gesamtwert von 100000 Dollar darstellten.

Trotz des eiskalten Winters in New York bestand Okumura darauf, die Stadt von der Spitze des Empire State Building zu besichtigen. Sein Fremdenführer, Keisuke Egashira, erzählte später, Okumura habe wortlos über das Wolkenkratzer-Meer geblickt und wohl versucht, einen Sinn in der gigantischen Kraterlandschaft zu entdecken, auf die er herabsah. Okumura war zuvor auf einen Reisebericht gestoßen, der ihn tief beeindruckt hatte. Er stammte von Ichizo Kobayashi, dem Gründer des Hankyr-Eisenbahnkonglomerats, der vor dem Krieg die gleiche Pilgerreise unternommen und staunend die New Yorker Skyline betrachtet hatte. Dieser Anblick sollte zum Wendepunkt in Kobayashis Leben werden.

Okumura kehrte tief beeindruckt nach Japan zurück. Er bewunderte wie Kobayashi die Macht und Größe Amerikas und war überzeugt, daß sein Heimatland ein ähnliches Potential besaß, das es auszuschöpfen galt. Auf dem Rückweg zum Plaza Hotel erklärte er Egashira: »Die Amerikaner sehen immer noch auf unser Land herab und schenken ihm wenig Beachtung. Wir müssen sie erziehen. Wir müssen Wall Street von Japan überzeugen. Das ist von nun an meine Aufgabe.« Mit dieser sich selbst auferlegten Mission flog er nach Hause zurück und setzte sich unmittelbar darauf mit den Männern in Verbindung, die eine Schlüsselstellung im öffentlichen Leben Japans bekleideten. Sein erster Anruf galt seinem alten Freund Hayato Ikeda, der nun das Amt des Premierministers innehatte; er empfahl ihm, prominente Wall-Street-Finanziers auf Kosten der Regierung nach Japan einzuladen.

Mit Ikedas Segen traf im Herbst 1960 eine hochkarätige Delegation von Wall-Street-Akteuren in Tokio ein. Die Reise wurde von einem liebenswürdigen neunundzwanzig Jahre alten Nomura-Mann namens Yoshio Terasawa organisiert, der zwanzig Jahre später Vorstandsvorsitzender von Nomura New York und das erste japanische Mitglied der New Yorker Börse werden sollte. Terasawa war einfach deshalb mit der Überwachung der Reisevorbereitungen betraut worden, weil er fließend Englisch sprach, und dieser Umstand erwies sich als die größte Chance seines Lebens. Er hatte 1954 sein Examen an der Waseda-Universität gemacht und im Anschluß daran eine Anstellung bei Nomura erhalten. Sein Eintritt in die Firma sollte nach Absprache mit seinem künftigen Arbeitgeber erst nach Abschluß der Wharton School in Philadelphia erfolgen, die der University of Pennsylvania angeschlossen ist. Dort studierte er, ebenfalls mit Hilfe eines Fulbright-Stipendiums, Finanzmanagement. Wie sein Altersgenosse Egashira wurde auch Terasawa für das Haus Nomura ein wertvoller Mitarbeiter, weil er zum einen fließend Englisch sprach und zum anderen eine amerikanische Eliteuniversität besucht hatte. Für die statusbewußten Spitzenmanager von Nomura galt er somit als der perfekte Kandidat, um den Aufbau der internationalen Operationen des Hauses zu leiten.

Dieses leicht versnobte Auswahlkriterium in der Stellenbesetzungspolitik auf internationaler Basis traf jedoch nicht für die Aufstiegsmöglichkeiten jener zu, die in Japan arbeiteten. Der internationale und der Inlandsbereich des Hauses Nomura entwickelten sich wie zwei getrennte Unternehmen. Die intelligenten jungen englischsprechenden Mitarbeiter, die Nomura in den fünfziger und sechziger Jahren für die Filialen in Übersee eingestellt hatte, mußten entdecken, daß ihnen – wenn sie im Dienst der internationalen Finanzen alt, grau und weise geworden waren – der Weg in Führungspositionen im Heimatland versperrt blieb. Egashira und Terasawa waren zwar in Europa und Amerika geachtet, ja sogar beliebt, aber innerhalb der Nomura-Machtstrukturen in Japan zählten diese Qualitäten wenig. Im wesentlichen entwickelten sich die beiden Unternehmenskulturen getrennt voneinander: Man hielt es für Verschwendung, einen hoffnungsvollen Kandidaten, der die englische Sprache beherrschte, in die Tretmühle des Aktiendirektverkaufs zu schicken, in der sich die Nomura-Mitarbeiter in Japan noch immer profilieren mußten, um beruflich weiterzukommen. In gewisser Hinsicht galten die im internationalen Bereich tätigen Männer nicht einmal als *richtige* Mitglieder der ›Nomura-Truppe‹. Aus diesem Grund waren auch nicht alle darauf erpicht, im Ausland zu arbeiten. Viele hatten das Gefühl, daß vor allem ihre Dienste als Übersetzer gefragt seien, und gaben deshalb vor, keine Englischkenntnisse zu besitzen, um nicht den größten Teil ihrer Zeit mit der Übertragung von Texten in das Japanische oder Englische zubringen zu müssen.

Yoshio Terasawa freute es jedoch, als Englisch-Experte anerkannt zu werden. Die Nomura-Manager nahmen ihn als Dolmetscher auf Markterkundungsreisen ins Ausland mit, und 1960, als die amerikanische Delegation in Tokio eintraf, hatte er bereits mit vielen Angehörigen amerikanischer und europäischer Finanzinstitute über die Vorteile japanischer Aktien und Anleihen diskutiert. Im Laufe der Zeit war aus dem Übersetzer ein qualifizierter Berater geworden, ein ›Mann mit Ideen‹, der sich mit vielen Nomura-Kunden im Ausland anfreundete. Seine Anwesenheit wurde unerläßlich. Niemand schien sich mit den Ausländern verständigen zu können, wenn er bei Gesprächen fehlte.

Terasawa wurde Nomuras selbsternannter ›Mr. America‹, und nach seiner Rückkehr aus Philadelphia im Jahr 1958 hatte er einen bisweilen exaltierten westlichen Lebensstil übernommen. Er spielte Golf, trank nur den besten amerikanischen Whisky, fuhr die dicksten Straßenkreuzer und verschlang die größten Steaks.

Er galt als Nomuras ›Goldjunge‹, und deshalb konnte man davon ausgehen, daß Minoru Segawa, der im Juni 1959 zum Präsidenten von Nomura ernannt worden war, große Pläne mit ihm hatte. Kurz nach seinem Amtsantritt bestellte er Terasawa in sein Büro, wo er den jungen Mann – wie man es von ihm kannte – mit seinen Fragen aus dem Gleichgewicht brachte: »Kennen Sie Mariko Inagaki?« wollte Segawa als erstes wissen.

Terasawa antwortete, Segawa selbst habe ihn der Dame einmal vorgestellt.

»Was halten Sie von ihr?« lautete die nächste Frage seines Vorgesetzten, der keine Umschweife zu machen pflegte.

»Nun, ich kenne sie eigentlich nicht besonders gut, aber sie scheint ein nettes Mädchen zu sein«, erwiderte Terasawa verlegen.

»Könnten Sie sich eine Ehe mit ihr vorstellen? Das ließe sich arrangieren. Aber natürlich ist das für Sie keine Verpflichtung. Sie könnten ja ein paarmal mit ihr ausgehen, ihre Eltern kennenlernen und sehen, ob Sie miteinander zurechtkommen.«

Als sich Terasawa Jahre später an dieses Gespräch erinnerte, war ihm längst klargeworden, daß Segawa die Sache schon Monate vorher eingefädelt haben mußte. Sowohl Segawa als auch Nomuras geschäftsführender Direktor Fumio Yamamoto hatten mit Marikos Vater, dem Besitzer der bekannten Inagaki-Restaurantkette, beratschlagt, wie sich ein ganz ›zwangloses‹ Treffen zwischen den beiden inszenieren und Terasawa dazu bringen ließe, das China-Restaurant öfter aufzusuchen. Mariko arbeitete dort auf Teilzeitbasis, und bald traf Terasawa sie dort ›rein zufällig‹. Dieses Arrangement war typisch für Segawa, der Menschen zu manipulieren liebte, und Terasawa konnte sich der Hartnäkkigkeit, mit der sein Chef seine Ziele verfolgte, nicht lange widersetzen.

Yamamoto vertrat beim ersten formalen Treffen des Paares im Tokyo Kaikan, einem bekannten Treffpunkt gutbetuchter Japaner, Terasawas erkrankten Vater. In Anwesenheit ihrer Eltern erkundigte sich Terasawa bei seiner künftigen Braut höflich nach ihren Hobbys. Mariko redete wenig und besaß ein bezauberndes Lächeln. Terry stellte fest, daß sie gemeinsame Interessen hatten: Sie war Trägerin des schwarzen Gürtels in Karate und er Kendo-Meister – ein Kampfsport, der auf die Samurai-Tradition zurückgeht und mit Bambusstöcken durchgeführt wird. Er fühlte sich auf Anhieb zu dieser so sittsam und nachgiebig wirkenden ›Lotosblume‹ hingezogen. Reuevoll gestand er später: »Sie hätte Filmschauspielerin werden sollen, so gut war sie an diesem Tag in ihrer Rolle.«

Nun begann Terasawa also, Mariko den Hof zu machen, obwohl er zu beschäftigt war, um viel Zeit mit ihr zu verbringen. Tagsüber arbeitete er in der Research-Abteilung von Nomura, und nach Büroschluß übersetzte er japanische Börsenempfehlungen ins Englische. Sein Chef, Shoshi Kawashima, der sechs Jahre zuvor die New Yorker Niederlassung wiederaufgebaut hatte, war mit dem Wirtschaftsmagazin *Tokyo Keizai Shimposa* übereingekommen, daß es Nomura eine Broschüre mit Beschreibungen von 100 Unternehmen in japanischer Sprache zur Verfügung stellen sollte. Terasawa stellte einen Englischlehrer ein, der keine Kenntnisse der japanischen Sprache besaß und die Berichte in Englisch schrieb, die er ihm langsam diktierte. Sie trafen sich in einem billigen Hotel, das von vielen Geschäftsleuten frequentiert wurde, die von und nach Osaka reisten; dort arbeiteten die beiden Männer für gewöhnlich bis 22 Uhr. Bis Oktober 1960 hatten sie von hundert der bekanntesten japanischen Firmen Unternehmensprofile erstellt – Namen, die amerikanischen und europäischen Investoren damals gänzlich unbekannt waren. Dazu gehörten Sony, die Toyota Motor Corporation, die Nissan Motor Company, Japan Airlines, Fuji Photo Film und Matsushita Electronics. Terasawas Übersetzungen der von *Tokyo Keizai Shimposa* gelieferten Unternehmensbeschreibungen wurden zur Arbeitsgrundlage der internationalen Research-Abteilung von Nomura.

Terry konnte seine künftige Braut, die stets in Begleitung einer Anstandsdame erschien, nur nach 23 Uhr treffen. Manchmal redeten sie bis zwei oder drei Uhr morgens miteinander, und Terasawa erschien morgens übernächtigt und erschöpft am Arbeitsplatz. Die offizielle Verlobung fand am Heiligen Abend 1960 statt – eine Zeremonie, an der keiner der beiden teilnahm, wie es dem japanischen Brauch entspricht. Minoru Segawa zelebrierte als Terasawas Ehevermittler das Verlobungsritual. Gekleidet in einen langen schwarzen Cut mit Schwalbenschwanz traf er um zehn Uhr morgens im Haus der Inagakis ein. In der Hand trug er ein kunstvoll geschnitztes hölzernes Tablett mit dem üblichen Brautpreis von 100000 Yen, von dem Segawa zehn Prozent als Vermittlungsgebühr erhielt. Die Inagakis machten dem Brautpaar später traditionsgemäß Geschenke, die der Gründung des Hausstands dienten.

Die Hochzeit wurde im Februar des darauffolgenden Jahres im Hotel Okura gefeiert – zum Vorzugspreis, den Segawa mit seinem Freund Iwajiro Noda ausgehandelt hatte, dem Mann, der während der Demontage durch die amerikanischen Behörden als Unterhändler des Nomura-*zaibatsu* tätig war. Dreihundert Gäste waren zu dem prunkvollen Fest geladen. Mariko und Terry baten je einen ihrer ehemaligen College-Professoren und einen ihrer jetzigen Chefs, stellvertretend für sie eine Rede zu halten. Minoru Segawa, der Mann, der das Privat- und Berufsleben der Nomura-Mitarbeiter in Schlüsselpositionen zu beeinflussen pflegte, hielt die Ansprache für Terasawa.

Kapitel 18:

Hendon und Finchley

Tadashi Ishida hatte wie ein Sklave in der Nomura-Niederlassung in New York geschuftet und seit drei Jahren keinen Urlaub mehr genommen. Im Juli 1963 war der lang ersehnte Tag endlich gekommen. Er verstaute sein Angelzeug im Auto, sammelte seine Familie ein und machte sich auf die fünfstündige Fahrt in die Adirondack-Berge. Er freute sich auf zehn ungestörte Tage in der einsamen, urwüchsigen Landschaft rund um den Lake George im Staat New York. Er fuhr zur Blockhütte, sah sich kurz um, lud dann das Gepäck aus und ging mit seinen Kindern zum See hinunter. Nachdem er ihnen in ein Kanu geholfen hatte, paddelte er in die Mitte des Wassers hinaus. Es sei der schönste Augenblick seines Lebens gewesen, erklärte Ishida später. Gerade als er sich einen Moment ausruhen wollte, wurde die Stille vom Knistern eines Lautsprechers unterbrochen. »Mr. Ishida, Mr. Ishida, ein dringender Anruf für Sie.« Ishida glaubte, es sei etwas Schlimmes passiert, und paddelte so schnell er konnte zurück. Am Ufer angekommen fand er die Nachricht vor, er solle sich unverzüglich mit seinem New Yorker Büro in Verbindung setzen. »Kommen Sie zurück«, drängten ihn seine Mitarbeiter. »Präsident Kennedy hat soeben das Gesetz durchgebracht, daß ausländische Wertpapiere im Besitz von Amerikanern künftig versteuert werden müssen. Wir wissen nicht, was das zu bedeuten hat.« Ishida legte den Hörer auf, packte sein Auto und fuhr sofort nach New York zurück. Eine neue Ära im Finanzwesen hatte begonnen.

Die von Präsident Kennedy im Juli 1963 initiierte Gesetzesvorlage über die Einführung der sogenannten Zinsertrags-Ausgleichsteuer war ein Versuch, dem Abfluß amerikanischen Kapitals ins Ausland entgegenzuwirken. Durch die Besteuerung der Anlagen in ausländischen Wertpapieren brachte Präsident Kennedy die Geschäftstätigkeit der Nomura-Niederlassung in New York – die japanische Aktien an die US-Bürger verkaufte – zum Stillstand.

Nahezu über Nacht entwickelte sich nun London zum größten internationalen Finanzzentrum der Welt. Die Großen Vier verschwendeten keine Zeit und eröffneten dort Niederlassungen. Wenn sie den Amerikanern keine Aktien anbieten konnten, dann würden sie sie eben den Europäern verkaufen. Im Laufe der Jahre sollte sich dies als die gewinnträchtigste Entscheidung erweisen, die japanische Broker je getroffen hatten. Dennoch vergleichen heute viele Finanziers die japanischen Brokerhäuser, die sich in der City, dem Londoner Geschäfts- und Bankenviertel, niederließen, mit den koreanischen Wertpapierfirmen in den achtziger Jahren: In ihren Augen waren sie windig, unerfahren und besaßen schlechte Manieren. Aber das britische Finanz-Establishment konnte den japanischen Brokern in den sechziger Jahren nicht nur aus beruflicher Sicht wenig abgewinnen. Der Zweite Weltkrieg war zwar schon zwanzig Jahre vorbei, aber Großbritannien besaß ein langes, unversöhnliches Gedächtnis. Viele der älteren Broker und Banker hatten in den japanischen Kriegsgefangenenlagern gelitten, andere Freunde und Angehörige im Pazifischen Krieg verloren. Und so bildete sich eine eingeschworene Gemeinschaft von Kriegsveteranen, die sich weigerten, mit den Japanern Geschäfte zu machen. »Für sie war der Zweite Weltkrieg noch immer nicht zu Ende«, erinnerte sich Tadashi Ishida, der sich bemühte, den Briten in den sechziger Jahren japanische Aktienanlagen schmackhaft zu machen. Häufig wies man ihn sogar schon an der Tür ab. Fünfundzwanzig Jahre später, als die Vorurteile abgeklungen waren, sollte es den Briten schwerfallen, von japanischen Finanzinstituten zur ›Audienz‹ vorgelassen zu werden.

Die Leitung von Nomuras erster Zweigstelle in London wurde dem gesellschaftlich gewandten, verbindlichen Keisuke Egashira übertragen, der fest entschlossen war, Nomura und sich selbst in Großbritannien Ansehen zu verschaffen. Er hatte damit großen Erfolg und wurde in vieler Hinsicht britischer als die Briten selbst. Er bezog ein Haus am damals als Nobeladresse geltenden Dolphin Square, trat mit Edmund Rothschilds Unterstützung einem exklusiven englischen Club bei, legte sich einen Mercedes-Benz zu und mietete Büros an der Gresham Street, einem erstklassigen Standort direkt neben der Bank of England. Egashira war ein Mann, der auch den Details Aufmerksamkeit schenkte. Während die meisten Japaner ihre Bücher und Dokumente in Stoffmappen mit sich herumtrugen, kaufte er einen wundervollen ledernen Attachékoffer. Dann begab er sich auf die Suche nach einem schwarzen Bowler, der traditionellen Kopfbedeckung eines englischen Gentleman, mußte jedoch feststellen, daß ihm alle Modelle über die Augen rutschten, und entschied sich statt dessen für einen eleganten Homburg. In Tokio hatte er nie einen Schirm gebraucht, aber in London war dieser ein unerläßliches Requisit. Egashira erinnerte sich, nie zuvor soviel Regen gesehen zu haben.

In vieler Hinsicht wurde Egashira im Ausland das, was Tokushichi Nomura in Japan gewesen war: ein Meister in der Kunst, ein Image geschäftlicher Solidität und Achtbarkeit aufzubauen. Egashira hatte darüber hinaus eine noch wichtigere Mission zu erfüllen: Er erkundete als erster das europäische Finanzwesen.

Es gab wenig Blumen und Glückwunschtelegramme, als Nomura im März 1964 seine Londoner Zweigstelle eröffnete. Wie in New York besaß man auch in London wenig Freunde. Aber Egashira ließ sich davon nicht beeindrucken und begann, sein japanisches Verkaufsteam aufzubauen. Von seinen neuen Mitarbeitern – energiegeladene Verkäufer, frisch aus Tokio importiert – waren viele des Englischen nicht mächtig. Sie fanden London schrecklich und fühlten sich einsam und isoliert. Als Egashira nach England übersiedelte, lebten nur 2000 Japaner in der britischen Hauptstadt (zwei Jahrzehnte später war ihre Anzahl um das Zehnfache gestiegen). Viele Japaner, die für Nomura und andere Wertpapierhäuser und Banken arbeiteten, zogen ohne ihre Familien um. Diejenigen, die mit ihren Angehörigen gekommen waren, ließen sich im Norden Londons in Hendon oder Finchley nieder, wo ihre Kinder eine japanische Schule besuchen konnten. Egashira bewilligte seinen Mitarbeitern 100 englische Pfund im Monat, mit denen sie ihre Ausgaben bestreiten mußten, und jeder war auf sich selbst angewiesen. Hendon und Finchley, später ›Klein-Tokio‹ genannt, wurde von den Japanern als Wohngebiet bevorzugt. Das einzige japanische Restaurant in London war während des größten Teils der sechziger Jahre das Akiko, und ein schäbiger Club an den Ufern der Themse diente ihnen als Freizeitzentrum.

Aber der Nomura-Truppe blieb wenig Zeit für Vergnügungen. Die Arbeit begann jeden Morgen um 7.30 Uhr mit einem Bericht über die Kundenbesuche des Vortags. Nomura wagte damals noch nicht, sich direkt an Pensionsfonds und große Finanzinstitute zu wenden, sondern bot britischen Brokern und Geschäftsbanken seine Dienste an, die ihre Aufträge an die Verkäufer vergaben. Einer von ihnen, Yagashita, erinnerte sich an ein Telefongespräch mit Tokio. Die Vermittlung brauchte normalerweise eine halbe Stunde, um die Verbindung herzustellen, und sobald sie zustande kam, hielten die Nomura-Mitarbeiter die Leitung frei, um ihre Orders durchzugeben. Die Verkäufer schickten nicht gern Telegramme oder ein Telex. »Ständig verlor oder verlegte Tokio die Aufträge«, klagte Yagashita.

Nachdem sie ihre europäischen Kunden aufgesucht hatten, gingen die Verkäufer in den nächsten Pub, um dort ein Steak-Sandwich zu essen, für Japaner ein ungeheurer Luxus. Steaks waren in Japan eine Rarität, denn die Hügellandschaft erschwerte die Rinderhaltung. Ein Problem stellte das Bier dar, das einzige, was in den Pubs angeboten wurde, um die Steaks herunterzuspülen. Nach einem Glas lauwarmem Bitter, ein starkes, hochprozentigeres Getränk als diejenigen, an die sie gewöhnt waren, hatte so mancher einen roten Kopf, wenn nicht mehr. Ganz davon abgesehen wäre ihnen ein kaltes Bier lieber gewesen. »Wissen Sie, wir Japaner können allesamt keine scharfen Getränke vertragen«, erklärte Yagashita. »Die Nomura-Truppe brauchte fast ein Jahr, bis sie sich an das Bitter gewöhnt hatte.« Doch bald besserte sich ihre Lage. Der Barmann hatte Mitleid mit den Männern und begann, das Bier kalt zu stellen.

Nach der Mittagspause wurde bis neun oder zehn Uhr abends durchgearbeitet (eine Seltenheit bei britischen Finanzexperten, selbst während der Hausse in den achtziger Jahren). Da es nur ein japanisches Restaurant gab, fuhr die Nomura-Truppe für gewöhnlich in die verwinkelten Gassen von Soho im Westen Londons, wo sie inmitten des Trubels und der fremdartigen Gerüche in den leicht verwahrlost wirkenden Einwanderer-Restaurants indische und chinesische Gerichte bestellten, die sie ein wenig an zu Hause erinnerten. (Yagashita sagte, er habe sich unter dem Begriff ›Empire‹, dem britischen Weltreich, nie etwas vorstellen können, bis er nach London gekommen sei: »Ich traute meinen Augen nicht, als ich dort eintraf«, erklärte er mit Unschuldsblick. »Als ich die vielen Inder zu Gesicht bekam, da wußte ich erst, was ›Kolonialmacht‹ bedeutet.«) Nach dem Abendessen schleppte einer der Verkäufer die Telexrollen mit den Aufträgen nach Hause, die nach Tokio durchgegeben worden waren. Das Telexgerät in Tokio ratterte bis zwei oder drei Uhr morgens nach Londoner Zeit, und das dortige Büro weckte den diensthabenden Verkäufer, um die täglichen Aufträge zu bestätigen.

Für die Japaner besaß Prestige einen hohen Stellenwert. Während Egashiras Mitarbeiter wie wild arbeiteten, um Aktienaufträge einzuholen, war sein Tag angefüllt mit zahllosen Terminen auf gesellschaftlicher Basis: Geschäftsessen mit alteingesessenen Finanziers, Treffen im Club mit Angehörigen der britischen Oberschicht, Kauf von Bildern alter Meister und Flüge nach Salzburg zu Mozart-Konzerten und Opern. Er war gewissermaßen der erste Japaner, der von der britischen Finanzaristokratie akzeptiert wurde. Er war mit Edmund Rothschild und Sigmund Warburg befreundet, die Nomuras Geschäfte kräftig ankurbelten, indem sie die Londoner Niederlassung mit dem Kauf japanischer Aktien beauftragten. Rothschild und Warburg hatten Tsunao Okumura bereits im Herbst 1962 kennengelernt, als diesem die Rolle des Gastgebers für eine britische Delegation in Japan zugefallen war. Okumura sorgte dafür, daß sie Japans Premierminister vorgestellt wurden. Später verlieh Kaiser Hirohito ihnen einen der höchsten japanischen Orden.

Edmund Rothschild erzählte später gerne die Geschichte von seinem ersten Treffen mit Okumura in Tokio. »Was wollen Sie sich ansehen?« fragte Okumura. »Ich möchte nach Beppy«, erwiderte Rothschild. »Wissen Sie, ich bin mit Ian Fleming befreundet, und er hat mir gesagt, dort sei ihm die Idee zu dem Buch *Man lebt nur zweimal* gekommen.« Also flogen Okumura und Rothschild nach Beppy, einem abgelegenen kleinen Ort auf Kyushu, einer im Süden Japans gelegenen Insel. Erst nach dem Aufenthalt konnte Rothschild Okumura erklären, was für eine zügellose Phantasie Fleming besaß: Umgeben von schönen Frauen hatte Fleming aus dem dortigen Hotel ein Schloß, aus den heißen Quellen einen Burggraben, aus den Fischen Piranhas und der tropischen Vegetation giftige fleischfressende Pflanzen gemacht.

Als sich Nomuras Geschäftstätigkeit in Europa ausweitete und die Feindseligkeit gegenüber den Japanern nachließ, wurde London zu einer der wichtigsten Zweigstellen des Hauses. Ende der sechziger und zu Beginn der siebziger Jahre beschäftigte Nomura in London sieben japanische und elf britische Mitarbeiter. 1973 erlebte die Welt den ersten Öl-Schock, ›shokoku‹, wie die Japaner ihn nannten, und große Kapitalmengen flossen aus Mittelost via Nomura London nach Japan. Das gesamte Geschäft mit dem Mittleren Osten wurde über London abgewickelt. Tadashi Ishida, der lange Zeit in New York gelebt hatte, erhielt den Auftrag, die arabischen Petrodollars nach Japan zu schleusen. Und so reiste er über Beirut nach Kuwait, um den Arabern etwas über Japan zu erzählen.

Seinen ersten Schock erlebte er am Flughafen in Beirut am späten Nachmittag, als »all diese Männer in ihren merkwürdigen weißen Gewändern« auf den Boden fielen und sich zu verbeugen begannen. »Ich hatte ein mulmiges Gefühl, weil ich der einzige war, der stand.« Leicht aus der Fassung gebracht kam er in Kuwait an, wo er eine Verkaufsrepräsentation vor Mitarbeitern des Kuwait Investment Office, auch KID genannt, durchführte, der wichtigsten Anlagegesellschaft des Landes. Hier geriet er vollends aus dem Gleichgewicht – ob der Unwissenheit seiner Gastgeber.

»Ich möchte Ihnen eine Anleiheemission der Asian Development Bank (Bank für wirtschaftliche Entwicklung in Asien) vorstellen«, begann Ishida.

»Was ist das? Wo befindet sich ihre Zentrale?« fragte der Sekretär des Vorstandsvorsitzenden.

»In Manila«, antwortete Ishida. Die KID-Mitarbeiter waren neugierig und wollten Näheres wissen.

»Auf welchem Kontinent liegt Manila?«

»In Asien«, erklärte Iishida.

Die KID-Leute ließen nicht locker. »Nun, können Sie uns genauer erklären, wo in Asien? Wie lange braucht man beispielsweise mit dem Auto von Manila bis Tokio?«

Ishidas Geduld zahlte sich aus, denn als die KID etliche zehn Millionen Dollar in Japan zu investieren gedachte, galt ihr erster Anruf Nomura.

TEIL 3

Nomura in den siebziger und achtziger Jahren

– Das Zeitalter der Broker –

Kapitel 19:

Die junge Reissaat

Unter japanischen Brokern, ja sogar unter den Kleinaktionären gibt es ein Sprichwort, das besagt: Kunden, die einige Millionen Yen am Aktienmarkt investieren können, werden bei lebendigem Leib gefressen; wer über zehn Millionen Yen verfügt, hat eine gewisse Chance, während jene mit mehr als hundert Millionen Yen immer gewinnen. In Japan macht man sich keine Illusionen über den Aktienmarkt. Und dennoch sind Menschen, die sich auf gleich welches Glücksspiel einlassen, immer der Überzeugung, ihre Chancen stünden fünfzig zu fünfzig, auch wenn die Bank stets gewinnt.

Den Traum vom großen Geld anzuheizen – das ist die niemals endende Aufgabe der *kabuya,* der oft geschmähten, aber wirtschaftlich unerläßlichen japanischen Aktienverkäufer. Allein schon ihr Name klingt nach Spekulation, und ihre Verkaufstechniken haben sich seit den Tagen Tokushichi Nomuras kaum geändert. Da nahezu die Hälfte der Erträge japanischer Wertpapierhäuser aus den Kommissionen im Privatkundengeschäft stammt, ist das außerordentliche Wachstum und der Wohlstand japanischer Investmentfirmen vornehmlich der mühevollen Arbeit der *kabuya* zu verdanken. Das Nomura-Verkaufsteam hat bewiesen, daß es noch erfolgs- und leistungsorientierter ist als die Konkurrenz von Daiwa, Nikko und Yamaichi. Die Japaner nennen Nomura Securities scherzhaft ›Seven Eleven‹ nach den amerikanischen Fast-Food-Restaurants, die jeden Morgen um sieben Uhr öffnen und um elf Uhr nachts schließen.

Ende der achtziger Jahre hatte Nomura dank der unermüdlichen Anstrengungen der *kabuya* fünf Millionen Privat- und 200000 Unternehmenskunden. In dieses riesige Netzwerk war jedes gerade aktuelle Finanzprodukt eingebunden, das wie Tupperware-Plastikgeschirr an der Haustür verkauft wurde. Ähnlich wie die Ryo-Sparbüchse den Erfolg des Hauses Nomura begründet hatte, sorgte das engmaschige Zweigstellengeflecht japanischer Broker und Banken dafür, daß sich Japan zu einer hochkarätigen Finanzmacht entwickelte. Die japanische Durchschnittsfamilie, die 1945 vor dem Nichts stand, verfügte dreißig Jahre später über Ersparnisse von mehr als 60000 US-Dollar, und Nomura, Daiwa und Nikko Securities betrachteten es als ihre Aufgabe, dieses Kapital in andere Teile der Welt zu lenken.

Für Nomura und die anderen führenden Brokerhäuser ist die Einstellung und Ausbildung der Mitarbeiter im Vertrieb, der Aufbau eines starken Verkaufsteams, ein Prozeß, der zeitlich ebenso fein abgestimmt werden muß wie der Fahrplan der japanischen Eisenbahn. »Jeder College-Student, der im September vor seinem Abschlußexamen noch keine Anstellung gefunden hat, hat den Zug verpaßt«, erklärte ein Ausbilder. Besonders nervenaufreibend ist für die Studenten die widersinnige Tatsache, daß japanische Firmen vor September keinen offiziellen Zugang zum Universitätsgelände haben. Aber den meisten gelingt es – obwohl diese Rekrutierungspraktiken als unethisch gelten und der Regierungspolitik zuwiderlaufen –, ihre freien Positionen noch vor diesem Datum zu besetzen. Nomura Securities stellt in dieser Hinsicht keine Ausnahme dar. Bis Mai sind die jüngeren Verkäufer ausgeschwärmt, um in ihrer Alma Mater die besten Studenten herauszufiltern und unter Vertrag zu nehmen. Diese illegale Stellenbesetzungs-Strategie vermittelt den Studenten einen ersten Eindruck davon, daß sich die Geschäftswelt in der Praxis nicht immer an die Spielregeln hält. Die wenigen College-Studenten im letzten Semester, die bis September warten, wenn die offiziellen Einstellungsgespräche anberaumt sind, müssen oft feststellen, daß sich ihre Ehrlichkeit nicht auszahlt. Sie werden mit der gleichermaßen unliebsamen Aussicht konfrontiert, sich entweder mit einem Job in einer zweitklassigen Firma zufriedenzugeben oder, in extremen Situationen, zu einem späteren Zeitpunkt ihrer beruflichen Laufbahn das Unternehmen wechseln zu müssen – eine Entscheidung, die bis Mitte der achtziger Jahre in Japan völlig undenkbar war. Schon bevor die Studenten in die japanische Geschäftswelt aufgenommen werden, lernen sie, daß sie den Weg des größten Widerstands gehen, wenn sie sich an die Spielregeln halten.

Japanischen Firmen mangelt es nicht an Einfällen, die mitunter ans Komische grenzen, wenn es darum geht, die Jungakademiker noch vor dem offiziellen Datum für die Einstellungsgespräche als künftige Mitarbeiter anzuwerben. Die Studenten (die bereits von den ehemaligen Absolventen der Alma Mater ausgesiebt worden sind) erhalten für gewöhnlich Anfang des Sommers einen mysteriösen Telefonanruf, in dem man ihnen ein Treffen mit einem Firmenrepräsentanten in einem Café vorschlägt. Von dort aus bringt man sie in einen gemieteten Saal, wo bereits Hunderte hoffnungsvoller Kandidaten versammelt sind. Diejenigen, die diese ›Nacht-und-Nebel‹-Aktion durchführen, vergewissern sich, daß niemand den Studenten gefolgt ist, und verpflichten sie zu absoluter Geheimhaltung. Nomura Securities steht in dem Ruf, besonders aggressive Rekrutierungstaktiken anzuwenden, und geht sogar so weit, seine kostbarste Ausbeute – Stellenanwärter von der vielgepriesenen Tokioter Universität – *massenweise* nach Hawaii zu schaffen. Solche aufwendigen Reisen, die noch vor den offiziellen Einstellungsterminen erfolgen, sind für die Elite-Kandidaten ein Anreiz, den Verlockungen der Konkurrenzfirmen zu widerstehen. Die Gratifikationen japanischer Firmen richten sich nach dem Prestige des Colleges, das ein Student besucht. Anwärter, die von weniger prestigebehafteten Universitäten kommen, haben Glück, wenn man ihnen ein kostenloses Wochenende in einem billigen Ferienort, eine Stunde Bahnfahrt von Tokio entfernt, zugesteht.

Wenn sich ein Unternehmen für einen Kandidaten entscheidet (was bei Nomura in der Regel nach drei Einstellungsgesprächen der Fall ist), erhält der Student einen *naitei* oder Vorvertrag. Das letzte Datum für die Vergabe eines *naitei* ist die zweite Septemberwoche; zu diesem Zeitpunkt hat Nomura 90 Prozent seiner offenen Stellen besetzt. Die Absolventen der Tokioter Universität, die besonders hoch im Kurs stehen, können oft unter drei bis vier Vorverträgen auswählen, bevor die Firmenrepräsentanten den Campus auch nur betreten haben. Aus diesem Grund ist der Rekrutierungsprozeß in Japan ein unerbittlicher Kampf um die begabtesten Nachwuchskräfte des Landes, und zu den aggressivsten Mitstreitern gehören die Männer aus der Personalabteilung von Nomura Securities.

In Japan gelten die Mitarbeiter der Personalabteilungen als die am meisten gefürchteten Firmenangehörigen. Ihre Macht ist buchstäblich grenzenlos, vor allem bei Nomura und anderen Brokerhäusern, wo sie außerordentlich großen Einfluß auf die gesamte Karriereentwicklung der Mitarbeiter ausüben. Nomura nimmt wie die meisten Brokerfirmen dreimal im Jahr Personalumschichtungen vor: im Dezember in den Reihen der Topmanager, eine zweite erfolgt im Frühjahr, vornehmlich innerhalb des Führungsnachwuchses, und die dritte im Sommer, in der die noch offenen Stellen oder Positionen im internationalen Bereich besetzt werden. Ohne Vorwarnung und in der Regel alle drei Jahre dreht die Nomura-Personalabteilung am Schicksalsrad und entscheidet über Beförderungen, Degradierungen und Versetzungen. Im Gegensatz zu seinen Kollegen aus dem Westen ist der Leiter der Personalabteilung in

Japan kein devoter Bediensteter, gezwungen, sich dem Willen der Führungsetage zu beugen. Er ist derjenige, der im Unternehmen die Entscheidungen trifft.

Nomuras Personalabteilung wird von den College-Studenten des Abschlußsemesters gefürchtet. Arroganz ist eines der Charaktermerkmale der Nomura-Mitarbeiter generell, aber bei den Anwerbern besonders stark ausgeprägt. Höflichkeit und verbindliche Umgangsformen sind diesen Männern fremd, die potentielle Kandidaten ihre Macht spüren lassen – besonders wenn sie eine Absage erhalten. Ein Student berichtete, daß man ihn kurzerhand aus dem Nomura-Büro hinauswarf, weil er eine andere bekannte Bank bevorzugte. Einige Nomura-Manager haben sich auf noch drastischere Weise für den ›Korb‹ gerächt. Ein junger Anwärter, der von Nomura und Marubeni einen Vorvertrag besaß und zu der Schlußfolgerung gelangt war, Nomura sei zu aggressiv und mit seiner Persönlichkeit nicht vereinbar, unterschrieb bei der Konkurrenz. Als er Nomura, wie es die Höflichkeit verlangt, einen Besuch abstattete, um seine Wahl zu erklären, wurde er vom Manager unter Druck gesetzt. »Welche Firma in Japan könnte sich mit Nomura vergleichen? Wir sind die Größten!« Er entlockte dem Studenten den Namen der Firma, in die er einzutreten gedachte, und begann, den jungen Mann zu beschimpfen und zu bedrohen, um ihn zu einer Sinnesänderung zu bewegen, womit er jedoch keinen Erfolg hatte. Obwohl der Student ziemlich eingeschüchtert war, nahm er all seinen Mut zusammen und erklärte dem Manager mit fester Stimme, er werde nun gehen. Er stand auf, und zu seiner Überraschung begleitete ihn dieser sogar zum Lift. Als sich die Türen des Fahrstuhls schlossen, knurrte der Manager: »Sie haben von Nomura nicht zum letzten Mal gehört.« Kurz danach erhielt der Student von der Firma Marubeni die Mitteilung, man habe seinen Vorvertrag annulliert – ein für japanische Verhältnisse undenkbares Verhalten. Später entdeckte er, daß Nomura Securities und Marubeni im Broker- und Finanzbereich enge Geschäftsbeziehungen unterhielten. Ein einziger Anruf von Nomura an seinen Kunden hatte genügt, um die vielversprechende Karriere dieses jungen Mannes zu beenden.

An ihrem ersten Arbeitstag, am 1. April, hält der Nomura-Präsident vor der ›jungen Reisaussaat‹ (wie die Firmenneulinge in Japan genannt werden) eine Ansprache – ein besonderes Ereignis, denn die Trainees haben Glück, wenn sie ihren obersten Boß in den kommenden Jahren noch einmal zu Gesicht bekommen. Wie in allen japanischen Unternehmen richtet sich die Seniorität dieser Männer künftig nach dem Jahr ihres Firmeneintritts, und diese Einstufung, beispielsweise des Jahrgangs 81 vor dem Jahrgang 82, bleibt für immer an ihnen haften. Die Tradition, die Seniorität nach den Jahren der Betriebszugehörigkeit zu messen, ist ein Standardritual, mit dem jedes Gespräch in Japan, sei es auf privater oder geschäftlicher Ebene, beginnt. Selbst Mitglieder der alten Garde – wie Shoshi Kawashima, der Vorstandsvorsitzende des Wertpapierhauses Kukusai Securities, der 1935 zu Nomura kam – bezeichnen Männer (die sich heute im Ruhestand befinden) als ihre ›Vorgesetzten‹, weil sie ein oder zwei Jahre früher in die Firma eingetreten sind.

Den Verkäufern wird von Anfang an eingebleut, daß der Aktienhandel ein Geschäft ist, das sich am Hier und Heute orientiert. Am 2. April, nach den Ansprachen und Parties, werden nahezu alle Trainees einer der 126 Zweigstellen des Unternehmens zugeteilt. Die meisten japanischen Firmen lockern den Druck des Starts in das Berufsleben dadurch, daß sie den Nachwuchs noch ein Jahr lang in der Zentrale behalten; das gilt jedoch nicht für Nomura. Nachdem die jungen ›Rekruten‹ eine ein- oder zweitägige Reise durch Japan hinter sich gebracht und ihr Quartier in den Nomura-Wohnheimen bezogen haben, treten sie am dritten Tag zum ›Truppenappell‹ an, um mit der ›Grundausbildung‹ zu beginnen.

Die neuen Mitarbeiter sind hochgradig motiviert und werden gut entlohnt. Nomura Securities hat seinen Mitarbeitern in Übereinstimmung mit der Tradition des Gründers Tokushichi Nomura stets hohe Gehälter gezahlt. Das Anfangsgehalt der Nomura-Männer lag in den sechziger und zu Beginn der siebziger Jahre bei 30000 Yen; das waren rund 80 US-Dollar im Monat und rund 10 Prozent mehr, als die Konkurrenz damals bot. Dazu kam ein branchenüblicher Bonus in Höhe von drei bis vier Monatsgehältern. Gegen Ende der siebziger Jahre hatte sich das Anfangsgehalt der Nomura-Mitarbeiter um das Dreifache auf 100000 Yen und 1987 auf 140000 Yen monatlich erhöht, was in etwa 1000 Dollar pro Monat entspricht. Obwohl die japanischen Investmenthäuser von der Regierung Auflagen für die Gestaltung der Lohn- und Gehaltsstrukturen erhalten, hat Nomura stets einen Weg gefunden, sein Verkaufsteam leistungsgerecht zu entlohnen, mittels höherer Prämien im Vergleich zur Konkurrenz oder Sondervergütungen.

Am ersten Tag hat noch keiner der Firmenneulinge einen Kunden. Sie erhalten einen Schreibtisch und ein Telefon zugewiesen, und ihr *sempai,* ihr unmittelbarer Vorgesetzter, erklärt ihnen das Brokergeschäft. Er bringt ihnen bei, wie man einen potentiellen Kunden ohne vereinbarten Termin wirbt. Die Nomura-Rekruten, die frisch aus dem College kommen und ihren neuen Arbeitsplatz kaum drei Tage kennen, werden sofort voll eingesetzt und müssen eine bestimmte Anzahl von Kunden aufsuchen. Bei ihrer ersten Tour befinden sie sich noch in Begleitung des *sempai*; aber bald sind sie ganz auf sich allein gestellt und müssen die Besuche des Vortags durch nachfassende Telefongespräche ergänzen. Die meisten Trainees finden es frustrierend und beschämend, trotz mangelhafter Kenntnisse über den Aktienmarkt zu diskutieren, und werden oft von den Kunden verspottet, die sie zu gewinnen versuchen. Tag für Tag predigen die Nomura-Zweigstellenleiter, die Praxis sei wichtiger als die Theorie, und jeden Abend kehren die Nachwuchsverkäufer ausgelaugt und erniedrigt in ihre Unterkünfte zurück. Sie haben nicht die geringste Ahnung vom Aktienmarkt, und jeder Tag erinnert sie an ihre Wissenslücken.

Dieser Monat der Demütigung bereitet sie auf die kombinierte, auf theoretischer und praktischer Basis erfolgende Ausbildung vor, die jeweils am 1. Mai beginnt. Rein formal dauert sie drei Jahre, aber in Wirklichkeit nimmt sie kein Ende. Diese kombinierte Ausbildung hat große Ähnlichkeit mit einer militärischen Übung. Sie wird in einem speziell für diesen Zweck bestimmten Trainingscenter in Kamikatazawa durchgeführt, dreißig Minuten mit der Bahn von Tokio entfernt, wo die Männer arbeiten und leben. Sie kochen selbst und bringen ihre eigenen Schlafmatten mit. Der Unterricht dauert in der Regel bis zwei oder drei Uhr morgens, und die erste ›Phalanx‹ von Lektionen und Prüfungen konzentriert sich auf das Finanzwesen: Die künftigen Geldverdiener des Unternehmens lernen hier die Grundlagen der Rechnungsführung und der Bilanzanalyse kennen. Dann müssen sie sich im ›Sperrfeuer‹ von Wirtschafts- und Steuerthemen bewähren, und schließlich macht man sie mit dem Produkt vertraut, das sie verkaufen sollen. Während dieses Prozesses wird jeder der Neulinge zu einem Nomura-Mann gedrillt, dessen Denk- und Verhaltensweisen von der Unternehmenskultur geprägt sind und der vor allem gelernt hat, seine Persönlichkeit dem Idealbild des Nomura-Mannes anzupassen. Ein Nomura-Mann wird in dem unverbrüchlichen Glauben erzogen, daß er der Elite angehört, daß er, als Bestandteil einer höherrangigen Unternehmenskultur, einem Verkäufer von Daiwa oder Yamaichi Securities haushoch überlegen ist. Dieses Bewußtsein soll die japanische Öffentlichkeit und das breite Anlagepublikum überzeugen.

Bei der großangelegten alljährlichen Jagd auf den Nachwuchs wird nicht nur das Ziel anvisiert, die Reihen des männlichen Verkaufspersonals aufzufüllen, sondern sie dient gleichzeitig auch der Suche nach weiteren, zunehmend wichtigeren Stellenanwärtern – den repräsentativen, stets freundlichen weiblichen ›Büroangestellten‹. Man hat bei Nomura festgestellt, daß Frauen sehr billige und produktive Arbeitskräfte sind, so daß die Firma inzwischen mehr Frauen als Männer einstellt. Auf der Gehaltsliste stehen 500 Mitarbeiterinnen mit zweijähriger und 120 mit vierjähriger College-Ausbildung. Im Vergleich dazu beläuft sich die Zahl der männlichen Büro-Mitarbeiter, die vier Jahre College vorweisen können, auf 400. Obwohl diese Tatsache heruntergespielt wird, sind bei Nomura nahezu ebenso viele Frauen wie Männer im Verkaufsbereich tätig und damit befaßt, das Geld der Privatkunden einzubringen.

Nomura stellt weibliche Mitarbeiterinnen als Verkaufsassistentinnen ein, die direkt von der High School kommen oder nur zwei statt vier Jahre College absolviert haben. Jungen Frauen mit höherem Ausbildungsniveau sagt man in Japan noch immer nach, daß sie zuviel denken. Dazu kommt, daß sie als schlechte Investition gelten, da sie bei der Einstellung rund 22 Jahre alt sind (zwei Jahre älter als die meisten weiblichen Berufsanfänger) und das Unternehmen normalerweise im Alter von 25 Jahren verlassen, um zu heiraten. Im Idealfall treten die jungen Frauen mit zwanzig Jahren in die Firma Nomura ein. Dabei müssen sie attraktiv, unverheiratet und gehorsam sein. Diese ›Blumen‹ werden nicht nur gepflückt, um Nomuras Zweigstellen zu schmücken, sondern sie sollen auch die Angst der japanischen Hausfrau abbauen, ihr Geld Nomura auszuhändigen. Wenn Nomura zwei Mitarbeiterinnen mit zweijähriger College-Ausbildung unter Vertrag nimmt, kann das Unternehmen seine Kosten senken, denn laut staatlicher Bestimmung müssen die Wertpapierfirmen allen männlichen und weiblichen Studenten mit vierjähriger College-Ausbildung das gleiche Anfangsgehalt zahlen. In der Regel bleiben die Einkommen der Frauen später weit hinter denen der Männer zurück.

Bei Nomura müssen sich Männer wie Frauen gleichermaßen bewußt machen, daß sie eine Dienstleistung ausüben. Das ist schon am ersten Tag der Ausbildung ersichtlich, wenn die Männer sofort voll im Aktiengeschäft eingesetzt und die Frauen in das Trainingscenter der Firma nach Kamikatazawa geschickt werden, wo sie Schliff erhalten und lernen, stets zu lächeln, damenhaft zu gehen, sich richtig zu verbeugen, den Tee zu servieren und Telefongespräche entgegenzunehmen. Dann werden die blau-weißen Uniformen ausgeteilt – in jedem japanischen Unternehmen ein absolutes Muß.

Im riesigen Auditorium des Unternehmens erhalten die Frauen ein Handbuch, das die höchst vertraulichen Regeln und Vorschriften des Unternehmens enthält. Darin ist jedes Detail minuziös aufgeführt – angefangen von den Bestimmungen über die Abwicklung der Privatkundengeschäfte (sie müssen genehmigt sein und dürfen nur über Nomura erfolgen) bis hin zum Bonussystem (Prämien werden im Juni und Dezember jeden Jahres gezahlt). Man bombardiert die Frauen geradezu mit Fakten und Zahlen, die für sie von Interesse sind; 96 Prozent aller Mitarbeiter kaufen Nomura-Securities-Aktien, und mittels verschiedener Versicherungsvereinbarungen des Hauses spart der durchschnittliche Nomura-Mitarbeiter 500 US-Dollar, oder 68 000 Yen im Monat. Die Stimme des Redners wird ernst, wenn er über die beiden Arbeitnehmerverbände spricht, die in der Firma vertreten sind. Jeder Mitarbeiter tritt dem Verband bei, betont er. Er zählt 9000 Mitglieder, die aus allen Unternehmensschichten stammen, mit Ausnahme des Topmanagements und der ungelernten Arbeiter. Pro Monat werden acht Mark vom Gehalt abgezogen, so daß die Funktionäre in jedem Frühjahr in der Lage sind, mit dem Management um eine Lohnerhöhung zu kämpfen. Der andere Verband – die Gewerkschaft –, fährt er in eisigem Ton fort, sollte gemieden werden. Hier handelt es sich um die Kommunistische Partei; sie besteht in der Firma aus sechzehn politischen Aktivisten, die von Außenstehenden manipuliert werden. Dann deutet er an, daß ihr Einfluß manch gutgläubigen Mitarbeiter zu Fall bringen könne.

Die jungen weiblichen Rekruten werden dann in kleine Gruppen von jeweils fünfzehn aufgeteilt und lernen von ehemaligen Stewardessen der Japan Airlines, wie man lächelt, spricht, sich frisiert, sitzt und vor allem sich verbeugt. Die richtige Verbeugung bei einer formalen Begrüßung wird in Japan in einem Winkel von 45 Grad ausgeführt, aber bei Nomura gelten andere Normen: Zunächst müssen die Frauen den Kunden direkt ins Auge sehen, und dann – in einem Abstand von rund einem Meter – ihre Hände auf die Oberschenkel legen und mit kerzengeradem Rücken den Körper in einem Winkel von 40 Grad neigen. Die Stewardessen bringen den Anwärterinnen auch die verschiedenen Spielarten dieses Rituals bei – 30 Grad bei eiliger Begrüßung (»Das Geschäft ist dringlich, und deshalb müssen wir praktisch denken«, betont die Ausbilderin) und 15 Grad, wenn man auf dem Flur einem Vorgesetzten begegnet. Den künftigen Bürodamen bleut man außerdem ein, Führungskräfte mit der Bezeichnung *bucho* oder *kacho* und nur die Angehörigen des mittleren Managements beim Namen anzureden. »Die Führungskräfte stehen an der Spitze unseres Hauses, und deshalb müssen wir ihnen Achtung erweisen«, betonen die Ausbilder.

Zu den weiteren Lektionen, in denen die Bedeutung vollendeter Umgangsformen im Geschäftsleben hervorgehoben wird, gehört das Wissen, wie man als Frau geht und beim Stehen und Sitzen eine aufrechte Haltung einnimmt, als trüge man einen Kimono. Dann steht die Zeremonie des Teeausschenkens (er wird mit beiden Händen und von rechts serviert) und die dabei geltende goldene Regel auf dem Stundenplan: »Wir lernen, dem Mann zu dienen, und es ist uns nicht gestattet, mit ihm gemeinsam den Tee einzunehmen«, erklärt eine Büroangestellte. »Wir dürfen unseren Tee im Waschraum, aber niemals in der Öffentlichkeit trinken.« Alle Telefonhörer bei Nomura müssen beim ersten

Läuten abgehoben werden. Sie sind die Lebensadern, die dafür sorgen, daß Nomuras Herz weiterschlägt, und – gleichgültig wie schnell jemand reagiert – die gebräuchliche Einleitungsformel lautet: ›Es tut mir leid, daß Sie warten mußten‹. Es sei wichtig, selbst beim Telefonieren zu lächeln, eröffnet man den jungen Frauen, denn der Kunde spüre die Wärme eines Lächelns am Telefon. Die Kritik, die von den Stewardessen der Japan Airlines an den Mädchen geübt wird, dient als eine Art Puffer: Falls die jungen Frauen später einen Fehler machen und einen strengen Verweis erhalten, könnten sie diesen ohne die abhärtenden Maßnahmen vielleicht nicht verkraften und auf die Idee kommen, Nomura für den Streß verantwortlich zu machen.

Bis Mitte Juni sind die männlichen Rekruten in ihre Filialen zurückgekehrt. Nun werden sie wieder an die Front geschickt, um Kunden zu besuchen und (als Nachweis ihrer Bemühungen) Visitenkarten zu sammeln. Sie durchforsten die Telefonbücher und kämmen die alten Kundenlisten durch; sie übersehen keinen Hinweis, der sie zu einem kauf- oder verkaufsbereiten Kunden führen könnte. Nomura gehört nicht ohne Grund zu den stärker an der Leistung orientierten und gewinnstärksten Unternehmen der Welt: Um zwölf Uhr mittags und am späten Nachmittag jeden Arbeitstages von Juni bis September werden die Namen der Verkäufer und die Beträge, die sie in den letzten Stunden in die Firma eingebracht haben, auf einer für jeden sichtbaren Provisionsliste veröffentlicht. Nur wenige Nachwuchsverkäufer, meistens jene, die Schneid und Glück haben, erhalten tatsächlich einen Auftrag. Ihnen ist es vielleicht gelungen, hier und da eine mitleidige Hausfrau oder einen Ladeninhaber zum Kauf von ein paar Aktien zu überreden. Die meisten finden ihre Namen jedoch ganz unten auf der Liste, mitsamt einer Provision, die gleich Null ist.

Nichts gilt bei Nomura als beschämender, als keinen Abschluß vorweisen zu können. Das Leben eines Nomura-Mannes konzentriert sich auf die Provisionen, an denen sich seine persönliche Leistung und Einsatzbereitschaft messen läßt. Die Provisionseinnahmen kann man bei Nomura nicht vor anderen verbergen, und sie sind das Hauptkriterium, nach dem das Management auch den menschlichen Wert eines Verkäufers mißt. Der Druck, Aktienorders einzuholen, lastet deshalb ständig auf ihm. Später merken die Trainees, warum niemand die Mitarbeiter der Nomura-Filiale in Niigata an der Nordwestküste von Honshu, nahe den Japanischen Alpen, beneidet. Niigata wird als ›Exil‹ betrachtet und ist ein idyllisches Plätzchen zum Skifahren und Surfen, aber für einen Nomura-Mann wertlos, der einzig für seine Provisionen lebt. (Hier gibt es nur wenige, weit verstreute Kunden, und es kostet im Winter, wenn man innerhalb meterhoher Schneemauern eingesperrt ist, enorme

Mühe, jemandem von den Vorteilen des Aktienkaufs zu überzeugen.) Der Verkäufer im japanischen Hinterland, abgeschnitten von der Lebensader des Unternehmens, ist beruflich zum Tode verurteilt.

Der nächste Lehrgang im September konzentriert sich auf die Lektüre und Interpretation des *Nihon Keizai Shimbun,* Japans umfassendstem, täglich erscheinendem Finanzblatt, das mit dem *Wall Street Journal* oder der *Financial Times* vergleichbar ist. Jeden Morgen lesen und besprechen die Trainees die ›Geldseite‹ der Zeitung, wo verschiedene Firmen von den professionellen Analytikern ›zerlegt‹ wurden. Jeder muß eine eigene Analyse und Prognose für eine Firma erstellen; dann sucht der Ausbildungsleiter aufs Geratewohl fünf aus, die einen zehnminütigen Vortrag darüber halten müssen. Erscheint jemand mangelhaft vorbereitet zum Unterricht, erntet er offene Kritik und bekommt fürs Wochenende Hausaufgaben auf. Dann folgen die Prüfungen, und man geht erst dann im Lehrstoff weiter, wenn jeder die Lektionen beherrscht.

Das Tempo, in dem Theorie und Praxis einander ablösen, steigert sich, wenn die Trainees mehr Zeit in ihren Filialen verbringen. Zwei Wochen später werden sie wieder auf die Suche nach Kunden geschickt; dieses Mal verfolgt der Zweigstellenleiter genauer, wer die ersten Aufträge einbringt. Der Druck verstärkt sich, und man empfindet wenig Mitleid mit den Leistungsschwachen. Jenen, die Schwierigkeiten haben, Investoren zu finden, ist nahezu jedes Mittel recht, um sich eine demütigende, öffentliche Strafpredigt seitens ihres Chefs zu ersparen. Manche sehen keine andere Möglichkeit, als ihren Stolz zu unterdrükken und Familienmitglieder anzuflehen, ihnen Aktien abzukaufen. Aufträge von Familienangehörigen sind langfristig zwar keine Lösung, aber zumindest ist man für diesen Tag von dem Druck befreit, einen anderen Kunden ausfindig zu machen. Japanische Mütter, Väter, Onkel und Großväter kaufen in der Regel nur einmal Aktien, vielleicht sogar noch ein zweites Mal, aber beim dritten Versuch bleiben sie standhaft, wenn ihr einst so stolzer Nomura-Mann sie um einen Auftrag anbettelt. Diejenigen, die ebenfalls hart zu kämpfen haben, sich aber nicht an die Familie wenden wollen, kaufen oft selbst Aktien, um einen Abschluß vorweisen zu können.

Obwohl es bisweilen heißt, Druck fördere den Einfallsreichtum, wenden die Verkäufer Tag für Tag, Jahr für Jahr die gleichen Tricks an, um den Streß zu mindern, der ihnen von den autoritären, kommissionshungrigen Filialleitern auferlegt wird. Ein ehemaliger Manager in einer zum Nomura-Konglomerat gehörenden Firma berichtete, sein Unternehmen habe in den sechziger Jahren einen Polizeichef im Ruhestand beauftragt, ausgediente geschlossene Dienstwagen der Polizei, wie sie zum Transport von Gefangenen verwendet werden, zum Sonderpreis zu kaufen. Ein Verkaufsmanager lud seine Truppe ein, steckte das Einsatzgebiet ab und ließ die Männer ausschwärmen, um sämtliche Häuser abzuklappern. Sie durften nicht eher zurückkehren, bis sie einen Auftrag unter Dach und Fach hatten. Der Manager erzählte, der Druck sei so enorm gewesen, daß die Verkäufer fiktive Geschäfte – ›Geisterabschlüsse‹, wie sie es nannten – vorgewiesen hätten. Der Schwindel flog erst vier Tage später auf, als die Aktien bezahlt werden mußten; die Verkäufer simulierten ein schwaches Gedächtnis und gaben vor, sich nicht an den Namen des Kunden erinnern zu können. Diejenigen, die es sich leisten konnten, richteten unter falschem Namen Kundenkonten ein, um nicht den Zorn des Verkaufsmanagers heraufzubeschwören.

Im ersten Herbst nach der Einstellung bei Nomura hat ein Trainee noch keine Ahnung von diesen Taktiken. Nun verbringt er schon wesentlich mehr Zeit mit der Suche nach Kunden und kehrt erst im Januar, wenn er beinahe zwei Jahre für die Firma arbeitet, in das Trainingscenter zurück. Im zweiten Jahr dauert die kombinierte Ausbildung nur zwei Wochen; das benötigte Lernmaterial wird bereits eineinhalb Monate vorher ausgegeben. Die Langsamen können nicht mit Nachsicht rechnen. Drei Gruppen von jeweils sechzig Trainees erhalten in zwei Wochen intensiven Unterricht im Einzelhandelsmarketing; im Anschluß daran folgen die Prüfungen. Die Aktienhändler im Privatkundengeschäft lernen das A und O des Brokergewerbes in Japan: Niemals an alte Damen und Prominente zu verkaufen. Alte Damen sind einsam und rufen vier- oder fünfmal am Tag an, nur um zu schwatzen und den Kurs ihrer Aktien zu überprüfen; sie vergeuden nur die kostbare Zeit eines Verkäufers. Prominente – warnt der Nomura-Ausbilder – neigen dazu, sich bei der Presse zu beklagen, wenn sie Probleme mit einem Broker haben, und negative Publicity muß um jeden Preis vermieden werden. Der Prozeß des Aussiebens beginnt, und dieses Mal werden die Begriffsstutzigen nicht ermutigt, sondern in die Filialen zurückgeschickt, um ihre Tests zu einem späteren Zeitpunkt zu absolvieren. 1986 beorderte man nur vier Männer zurück.

Das dritte Ausbildungsjahr konzentriert sich auf das institutionelle Marketing. Die Trainees, inzwischen voll einsatzfähige Verkäufer, lernen nun, Aktien an Unternehmen, Lebensversicherungsgesellschaften, Banken und Treuhandfirmen zu verkaufen. Erst im dritten und letzten Jahr macht man sie mit den verschiedenen Aktivitäten von Nomura vertraut, beispielsweise der Verwaltung von Investmentfonds, dem Bereich Unternehmensfinanzierung und Unternehmensforschung. Die Nomura-Männer werden zu Generalisten ausgebildet, eine Führungsstrategie, die eine Schlüsselrolle spielt und gewährleistet, daß niemand aus dem Team ausschert und sich eine so starke Machtbasis aufbaut, daß er unersetzlich werden könnte. Dieselbe Strategie führt jedoch auch dazu, daß sich keiner zu einem echten Experten auf einem bestimmten Gebiet entwickeln kann, obwohl Spezialisten für die verschiedenen Finanzinstrumente heute in zunehmendem Maß erforderlich sind.

Die *kabuya* sind nun ausgewachsene Kämpfer, Glücksritter, deren Motto lautet: »Stürmen und Siegen«. Männlichkeit und Macho-Image sind unmittelbar von den Kaufaufträgen abhängig, die sie hereinbringen, und gehören untrennbar zum Profil eines Nomura-Mannes. Jeder ist bestrebt, dem rauhbeinigen, draufgängerischen Marlboro-Typ zu gleichen. Der *kabuya* hat sich daran gewöhnt, stets ein Ersatzhemd in der Aktentasche mit sich herumzutragen, bis in die frühen Morgenstunden Whisky und Bier zu trinken, in einem Kapsel-Hotel zu nächtigen (sargähnlichen, völlig identischen Schlafplätzen, die man überall in Tokio findet; sie wurden für jene Angestellten errichtet, die den letzten Zug nach Hause verpaßt haben) und im Waschraum an der Börse zu duschen, sich umzuziehen und sich mit einem Elektrorasierer von den Bartstoppeln zu befreien. Jeden Morgen vor Börsenbeginn um neun Uhr zeugt das Surren der Rasierapparate an den Tischen der Nomura-Männer von der Zähigkeit ihrer *kabuya.*

Nomura hat seine Verkaufsarmee die Kunst der Beharrlichkeit gelehrt, ihnen beigebracht, wie sie jeden, der über Geld verfügt, mit Zukkerbrot und Peitsche davon überzeugen, daß auch er am Aktienmarkt ein Vermögen verdienen könne. Die *kabuya* sind keine Krieger auf Finanzpfaden, die ihre Jagd auf die leicht zu erlegende Beute beschränken. Nomura bildet sie zu Amateurpsychologen aus, die auch hartnäkkige Kunden eines Besseren zu belehren und bei manchen ihrer verwundbaren Opfer die emotionalen Alarmknöpfe zu bedienen wissen. Über 5000 Nomura-Mitarbeiter marschieren von Haus zu Haus und stehen unerwartet vor der Tür, um die Anleger auf den Markt zu drängen. Die besten Kämpfer werden befördert und die Reihen im nächsten April mit Hunderten neuer Rekruten aufgefüllt.

Kapitel 20:

Broker in Aktion

Das Alltagsleben eines Nomura-Mitarbeiters im Wertpapierverkauf unterscheidet sich nicht von dem der 50000 anderen japanischen Broker – abgesehen davon, daß es noch härter ist. Tausende von Nomura-Männern leben getrennt von ihren Familien in den veralteten Betonklötzen, die vom Unternehmen in den meisten Ballungszentren und größeren Städten als Unterkünfte errichtet wurden und Nomura erlauben, seine Arbeitskräfte Tag und Nacht zu überwachen. Hier sind zwanzig bis hundert Männer in Einzelzimmern, ähnlich wie in Studentenwohnheimen, untergebracht, die sich Bäder, Duschen und Toiletten teilen. In einer solch engen Gemeinschaft ist die Hygiene immer ein Problem. »Keiner wollte als letzter in das große Gemeinschaftsbad«, erinnerte sich Toshio Koyama, ein Nomura-Verkäufer, der lange Zeit im Wohnheim verbracht hatte. Die Firmenleitung war der Ansicht, daß jeder, der sich über die Lebensbedingungen im Wohnheim den Kopf zerbrach, nicht genug Zeit für Kundenbesuche und das Einbringen der Kommissionen verwendete.

Die meisten Nomura-Männer stehen um 5.45 Uhr auf und erhalten von den Hausmeistern der Wohnheime – meistens ein älteres Ehepaar – ein Frühstück vorgesetzt, das aus Reisbällchen, Miso*-Suppe, Salat und Milch besteht. Die Reisbällchen können mit Stäbchen gegessen werden, die man in einer Hand hält, während man mit der anderen die *Nikkei*-Tageszeitung umblättert. Für diejenigen, denen keine Zeit mehr für die morgendliche Lektüre bleibt, steht eine zerschlissene Couch im Gemeinschaftsraum zur Verfügung; von hier aus können sie die Wirtschaftsnachrichten im Fernsehen verfolgen, die jeden Morgen gesendet werden. Die Langschläfer, die nach einer durchzechten Nacht nicht aus dem Bett finden, werden von einer Frauenstimme über Lautsprecher mit den Worten geweckt: »6.30 Uhr, Zeit zum Aufstehen.«

---

* japanisches Gewürz

Die Nomura-Wohnheime wurden in Nähe der Zweigstellen errichtet. Sie sind mit öffentlichen Verkehrsmitteln in selten mehr als fünfzehn Minuten zu erreichen. Das Management entschied, es sei wichtiger für das Verkaufsteam, seine Zeit auf die Unterbringung von Aktien zu verwenden, anstatt sie auf dem Weg zum und vom Arbeitsplatz zu vergeuden. Um 7.15 Uhr findet die erste Besprechung statt, in der die gefürchteten Kommissionsziele des Tages für jeden einzelnen Verkäufer festgelegt werden. Nomura Securities erhielt seinen berüchtigten Spitznamen ›Quota Securities‹, weil es von seinen Verkäufern im Monat einen Umsatz von fünf Millionen Yen verlangt, was knapp 30000 US-Dollar entspricht. Obwohl diese Zahl je nach Monat und Zweigstelle schwankte, galt sie als Maßstab für die Beurteilung der Teamleistung. Mit sämtlichen zu Gebote stehenden Mitteln zielte man darauf ab, daß diese alles beherrschenden Quoten erfüllt wurden, einschließlich einer Life-Übertragung um 7.50 Uhr, die dazu diente, die Truppe anzufeuern. Die Nomura-Geschäftsstellen im Inland und Ausland, angefangen in Hokkaido bis hin zu den Niederlassungen in Südostasien wie Singapur, Hongkong, Bangkok, Jakarta und Kuala Lumpur, lauschen den Berichten über Auslandsmärkte und Firmenneuigkeiten, Wirtschaftsnachrichten, Gerüchten und – dem wichtigsten Punkt – Aktien, die an diesem Tag von Nomura empfohlen werden. Diese ›Mund-zu-Mund-Propaganda‹ für bestimmte Aktien brachte dem Unternehmen das meiste Geld ein. Jeden Morgen kurz nach acht greifen Tausende von gläubigen Helfershelfern zum Telefon und bevölkern später die Straßen, um Nomuras ›Evangelium‹ zu verbreiten. Diese 1967 ins Leben gerufene, täglich erfolgende firmeninterne Berichterstattung entwickelte sich zu einem so mächtigen Instrument, um einzelnen Aktien zum Durchbruch zu verhelfen und die Nomura-Truppe zusammenzuschweißen, daß die Idee von den stärksten Konkurrenten des Hauses kopiert wurde.

Die Nomura-Zweigstellenleiter stehen unter einem fast unerträglichen Druck, ihre monatlichen Kommissionsvorgaben zu erfüllen. Eine Quote von nur 65 Prozent erreicht zu haben gilt als beschämend, während eine Quote von 150 Prozent bewundert wird und eine Fülle von Belobigungen seitens der Zentrale mit sich bringt. Nomuras ›goldene‹ Filialen haben ihren Standort in der dichtbesiedelten Innenstadt Tokios – an der Ginza, in Shinjuku und Toronoman. Sie konnten stets auf die höchsten absoluten Erträge verweisen und die kleineren, entlegeneren Filialen in Kyushu oder Hokkaido weit überflügeln. Aber die Tatsache, daß eine Geschäftsstelle weniger Geld einbringt als eine andere zur Firma gehörige, verringert den Druck nicht, unter dem alle stehen, denn die Quoten sind abhängig von der eigenen Leistung im Vormonat. Ein Nomura-Manager, der die Quote seiner Zweigstelle verbessern kann, hat nicht lange Grund zur Freude, denn die Zentrale erwartet im nächsten Monat ein noch besseres Ergebnis. Ende der achtziger Jahre trug dieser ungeheure Ergebnisdruck dazu bei, Nomura zum mächtigsten Unternehmen der Welt zu machen.

Ein Nomura-Filialleiter, der hinter seinen Tages- und Wochenquoten zurückbleibt, entwickelt sich zum unerbittlichen Sklaventreiber, selbst in den zivilisierteren ausländischen Geschäftsstellen. »Einer unserer japanischen Verkäufer – ein erwachsener Mann – wurde zwei Monate lang gezwungen, wie ein Schuljunge jeden Morgen vor der Mannschaft zu stehen, bis er seine Quoten erfüllt hatte«, erinnerte sich Paul Smith, ein ehemaliger Nomura-Mitarbeiter im Verkauf. Die Unternehmenspolitik basiert auf dem einfachen Gesetz des arithmetischen Mittels: Von zehn Kunden, die ein *kabuya* aufsucht, erteilen ihm fünf eine klare Absage, drei oder vier zögern, und ein oder zwei Anleger sind bereit, Aktien zu kaufen.

Ein wichtiges Rad in der Nomura-Verkaufsmaschinerie sind die Frauen. Das Unternehmen beschäftigt 4500 Außendienstmitarbeiterinnen, und hinter ihrem freundlichen Lächeln und dem scheinbar gleichmütigen Gesichtsausdruck verbirgt sich oft der Druck, die Quoten zu erfüllen. Die Frauen haben gelernt, einfache Informationen über Aktien, Anleihen und Investmentfonds zu erteilen, während die *kabuya* die wichtigeren Besuche bei bereits vorhandenen oder potentiellen finanzstarken Kunden übernehmen. Ihre firmenintern arbeitenden Entsprechungen sind die 2500 im Nomura-Kundendienst beschäftigten Frauen. In den fünfziger Jahren wurden hier Teilzeitkräfte, vornehmlich Hausfrauen, eingesetzt, die Nomuras ›Sparbüchsen-Aktion‹ durchführten. Sie schlossen sich bald den Verkaufsteams an und wurden auf reiner Provisionsbasis bezahlt (womit sie zu den wenigen gehören, deren Einkommen direkt vom eigenen Umsatz abhängt), um die Geldbörsen anderer Hausfrauen zu lockern. Jede Filiale stellte diese Teilzeitkräfte ein, die von Haus zu Haus gingen, oder postierte sie hinter einem besonders markierten Stand in den Kaufhäusern vor Ort, um andere Frauen zu überreden, sich von ihren Ersparnissen zu trennen.

Nomura stellt die attraktiven Mitarbeiterinnen nicht nur zum Geldverdienen ein, sondern auch als potentielle Ehefrauen ihrer männlichen Kollegen. Sie sollen dazu beitragen, den Druck zu verringern, der auf den Verkäufern lastet. Die Personalabteilung hat ermittelt, daß die jungen Frauen im Durchschnitt mit zwanzig bei Nomura eintreten und mit fünfundzwanzig Jahren einen Nomura-Mann heiraten. »Die Nomura-Männer verliebten sich leicht in eine Frau, die ihnen nach Feierabend ein warmes Lächeln schenkte«, erklärte ein Mitglied des Verkaufsteams. Die lange Arbeitszeit und die qualvolle Enge in den Unterkünften sorgten dafür, daß die Verkaufsassistentinnen und die *kabuya* ständig Kontakt miteinander und wenig Gelegenheit hatten, außerhalb des Unternehmens einen Partner zu finden. Nomura nahm seine Rolle als Ehestifter ernst, und der unmittelbare Vorgesetzte des *kabuya* fungierte oft als Heiratsvermittler, ähnlich wie die heutigen Eheanbahnungsinstitute. Schließlich nehmen mehr als 40 Prozent der Nomura-Männer eine Nomura-Mitarbeiterin zur Frau.

Einen Ehemann in den Reihen der gut verdienenden erfolgreichen *kabuya* zu finden, war Ziel der meisten jungen Frauen, die zwei Jahre lang das College besucht hatten. Verkäufer galten als »bester Fang in Japan mit Ausnahme der Angehörigen des Finanzministeriums«, wie eine Verkaufsassistentin berichtete. In den achtziger Jahren standen Broker bei den Damen hoch im Kurs, da sie über Prestige und Macht verfügten und als Geldadel von der Gesellschaft akzeptiert wurden. Interessanterweise hatten sie ihren Wohlstand nicht durch Gehalts- und Prämienzahlungen erworben, sondern durch Aktienanteile der eigenen Firma (»Niemand wird reich von seinen Bezügen«, erklärte ein Nomura-Direktor). Erstaunlich ist, daß nach westlichen Maßstäben Tausende von Angestellten in japanischen Wertpapierhäusern als Millionäre gelten würden. 1986, als die Aktien von Daiwa Securities den seit der Emission höchsten Stand von 2000 Yen erreichten, soll Yoshitoki Chino, der Vorstandsvorsitzende von Daiwa, gesagt haben: »In unserer Firma gibt es 500 Mitarbeiter mit Aktien im Wert von mehr als einer Million Dollar.« Damals beschäftigte Daiwa nur 7000 Mitarbeiter.

Die Beträge, die von japanischen Brokern, insbesondere von Nomura, in Form von Aktien auf die hohe Kante gelegt wurden, waren in Dollar gerechnet verblüffend hoch – vor allem, wenn man bedenkt, daß nur wenige Mitarbeiter in leitenden Positionen unter der Geschäftsführerebene in den achtziger Jahren mehr als 100000 Dollar verdienten. Alle größeren japanischen Wertpapierhäuser waren bei der Tokioter Börse eingetragen, und um den Stolz auf das eigene Unternehmen zu demonstrieren, die Spartätigkeit zu fördern und den Preis der Firmenaktien in die Höhe zu treiben, wurden die Angestellten von ihren Vorgesetzten aufgefordert, Firmenanteile zu erwerben. Die vierzig Mitglieder des Hauptvorstands von Nomura Securities hatte man stets angehalten, einen Block von mindestens 100000 Aktien des Wertpapierhauses zu halten. Als der Kurs 1000 Yen pro Aktie überstieg (rund 4 Dollar) und im April 1987 auf 5990 Yen hochschnellte (knapp 46 Dollar je Aktie, wobei die sprunghafte Aufwertung des Yen hinzukam), sah sich Nomura gezwungen, den Mindestbestand zunächst auf 33000 und schließlich auf 10000 zu reduzieren. Die Direktoren, die ein Mindestkontingent von 33000 Aktien hielten, saßen während des explosiven Kursanstiegs der Nomura-Aktien im April 1987 auf einer Goldmine. Als altgediente Firmenmitglieder hatten die Direktoren weniger als 300 Yen pro Aktie bezahlt, und acht Direktoren verfügten, wie ein Mitglied der Familie Nomura zu berichten wußte, über einen Bestand von mehr als einer Million Anteilen, von denen ein jeder im April 1987 einen Wert von nahezu 50 Millionen Dollar besaß. Noch gigantischer war der Block von 2,5 Millionen Aktien, der sich im Besitz von Minoru Segawa befand und später von ihm um die Hälfte reduziert wurde.

Die Topmanager von Nomura und anderen Wertpapierfirmen waren nicht die einzigen, die durch Programme zur Ausgabe von Belegschaftsaktien reich wurden. Auch die unteren Chargen, Büroangestellte und Büroboten, gelangten während der spektakulären Hausse der Jahre 1986 und 1987 zu Wohlstand, denn im Rahmen des monatlichen Sparplans zog Nomura einen bestimmten Betrag vom Gehalt jedes Mitarbeiters ab, der in Nomura-Aktien investiert wurde. Darüber hinaus übernahm Nomura noch einen bestimmten Prozentsatz der Kaufsumme, sozusagen als Anreiz. Bei größeren Aktienemissionen, die der Kapitalbeschaffung des Unternehmens dienten, bot man den Mitarbeitern ebenfalls den Kauf von Anteilen an. In Zeiten der Marktunsicherheit drängten die japanischen Broker ihre Mitarbeiter, lustlos gehandelte Aktien zu erwerben, was sich als unverhoffter Segen für die umsatzschwachen *kabuya,* insbesondere bei Nomura, erwies. All diese betrieblichen Nebenleistungen hatten zur Folge, daß die weiblichen Mitarbeiterinnen der Großen Vier teilweise über Aktienportefeuilles im Wert von mehr als einer halben oder dreiviertel Million Dollar verfügten. Nomura stellte im Rahmen dieser Sozialzulagen seinen Managern außerdem noch zinsverbilligte Kredite zur Verfügung, damit diese größere Bestände der von Nomura angebotenen Aktien erwerben konnten, und drückte oft beide Augen zu, wenn die Zinszahlungen nicht termingerecht geleistet wurden.

Nobuo Nakazawas Lebensgeschichte ist typisch für den Aufstieg vom Bettler zum Millionär, der manchem Nomura-Manager gelang. Er war ein Mann, der mit der Welle der ›Super-Hausse‹ in den achtziger Jahren nach oben gespült wurde. Als Enkel eines Bauern und Sohn eines Regierungsbeamten der mittleren Ebene träumte Nakazawa davon, »sehr reich zu werden«, wie er später gestand. Er ignorierte die Wünsche seines Vaters und seiner Professoren, die ein Einstellungsgespräch bei der Mitsubishi-Bank arrangiert hatten, gab dem Bankengeschäft den Laufpaß, schloß sich dem Nomura-Jahrgang 1968 an und kaufte unmittelbar danach 200 Aktien von Nomura Securities zum Preis von 50 Yen pro Stück. Zwei Jahre später wurde die Firmenleitung auf Nakazawa aufmerksam. Man beschloß, seine Englischkenntnisse aufzupolieren und ihn auf die Universität von Wisconsin zu schicken, wo er einen akademischen Grad in Wirtschaftswissenschaften erwerben sollte. Da er dringend noch etwas Taschengeld brauchte und sich nicht an seinen Vater wenden wollte, verkaufte er ein wenig schuldbewußt seine Nomura-Aktien. Als er zwei Jahre später mit seinem Magistertitel nach Japan zurückkehrte, suchte er seinen Verlust dadurch wettzumachen, daß er so viele Nomura-Aktien kaufte, wie er sich finanziell leisten konnte.

Nakazawa galt im Unternehmen als ›Aktivposten‹ – er beherrschte die englische Sprache in Wort und Schrift –, und so setzte ihn das Management, wie schon Terasawa und Egashira, im Auslandsbereich ein. Die nächsten sechs Jahre blieben ihm nur in nebelhafter Erinnerung, bis man ihn als ›zweiten Mann‹ in die Nomura-Niederlassung nach Zürich versetzte. 1982 wurde er zum Leiter der Genfer Filiale befördert, wo er sich die Hausse zunutze machte und riesige Aktienpakete bei Schweizer Instituten unterbrachte sowie japanischen Firmen bei der Kapitalbeschaffung am Euromarkt für Schweizer Franken half. Als er 1986 nach Tokio zurückkehrte, galt sein Erfolg als eine solche Sensation, daß man ihn mit 38 Jahren zum *bucho* – einem eigenverantwortlichen Sektionschef – ernannte. Bei diesem Karrieresprung ließ er andere, Jüngere weit hinter sich, die in seinen Augen ›abgestorbene Äste‹ waren. Zu diesem Zeitpunkt hatte Nakazawa 40000 Nomura-Aktien angesammelt, die 1987 – auf dem höchsten Kursniveau – einen Wert von 1,7 Millionen US-Dollar besaßen.

Kurz nach seiner Rückkehr nach Tokio riet ihm die Sozialabteilung von Nomura – die sich vornehmlich mit den Investitionen, der Wohnsituation und der finanziellen Sicherheit der Führungskräfte befaßte –, Land zu kaufen, wobei man ihm ein ideales Grundstück im Wert von 250000 Dollar anbot, das Nomura Real Estate abstoßen wollte. Nakazawa erklärte, er sei knapp bei Kasse und ziehe den Verkauf seiner Nomura-Aktien in Betracht. »Ich hatte ohnehin daran gedacht, meinen Gewinn einzufahren, wenn der Kurs bei mehr als 2000 stehen würde«, meinte Nakazawa. »Aber plötzlich bot mir die Sozialabteilung ein langfristiges Darlehen zum niedrigen Zinssatz an.« Er kaufte das Grundstück, und Jahre später hatte seine Investition einen Wert von 700000 Dollar. In der Zwischenzeit waren auch seine Nomura-Aktien, von deren Verkauf ihm die Sozialabteilung abgeraten hatte, um das Dreifache gestiegen. Kurze Zeit danach wurde Nakazawa im Zuge einer der drastischsten Umschichtungen im Nomura-Management zum Mitglied des Hauptvorstandes ernannt. Im Alter von vierzig Jahren war er reich, mächtig und der jüngste Direktor der Firma.

Das Leben der Verkäufer wird durch eines der frustrierendsten Merkmale in japanischen Städten, dem Verkehrschaos am Nachmittag, erschwert. Es ist teilweise auf die Zehntausende von Aktienmaklern zurückzuführen, die nach Börsenschluß um 15 Uhr die Straßen bevölkern, um ihre Kunden zu besuchen. Mit einem kleinen Geschenk bewaffnet – in der Regel eine Schachtel Pralinen, ein Notizbuch, Kalender oder Bericht der Research-Abteilung –, suchen manche Verkäufer bis zu fünfundzwanzig Kunden am Tag auf.

Gegen Ende der fünfziger Jahre gewährte man den Spitzenverkäufern in den größeren Nomura-Zweigstellen erstmals das Privileg eines Firmenwagens mit Chauffeur, der nach Börsenschluß im Fuhrpark des Unternehmens darauf wartete, den Verkäufer zu seinen Terminen mit Kunden zu fahren. Andere Verkäufer stürmen in die Garagen, um dort nach dem Motto ›Wer zuerst kommt, mahlt zuerst‹ eines der übriggebliebenen Vehikel zu ergattern. Die Nicht-Motorisierten suchten ihre Kunden zu Fuß, mit dem Taxi oder der Untergrundbahn auf. Das Verkehrsproblem hatte zur Folge, daß Nomura jährlich Tausende von Strafzetteln wegen ordnungswidrigen Parkens erhielt. Diesem Mißstand versuchte das Unternehmen dadurch abzuhelfen, daß es verschiedene Beamte der Tokioter Polizei beauftragte, ihre Verbindungen spielen zu lassen und dafür zu sorgen, daß diese und andere geringfügige Gesetzesübertretungen nicht geahndet wurden.

Nomura hatte sich auch zu einem der größten Kunden japanischer Taxiunternehmen entwickelt, nicht nur in Tokio, sondern auch in anderen Städten. Das führte zu erbitterten Kämpfen der rivalisierenden Taxiunternehmen, die sich gegenseitig die Aufträge wegschnappten. Nippon Taxi oder Osaka Taxi behaupteten, sie würden die Nomura-Männer bis Mitternacht herumfahren. Die Yamaichi-Mitarbeiter beenden ihre Arbeit jeden Abend um achtzehn Uhr.

Verkäufer, die zu ausgebrannt, deprimiert oder faul waren, um ihre Kunden aufzusuchen, verbrachten die kostbaren Stunden am späten Nachmittag damit, Kaffee zu trinken, sich einen Kinofilm anzusehen oder Pachinko zu spielen. Für sie war es ratsam, einem von Nomura gezahlten Taxidienst aus dem Weg zu gehen, wenn man ihnen einen Wagen aus dem firmeneigenen Fuhrpark verweigert hatte. »Die Nomura-Fahrer besaßen große Ohren und ein loses Mundwerk«, erinnerte sich ein ehemaliger Verkäufer. »Wenn man also mal ins Kino wollte, war es besser, ein Taxi von einer fremden Firma zu benutzen.« Tatsuo Kurita, ein *kacho* der mittleren Hierarchie-Ebene bei Nomura, beobachtete, daß »die Cafés jeden Nachmittag voll sind mit japanischen Brokern, die rauchen und die Sportseiten der Zeitungen lesen«. Er meinte, wenn man beim Verlassen des Kinos oder bei der Zeitungslektüre von einem Vorgesetzten erwischt werde, dann sei es am besten, so zu tun, als bemerke man ihn nicht. Das ist eine typisch japanische Geste der Höflichkeit: Das, was man vorgibt, nicht zu sehen, sieht man einfach nicht.

Der persönliche Verkaufsstil war bei der unermüdlichen Suche nach Aufträgen immer von besonderer Bedeutung. Sowohl durchschnittliche japanische Kleinaktionäre als auch Unternehmenskunden verlangen eine Geste der Demut und Ehrerbietung, bevor sie ihrem Broker einen Auftrag erteilen. Die Nomura-Mitarbeiter waren besonders einfallsreich, wenn es darum ging, Kundenaufträge einzuholen. Frau Watanabe, die mit einem wohlhabenden Geschäftsmann in der Gegend von Yokohama verheiratet ist und den Gehaltsscheck ihres Mannes klugerweise in den japanischen Anleihe- und Aktienmarkt investierte, erzählte von einem solchen Erlebnis. Wie die meisten anderen Hausfrauen wurde sie mehrmals in der Woche von hartnäckigen Aktienhändlern angerufen, und sie vergab nicht mehr als sechs oder sieben Aufträge pro Jahr an diejenigen, die ihr sympathisch waren. (Ihr Mann nutzte den von seiner Frau in Aussicht gestellten Abschluß, um sich die eine oder andere Gefälligkeit von den jungen Brokern erweisen zu lassen, beispielsweise im Sommer das Auto zu waschen, das die Familie benutzte, und im Winter den Zufahrtsweg vom Schnee freizuschaufeln, bevor sie das Haus betreten durften.)

Eines Morgens erzählte ein Verkäufer von Kokusai Securities Frau Watanabe bei einer Tasse Tee, die Firma sei überzeugt, daß die Aktien des Stahlkonzerns Nippon Steel steigen würden. Nachdem er ihr einen sachkundigen und beeindruckenden Vortrag darüber gehalten hatte, bedankte er sich bei Frau Watanabe und ging. Später am Tag klopfte ein junger Verkäufer von Nomura Securities an ihre Tür, trank eine Tasse Tee und erzählte Frau Watanabe die gleiche Geschichte über Nippon Steel. Sie dankte ihm und sagte, sie wolle sich die Sache überlegen, bevor sie eine Entscheidung treffen werde. Plötzlich brach der Nomura-Mann in Tränen aus.

»Was ist denn los?« erkundigte sie sich.

Nach einer Weile stammelte der Mann: »Mein Chef hat mir befohlen, nicht ohne Auftrag zurückzukommen. Ich hab's versucht, aber ohne Erfolg; niemand will mir Aktien abkaufen.«

»Na, na«, sagte Frau Watanabe tröstend. »Also, ich werde Aktien bei Ihnen kaufen. Gehen Sie nur in Ihr Büro zurück, und kaufen Sie bitte 10000 Nippon-Steel-Aktien für mich.«

Der Nomura-Mann gewann seine Haltung zurück und verabschiedete sich beflissen von Frau Watanabe, die ihm erstmals dazu verholfen hatte, sein Büro um 19 Uhr zu verlassen.

Der Aktienhandel ist stets ein Vabanquespiel, wie sich Keniichi

Shimoda erinnert, der von 1977 bis 1983 im Privatkundenbereich von Nomura tätig war. Im Laufe der Jahre hatte er immer wieder hartnäkkig und vergeblich einen wohlhabenden Ladenbesitzer als Kunden zu gewinnen versucht, als er völlig unerwartet von ihm zum Mittagessen eingeladen wurde. Shimoda sah seine große Chance. Der Ladenbesitzer servierte eine Platte mit frischem, in hauchdünne Scheiben geschnittenem Fugu; dieser Kugelfisch ist eine Delikatesse in Japan, aber lebensgefährlich, wenn sie nicht von einem erfahrenen Fugu-Koch zubereitet wird. (Leber und Eierstöcke sind hochgiftig und dürfen beim Tranchieren nicht berührt werden.)

»Bitte bedienen Sie sich«, forderte er Shimoda auf. »Ich habe ihn selbst zerlegt.«

Den Fugu abzulehnen, wäre eine Beleidigung für den Gastgeber gewesen, und Shimoda hätte nie einen Aktienauftrag erhalten. Ihn zu essen konnte jedoch den Tod bedeuten. Shimoda dachte blitzschnell nach und rechnete sich aus, daß ihm gerade noch Zeit blieb, um sich im Krankenhaus behandeln zu lassen, da das Gift nach rund einer Stunde zu wirken beginnt; also lächelte er und verzehrte unter den wachsamen Augen seines Gastgebers die hauchdünnen Scheibchen. Erst nach dem Essen brach der Ladenbesitzer in Lachen aus und erzählte Shimoda, er habe den Fisch schon vorher von einem professionellen Fugu-Koch zubereiten lassen. »Aber da Sie Mut besitzen, sind wir von jetzt an im Geschäft.«

Sobald ein Verkäufer einem Kunden die Vorteile des Aktienkaufs erläutert hat, muß er ihn auch davon überzeugen, daß es ratsam ist, die Papiere Nomura Securities zur Verwahrung zu überlassen. Mit dem Depotgeschäft erwirtschaftet Nomura sehr hohe Erträge. Die japanischen Anleger hatten jedoch in dieser Hinsicht eine andere Einstellung als amerikanische Kleinanleger, die ihren Brokerhäusern bereitwillig die Verwahrung ihrer Bestände und solche Routineaufgaben wie das Einziehen der Dividende überlassen. Die Japaner, stets mißtrauisch gegenüber Aktienhändlern, zogen es vor, ihre Aktienzertifikate nach Bezahlung nicht aus der Hand zu geben und sie zu Hause oder notfalls auf der Bank zu deponieren. Nomura kam jedoch auf die brillante Idee, um die Verkäufer anzuspornen, sich den Zugriff auf die Aktienzertifikate der Privatkunden zu sichern: Man erfand den Zehn-Milliarden-Yen-Club, in den nur solche Verkäufer als Mitglieder aufgenommen wurden, die zehn Milliarden Yen – knapp 75 Millionen US-Dollar – bei ihren Kunden lockergemacht hatten. Kunden, die überredet werden konnten, ihre Aktien, Anleihen und Bargeld bei Nomura zu deponieren (das die Werte sicher verwahrte und sich unter anderem auch um die Einziehung der Dividendenausschüttungen kümmerte), berechnete das Unternehmen eine Standard-Depotgebühr von einem Prozent im Jahr. Das bedeutete, daß Nomura an jedem Club-Mitglied, von denen manche ein Jahreseinkommen von weniger als 40000 Dollar hatten, mehr als 750000 Dollar verdiente. Diese Ertragsquelle erwies sich als Goldmine und stärkte Nomuras Kontrolle über den Markt, da das Haus jederzeit wußte, wo große Aktienblocks zu finden waren. Gleichzeitig verlieh die Mitgliedschaft im Zehn-Milliarden-Yen-Club den Verkäufern enormes Prestige, und einmal im Jahr wurden die Topstars vom Präsidenten in den Nomura-Club zum Essen gebeten, das innere Heiligtum auf der obersten Etage der Nomura-Zentrale in Nihonbashi.

Nomuras Zehn-Milliarden-Yen-Club konnte jedoch das Bedürfnis der Japaner, materielle Güter in der Sicherheit des eigenen Hauses aufzubewahren, nicht vollends beseitigen. Wenn der Zeitpunkt gekommen war, an dem die Dividenden ausgeschüttet wurden – die in Japan gering sind –, schleppten die Familien ihre Aktien zur Firmenkasse, um ihr Geld abzuholen. Diese ›Fluchtmentalität‹ zwang die Broker, die Privatkundengeschäfte tätigten, auch dazu, den Kunden persönlich und noch am selben Tag, an dem die Aktien gekauft wurden, Verträge darüber auszuliefern. Drei Tage später, wenn die Zahlung fällig war, liefen die Verkäufer mit einem schwarzen Beutel zu den Kunden, um die Aktienzertifikate zu verteilen, und kamen mit einem prallgefüllten voller Bargeld zurück.

Bei der Aushändigung der Aktienzertifikate gegen Bargeld hatte der Broker nicht zum letzten Mal Kontakt mit seinen Kunden. Einmal lieh sich ein Kunde das Kapital für den Kauf seiner Aktien, und als der Aktienpreis fiel, mußte der Verkäufer eine zusätzliche Summe für die erforderliche Sicherheitsleistung einkassieren. Die Konfrontation mit einem wutentbrannten Anleger war einer der gefährlichsten Aspekte des Brokergeschäfts, der einige japanische Verkäufer zwang, die Einschußzahlungen aus eigener Tasche zu finanzieren. Der ehemalige Nomura-Verkäufer Kenniichi Shimoda erinnerte sich, daß er einmal einen älteren Kunden, einen Veteranen aus dem Ersten Weltkrieg, aufsuchen mußte, um Einschußzahlungen einzufordern, nachdem der Wert der Aktien gefallen war. Er sah sich einem zornigen alten Herrn gegenüber, der ein Samurai-Schwert schwang und ihn quer durch den Garten auf die Straße jagte. Später kam Shimoda noch einmal zurück und kroch auf allen vieren über den Boden, um die 1000-Yen-Noten aufzusammeln, die der Kunde im Garten verstreut hatte.

Nomura empfiehlt seinen Mitarbeitern, sich zu entschuldigen und nicht stur Aktien zu verteidigen, deren Kurs gefallen ist, um auf diese Weise die wütenden Kunden zu beschwichtigen. Diesem Rat sollte man tunlichst folgen, denn gelegentlich haben solche Probleme mit Kunden schon zu Gewalttätigkeiten, ja sogar Mord geführt. Die Geschichte des Fujio Kawada, Leiter der Nomura-Filiale in Shinjuku, ist ein besonders abschreckendes Beispiel. Kawada hatte seinen Verkaufserfolg im Aktienhandel vornehmlich seinen Beziehungen zur Unterwelt – den *Yakuza*, der japanischen Mafia – zu verdanken, für die Shinjuku berüchtigt ist. Diese Verbindungen wurden von Nomura Securities zwar nicht aktiv gefördert, aber auch nicht unterbunden. Kawada befand sich in einer strategisch günstigen Position, in der ihm Gerüchte über den möglichen Kursanstieg einer Aktie besonders leicht zu Ohren kamen. Anfang 1985 hatte er gehört, daß Yamanouchi Pharmaceutical, einer der größten japanischen Pharmakonzerne, ein Wunderheilmittel gegen Krebs entdeckt zu haben glaubte, und so gab er diese Neuigkeit an seine Kunden weiter.

Das Präparat würde, wie Kawadas Informant bei Nomura Securities verlauten ließ, weltweit Schlagzeilen machen, aber bis zu diesem Zeitpunkt konnten sich die bevorzugten Kunden bereits Yamanouchi-Anteile gesichert haben. Derartige Sensationsmeldungen beruhten zumeist auf reinen Spekulationen, aber japanische Anleger sind geradezu erpicht darauf, auf der Grundlage solcher Gerüchte ihr Geld zu investieren und den großen Coup zu landen. Sie hatten noch nicht vergessen, wie die Aktien von Ono Pharmaceutical, einem Pharma-Unternehmen, das Anfang 1984 auf die dreifache Größe expandierte, innerhalb weniger Monate von 5000 auf 15000 Yen gestiegen waren, und das aufgrund des Gerüchts, man habe dort ein neues Mittel gegen Diabetes entwickelt.

Kawada war keineswegs der erste in der Firma, der auf die Yamanouchi-Geschichte aufmerksam wurde. Selbst innerhalb von Nomura Securities hatte es immer Mitarbeiter gegeben, die gewinnträchtige Informationen verbreiteten. Sie bildeten eine regelrechte Hierarchie, an deren Spitze der einflußreiche Leiter der Handelsabteilung stand. Die ersten, die von der Neuigkeit erfuhren, waren die Topmanager, die im Namen von Verwandten und Freunden Aktien kauften; dann kamen die Politiker an die Reihe, die damit das Budget für ihre Wahlkampagnen auffüllten, danach folgten die renommierten Institute wie die Nippon Life Insurance und jene Unternehmen, denen Nomura eine Gefälligkeit schuldete. Weiter ging es in der Kette: Lebensversicherungsfirmen, Banken, japanische Unternehmen, ausländische Brokerhäuser und schließlich, wenn sie Glück hatten, die armen Verkäufer. Gelegentlich änderte sich dieser Informationsweg, aber die Nomura-Chefs und Japans Politiker wurden nur selten aus ihrer festgefügten Position gedrängt. Kawada war auf das Privatkundengeschäft spezialisiert, und obwohl Mitarbeiter in diesem Bereich oft die letzten sind, denen solche

Geschichten zu Ohren kommen, glaubte er genug Großkunden zu haben, um rechtzeitig informiert zu werden.

Yamanouchi war seit dem Sommer 1984 gestiegen und gegen Ende des Jahres von 1100 auf 2760 geklettert; aber erst im Januar 1985, als die Aktie bei 3500 stand, wurde Kawada darauf aufmerksam. Ohne Frage konnte sie die 10000-Yen-Marke erreichen, und deshalb begann Kawada, verstärkt zu kaufen – in der Überzeugung, früh genug am Ball gewesen zu sein. Um die gleiche Zeit entwickelte auch Nomura eine rege Nachfrage, mit dem Ergebnis, daß zahlreiche schriftliche Berichte und Anrufe von Kunden eintrafen und der Pharmakonzern Schlagzeilen machte. Kurz danach erreichte Yamanouchi mit 4000 einen neuen Höchststand, und Kawada konnte seinen Mafia-Kunden zum Kauf eines riesigen Aktienblocks überreden. Im Februar 1985 stellte Yamanouchi mit 4450 einen neuen Rekord auf, und Kawada wurde als Held gefeiert.

Und dann geschah die Katastrophe: Gerüchte über die schädlichen Nebenwirkungen des Medikaments tauchten auf, und die Japaner erlitten den sogenannten ›Biotechnologie-Schock‹. Die Anleger ließen Yamanouchi und andere Pharmafirmen wie eine heiße Kartoffel fallen. Der Aktienkurs sank wie ein Stein und stand im April unter 3000. Kawadas Kunde wurde verdrießlich, aber Kawada gelang es, ihn noch ein paar Monate lang in Schach zu halten. »Keine Sorge«, versuchte er den Gangster zu beruhigen. »Nomura wird uns schon aus der Klemme helfen.« Yamanouchis Sturz war jedoch nicht zu bremsen, und im Sommer sackte der Kurs unter 2700 ab. Im Herbst wies der gesamte Aktienmarkt rückläufige Tendenz auf, als der Markt der neu emittierten japanischen Regierungsanleihen zusammenbrach. Obwohl die Yamanouchi-Aktie fest notierte, glaubte der *Yakuza*-Boss, daß sich der Verlust nicht mehr wettmachen ließ, da ein Drittel der Investition bereits ›aufgefressen‹ war. Die Mafia-Handlanger lauerten Kawada auf und schlugen ihn mit einem Baseball-Schläger so brutal zusammen, daß er ins Koma fiel und kurz darauf starb. Nomura gab betrübt den Tod von Fujio Kawada bekannt, der Opfer einer ›unheilbaren Krankheit‹ geworden war.

Mord und Selbstmord gehören zu den bedauerlichsten Aspekten des spekulativen Brokergeschäfts; sie stellen oftmals die gewaltsame Reaktion auf einen erlittenen finanziellen Verlust dar. Häufigere Gründe hierfür sind jedoch Beschwerdebriefe von Kunden. Nomura hat sich stets bemüht, die Wogen zu glätten und die Differenzen auf dem Verhandlungsweg beizulegen, bevor gerichtliche Schritte eingeleitet oder die Medien darauf aufmerksam wurden. Nomura und die anderen führenden Brokerhäuser in Japan haben noch ein anderes As im Ärmel: Sie gehören zu den größten Inserenten, und folglich versuchen die Medien, jede Anspielung auf einen Skandal im Kreis der Großen Vier zu vermeiden. Beschwerden von Investoren ganz abzuwenden ist jedoch oftmals unmöglich, und Nomura wurde von seiner hausinternen Rechtsabteilung darauf hingewiesen, daß rechtliche Schritte seitens der Anleger unabänderlich ›zum Geschäft gehören‹. Diese Investoren versuchen ihre Verluste am Aktienmarkt vor Gericht einzuklagen, und Nomura ist darauf vorbereitet, sich gegen die Regreßansprüche zu wehren. Manchmal sind zehn bis zwanzig Prozesse gleichzeitig gegen das Haus anhängig – normalerweise von Anlegern angestrengt, die weniger als eine Million Dollar Schadenersatz fordern. Diese Summe ist im Vergleich zu den Regreßansprüchen, denen sich amerikanische Brokerfirmen gegenübersehen, geringfügig; dort klagen bisweilen Dutzende von Investoren gleichzeitig auf mehrere zehn Millionen US-Dollar Schadenersatz.

Die Japaner haben sich jedoch seit jeher bemüht, einer offenen Konfrontation aus dem Weg zu gehen. Die Brokerhäuser konnten in der Regel auf firmeninterne, ausschließlich für sie tätige Anwälte verzichten (bis 1986 gab es bei Daiwa Securities nur einen Rechtsberater, einen älteren Herrn), bis sie eine Operationsbasis im Ausland aufbauten. Nomuras Rechtsabteilung wurde 1936 für Steuerberatungszwecke gegründet und 1965, nach der Yamaichi-Krise, ausgeweitet, da die Investoren forscher nach einer Entschädigung für ihre Aktienmarktverluste verlangten. Anleger, denen es gelungen ist, die rechtlichen Hürden zu überwinden und ihre Forderungen an Nomura vor Gericht einzuklagen, neigen dazu, aggressiv vorzugehen. »Das wichtigste für einen Mann ist, abgesehen von seinem Leben, das Geld«, pflegte Keisuke Egashira zu sagen. »Es zwingt ihn, aufs Ganze zu gehen.«

Ein hoffnungsvoller Kunde kaufte im Frühjahr 1985 100000 Anteile der Nankai-Spinnerei für 1000 Yen pro Aktie und reiste danach geschäftlich nach Hongkong. Als er nach Tokio zurückkehrte, war der Kurs gefallen, und er rief unverzüglich den Broker an, um zu erfahren, zu welchem Preis seine Nankai-Anteile verkauft worden seien. Der verblüffte Nomura-Verkäufer erklärte ihm, er habe sich strikt an das vereinbarte Verkaufslimit von 1000 Yen gehalten. Daraufhin wurde der Kunde wütend und beharrte darauf, er habe die Anweisung erteilt, die Papiere an einem bestimmten Datum zum Tageskurs abzustoßen. Seine Schadenersatzforderung traf auf taube Ohren. Nomura wußte, daß es hereingelegt werden sollte. Als der Kunde schließlich klagte, war der Preis der Nankai-Aktien um die Hälfte gefallen, und der Anleger sah sich einem Verlust von 50 Millionen Yen gegenüber. Das Urteil des Richters erfolgte schnell und schmerzlos: Man könne von keinem Nomura-Verkäufer erwarten, daß er sich die Gelegenheit entgehen ließ, auf Bitte des Kunden hin eine Provision zu verdienen; er müsse zu hart arbeiten, um auf einen freiwillig erteilten Auftrag zu verzichten. Der Kläger verlor den Prozeß.

Aber nicht immer endet eine Auseinandersetzung so glatt. Im Winter 1984 eröffnete Dhana Singh Bains, ein wohlhabender indischer Kaufmann, der in Tokio lebte, ein Effektenkonto bei der Nomura-Zweigstelle in Shinjuku. Dieser Kunde wurde bald ein Alptraum, denn er sprach zwar Englisch, aber nur wenig Japanisch, und der zuständige Nomura-Verkäufer – Kensuje Yamada – beherrschte die englische Sprache noch weniger als Bains die japanische. Laut Bains begann Yamada seinem Kunden das Geld aus der Tasche zu ziehen, um seine Provisionen zu sichern – durch die bei Nomura häufig angewendete Taktik, das Portefeuille eines Kunden laufend umzuschichten. Er kaufte ohne Erlaubnis des Kunden Aktien von Mitsubishi Oil, einer Ölraffinerie, die für ihr Mißmanagement bekannt war und gelegentlich eine starke Nachfrage bei Spekulanten auslöste, wenn wieder einmal Übernahmegerüchte kursierten. Nachdem die Mitsubishi-Oil-Aktien an der Tokioter Börse in den Keller gingen, erhielt Bains von Nomura einen Kontoauszug, der zeigte, daß er mit fünfzig Millionen Yen in der Kreide stand.

Der wütende Kunde verlangte mit Yamadas Vorgesetztem, Haruhiko Moriyama, zu sprechen. Dieser suchte Bains unverzüglich auf und versuchte sich mit ihm zu einigen, bevor die Presse Wind von der Sache bekam. Frau Bains hatte das Gespräch jedoch heimlich aufgezeichnet, bei dem sie die wenig originelle Frage stellte, was denn nun mit den Aktien geschehen sollte, die Nomura ohne ihr Wissen gekauft habe. Moriyama erwiderte, Nomura werde sie zurückgeben, und da er Frau Bains' Lächeln fälschlicherweise als Zeichen des Einverständnisses deutete, trieb er einen weiteren Nagel in Nomuras Sarg. Er gab zu, der Handel, den Yamada ohne ausdrücklichen Auftrag des Kunden betrieben habe, sei unverzeihlich, und er versicherte Frau Bains, daß dieser seine Strafe erhalten werde. Nachdem Moriyama gegangen war, brachte Frau Bains das Band sofort zu ihren Anwälten, die es als Beweismaterial verwendeten. Das Gericht erkannte der Familie Bains eine Schadenersatzsumme in Höhe von 112000 US-Dollar zu.

Kapitel 21:

Die Geächteten von Kokusai Securities

Nur die stärksten, kampfgestählten Nomura-Männer blieben bis zum Ende ihrer beruflichen Laufbahn für Nomura Securities tätig. Der Rest war zu einem Leben in der Verbannung verurteilt. Kokusai Securities war eine Brokerfirma, die von solchen Ausgestoßenen geformt wurde, von Männern, die zu alt oder zu schwach waren. Sie wurden als ›politische Flüchtlinge‹ abgestempelt, die man nach verlorenen Kämpfen aufgegeben, in die Grauzonen des Aktienhandels verbannt oder am Hügel von Nomura Securities ihrem Schicksal überlassen hatte. »Traurig und beunruhigend, aber wahr«, gestand ein Nomura-Mann zögernd ein, als die Sprache auf seine Freunde bei Kokusai kam.

Die Mitarbeiter von Kokusai Securities schwelgten jedoch nicht in Selbstmitleid, sondern begannen, das sechstgrößte Brokerhaus Japans aufzubauen, und errangen damit einen der größten Erfolge in der Geschichte des modernen Finanzwesens.

Kokusai entstand durch die Fusion von zwei winzig kleinen, der Nomura-Gruppe zugehörigen Firmen, Yachiyo und Koa Securities. Das Unternehmen wurde in Nomura Trust Sales Company umbenannt und gilt inzwischen als Japans größte Sammelstelle für Gelder, die im Aktienmarkt investiert werden. Der Zusammenschluß erfolgte 1981, ein Jahr, bevor die globalen Finanzmärkte aus dem wirtschaftlichen Sumpf auftauchten, der infolge der hohen Ölpreise, der hohen Zinssätze und der hohen Inflationsraten entstanden war. Japan schien auf eine Rezession zuzusteuern und sah düsteren Zeiten entgegen. Die Wirtschaftswachstumsraten, die 1980 bei 8,2 Prozent gelegen hatten, halbierten sich bis 1983. Der japanische Aktienmarkt, der als Trendsetter galt, hatte im August 1981 jedoch eine Rekordmarke von knapp über 8000 erreicht, ein Niveau, das man in den nächsten eineinhalb Jahren nicht wieder zu Gesicht bekommen sollte. Alle waren zu sehr mit den pessimistischen Aussichten beschäftigt, um zu bemerken, daß Wall Street im August 1982 seinen Tiefststand verzeichnete. Drei Monate später, im Oktober, zog der japanische Aktienmarkt an, in dem sicheren Gespür, daß sich für Japans Wirtschaft eine Erholung abzeichnete und Wall Street auf dem besten Weg war, sich zu überhitzen.

Bis zu diesem Zeitpunkt war die Nachfrage nach Aktien gering. Die Japaner interessierte die Frage, wie sie ihre Heizkosten zahlen und bei ihren Arbeitgebern eine Lohnerhöhung durchsetzen sollten, weit mehr als der Kauf von Aktien bei rückläufigen Kursen. Ihnen waren diese Sorgen nicht neu. Jedesmal, wenn die Ölpreise am Weltmarkt in die Höhe schnellten, hatten die Japaner das Nachsehen. Japan besitzt keine eigenen Erdölvorkommen und muß, um seine Wirtschaftsmaschinerie in Gang zu halten, 99 Prozent des Erdöls importieren, vornehmlich aus dem Mittleren Osten. Als sich die Erdölpreise 1973 um das Vierfache erhöhten und von 3 auf 12 Dollar je Barrel stiegen, setzte die Abwärtsspirale des japanischen Aktienmarkts ein, gleichzeitig mit dem Sturzflug der Wirtschaft. Das Leben begann sich 1979 gerade wieder zu normalisieren, als der Schah von Persien abdanken mußte und den Mittleren Osten damit aus dem Gleichgewicht brachte. Innerhalb weniger Monate kletterte der Ölpreis auf mehr als 40 Dollar pro Barrel. Für die Japaner war diese Entwicklung ein ständig wiederkehrender Alptraum, unter dem insbesondere die weniger renommierten Brokerfirmen innerhalb der Nomura-Gruppe litten, wie Yachiyo und Koa. Ihre Umsätze reduzierten sich, weil die Anleger vom Markt enttäuscht waren und auf Aktienkäufe verzichteten.

Jedesmal, wenn der Aktienmarkt rückläufige Tendenz aufwies, stellte Nomura Securities fest, daß sein Marktanteil wuchs. Wer sein Geld in solch unsicheren Zeiten investieren wollte, zog eine Brokerfirma vor, deren Name mit einer gewissen Sicherheit und einer dominierenden Stellung am Markt in Verbindung gebracht wurde. 1981 entfiel auf Nomura jedes sechste an der Tokioter Börse abgeschlossene Geschäft, was einem Marktanteil von 15 Prozent entsprach. Das bereitete dem Finanzministerium Kopfzerbrechen, und es setzte sich mit Setsuya Tabuchi in Verbindung, dem Präsidenten des Unternehmens. Das Problem, wurde ihm eröffnet, sei die beherrschende Marktstellung der Großen Vier, die ständig größer würden, während die kleineren Firmen ausstarben. In Japan fehle es an voll integrierten Wertpapierhäusern, Unternehmen, die nicht nur in Aktien, sondern auch in Anleihen handelten, die Emission neuer Aktien übernahmen und in eigener Regie Marktforschung und Informationsdienste betrieben. Die Lösung, so bedeutete man Tabuchi, sei die Gründung einer weiteren Wertpapierfirma; dadurch ließe sich der Wettbewerb gegen die Großen Vier stärken und die Liquidität des Marktes erhöhen.

»Das Management von Nomura Securities war hoch erfreut über diese Aufforderung, ein neues Brokerhaus zu gründen«, gestand Shoshi Kawashima, der erste Präsident von Kokusai. Die Führungsetage zielte darauf ab, Nomuras Anteil am täglichen Börsenumsatzvolumen auf 18 oder 20 Prozent zu erhöhen; aber gleichgültig, wie stark man den Verkaufsteams auch zusetzte, über einen Marktanteil von 15 Prozent gelangte man nicht hinaus. Nomuras Topmanager beriefen aus Sorge, das Wachstum habe seinen endgültigen Gipfel erreicht, 1981 eine Krisensitzung ein. Sie verglichen ihre Situation mit der von Kirin-Brewery, dem größten Getränkehersteller Japans, der seine Konkurrenten 1980 mit einem Anteil von 60 Prozent des Biermarktes weit abhängte. Die Kirin-Führung hatte die clevere Marketingstrategie entwickelt, Whisky unter verschiedenen Warennamen zu verkaufen, woraufhin der Marktanteil in schwindelnde Höhen stieg. Das Nomura-Management zeigte großes Interesse an Kirins erfolgreichem Schachzug am Markt. Die Nomura-Verkäufer, überlegte man, hatten jeden Winkel Japans durchkämmt; Nomura stand bereits an der Spitze der Brokerbranche und tätigte mit fast allen Finanzinstituten Geschäfte. Das Finanzministerium bot Nomura nun endlich die Gelegenheit, zu expandieren und gleichzeitig den Anschein zu erwecken, dem Finanzwesen aus altruistischen Gründen zu helfen. Wie Kirin würde es einen brandneuen Markennamen schaffen.

Die Gründung von Kokusai war ein genialer Schachzug. Nomura beschwichtigte damit nicht nur das Finanzministerium, sondern konnte auch den Zugriff auf den Durchschnittsanleger verstärken, indem es die Kontrolle über den Kundenkreis von Yachiyo und Koa gewann. Yachiyo Securities war bereits seit 1948 im Tokioter Raum ansässig und hatte seine Zentrale in Nihonbashi, ein paar Häuserblocks von der Tokioter Börse entfernt. Gemessen an japanischen Verhältnissen galt es als ein unauffälliges Brokerhaus, »nicht so spekulativ wie die meisten«, erklärte Shuzo Nagata, einer der Direktoren von Kokusai. Obwohl Yachiyo auch Aktien verkaufte, war es für sein Know-how im Anleihenhandel bekannt. Die Leitung hatte ein konservatives ehemaliges Vorstandsmitglied von Nomura Securities inne, ein Mann, der bald in den Ruhestand gehen sollte und den Vorsitz über das Filialnetz der Firma weniger energisch führte als sein Amtskollege bei Koa Securities.

Die Mitarbeiter von Koa hatten vieles mit den Reishändlern des neunzehnten Jahrhunderts gemein, oder – wie John Doyle, ein ehemaliger Kokusai-Makler meinte – »sie glichen mehr den Mitgliedern der Unterwelt als Brokern«. Koas Verkaufs- und Handelsteam setzte sich überwiegend aus großmäuligen Rüpeln mit schlechten Manieren und mangelhaften Kenntnissen der grundlegenden Faktoren einer Aktienmarktanalyse zusammen. Koa Securities fehlte auch das Filialnetz, das

Yachiyo besaß. Die Firma verkaufte Aktien nach eigenem Konzept, aufgrund von Gerüchten, Charts und Insider-Tips. Sie stand bei Eingeweihten in dem Ruf, hochgradig spekulativ und eine Spur unredlich zu sein.

Setsuya Tabuchi traf eine geniale Entscheidung, als er beschloß, das Ansehen von Yachiyo und Koa durch die Fusion mit dem erfolgreichen Nomura-Investmentfonds-Verkaufsbereich und die nachfolgende Umbenennung in Kokusai aufzuwerten. Die japanischen Hausfrauen kannten und vertrauten der Nomura Investment Trust Sales Company, die über ein weitläufiges Netzwerk von Niederlassungen mit Verkaufsteams und Büros verfügten, die unverzüglich in ein Brokerhaus mit umfassender Dienstleistungspalette umgewandelt werden konnten. Die Anwesenheit gelernter Verkäufer würde dazu beitragen, das Gangster-Image von Koa abzubauen, und das Verkaufsteam von Yachiyo motivieren, sich mit mehr Elan in die Arbeit zu stürzen. Dazu kam, daß der Name ›Kokusai‹ in der japanischen Schriftsprache eine doppelte Bedeutung, nämlich ›international‹ und ›Regierungsanleihe‹, besaß und für die zu westlicher Lebensart neigenden Japaner einen ansprechenden und zeitgemäßen Klang hatte.

Die Gründung von Kokusai bot noch einen weiteren Vorteil: Tabuchi war damit in der Lage, im Dienst ergraute oder unliebsame Nomura-Manager abzuservieren. »Nomura behielt nur die Mitarbeiter, die sich auf der Schnellspur des Unternehmens bewegten«, stellte Yoshio Terasawa fest, Mitglied im Hauptvorstand, der 1987 selbst Opfer des Säuberungsprozesses wurde. »Die anderen wurden in die Zweigstellen verbannt, von denen Kokusai die größte war.« Tabuchi hatte sich überlegt, daß er frischen Wind ins Unternehmen bringen konnte, wenn er die unbeweglichen Manager ins Exil schickte. Die jüngeren, karrierebewußten Nomura-Männer innerhalb der Muttergesellschaft erhielten somit eine Aufstiegschance – und die Ausgestoßenen die Möglichkeit, sich einen Namen zu machen. Anstatt die unerwünschten Mitarbeiter in unbedeutende Tochterfirmen wie Nomura Tourist abzuschieben, bot Tabuchi den langjährigen Mitarbeitern in Führungspositionen nun lukrative Abfindungen und eine Anstellung bei Kokusai sowie als Anreiz ein Kokusai-Aktienpaket an, das sie noch vor der für 1987 geplanten Notierung an der Tokioter Börse erhalten sollten (ähnlich wie die weniger erfolgreiche, einige Jahre zuvor vom Vorstandsvorsitzenden von Recruit angewandte Strategie, durch dessen Manipulationen das Kabinett von Ministerpräsident Takeshita ins Wanken geriet.)

Dann setzte Tabuchi eines der durchdachtesten Umstrukturierungsprogramme in der Geschichte japanischer Unternehmen in die Praxis um: Er berief jeweils einen Mitarbeiter aus den Nomura-Bereichen Research, Effektenabwicklung, Verkauf, Handel und Finanzen in den Kokusai-Vorstand. Als letzte freundschaftliche Geste garantierte er Kokusai absolute Eigenständigkeit, obwohl er dafür sorgte, daß Nomura samt seinen Zweigstellen und zur Gruppe gehörenden Firmen mit 51 Prozent die Mehrheitsanteile an Kokusai hielt.

Ausgeübt wurde die Kontrolle über die jeden Montag stattfindenden Besprechungen, die *Sagomi-kai.* Hier setzte sich ein Mitglied des Nomura Verkaufs- und Handelsteams mit Angehörigen der Nomura-Filialen zusammen, um die Verkaufsstrategie für die Nomura-Unternehmensgruppe zu entwickeln und zu entscheiden, welche Aktien und Sektoren lanciert werden sollten. Kokusai war das wichtigste Wertpapierhaus im Nomura-Verband, zu dem zahlreiche kleinere Unternehmen wie World, Itogin, die Wertpapierfirmen Tagaki und Ichiyoshi Securities, die lockerer angeschlossenen Wertpapierfirmen Taisei und Nichiei Securities gehörten, sowie Sanyo Securities, ein unabhängiges Brokerhaus, das sich im Besitz der Familie Tsuchiya befand. Diese Besprechung stellte ein wichtiges Element der Macht und Feinabstimmung dar, das dazu beitrug, Nomuras Marktanteil auf 20 Prozent zu erhöhen. Für die *Sagomi-kai*-Teilnehmer bot sich damit eine ständig sprudelnde Einkommensquelle, da sie schon vor der offiziellen Bekanntgabe der Empfehlungen in der Lage waren, Aktien zu kaufen.

Obwohl die Kokusai-Mitarbeiter Ausgestoßene waren, standen sie im Bündnis mit Nomura und Tabuchi, das noch gestärkt wurde, als ein langjähriger Nomura-Mitarbeiter an die Spitze des neuen Unternehmens vorrückte: Shoshi Kawashima, der zum Nomura-Jahrgang 1935 gehörte. Kawashima war Mitglied des renommierten, wenn auch reichlich antiquierten Nomura-Veteranenclubs, der einmal im Monat im siebten Stockwerk der Zentrale tagte. Hier waren nur die Vorstandsvorsitzenden und langjährigen Berater der wichtigsten Nomura-Zweigstellen zugelassen; nicht einmal Tabuchi wurde der Zutritt gestattet. Kawashima hatte 1953 von Segawa den Auftrag erhalten, die Nomura-Niederlassung in New York zu eröffnen, und nach seiner Rückkehr in die Heimat die Leitung der Auslandsabteilung übernommen. 1964 war er von Masao Nagasawa, der seit 1934 und somit ein Jahr länger zum Unternehmen gehörte, ausgemustert und nach Osaka versetzt worden. Aufgrund des Vorrangs, den man der Seniorität einräumte – ohne Berücksichtigung, ob der an Jahren ältere Mitarbeiter weniger befähigt oder wie im Fall Nagasawa »rücksichtslos und ohne Interesse an den Menschen in der Firma« war –, blieb Kawashima keine andere Wahl, als seinem ranghöheren Vorgesetzten Folge zu leisten, trotz mehr als dreißigjähriger Tätigkeit in seinem Beruf. (Erst 1987 brach Nomura Securities als erste mit der Tradition und gab bei anstehenden Beförderungen den jüngeren, kompetenteren Männern eines Jahrgangs den Vorzug vor dienstälteren.) Die Versetzung nach Osaka war für Kawashima ein Schlag ins Gesicht, denn Osaka galt zwar als Hauptsitz von Nomura in der Vorkriegs-Ära – und er war dort geschäftsführender Direktor –, aber seit Ende des Krieges hatte sich die Schaltstelle der Macht nach Tokio verlagert. In Osaka übte man sich im Geduldsspiel, bis anderswo ein Posten frei wurde.

1972 wurde Kawashima endlich in die Investment Trust Sales Company nach Tokio berufen, deren Vorsitz er übernahm. Diese Position war ebenfalls ein ›Härtetest‹, und hier erlebte er die anstrengendste Zeit seiner beruflichen Laufbahn. Damals fiel es den Verkäufern ziemlich schwer, Fondsanteile beim Publikum unterzubringen, da die Aktienkurse nach dem ersten Ölschock Tag für Tag fielen. Nomura garantierte den Hausfrauen und kleinen Ladeninhabern eine Rendite von zehn Prozent, wenn sie Fondsanteile erwarben, und investierte dieses und aus anderen Quellen stammendes Anlagekapital im Markt. Nomura sah jedoch keinen Weg, seiner Zusage nachzukommen und eine Rendite von zehn Prozent auszuzahlen, und so mußten die Verkäufer ihre Kunden nach sechs Monaten erneut aufsuchen und sie überreden, auf einen neuen, mehr versprechenderen Fonds umzusteigen. »Wir haben unsere Kunden ständig belogen und betrogen«, erinnerte sich ein Verkäufer. »Wir verkauften ihnen Fondsanteile, und dann fiel der Kurs der im Bestand gehaltenen mündelsicheren Wertpapiere. Wir verkauften ihnen Aktien, und dann fiel der Aktienkurs. Die Kunden suchten die Verkäufer im Büro auf, und die Verkäufer versteckten sich, oder schlimmer noch, sie wischten den richtigen Aktienkurs aus, der auf einer schwarzen Tafel vermerkt war, und schrieben eine höhere Zahl hin, nur um den Kunden zufriedenzustellen.«

Kawashima war der Leiter dieser unglückseligen Gruppe. Und er gab nicht auf. Andere langjährige Führungskräfte zeigten keine Ambitionen, ihr eigenes Kapital in den Nomura-Fonds zu investieren, aber Kawashima glaubte an sein Produkt und kaufte sich in den Fonds ein, was ihm den Respekt seiner Kollegen verschaffte. Noch als Vorstandsvorsitzender von Kokusai führte Kawashima den Titel, der ihn als Vorsitzender des Marketingteams im Investmentfonds-Bereich auszeichnete. In seinen Augen war Kokusai ein Ableger der Abteilung, die er aufgebaut hatte – eine Abteilung, der es gelang, die Ersparnisse japanischer Familien im ganzen Land auf den Aktienmarkt zu verteilen. Obwohl Nomura mit 50 Prozent die Aktienmehrheit an Kokusai hält, erklärte er: »Wir sind kein Baby mehr, das von den Eltern versorgt werden muß, seit wir im Mai 1987 an der Börse notieren. Wir sind unabhängig.«

Nomura stärkt den Glauben an Kokusais Eigenständigkeit, denn ein

Gefühl der Freiheit ist unerläßlich, um sich zu engagieren und Aufträge einzuholen. Die Kokusai-Mitarbeiter dürfen sich freuen, wenn es ihnen gelungen ist, Nomura ein Aktien- oder Bondgeschäft vor der Nase wegzuschnappen, und sollen vergessen, daß Nomura den gesamten Kokusai-Vorstand auflösen und sämtliche Angestellten auf die Straße setzen könnte.

Das unscheinbare ehemalige Gebäude in Nihonbashi, das einst Yachiyo Securities beherbergte und nur wenige Schritte von einer häßlichen Schnellstraße entfernt liegt, wurde Kokusais Zentrale. In diesem Irrgarten aus graugestrichenen Abteilungen mit niedrigen Decken befinden sich in der unteren Etage die Effektenabwicklung (die Angestellten händigen die Aktienzertifikate persönlich aus und haben keine Zeit, auf den Fahrstuhl zu warten). Im ramponiert wirkenden sechsten Stockwerk sind die Büros der Direktoren. Die lauteste Etage ist die vierte: Hier befindet sich der Handelsbereich, der zusätzlich noch durch die Anwesenheit von drei Direktoren aus dem Hauptvorstand belebt wird, die im sechsten Stock keinen Platz mehr gefunden haben.

Neben dem Kokusai-Gebäude und in den zahllosen Nebenstraßen, die keine Namen tragen und zur Nomura-Zentrale und der einige Häuserblocks entfernten Börse in Tokio führen, befinden sich rund ein Dutzend japanische Restaurants im traditionellen Stil, die von Familien bewirtschaftet werden. Während der Mittagspause füllen sie sich mit Sekretärinnen und Büroangestellten, von denen die meisten auf dem linken Revers ihrer Anzüge eine Kokusai- oder Nomura-Anstecknadel tragen. Am Abend hört man aus den Mah-Jongg-Bars das Klick-Klack der Steine. Dort treffen sich die Kokusai-Manager bei einem Glas Whisky oder Bier und spielen ein paar Runden, bevor sie die Heimfahrt antreten.

Während des Kursanstiegs, der 1982 begann und eine wahre Euphorie auslöste, war Kokusai bestens für die Hausse gerüstet: Das Unternehmen besaß ein Netz von 65 Zweigstellen und ein fünfhundert Mann starkes Verkaufsteam, das auf Aktien, Bonds und offene Investmentfonds spezialisiert war. Die Gewinne aus dem Anleihenhandel und die Kommissionen, die Kokusai durch den Verkauf der Fondsanteile erzielte, beliefen sich im ersten Jahr des Bestehens bis Oktober 1982 auf 11 Milliarden Yen. Als der Aktienmarkt durch die rege Beteiligung der institutionellen Anleger Mitte der achtziger Jahre, als in Japan Aufbruchstimmung herrschte, neue Rekorde aufstellte, brachte jeder Geschäftsbereich mehr als 140 Millionen US-Dollar im Jahr ein.

Man verdiente sich seine Lorbeeren jedoch vornehmlich durch den Handel und Verkauf von Aktien (für den Verkauf von Fondsanteilen waren Frauen zuständig), und Mitte der achtziger Jahre gewannen die japanischen Broker plötzlich ungeheuer an Prestige. Geld war ein Statussymbol, und am Tokioter Aktienmarkt ließ sich eine Menge Geld verdienen. Der Aktienverkauf galt als ein Metier für harte Männer, und die jungen College-Absolventen in allen Teilen Japans wetteiferten um eine Anstellung in einer Brokerfirma. Kokusai konnte mit dem Aktienhandel bemerkenswerte Erfolge erzielen: Die Kommissionserträge aus den Wertpapiergeschäften, die im Auftrag der Kunden an der Tokioter Börse getätigt wurden, stiegen von 10 auf mehr als 50 Milliarden Yen an. Kokusai entwickelte sich zur ›Geldfabrik‹ und steigerte seine Nettogewinne innerhalb von fünf Jahren um das rund Zwanzigfache von 1,2 Milliarden Yen im Jahr 1982 auf rund 20 Milliarden Yen im Jahr 1987, als es Rang 75 auf der Liste der gewinnstärksten Unternehmen einnahm und als sechstgrößtes Brokerhaus Japans galt. Im Mai 1987 wurden die Kokusai-Direktoren zu Multimillionären, als die Aktien ihres eigenen Unternehmens an der Zweiten Sektion der Tokioter Börse eingeführt wurden. Der Eröffnungskurs lag bei 38,5 US-Dollar, vier- oder fünfmal höher als der Preis, für den die meisten Mitarbeiter die Aktien mit eigenem Geld oder zinsgünstigen Krediten erwerben konnten.

Einen großen Teil des Erfolgs verdankte Kokusai Susumu Watanabe, dem König des Handelsparketts während der Jahre des wirtschaftlichen Aufschwungs in Japan. Er verkörperte das Bild des ungeschliffenen, listigen Aktienhändlers einer vergangenen Epoche, und Nomura hatte 1981 beschlossen, ihn zu Kokusai zu versetzen, um sein Image aufzupolieren. Die Kollegen bei Nomura nannten ihn hinter seinem Rücken ›unser *Yakuza*‹ oder Gangster. Er war ein großer, stämmiger Mann mit dichtem buschigem Haar, der eine silbergefaßte Brille trug und den schwarzen Gürtel in einer Kampfsportart sowie einen furchteinflößenden Ruf besaß. Einmal hatte er in einer Bar eine Schlägerei mit dem Präsidenten von Ichiyoshi Securities – einer Satellitenfirma von Nomura – angezettelt, der ihn wegen der Bardame hänselte, mit der Watanabe liiert war. Sein Blick habe »die Händler zum Zittern und die Kinder zum Weinen gebracht«, gestand ein Kollege. Seine Stimme wechselte zwischen einem sonoren, onkelhaften, schnarrenden Tonfall, der Konferenzen vorbehalten war, und einem lauten Gebell, mit dem er seine Befehle zu erteilen pflegte. Wenn er in Wut geriet, ergoß sich eine Flut unverständlicher Beleidigungen über das vor Schreck erstarrte Opfer, das stumm und mit gesenktem Kopf vor ihm saß.

Umgeben von beflissenen Händlern und Verkäufern, die beim ersten Anzeichen aufsprangen, um ihm Feuer für seine Zigarette zu geben (wie die meisten japanischen Broker war er Kettenraucher) oder ein Papiertuch zu reichen, hatte sich Watanabe für gewöhnlich mit Blick auf den Raum postiert, der den Händlern vorbehalten war. Er ließ ein gebieterisches ›Oi‹ erschallen, bevor er seinen Männern Anweisungen erteilte, die über Kopfhörer mit dem Handelsparkett der Tokioter Börse verbunden waren und die neuesten Informationen vom Markt erhielten. Selbst in diesem Raum hielt Watanabe engen Kontakt mit Nomura: Ständig rief er die Händler des Nomura-Teams an und suchte nach einer Gelegenheit, Aktien von ihnen zu kaufen oder an sie zu verkaufen. Verlief der Handel ruhig, konnten seine Vasallen an den Nakkenmuskeln ablesen, wann Watanabe mit donnernder Stimme sein nächstes Kommando geben würde. Er war ermächtigt, für Rechnung des Hauses in Aktien zu handeln, und jeden Tag setzte er erneut Kokusais Geld aufs Spiel, in der Hoffnung, einen Gewinn damit zu erzielen. Einer seiner Kollegen erzählte: »Er war ein hochgradig emotionaler Mann und kaufte Aktien kurz vor ihrem Tageshöchststand, wenn das Börsenfieber den Höhepunkt erreichte.« Wenn er merkte, daß ein Verlust drohte, wies er die Händler manchmal mit donnernder Stimme an, die Aktienblocks mit rückläufigem Kurs an eine der Zweigstellen zu verkaufen. Vor dem Mittagessen oder nach der morgendlichen Lagebesprechung sammelte Watanabe seine Truppe um sich und hielt einen ebenso leidenschaftlichen wie langen Vortrag über das Know-how des Aktienverkaufs, gewürzt mit Anekdoten aus der ›guten alten Zeit‹ bei Nomura. Die Botschaft, die hinter den Worten stand, war stets dieselbe: »Besucht hundert Kunden, immer wieder; gebt niemals auf. Ihr müßt Druck, Druck und nochmals Druck machen!«

Kapitel 22:

Das neue Gesicht von Nomura International

1978 übernahm Masanori Ito, der seines düsteren, martialischen Aussehens wegen den Spitznamen ›der Apache‹ erhalten hatte, die Leitung der Auslandsgeschäfte des Hauses Nomura. Innerhalb von fünf Jahren sollte er Nomuras Kriegskasse mit internationalem Kapital füllen und die Niederlassungen in Übersee in die schwarzen Zahlen manövrieren – aber um einen schrecklichen Preis. In diesem Zeitraum grub der Apache mit seiner ›Räuber- und Plünder‹-Mentalität und durch die Verkaufstaktiken, die er den Niederlassungen aufoktroyierte, das Kriegsbeil gegen jeden kompetenten Mitarbeiter im Ausland aus und zerstörte den Ruf, den Nomura in internationalen Finanzkreisen genoß.

Nomura International hatte einen weiten Weg zurückgelegt, seit es 1953 als kleiner Außenposten in New York aufgebaut worden war. 1978 besaß es Niederlassungen in London, Hongkong, Amsterdam, Singapur, Frankfurt, Toronto und Genf. Zu seinen drei wichtigsten Botschaftern zählten der liebenswerte Yoshio Terasawa, ›Mr. America‹ genannt, der weltmännische Keisuke Egashira, der den Spitznamen ›Mr. Europa‹ erhalten hatte, und der onkelhafte Yukio Aida, dem beide unterstellt waren. Dieses ›Dreigespann‹, in dem sich Freundlichkeit, fachliche Kompetenz und ein behaglicher Lebensstil auf das beste ergänzten, errang bald die Bewunderung der ausländischen Kunden, und der Integrität dieser Gesandten hatte Nomura International zu verdanken, daß es bald als das distinguierteste unter den japanischen Brokerhäusern galt.

Itos Unzufriedenheit ließ sich zum Teil darauf zurückführen, daß die Nomura-Auslandsfilialen unter Aidas liberalem Führungsstil zu wenig ›Biß‹ zeigten. Sie hatten das Ziel, Gewinne zu erwirtschaften, aus den Augen verloren. Dazu kam, daß Ito fürchtete, Egashira und Terasawa könnten inzwischen mehr der westlichen Geisteshaltung als den japanischen Traditionen verhaftet sein. Die beiden Männer hatten sich in der Tat einen westlichen Lebensstil zu eigen gemacht, da sie in den siebziger Jahren als Leiter der New Yorker und Londoner Geschäftsstellen den größten Teil ihrer Zeit an verschiedenen Orten im Ausland im Einsatz gewesen waren. Ito besaß nicht ihr diplomatisches Geschick, und ein ehemaliger Auslands-Mitarbeiter erklärte: »Für Nomura war es an der Zeit, den Aktienhandel anzuheizen, wie es die Verkaufsteams in Japan machten.« Als erstes servierte Ito Aida ab; 1979 schickte er dann Egashira nach London und im darauffolgenden Jahr Terasawa nach New York – ein harter Schlag für die beiden Männer, denn die Schaltstelle der Macht des Hauses Nomura befand sich in Tokio.

Dennoch sagte London Egashiras persönlichem Lebensstil zu. Er kannte die Stadt, denn er hatte Nomuras erste Operationsbasis in der britischen Metropole geleitet, die 1964 errichtet worden war. Nun nahm er seine vertraute Lebensweise wieder auf. Seine äußere Erscheinung war beeindruckend: Er kleidete sich stets formvollendet, trug maßgeschneiderte Anzüge und bezog wieder ein geschmackvoll eingerichtetes Haus am Dolphin Square, Londons Nobeladresse, dessen Wände er mit erlesenen Kunstwerken schmückte. Seine Freunde bezeichneten ihn als Gourmet; ständig trug er ein kleines schwarzes Büchlein mit den namhaftesten Feinschmecker-Restaurants in Europa und Amerika in der Tasche. »Er kannte die besten Restaurants und schwärmte für die französische Küche«, erinnerte sich John Quinn, der früher einmal für Egashira arbeitete. »Es verging selten ein Abend, an dem er nicht in irgendeinem Nobelrestaurant speiste.« Aber während Egashira mit seinen gesellschaftlichen Aktivitäten glänzte, ging es mit seiner Karriere bergab, so daß er zum Schluß nicht mehr als ein Aushängeschild für Nomura war. Er hatte etwas gegen die Außenseiter, die in seine Londoner Domäne eindrangen, und Ito konnte er am wenigsten leiden. Egashira bewegte sich in der Welt der Londoner Hochfinanz, und in seinen Augen war Ito nichts weiter als ein hochgejubelter Verkäufer, der nicht einmal die Sprache der englischen Königin beherrschte. Im Verlauf der achtziger Jahre stellten seine Kollegen fest, daß er immer weniger Zeit im Büro verbrachte. »Seine bevorzugte Zufluchtsstätte waren die Salzburger Festspiele«, behauptete einer von ihnen. »Ich rief seine Sekretärin an, und sie sagte meistens: ›Er befindet sich gerade auf einer Geschäftsreise und wird in zwei Wochen zurückerwartet.‹«

Die Schwierigkeiten waren vorprogrammiert, denn dieser Lebensstil ließ sich mit Itos Vorstellungen nicht vereinbaren. Ito ging es einzig darum, Geld für die Firma zu verdienen, ohne Rücksicht auf die freundschaftlichen Beziehungen, die Nomura dabei einbüßte. Als Ito den Vorsitz führte, verglich Egashira Nomura International mit einem globalen Bären, der dem Sinnbild Rußlands ähnelte: Riesig und mächtig bahnte er sich mit schwerfälligem Schritt den Weg durch den internationalen Wald und erhob mutwillig drohend die Pranken. Vor Itos Amtsantritt hatte Nomura seine Erträge dadurch gesichert, daß es den Kunden Aktien empfahl und sie von den Vorteilen dieses Anlagevehikels überzeugte. Die Zeiten waren nun vorüber; es wehte ein neuer Wind: Die Nomura-Verkaufsteams begannen, ihre Aktien den Kunden ›in den Rachen zu stopfen‹. Die Verkaufsleiter in London und New York waren nicht Egashira oder Terasawa, sondern Ito in Tokio direkt unterstellt. Gespräche unter Kollegen waren während der Arbeit strikt verboten, ebenso wie private Lektüre oder Briefe. Unter Itos Führung hielten die Gebietsleiter den Verkaufsteams ständig Strafpredigten und setzten jene auf die Straße, die ihre Kommissions-Quoten nicht erfüllten: »Ein Mann namens Tanaka wurde jeden Tag angebrüllt und gedemütigt«, erinnerte sich Paul Smith, ein ehemaliger Nomura-Verkäufer in London. »Nach ein paar Monaten mußte er ins Krankenhaus wegen einer Geschwulst am Nacken, die auf den Streß zurückzuführen war.«

Ito selbst war ein anmaßender, bisweilen schroffer Mann. Seine Persönlichkeit strahlte Überheblichkeit, aber auch ein gewisses Charisma aus; sein äußeres Erscheinungsbild, geprägt durch seine riesige Statur und Härte, erinnerte seine Freunde und Feinde an die Indianer aus den Wildwestfilmen – daher auch der Name Apache. Selbst Egashira mußte zugeben, daß »Ito ohne Zweifel die stärkste Persönlichkeit bei Nomura Securities war«. Aber die Ausstrahlung, die ihm in Japan zum Erfolg verholfen hatte, zeitigte im Ausland keine Wirkung, trotz seines achtjährigen Einsatzes in den USA. Auch sein schleppendes, einsilbiges Englisch brachte ihm nur wenige Freunde in der internationalen Finanzwelt ein.

Wie sein Nachfolger Kazufumi Ozaki hatte Masanori Ito seine Karriere bei der Zweigstelle von Nomura in Hiroshima begonnen. 1948, drei Jahre nachdem die Stadt von der Atombombe ausradiert worden war, ging er mit Aktien von Haus zu Haus – eine kaum zu bewältigende Aufgabe, da Lebensmittel noch immer rationiert waren und nur wenige Japaner über Bargeld verfügten. Also verlegte sich Ito darauf, Küchengeräte und Lotterielose für Nomura an der Haustür zu verkaufen. Japan und Ito machten eine harte Zeit durch. Aber er war ein außergewöhnlich begabter Verkäufer, der sich eng an Minoru Segawa anschloß und sich dadurch einen Platz innerhalb der Machtstrukturen von Nomura sicherte. »Wenn Segawa jemanden mochte, dann spielte das Glück keine Rolle mehr beim beruflichen Aufstieg. Man mußte nur hart genug arbeiten«, gestand Yoshio Terasawa, dessen glanzvolle Karriere natürlich ebenfalls von Segawa gefördert wurde.

Segawa gewährte Ito zum Teil auch deshalb seine Gunst, weil dessen rücksichtsloses, aggressives und ungeheucheltes Vorgehen ihn an sein eigenes Verhalten erinnerte, und weil beide Männer ihre Laufbahn als Aktienverkäufer in Hiroshima begonnen hatten. Es gab aber noch ein anderes, zwingendes Motiv für Segawas fortgesetzte Unterstützung: 1954 hatte einer der wichtigsten Privatkunden von Nomura eine Menge Geld am Aktienmarkt verloren, und Segawa erleichterte sein schlechtes Gewissen dadurch, daß er Ito überredete, dessen Tochter zu heiraten. Durch dieses Arrangement stand Segawa eindeutig in Itos Schuld, und es war nur eine Frage der Zeit, bevor er diese durch eine Gefälligkeit einlösen würde.

Segawas Vorschußlorbeeren waren jedoch keine unmittelbare Hilfestellung für Ito, dessen Aktivitäten während der sechziger Jahre etliche Mißerfolge kennzeichneten. Er wurde nach Osaka versetzt, dann nach Hawaii (›ein Rückschritt auf der Karriereleiter; nicht mehr als ein Reisebüro‹, lautete der Kommentar eines Auslands-Mitarbeiters) und schließlich nach San Francisco. Erst als Ito seine Versetzung zur Nomura-Schaltstelle nach Tokio bewirkt hatte, entwickelte sich sein Aufstieg so, wie er es sich vorstellte: Man übertrug ihm die Leitung der Marketingabteilung für Inlandsaktien und -anleihen. Nachdem er den Marketingbereich fest im Griff hatte, der Nomuras Hochglanzbroschüren erstellte, erweiterte er seine Machtbasis, indem er sich die Kontrolle über die Produktpalette und die Verkaufsteams sicherte, die sie vertrieben. Er war derjenige, der innerhalb des Hauses Nomura die meisten Spitznamen besaß und unter anderem ›Der Pate‹ und der ›Herrscher‹ genannt wurde. Aber die heimischen Aktivitäten Nomuras zu steuern, schien ihm nicht zu genügen, und 1978 trieb er Segawas Schulden ein und bat um die Leitung des Auslandssektors. Segawa konnte schlecht ablehnen, und Ito errang einen Sieg auf ganzer Linie.

Segawas Einwilligung erfolgte um so bereitwilliger, da Setsuya Tabuchi 1978, während sich Segawa auf einer Geschäftsreise befand, zum neuen Präsidenten des Unternehmens ernannt worden war – eine höfliche Geste, mit der man Segawa bedeutete, daß seine Amtszeit als Vorstandsvorsitzender abgelaufen sei. Man hatte ihn zum Chefberater degradiert, und so wollte der wütende Ex-Präsident wenigstens sichergehen, daß sein Verbündeter künftig Nomuras heimische und internationale Aktivitäten kontrollierte.

Itos rauhe, martialische Taktiken ruinierten jedoch das diplomatische und von gutem Willen geprägte Image, das sich Nomura im Lauf der Jahre aufgebaut hatte. Einmal machte er bei einer Konferenz mit hochkarätigen deutschen Bankiers seine Gesprächspartner mit unmißverständlichen Worten für die wirtschaftliche Misere ihres Landes verantwortlich. Einer der japanischen Teilnehmer erinnerte sich, daß er sagte: »Die Probleme mit den deutschen Gewerkschaften und dem Handel haben Sie selbst verschuldet. Ihr Land ist tot.« Er fand auch keine Zeit für das alljährliche, von Egashira eingeführte ›Gipfeltreffen« mit Merrill Lynch, das 1974 Donald Reagan, William Schreyer und Minoru Segawa am runden Tisch vereinte und als wichtigstes Forum für die führenden amerikanischen und japanischen Brokerfirmen galt, die hier ihre Ideen austauschten. Ito unterband die Beteiligung der Japaner, sobald er sein Amt angetreten hatte.

Obwohl Ito im Westen nicht beliebt war, gelang es ihm, die Gewinnlage der Nomura-Auslandsfilialen erstaunlich zu verbessern. 1978 schuf er von Tokio aus ein weltweites Handelsnetz und erteilte den Filialen die Anweisung, sich mit den Händlern in Tokio jederzeit, auch nachts, in Verbindung zu setzen, um ein Geschäft unter Dach und Fach zu bringen. Das war für die Verkäufer in Amerika und Europa etwas Neues, die zu Aidas Zeiten nicht mit der Unterstützung der Zentrale rechnen konnten. Aber Ito trieb sein aggressives Vorgehen auf die Spitze und bestand darauf, daß sich seine Verkaufsteams im Ausland am Privatkundengeschäft orientierten, wie es der japanischen Mentalität entsprach. Er kaufte riesige Aktienblocks an der Tokioter Börse und verteilte sie portionsweise an jede einzelne Auslandsfiliale. Die Verkäufer hatten Anweisung, sie bis zum nächsten Morgen bei den Anlegern unterzubringen. Er jonglierte mit Zahlen und trieb ein Spiel, das oft in harschen Vorwürfen endete, wenn Aktien unverkauft blieben. »Ihr habt versagt«, brüllte er die Verkäufer an. Kollegen erinnerten sich, daß er mit dem Finger auf die Tokioter Broker wies und sie anherrschte: »Kommt mir ja nicht wieder unter die Augen, bis ihr alle Aktien verkauft habt.«

1982 zog Egashira seinen Ausstieg aus dem Unternehmen in Betracht. Das Leben in London war zu anstrengend geworden, der Druck der Tokioter Zentrale ließ nicht nach, und er hatte es satt, sich gegenüber Ito verantworten zu müssen, dessen ›Haudegen‹-Mentalität auf den europäischen Märkten sämtliche von ihm gebauten Brücken zerstört hatte und in krassem Gegensatz zu seinen eigenen feinsinnigen Methoden stand. In Egashiras Welt brauchte jeder Freunde, und Nomura hatte in Harmonie mit den übrigen Mitgliedern der Finanzwelt gelebt. In Itos Welt gab es nur Nomura und *noma* – die Expansion auf Kosten der Kunden und des Privatlebens der Mitarbeiter. Keisuke Egashira war 50 Jahre alt und hatte achtzehn von den achtundzwanzig Jahren, die er für Nomura tätig war, außerhalb Japans, zwischen der Londoner und New Yorker Niederlassung hin und her pendelnd, verbracht. Er wägte sorgfältig die Merkmale der Länder ab, in die man ihn versetzt hatte, aber Japan war seine Heimat, dort hatte er seine Wurzeln, dort lebten seine Kinder, die gerade die Schule beendet hatten. Er mußte zurück, bevor es zu spät war. »Als die Entscheidung für eine Rückkehr nach Tokio feststand, verlor der Gedanke, in der Atmosphäre der Nomura-Zentrale weiterzuarbeiten, jeden Sinn. Es paßte einfach nicht zusammen. Ich hatte nicht die geringste Ahnung von den geschäftlichen Transaktionen in Japan, die noch immer das Rückgrat unseres Unternehmens darstellten. Ohne eine Basis im Inlandsbereich konnte ich keine höhere Position als die eines geschäftsführenden Direktors erreichen, und diese Zukunftsaussicht stellte mich vor ein schwerwiegendes Problem.« Es mag wie eine Ironie des Schicksals erscheinen, daß Egashira, der Weltbürger, innerhalb der Muttergesellschaft zum Einzelgänger geworden und für Nomura zu stark westlich geprägt war.

Während einer Geschäftsreise, die er mit Präsident Setsuya Tabuchi nach Saudiarabien unternahm, bot sich Egashira die Gelegenheit, seinen Standpunkt zu erläutern. »Wenn ich in die Zentrale zurückkehre, werde ich aufgrund meiner Spezialisierung ein Handicap haben«, erklärte er Tabuchi. »Aber Nomura, dessen Teil ich bin, wird mich nicht auf die Straße setzen. Statt dessen wird man mir hohe Bezüge, einen Firmenwagen und ein Spesenkonto anbieten. Aber wenn ich nicht richtig motiviert bin, dann kann ich mein monatliches Gehalt nicht annehmen. Vielleicht nähert sich meine Rolle dem Ende.« Egashira, der eingefleischte Diplomat, erwähnte seine Abneigung gegenüber Ito mit keinem Wort, sondern sprach vielmehr einen Wechsel des Geschäftsumfelds auf internationaler Ebene an. Neue Fähigkeiten und Technologien wären nunmehr erforderlich, und vielleicht sei es an der Zeit, die Mannschaft auszuwechseln. Tabuchi erkannte, daß Egashiras Entscheidung gefallen war, und verstand ihn, sogar besser, als dieser erwartet hatte. Er bot Egashira sogar finanzielle Unterstützung an, falls dieser erwäge, seine eigene Firma zu gründen. »Mir geht es darum, daß jeder, insbesondere meine Vorstandsmitglieder, zufrieden ist.« In einem Hotelzimmer in Riad setzte Egashira unter seine Karriere bei Nomura einen Schlußstrich. Wenige Monate später wurde er die rechte Hand von Seihi Tsutsumi, einem der reichsten Männer der Welt, und zum Präsidenten von Seibu International ernannt, einer japanischen Warenhauskette, die für ihre Avantgarde- und Freizeitmode bekannt ist.

Rund zwei Jahre zuvor, im Frühjahr 1980, hatte Minoru Segawa Yoshio Terasawa um ein Gespräch gebeten. Es fand in demselben Büro statt, in dem Segawa vor fast zwanzig Jahren seinem jungen Schützling eine Ehefrau empfohlen und von wo aus er Terasawa zehn Jahre zuvor nach New York geschickt hatte. Segawa, inzwischen vierundsiebzig

Jahre alt und Vorstandsvorsitzender von Nomura im Ruhestand, wurde noch immer als König des japanischen Aktienmarktes betrachtet, als enger Vertrauter von verschiedenen japanischen Premierministern, Abgeordneten und Hunderten von Unternehmenspräsidenten. Dem fünfzigjährigen Terasawa war ein wenig beklommen zumute, trotz der jahrelangen Freundschaft, die beide Männer verband. Segawa begann mit Erinnerungen an Terasawas Zeit in New York als Präsident von Nomura Securities International zwischen 1970 und 1975. Dann ließ er die Katze aus dem Sack: »Warum ziehen Sie nicht einmal in Betracht, in die Vereinigten Staaten zurückzukehren, wo uns noch so viel zu tun bleibt?«

Terasawa dachte, Segawa mache einen Scherz. In den letzten fünf Jahren hatte er Nomuras internationalen Finanzbereich in Tokio geleitet und war in den Hauptvorstand gewählt worden; er führte ein angenehmes Leben und verfügte über einen Firmenwagen mit Chauffeur und ein gutgepolstertes Spesenkonto. Es hatte noch nie einen geschäftsführenden Direktor und Vorstandsangehörigen gegeben, vor allem nicht mit Auslandserfahrungen, der bereit gewesen wäre, seine sichere Position in der Zentrale aufs Spiel zu setzen. Die Beförderungen von Führungskräften im Aktienbereich basierten auf der Nähe zur Quelle der Macht in Tokio. Sie bot Männern wie Terasawa die sichere Gewähr, auf der Hierarchieleiter vom geschäftsführenden Direktor über das Vorstandsmitglied zum Vizepräsidenten und vielleicht sogar zum Präsidenten aufzusteigen. Er wollte gerade protestieren, aber hinter Segawas höflichem Ton spürte er den unausgesprochenen Befehl, und deshalb hörte er seinem Vorgesetzten stumm zu.

»Sie erhalten Druck von den jüngeren Mitarbeitern in Tokio, die aufsteigen wollen, und von den älteren, die Angst vor dem Abstieg haben. Hier geht es einfach zu bürokratisch zu; warum also nicht die Nummer eins im Ausland sein, statt in Japan die Nummer zehn? Segawa versprach Terasawa völlige Eigenständigkeit bei der Führung der amerikanischen Geschäftsstelle und betonte Nomuras Wunsch, einen Sitz an der New Yorker Börse und die Zulassung als anerkannter Händler in US-Staatsanleihen zu erhalten. Segawa wollte von Terasawa bis zur nächsten Woche eine Antwort haben.

Bevor Terasawa das Büro verließ, fragte er: »Wie lange muß ich dort bleiben?«

»Bis Sie sterben«, lautete Segawas Antwort.

Terasawa war bestürzt und verwirrt, aber er erkannte, daß ihm keine Wahl blieb. Hinter Segawas Bitte, die New Yorker Niederlassung zu leiten, verbarg sich der Befehl von Präsident Setsuya Tabuchi.

Für Terasawa, der seine Familie sehr liebte, stand außer Frage, daß er seine Frau und seine vier Kinder in Japan zurücklassen müßte. Viele japanische Geschäftsleute im Ausland empfanden dies als ihre Pflicht, denn die Kinder aus dem japanischen Schulsystem auszugliedern, das durch einen nahezu mörderischen Konkurrenzkampf gekennzeichnet ist, hätte ihre Zukunftsaussichten beeinträchtigt. Terasawa ging nach Hause, in der Erwartung, daß seine Kinder enttäuscht sein würden; aber statt dessen waren sie außer sich vor Freude. Seine älteste Tochter Akiko, die fünfzehn Jahre alt war und bereits fließend Englisch sprach, konnte sich noch genau an die Zeit erinnern, als die Familie in New York gelebt hatte. Es sei hart gewesen, erinnerten ihn die Kinder, als sie 1975 nach Hause zurückgekehrt waren und sich nur gebrochen in ihrer Muttersprache verständigen konnten. Haruko war dreizehn, Kuniko zwölf und Seido, der einzige Sohn, neun Jahre alt gewesen, und alle hatten Schwierigkeiten in der Schule gehabt. Nun, da sich ihnen die Gelegenheit bot, ihre alten Freunde in New York zu besuchen, schienen sie sich auf die Zukunft zu freuen. Terasawas Frau Mariko war ebenfalls begeistert, und so nahm er einige Tage später Segawas Angebot an. Ito hatte insgeheim sein drittes Kriegsbeil geschwungen.

Hinter Terasawas Versetzung verbargen sich Setsuya Tabuchis Zielvorstellungen. Er hatte erkannt, daß die Expansion des Hauses Nomura von den geschäftlichen Möglichkeiten im Ausland, und nicht von den bereits gesättigten japanischen Märkten abhing. Seit den fünfziger Jahren war Nomuras Handelsnetz auf weltweiter Ebene unerbittlich um fünfzehn Niederlassungen erweitert worden; aber seit Itos Amtsübernahme in den achtziger Jahren stellten diese Filialen nur mehr ›Horchposten‹ dar, die keine nennenswerten Erträge in die Unternehmensgruppe einbrachten. (Die einzige Ausnahme war die Londoner Filiale gewesen; sie hatte die arabischen Petrodollars während der Ölschocks 1973 und 1979 in den Aktienmarkt zurückgepumpt.) Die Lösung des Wachstumsproblems lag nicht nur in der Expansion im Ausland, sondern auch im Vorstoß in andere Bereiche des Wertpapiergeschäfts. Die Umsetzung dieses Konzepts in die Praxis bedeutete, daß Nomuras internationale Maschinerie auf Hochtouren gebracht werden mußte.

Um dieses Ziel zu erreichen, wurde im Frühjahr 1981 ein relativ unbekannter Börsenanalyst namens Kazufumi Ozaki von seinem Chef aufgefordert, seinen sicheren Posten in Tokio aufzugeben und nach Bangkok überzusiedeln. Ozaki wußte nichts über Thailand, außer daß es irgendwo in Südostasien lag; aber was er wußte, war, daß Bangkok als karrierehemmende Außenstation betrachtet wurde. Er war schon vorher von Nomura Securities rund um den Globus gehetzt worden, nachdem er 1970 den Ruf eines Starverkäufers in der Hiroshima-Filiale erworben hatte. Das führte dazu, daß man ihn aus dem Verkauf nahm und auf die Londoner School of Economics schickte, wo er sich einen Magistertitel verdienen sollte.

Nomura hielt sich dabei an ein simples Erfolgsrezept: Man nehme einen ehrgeizigen Spitzenverkäufer, der die englische Sprache leidlich beherrscht, schicke ihn zur weiteren Ausbildung ins Ausland, und bald darauf wird er unfehlbar die internationalen Märkte erobern. Erst später erkannte man, daß diese Strategie ein Fehlschlag auf ganzer Linie war, denn die Männer galten für den Rest ihres Berufslebens als Zigeuner im Finanzwesen, als Außenseiter in gleich welchem Kulturkreis. In den ersten zehn Jahren nach dem Examen verdiente sich Ozaki seine Sporen auf internationaler Ebene: Er verbrachte ein paar Jahre im Bereich Unternehmensfinanzierungen in der Zentrale, ein angenehmes Jahr in Hawaii, kehrte für einige Zeit nach Tokio zurück, wurde dann in Nagoya als Verkäufer eingesetzt (das internationale Geschäft ließ sich Mitte der siebziger Jahre zäh an) und anschließend zweieinhalb Jahre in die internationale Research- und Investmentberatungsabteilung beordert. 1981 erfolgte dann der große Karrieresprung.

In den siebziger Jahren kam es in Mode, in London, New York oder Hongkong zu arbeiten, und eine Anstellung bei Nomura International wurde als Statussymbol betrachtet. Die Beförderung zum Vizepräsidenten von Nomura International Securities in Bangkok erschien Ozaki jedoch wie ein Faustschlag ins Gesicht, aber ihm blieb keine Wahl. »Die japanischen Botschafter hatten wenigstens die Möglichkeit, ihren künftigen Einsatzort unter drei Städten zu wählen, aber wir erfuhren erst einen Monat vorher, wohin wir versetzt wurden. Nennen wir es ein Angebot, über das es keine Diskussionen gab.« Wie ein guter Soldat akzeptierte Ozaki sein Schicksal mit Würde. »Nomuras Unternehmungen in aller Herren Länder erinnerten mich an die Mentalität der britischen Kolonialherren im neunzehnten Jahrhundert«, schmollte er, »nur wurde ich als Missionschef des Wirtschaftsimperialismus von Nomura entsandt.« Man gab ihm nicht einmal die Möglichkeit, sich auf sein Leben in Bangkok vorzubereiten. Er kam bei sengender Hitze dort an, gekleidet in einen dunklen Anzug, wie die meisten japanischen Angestellten, und innerhalb von Minuten klebte ihm das Hemd am Körper. Auf die Hitzewelle folgte der Monsun, begleitet von starken Regenfällen und Stürmen, wie sie Ozaki in Japan nicht einmal während der Periode erlebt hatte, in der Taifune über das Land fegten. Er stellte fest, daß sich seine Klagen über Thailand mit denen der einheimischen Bevölkerung deckten: Hitze, Regen, Moskitos, der Verkehr und die Polizei – aber glücklicherweise stellte das Wetter für Ozaki bald nicht mehr das größte Anpassungsproblem an das Leben in Thailand dar, was er zu schätzen wußte.

Bei dem Posten, auf den man Ozaki versetzt hatte, gab es nämlich einen Haken: Er übernahm nicht die Funktion eines Brokers in Bangkok, sondern eines Bankers, und über dieses Metier wußte er wenig. Für Nomura erforderte die Expansion in einem sich entwickelnden Markt wie Thailand einiges an Gespür, da der lokale Kapitalmarkt völlig unterentwickelt war. Das Bankwesen stellte eine Möglichkeit dar, eine Schneise in das wirtschaftliche Gefüge des Landes zu schlagen. Zu Beginn der siebziger Jahre war Fumihide Nomura, der Enkel des Gründers, als Leiter der dortigen Nomura-Bank nach Bangkok geschickt worden. Seine Hauptaufgabe bestand darin, die Investitionstätigkeit der Japaner in Thailand zu fördern. Nomura Securities ermutigte namhafte japanische Unternehmen aus der Unterhaltungselektronik-Branche, wie Toshiba, Matsushita und Hitachi, in Thailand Produktionsstätten zu errichten. »Die Japaner brachten das Geld und die Technologie ein, und die Thai stellten die Arbeitskräfte«, so Fumihide. Gegen Ende der siebziger Jahre kannte fast jede Thai-Familie Firmen wie Sony, Sharp und National Electronics. Elektronische Reklametafeln schossen damals wie Pilze aus dem Boden; heute sind sie in Bangkok an jeder Straßenecke zu finden, und fast jeder Pkw, Lastwagen und jedes dreirädrige Gefährt stammt von Toyota, Nissan oder Daihatsu.

In den achtziger Jahren war es Japan gelungen, in Thailand eine führende Position zu erringen. Als Ozaki 1981 nach Bangkok kam, waren die Arbeitskosten in Japan merklich gestiegen. Die japanischen Hersteller begannen Fabriken in Thailand zu bauen, in denen weniger für den Gebrauch der heimischen Bevölkerung als vielmehr für den Export nach Amerika und Europa produziert wurde. Minebea, der größte Kugellagerhersteller der Welt, hatte beispielsweise Werksanlagen ausschließlich für den Exportmarkt errichtet und beschäftigte 6000 Mitarbeiter. Als sich die protektionistischen Maßnahmen gegen die Japaner mehrten, gelangten die japanischen Hersteller zu der Ansicht, der einzige Weg zur Umgehung der Einfuhrquoten sei die Verlagerung der Produktion ins Ausland, und so folgten bald viele führende Unternehmen Minebeas Beispiel. Wie allen ausländischen Firmen war es Nomura Securities nicht erlaubt, mehr als 49 Prozent der neuen Niederlassung in Bangkok zu besitzen. Diese Restriktion der thailändischen Regierung war aus der Besorgnis heraus erfolgt, daß ausländische Kapitalgeber auf dem Industriesektor eine dominierende Stellung erringen und das Gefüge ihrer Wirtschaft ins Wanken bringen könnten. Nomura wählte seinen Joint-Venture-Partner sorgfältig aus. Man entschied sich für die Bangkok-Bank, Thailands mächtigstes Finanzinstitut, das sich im Besitz der Regierung und der adeligen Familie Sophonpanich befand.

Die Startphase, die von 1981 bis 1984 dauerte, war für Ozaki eine hektische Zeit, in der er sich um all die lästigen administrativen Kleinigkeiten kümmern mußte, mit denen sich alle Banken konfrontiert sehen. Er hatte einen Stab von siebzig Mitarbeitern und mußte auch am Sonntag ins Büro, um seine Pflichten gewissenhaft zu erfüllen. »Das Bankwesen ist ein sehr arbeitsintensives Geschäft mit niedrigen Gewinnspannen, und ich kann niemandem empfehlen, es vom Punkt Null aufzubauen.« Sein Leben erleichterte sich jedoch erheblich, als Nomura 1985 entschied, daß es auf einen Joint-Venture-Partner in Thailand verzichten könne.

Das Management war zu der Schlußfolgerung gelangt, gemeinsame Gesellschaften seien ein Zeichen der Schwäche. Sie signalisierten, daß man in einen Bereich vorgedrungen war, von dem man keine Ahnung hatte. 1985 kappte Nomura die meisten Joint-Venture-Verbindungen, die das Haus weltweit eingegangen war, und konzentrierte sich auf seine firmeninternen Stärken: Aktienhandel und Unternehmensfinanzierungen. Im März 1986 hatte Nomura seine Bankfilialen abgestoßen und eine Niederlassung in Bangkok eröffnet, deren Leitung Kazufumi Ozaki übernahm.

Als Ozaki zum Generalbevollmächtigten von Nomura Thailand ernannt wurde, hatte er seine Meinung über das Land geändert und dessen sanften Charme schätzen gelernt. Ihn irritierte nicht mehr, daß die Thai ständig zu lächeln schienen; in Japan stellt ein Lächeln bei der ersten Begegnung zweier Menschen eine Beleidigung dar, und im Geschäftsleben deutet ein Vorgesetzter damit seinem jüngeren Untergebenen an, daß diesem ein Fehler unterlaufen ist. Das Ritual erfordert in Japan eine gewisse Formalität und schließt jede Vertraulichkeit auf den ersten Blick aus, die mit einem Lächeln angedeutet wird. Die spektakulären Unterschiede zwischen Tokio und Bangkok verblaßten. Ozakis Frau lernte die Landessprache, die Kinder schlossen bald Freundschaften, und als er mehr Freizeit hatte, begann er, an der Heiterkeit und Höflichkeit der thailändischen Bevölkerung Gefallen zu finden.

Ozaki erlebte einen Statuswandel, der mit seinem Aufstieg aus dem mittleren Management bei Nomura Securities an die Führungsspitze verbunden war. Er trug nicht länger, wie 1985, den Titel eines Angestellten, sondern war nun in diplomatischer Mission für Nomura in Thailand tätig. In seinem eleganten, geräumigen Büro im sechzehnten Stockwerk der Bangkok-Bank führte Ozaki ein Leben, das jede Hektik vermissen ließ. Obwohl er nur drei Mitarbeiter beschäftigte, erwirtschaftete Nomura Gewinne. Anstatt jeden Tag gewissenhaft auszurechnen, was Nomura Securities Bangkok einnahm und auslieh, bevorzugte er eine langfristige strategische Perspektive und half der thailändischen Regierung bei der Kapitalbeschaffung in ausländischen Märkten. Das brachliegende Geld, das die Regierung oder thailändische Institute im Ausland zu investieren gedachten, brachte Nomura zusätzliche Einnahmen. Da kein anderer japanischer Broker in Thailand zugelassen war, hatte Ozaki Gelegenheit, mit Repräsentanten des thailändischen Finanzministeriums zu speisen und seinen hochkarätigen Kontaktleuten japanische Delegationen vorzustellen. Er erläuterte den japanischen Unternehmen seine Zukunftsvisionen und erklärte ihnen, warum sie in Thailand Fuß fassen sollten. Ozakis hektische Tage als Banker waren vorbei. Er hatte mehr Zeit zum Nachdenken und aus dem Fenster auf die ständig wachsende Stadt Bangkok zu schauen, die mit Hilfe japanischer Baufirmen und japanischen Kapitals errichtet worden war. Er war nicht länger gezwungen, von der ›Hand in den Mund‹ zu leben wie die meisten Nomura-Männer, obwohl er nicht einmal einen Sitz im Hauptvorstand hatte. Sorge bereitete ihm nur der Gedanke, daß er eines Tages einen kurzen Anruf von irgendeinem allmächtigen Personalleiter in Tokio erhalten würde, in dem man ihm seine Versetzung an einen anderen Punkt auf dem Globus mitteilte.

Kapitel 23:

Elitestudenten aus dem Westen

Während sich die Nomura-Mitarbeiter im Ausland mehr oder weniger ihrer neuen Umgebung anpaßten, war Ito zu der Schlußfolgerung gelangt, daß Erfolg auf internationaler Ebene die Ergänzung des heimischen Verkaufspersonals durch talentierte Nachwuchskräfte aus Amerika und Europa erfordere. Der listige Apache plante, die Absolventen der amerikanischen Elite-Universitäten sowie Oxford- und Cambridge-Studenten direkt von der Schulbank weg zu engagieren, sie in Tokio zu formen, wie es seiner eigenen Vorstellung von Kampfgeist und Härte entsprach, und sie dann als echte Nomura-Männer in die Welt hinauszuschicken. Sie würden den Nachwuchs für Itos aufblühende Geschäftsstellen in Übersee bilden. Früher hatten die Nomura-Manager in London, Hongkong und New York ausländische Mitarbeiter auf einer informellen Basis je nach Bedarf eingestellt. Wenn ein englischer, chinesischer oder amerikanischer Aktienverkäufer oder Bondmakler gebraucht wurde, hatten die Niederlassungen vor Ort einfach eine zusätzliche Arbeitskraft auf die Gehaltsliste gesetzt. Nun sollten sich diese Einstellungspraktiken ändern: Nomura gedachte, Studenten aus den renommiertesten amerikanischen und englischen Universitäten in seine Kaderschmiede zu schicken, um dort ihren Geist zu formen und ihr Leben zu steuern. Ein Trainee verglich das Ausbildungsprogramm mit einer Fabrik, in der qualitativ hochwertige Tonbänder am Fließband produziert wurden, die von Nomura bespielt werden sollten. Gelegentlich kam es vor, daß ein Band defekt war oder gelöscht werden mußte, aber die Fabrik sorgte für stetigen Nachschub. Alles, was die Rekrutierung von Mitarbeitern und den Aktienhandel betraf, war ein Spiel mit Zahlen.

Nomura nahm einen nicht mehr ganz taufrischen Studenten namens Jack Wallace in seine Dienste, der die Vereinigten Staaten nach geeigneten Kandidaten durchforsten sollte. Er erhielt 80000 Dollar pro Jahr für die Einstellungsgespräche mit Studenten aus den höheren Semestern, die er für Nomuras Jahrgang 1982 anwarb. Als Angehöriger der Oberschicht in den amerikanischen Ostküstenstaaten erfüllte Wallace eines der wichtigsten Kriterien, die Nomura seiner Einstellungspolitik zugrunde legte. Er hatte die Columbia University besucht, die als Elite-Universität galt und bei den statusbewußten Japanern einen hohen Symbolgehalt besaß. Dazu kam, daß er mit seinen maßgeschneiderten Anzügen von Brooks Brothers und den auf Hochglanz polierten leichten Slippern genau dem Bild entsprach, das nach Ansicht der Japaner für den Repräsentanten eines erfolgreichen Investmenthauses angemessen war. Nomura brauchte eine Galionsfigur, jemanden, mit dem sich Wall Street identifizieren konnte.

28 Jungakademiker wurden 1982 in Amerika und England rekrutiert und nach Tokio geschickt – was Konsequenzen haben sollte, die Ito nicht vorausgesehen hatte. Hitoshi Tonomura, Generaldirektor bei Nomura, übernahm die Aufgabe, sie mit ihrem neuen Umfeld vertraut zu machen. Sofort kam es zu einer Meuterei. Die Trainees, an westlichen Komfort und Lebensstil gewöhnt, beklagten sich, als sie die veralteten Nomura-Unterkünfte in Funabashi zu Gesicht bekamen, die vierzig Minuten von der Zentrale entfernt im Norden der Stadt lagen. Sie beanstandeten den Zellenblock aus nacktem Beton, der an ein Gefängnis erinnerte, die winzig kleinen Räume und die Tatsache, daß sie mit dem Fahrstuhl ins Erdgeschoß fahren mußten, um zu duschen oder das Gemeinschaftsbad aufzusuchen. Sie fanden das Essen nahezu ungenießbar. »Wer kann zum Frühstück schon Fisch oder Reis mit einem rohen Ei darauf essen?« wollte einer der Trainees von Tonomura wissen, der erwiderte, das gleiche Essen erhielten die japanischen Nomura-Verkäufer, von denen einige schon seit Jahren in Funabashi lebten. Der Trainee kämpfte für Cornflakes und siegte.

Das Programm geriet zu einem Kampf zwischen zwei völlig gegensätzlichen Kulturen, als sich die ohnehin gestörten Beziehungen zwischen Nomura und dem ausländischen Nachwuchs noch verschlechterten. Für die Japaner besaßen die Neulinge keine Manieren: Sie vergaßen, sich gründlich zu säubern, bevor sie in das geheiligte Wasser des Gemeinschaftsbads stiegen, und ihre handfesten Späße führten dazu, daß zertrümmerte Möbel in den Funabashi-Baracken herumlagen und das Haus dem Sitz einer Studentenverbindung glich. Die zwei Dutzend jungen Männer betrachteten ihren Aufenthalt in Japan mehr wie eine Urlaubsreise. »Keiner von uns kannte den Namen Nomura, bevor wir den Vertrag unterschrieben«, gestand John Feree, einer der Trainees. »Wir wollten nur mal nach Japan und uns das Land ansehen, trinken und Jagd auf Frauen machen.« Nomura verhängte eine Ausgangssperre über das Wohnheim in Funabashi, die um 22 Uhr begann. Man versuchte diese widerspenstigen jungen Männer zu zähmen, die in die Diskotheken und Kneipen von Roppongi und die Striplokale in den Seitengassen von Shinjuku strebten. Tonomura hörte sich ihre erbitterten Klagen über die Zustände an, die jeder durchschnittliche japanische Angestellte für selbstverständlich hielt, obwohl es tatsächlich einige spezifische Probleme gab: Die Taxifahrer nahmen die ausländischen Fahrgäste nur widerwillig mit, die in ihren Augen unmanierliche, unverständliche Fremde waren. Ein Student, der es endlich geschafft hatte, einen Taxifahrer zu überreden, zahlte siebzig Dollar für die Fahrt nach Funabashi. Dort angekommen mußte er feststellen, daß die Unterkünfte bis sechs Uhr morgens zugesperrt waren.

Obwohl die Trainees die Ausbildung auf die leichte Schulter nahmen, erhielten sie ein Anfangsgehalt von 18500 Dollar im Jahr; dafür waren sie verpflichtet, ihre täglichen Vorlesungen zu besuchen, Berichte zu schreiben, Firmen zu besuchen und am Verkaufstisch zu sitzen. Jeden Tag fuhren sie mit der überfüllten U-Bahnlinie Tozai in die Nomura-Zentrale nach Nihonbashi. Den trockenen Unterricht durchzustehen, den Nomuras Research-Abteilung über die Grundlagen der Wirtschaft, den Automobil-, Chemie- oder Elektroniksektor abhielt, war kein großes Opfer in Anbetracht des Geldes, das sie verdienten. Die Wall-Street-Banken zahlten ihren Trainees nicht viel mehr als Nomuras Grundgehalt – 22000 oder 24000 Dollar maximal – und die geizigen britischen Firmen selten über 10000 Dollar. Dazu kam, daß Nomura im Gegensatz zu Firmen wie beispielsweise Morgan Stanley oder Goldman Sachs zwar keinen bekannten ›Namen‹ in Wall Street besaß, mit dem sich Eindruck bei den Kollegen schinden ließ, aber eine Anstellung bei Nomura war eine Eintrittskarte in die japanische Finanzwelt, die einen hohen Status besaß.

Manche amerikanischen Absolventen einer Wirtschaftsakademie meinten, sofort Anspruch auf den ihnen gebührenden Platz in Nomuras Managementetagen zu haben. Für Nomura waren diese graduierten Betriebswirte jedoch Grünschnäbel, deren zweijähriges Praktikum nach dem Examen nicht mehr als ein Stück Papier darstellte. Niemand war je in die erste Management-Reihe einer japanischen Wertpapierfirma vorgerückt, der sich nicht sieben Jahre im Schweiße seines Angesichts hochgedient hatte. Von den Trainees wurde erwartet, daß sie zuhörten, arbeiteten und den Mund hielten. Diese Konfrontation mit beruflich unerfahrenen, ehrgeizigen Männern, die ihren Vorgesetzten patzige Antworten gaben und Nomura erzählen wollten, wie es seine Geschäfte zu führen habe, hatte man ganz sicher nicht erwartet. Und nach und nach verließ ein Trainee des Jahrgangs 1982 nach dem anderen das Unternehmen, bis 1985 keiner mehr übrigblieb.

Im darauffolgenden Jahr verlief Nomuras Experiment mit Trainees aus dem Westen etwas reibungsloser. Steve Brunner war einer der typischen Studenten, die Jack Wallace für den Nomura-Jahrgang 1983 rekrutierte. Als Student des letzten Semesters an der Brown-Universität, Starathlet und Phi-Beta-Kappa-Mitglied (studentische Vereinigung hervorragender Akademiker) war er zufällig beim Durchblättern der Stellenausschreibungen in der Karriereplanungs-Abteilung seiner Alma Mater auf eine Firma gestoßen, die eine Reise nach Japan anbot und sämtliche Kosten übernahm. Wie die meisten Amerikaner hatte er nie zuvor etwas von Nomura Securities gehört, aber schon immer gerne reisen wollen.

Als Wallace am 31. März 1983 auf dem Campus der Brown-Universität in Providence, Rhode Island, als letzter Anwerber eines Unternehmens eintraf, stellte er fest, daß sich nur wenige Studenten für Nomura interessierten. Von Brunner war er jedoch beeindruckt, und er lud ihn zu einem Einstellungsgespräch in Nomuras Wall-Street-Hauptquartier ein. Hier lernten die Kandidaten zwei weitere Nomura-Mitarbeiter kennen, und wenn diese zustimmten, wurden sie zu einem dritten Kreuzverhör eingeladen, das fünfzehn Nomura-Männer durchführten. Brunner, der vor seiner zweiten Gesprächsrunde den Yen/Dollar-Wechselkurs auswendig gelernt hatte, versuchte die Sprache auf Anleihen zu bringen, ein Fachgebiet, mit dem er sich kurze Zeit intensiv befaßt hatte. Er bestand die Musterung vor einem Investment-Banker, der geistesabwesend schien und praktisch kein einziges Wort sagte, und einem sympathisch wirkenden Manager, der ohne schriftliche Notizen unfähig war, verständlich zu sprechen.

Die dritte Runde erwies sich als verwirrender, da Brunner nicht damit gerechnet hatte, sich fünfzehn Japanern hinter einem riesigen Eichenschreibtisch gegenüberzusehen, an deren Gesichtern nicht die geringste Regung abzulesen war. Ein Mann fiel ihm ins Auge: der stämmige Kettenraucher, der am Ende des Tisches saß und mit den Beinen baumelte, weil seine Füße nicht auf den Boden reichten. Dar war Harunobu Aono, der für den Handel verantwortliche Manager und, was noch wichtiger, Brunner aber zu diesem Zeitpunkt unbekannt war, der Manager der Nomura-Baseballmannschaft. Als er nach seinen Hobbys und Interessen gefragt wurde, begann Brunner von den New York Mets zu erzählen. Er hatte im College Football und als Jugendlicher gerne Baseball gespielt, und als man ihn fragte: »Spielen Sie Baseball?«, antwortete er ernst: »Ich liebe Baseball.« Die Nomura-Männer, die sich der Tatsache bewußt waren, daß in wenigen Monaten die Baseball-Saison beginnen würde, entschieden sich für diesen blonden, robusten Amerikaner.

Der Jahrgang 1983 begann im Juli mit der Arbeit und wartete sehnlichst auf die Reise nach Japan, die im Herbst anstand.

Der Höhepunkt des Sommers war die Baseball-Meisterschaft im August, bei der es um den begehrten Nippon Cup ging. Jeden Sommer stellten die in New York lebenden Japaner Baseballteams zusammen. Sie suchten sich ihre Spieler in ihren Banken, Handelsgesellschaften, Sushi-Bars und Brokerhäusern und schweißten sie zu einer schlagkräftigen Mannschaft zusammen. Wie in Japan, wo Unternehmen wie National Electronics und Nippon Ham Mitarbeiter einstellten, die eine Bereicherung für ihre firmeninternen, wettbewerbsstarken Sportmannschaften waren, gingen nun die japanischen Firmen in New York auf Talentsuche.

In diesem Jahr verfügte Nomura über zwei Geheimwaffen: Es hatte einen der besten Werfer aus dem Harvard-Team namens Brad Bauer angeworben, der im Viertel- und Semifinale der Nippon-Cup-Meisterschaften brillante Leistungen zeigte, und einen puertorikanischen Boten, der den Ball mit mörderischem Tempo dem Schläger zuzuwerfen verstand. An einem strahlenden Sonntagmorgen fand sich die gesamte Nomura-Zweigstelle New York im Stadion der St.-Johns-Universität in Queens ein, um ihre Mannschaft gegen das Enka-Restaurant spielen zu sehen. Aono, der vierschrötige Leiter der Handelsabteilung, agierte als Manager des Teams, während Vorstandsvorsitzender Yoshio Terasawa und die übrigen Fans ihre Mannschaft nach reichlichem Alkoholgenuß immer lauter anfeuerten. Enka hatte von vornherein nicht die geringste Chance gegen Nomuras starken Werfer, und nach dem Sieg versammelten sich alle um Aono und warfen ihn hoch in die Luft.

Die jungen amerikanischen Trainees wurden wie Helden gefeiert. Terasawa ging mit einem breiten Grinsen auf Brunner zu, der ebenfalls reichlich dem Alkohol zugesprochen hatte, überreichte ihm die Schlüssel seines Cadillacs und sagte: »Steve, Sie fahren.« Brunner erinnerte sich später: »Ich konnte kaum laufen, und der Vorstandsvorsitzende meiner neuen Firma, ein Wall-Street-Tycoon, der noch betrunkener war als ich, erteilte mir den Auftrag, alle in sein Apartment an der Fifth Avenue zu fahren.« Dort ging die Feier weiter, und Terasawa rief im Überschwang der Gefühle sein Büro in Tokio an, wo es gerade Mittagszeit war, um die Siegesbotschaft zu verkünden. Danach setzte er sich mit allen New Yorker Managern in Verbindung und lud sie zum Essen ein; anschließend wolle man sich die Nacht beim Karaoke* vertreiben.

---

* Beim Karaoke werden bekannte Lieder zu instrumentaler Tonbandmusik lautstark in ein Mikrofon gesungen – ein beliebtes Vergnügen der Japaner, dem sie vornehmlich in sogenannten Karaoke-Bars nachgehen.

Die meisten Manager, die beim Spiel dabeigewesen waren, schliefen ihren Rausch aus, während die übrigen einen ruhigen Sonntagnachmittag mit der Familie verbrachten; aber sie erschienen vollzählig. Der Abend endete wieder damit, daß Terasawa Brunner den Cadillac-Schlüssel in die Hand drückte und sagte: »Gute Nacht, Steve. Sie fahren mein Auto nach Hause, ich nehme ein Taxi.« Am nächsten Morgen, als Brunner gerade dabei war, seinem revoltierenden Magen in der Herrentoilette Erleichterung zu verschaffen, kam ein Anruf von Terasawa, dessen Stimme ebenfalls noch leicht belegt klang. »Steve, wo haben Sie meinen Wagen geparkt?« Brunner blieb nichts weiter übrig, als zu raten, da er vergessen hatte, daß er auf der Suche nach Terasawas Parkgarage kreuz und quer durch New York gefahren war. Mit zuversichtlicher Stimme erklärte er: »Ich habe ihn in Ihre Garage gestellt; der Schlüssel steckt.« Terasawa, der offenbar an diesem Morgen nicht in der Verfassung gewesen war, dort nachzuschauen, erwiderte: »Oh, gut. Danke.« Zum Glück hatte Brunner richtig getippt.

In Tokio hatten Tonomura und Ito nach dem Fiasko des Vorjahres beschlossen, Shoko Araki – eine attraktive Japanerin mittleren Alters, die eine Zeitlang in den USA gelebt hatte – als eine Art Mittlerin zwischen den Kulturen für den Jahrgang 1983 einzustellen. Sie erwies sich für diese Rolle als ideale Besetzung. Sie war in der ruhigen Stadt Sapporo auf Japans nördlichster Insel Hokkaido aufgewachsen und dort als Zwanzigjährige Radioansagerin gewesen. Sie hatte an der San Francisco State University studiert, in Stanford als Forschungsassistentin im Bereich kulturübergreifende Ausbildung und danach als Radioansagerin für einen lokalen Sender im Einzugsgebiet der Bucht von San Francisco gearbeitet, bevor sie 1978 nach Japan zurückkehrte. Hier war sie beim staatlichen Sender Radio Japan als Nachrichtensprecherin und gleichzeitig als Unternehmensberaterin mit Schwerpunkt interkulturelle Beziehungen tätig. Sie arbeitete für Procter and Gamble in Japan, wo sie männlichen wie weiblichen japanischen Mitarbeitern die Anpassung an das Leben in einer ausländischen Firma erleichterte und aufgrund ihrer Intelligenz, ihrer sanften Stimme und ihrer Warmherzigkeit bei Männern wie Frauen gleichermaßen Achtung und Vertrauen genoß.

In diesem Herbst begann Shoko in der 35 ausländische Studenten umfassenden, größten Klasse, die Nomura je haben sollte, den kulturellen Abgrund zu überbrücken, der Nomura von seinen rastlosen Nachwuchskräften trennte. Die ehrgeizigen, sportlichen und arroganten jungen Männer, zu denen auch die siegreichen Teammitglieder aus der Nippon-Cup-Meisterschaft gehörten, verfielen auf Anhieb Shokos Zauber. Sie brachte ihnen bei, was es bedeutet, in einem japanischen Unternehmen zu arbeiten, wo man sie als Grünschnäbel betrachtete, sofern man ihnen überhaupt Aufmerksamkeit widmete. Das sei typisch für Japan, erklärte sie, und sie sollten nicht dagegen aufbegehren, sondern es akzeptieren. Sie lehrte sie, ihre Meinung und Absichten nicht in typisch amerikanischer Manier lautstark zu verkünden, sondern sich die britische reservierte Lebensart zu eigen zu machen, die in Japan angebrachter war. Die nonverbale Kommunikation gilt viel in Japan und so auch bei Nomura, und deshalb zeigte sie ihnen, wie man mit Hilfe der Körpersprache, bestimmter Gesten, einer Änderung des Gesichtsausdrucks und Schweigen seine Ansichten weit wirkungsvoller zum Ausdruck bringt als mit poltriger, bellender Stimme.

Ihre Schüler waren daran gewöhnt, ihrer für Anfänger typischen Frustration Luft zu machen und ihre Beschwerden über die Führungskräfte vorzubringen. Ein Manager, der sich darüber ärgerte, daß die nachlässigen Studenten ihre Tassen und Teller im Klassenzimmer stehenließen, räumte in ihrem Beisein schweigend auf, in der Hoffnung, sie durch sein Beispiel zu beschämen und ihnen zu zeigen, daß diese Arbeit für ihn keine Erniedrigung darstellte. Als er am nächsten Tag das Klassenzimmer betrat, lag der Abfall wieder herum, und die Trainees ließen kein Zeichen von Schuldbewußtsein erkennen. »Sie haben sogar gelacht und sich Witze erzählt, als ich den Raum betrat«, beklagte er sich bei Shoko. »Sie haben nicht einmal von mir Notiz genommen.« Shoko beruhigte ihn und erklärte, die Fremden merkten nicht, wenn Schweigen geboten sei, weil sie sich vornehmlich verbal verständigten. Es sei nicht ihre Absicht gewesen, boshaft oder respektlos zu sein.

Shoko hielt der Gruppe danach einen höflichen Vortrag über den Zwischenfall und versuchte, ihnen ein tieferes Verständnis für die Bedeutung der Stille und der Teezeremonien zu vermitteln. »Man kann in Japan niemanden zum Sprechen zwingen, und das Teetrinken war für uns immer eine Form der Kommunikation. Sie sind nun in Japan und müssen alle Formen der japanischen Sprache erlernen.« Sie erzählte, daß sie nach ihrer Rückkehr aus Amerika für den staatlichen Radiosender tätig gewesen sei und dort nur mit Männern zusammengearbeitet habe. Da es in Japan Frauen nicht erlaubt sei, den Tee alleine einzunehmen, habe sie in der üblichen Teepause am Nachmittag zwölf Tassen für ihre männlichen Kollegen eingeschenkt. Sie habe nie Aufhebens davon gemacht, daß sie einen akademischen Titel an einer amerikanischen Universität erworben und mehr Medienerfahrung als jeder von ihnen gehabt habe. »Es wäre nicht gut für mich gewesen, wenn ich die Rechte der Frauen proklamiert hätte, die ich aus den Vereinigten Staaten kannte. Dies ist Japan, und in Japan schenkt eine Frau, ungeachtet ihrer Intelligenz oder ihres beruflichen Könnens, den Tee ein.«

Shoko belehrte sie auch über die Rollenverteilung in der japanischen

Gesellschaft. Sie riet ihnen, ihre westlichen Vorstellungen über die Aufgaben von Männern und Frauen in den achtziger Jahren abzulegen, da es in Japan noch immer strikte geschlechtsspezifische Verhaltensvorschriften gebe. Japanische Hausfrauen besäßen große Macht, weil sie für das Haushaltsbudget und die Erziehung der Kinder verantwortlich seien. Sie erklärte den jungen Männern, wie japanische Frauen über die Beziehungen zum anderen Geschlecht denken, ein Thema, das großes Interesse fand. Sie erzählte ihnen von einer japanischen Freundin, die nach dem ersten Rendezvous mit einem Mann westlicher Herkunft geglaubt habe, sie sei verpflichtet, ihn zu heiraten, weil er sie geküßt hatte. »Küssen wird von japanischen Frauen sehr ernstgenommen, und Sie sollten vermeiden, es so weit kommen zu lassen.« Die Studenten lachten vielleicht heimlich über soviel Naivität, aber sie begannen, bei ihren Flirts achtzugeben. Die Lektionen blieben nicht ohne Wirkung.

Shoko Arakis Unterricht zeitigte einen so großen Erfolg, daß Nomura sie im darauffolgenden Jahr wieder engagierte. Der Jahrgang 1984 verbrachte wesentlich mehr Zeit im Klassenzimmer, wo Harunobu Aono, der nach Tokio zurückbeorderte Nippon-Cup-Held, Vorlesungen hielt. Jeden Mittwoch standen Firmenbesuche auf dem Stundenplan. Die Gruppe bestieg den Bus und traf, angeführt von ihrem japanischen ›Zeremonienmeister‹ Shigeru Takeyama, mit Managern von zwei Unternehmern zusammen, die an der Tokioter Börse notierten.

Ein Besuch der Sappora-Brauerei in Ebisu, im Zentrum Tokios, verdient Erwähnung. Die Brauerei-Manager führten die Gruppe durch das Werk und boten allen an, nach Herzenslust ihr Bier zu probieren. Takeyama, der in dem Ruf stand, dem Alkohol nicht abgeneigt zu sein, nahm nur allzu gerne an. Am Ende des feuchtfröhlichen Morgens gab ihnen die Brauerei noch 150 Büchsen Wein als Wegzehrung für die zweistündige Fahrt nach Fuchu mit, wo die Gruppe den nächsten Termin bei Tokio Electron hatte, einem Unternehmen, das Produktionsanlagen für Halbleiter herstellte.

Als der Bus Fuchu erreichte, hatte die meisten Studenten zehn große Krüge Bier und fünf oder sechs Büchsen Wein konsumiert. Der Repräsentant von Tokio Electron fand es nicht besonders amüsant, als er mit dem betrunkenen Nomura-Manager und seiner nicht minder bier- und weinseligen Gruppe zusammentraf. Bei dem Besichtigungsrundgang mußten alle einen Mundschutz wie im Operationssaal und Plastiküberschuhe anlegen, damit kein Staub in die sterilen Produktionsräume eindrang, in denen die Präzisionsinstrumente zugeschnitten wurden. Die Nomura-Gruppe wurde zusehends ausgelassener und geriet bald völlig außer Rand und Band, spielte mit den Überschuhen und Mundschutz

Ball, und als Gipfel der Beleidigung schlief Takeyama mitten während der Besichtigung ein.

Noch am selben Tag informierte Tokio Electron das Nomura-Management, daß es künftig keine Besucher mehr von Nomura Securities empfangen werde. Die Firmenleitung entschuldigte sich ausgiebig und machte das schändliche Verhalten der Ausländer dafür verantwortlich. Den Studenten des Jahrgangs 1984 wurde mitgeteilt, daß man sie bei einem ähnlichen Vorkommnis unverzüglich in die Heimat zurückschikken werde.

Nomura mußte allerdings niemanden zurückexpedieren. 1985 verließen die meisten Trainees das Unternehmen freiwillig. Viele der Rekruten benutzten Nomura, um etwas über Japan zu lernen, bevor sie sich einen anderen Job suchten. Die übrigen, denen solche Absichten fern lagen, stellten plötzlich fest, daß jemand aus dem Westen astronomische Summen verdienen konnte, wenn er mit dem japanischen Aktienmarkt vertraut war. Aktienhändler, die Japan kannten und verstanden, sollten Mitte der achtziger Jahre die Lieblinge der Finanzwelt werden. Für Firmen aus dem Westen, die ein starkes, auf Effekten spezialisiertes Verkaufsteam aufzubauen planten, galt Nomura als wichtigste Anlaufstelle. Die Nomura-Trainees der Jahrgänge 1982 und 1983 stellten in vieler Hinsicht die erste Welle ausländischer Nachwuchskräfte dar, die sich im japanischen Finanzwesen profilierten. Sie waren froh, bei Nomura 1500 US-Dollar pro Monat zu verdienen, bis sie entdeckten, daß ihre Freunde in westlichen Firmen ähnliche Gehälter in der Woche bezogen. 1988 konnte jeder Nomura-Trainee die Bedingungen diktieren, und so mancher sollte sechsstellige Summen, oft mehr als 250000 US-Dollar pro Jahr, verdienen.

Kapitel 24:

Expansion in New York

Der Starverkäufer, dem die Trainees im Anschluß an ihre Rückkehr nach New York unterstellt wurden, war ein bemerkenswerter dreiunddreißigjähriger Japaner namens Yoshitaka Kitao. Ein lustiger Mann mit großen schwarzen Brillengläsern, kurzgeschorenen Haaren und einem gut gepolsterten Doppelkinn. Er aß gerne, wovon der riesige Bauch zeugte, der ihm über den Gürtel hing und nach Aussagen der Verkäufer von seiner Vorliebe für Bier und Kartoffeln stammte. Er brachte Nomura jeden Monat 580000 Dollar an Kommissionserträgen, also rund 7 Millionen im Jahr ein. Nur zwei Japaner in Wall Street konnten ihm in dieser Hinsicht das Wasser reichen: Yoichi Sano von Nikko Securities und Masa Tanake von Daiwa Securities. Für sein Verkaufstalent erhielt Kitao 175000 Dollar im Jahr vor Abzug der Steuern, ein Riesengehalt für einen Japaner, der keinen Direktorposten bekleidete. Dazu kamen die Gratifikationen, die ihn von anderen im Exil lebenden japanischen Verkäufern unterschieden, beispielsweise ein Apartment in der vornehmen Upper East Side von Manhattan, in einem Hochhaus an der Ecke York- und 83ste Straße. Kitao fuhr mit dem Firmenwagen, einem Toyota, fünfzehn Minuten den FDR Drive bis zur Nomura-Niederlassung an der Spitze von Manhattan hinunter; dort hatte man für ihn einen Parkplatz reserviert.

Das Hauptquartier von Nomura Securities International, die Kommandozentrale für das amerikanische Operationsgebiet des Unternehmens, befindet sich im 37sten und 38sten Stockwerk des spiegelnden Glasgebäudes, das als Continental Centre bekannt ist. Die Büros sind luxuriös im Vergleich zu den überfüllten, mit der Zeit schäbig gewordenen Räumlichkeiten in der weltweiten Schaltstelle von Nomura, die im Nihonbashi-Distrikt in Tokio liegt. In der hohen, stuckverzierten Haupteingangshalle plätschert ein Wasserfall; Wachposten nehmen jeden Neuankömmling unter die Lupe. Der Empfangsbereich in der 38sten Etage ist mit braunen Holzpaneelen ausgekleidet. Von hier aus erreicht man die mit flauschigen Teppichen ausgelegten Büros und die nahegelegene moderne, nach Vorgaben Nomuras gebaute Freitreppe, die in das 37ste Stockwerk hinunterführt und von einem eleganten Kandelaber erhellt wird. Zumindest in seinem äußeren Erscheinungsbild hat sich Nomura den amerikanischen Unternehmen angepaßt, die in Wall Street ihre Geschäfte tätigen, und beschlossen, sich an die Spielregeln zu halten, wovon auch die luxuriös ausgestatteten Büros Zeugnis ablegen. Derartige Extravaganzen konnte man mit Hilfe von Kitaos Aktivitäten leicht finanzieren.

Die alte Garde, wie beispielsweise der ›Apache‹, konnte auf Kitao verweisen, um den Einsatz der heimischen Verkaufstaktiken zu rechtfertigen, die auch im Ausland für Umsatz sorgten. Kitao stellte als Leiter des Verkaufs, der auf seinem Außenposten in New York japanische Wertpapiere vermarktete, die Verkörperung des japanischen, auf das Privatkundengeschäft spezialisierten Brokers dar. Für Männer wie Ito war Kitao der beste Broker im Privatkundenbereich des Aktienmarktes; für seine amerikanischen Untergebenen vielleicht der schlechteste Chef. Er wies seine Mitarbeiter an, niemals ihren Schreibtisch zu verlassen – es sei denn, um Kunden zu besuchen – und ständig am Telefon zu sitzen. Eines Tages band er im Scherz Steve Brunners Handgelenk mit einem Stück Schnur am Telefon fest und sagte: »Irgend jemand hat mir erzählt, in jedem Scherz stecke eine wahrer Kern.«

Kitaos beruflicher Aufstieg, seine Nabelschnur zur 12000 Meilen entfernten Unternehmensleitung in Tokio, an der die Zukunft aller Nomura-Verkäufer hing, war der Kommissionsertrag. Kommissionen standen für Ruhm.

Die großen Kunden, die hohe Kommissionen einbrachten, waren Firmen wie Fidelity, Cititrust, Prudential und Dupont, die von Kitao selbst betreut wurden. Die übrigen erst- und zweitrangigen Kunden verteilte er auf seine japanischen Verkäufer. Die amerikanischen Großkunden wurden nie von amerikanischen Mitarbeitern aufgesucht. Es spielte keine Rolle, daß die japanischen Nomura-Verkäufer sich nur gebrochen in Englisch verständigen und ihre amerikanischen Kollegen das Unternehmenskonzept den eigenen Landsleuten vielleicht wirkungsvoller erklären konnten. Wichtig war allein, daß ein Japaner im Ausland, dem der Zugang zu Großkunden versperrt blieb, keine Überlebenschance besaß. Deshalb konnte er nicht im Hintergrund bleiben und den Amerikanern bei den Großkunden den Vortritt lassen, selbst wenn sich die Kommissionseinnahmen für Nomura dadurch erhöht hätten. Die Amerikaner sollten selbst sehen, wie sie zurechtkamen.

Für die frustrierten amerikanischen Trainees blieb nicht viel übrig. Folglich erhielten die amerikanischen Verkäufer relativ geringe Gehälter, die an die »Löhne von Arbeitern« grenzten, wie ein verärgerter Verkäufer meinte. Er war mit dem Anfangsgehalt von mehr als 18000 Dollar im Jahr, das Nomura ihm zahlte, zunächst zufrieden gewesen, aber seit vor einigen Jahren die Hausse in Wall Street begonnen hatte, verdienten alle anderen sechsstellige Summen. »Die Jungs, die den Anlegern Dollar-Aktien und -Anleihen verkauften, hatten das Doppelte und Dreifache unseres Einkommens. Nomura behandelte alle, die japanische Aktien plazierten, als verlängerten Arm seines heimischen Vertriebsnetzes. Wer jedoch Produkte verkaufte, mit denen Nomura keine Erfahrung besaß, wie amerikanische Aktien und Bonds, wurde gut behandelt und entlohnt.« Dieser Graben vertiefte sich noch, als die amerikanischen Aktien- und Anleiheabteilungen ihre Gewinnergebnisse verbesserten. Irgend etwas mußte sich ändern.

Die Verkäufer nannten Kitao das ›Provisionsschwein‹, weil er so viele Geschäfte wie möglich selbst abwickelte. Er strebte eine Machtposition in Tokio an, und nichts anderes zählte für ihn, auch wenn er gelegentlich den von ihm bevorzugten Mitarbeitern half, einen unerwarteten Kaufvertrag unter ihrem Namen zu verbuchen. John Feree, ein Wharton-Stipendiat, war sich schmerzlich bewußt, daß die amerikanischen Verkäufer die am wenigsten einträglichen, drittrangigen Kunden zugeteilt erhielten. Nach seinen Aussagen handelte es sich dabei oft um schwerfällige Manager von Pensionsfonds aus dem mittleren Westen der USA, die Probleme hatten, Japan auf der Landkarte zu finden.

Gewöhnlich gelang es den Nomura-Männern, selbst die hartnäckigsten Institute von den Vorteilen zu überzeugen, die der regelmäßige Kauf japanischer Aktien mit sich brachte; bei dem als besonders eigenwillig bekannten Kunden Steinhardt Partners war das allerdings schwieriger. Steinhardt war eine der erfolgreichsten Wall-Street-Firmen, die sich auf Kurssicherungsgeschäfte spezialisiert hatte und einen Deckungsfonds verwaltete. Sie stand unter der Leitung des Gründers Michael Steinhardt, der auf große Kursgewinne spekulierte und dafür einen bestimmten Prozentsatz an Gebühren verlangte. Die Deckungsfonds mußten nicht bei der SEC (US-Börsenaufsichtsbehörde) gemeldet werden, und ihre Manager galten in Wall Street als Revolverhelden, weil sie Finanzinstrumente mit dem höchstmöglichen Fremdkapitalanteil bevorzugten und immer wieder auch das Einlagekapital ihrer Firmen aufs Spiel setzten. Für sie glich der japanische Aktienmarkt einem Casino, in dem mit hohem Verschuldungsgrad gespielt wurde. Die meisten Deckungsfonds überlebten nicht länger als fünf Jahre; nur Michael Steinhardt war eine glänzende Ausnahme.

Kitao arrangierte ein Treffen mit Steinhardt und lenkte das Gespräch auf dessen Vorliebe für Spiele mit hohem Gewinn. Er empfahl ihm den

Kauf von Aktien des Pharmakonzerns Asahi Chemical, der sich auf dem Siegeszug befand und laut Nomura-Informationen ein Wunderheilmittel gegen Krebs entdeckt hatte. Steinhardt erteilte ihm den Auftrag, eine Million Anteile zu je 700 Yen an der Tokioter Börse zu kaufen. Innerhalb einer Woche stieg der Kurs auf 815 Yen, und Steinhardt verkaufte die Papiere über Nomura mit einem Gewinn von 16 Prozent. Kitao wurde inzwischen als Held der New Yorker Niederlassung gefeiert: Er hatte das Unvorstellbare geschafft, nämlich mit Steinhardt ins Geschäft zu kommen. Nomura New York war am Ziel angekommen.

Steinhardt war gierig und drängte Kitao, ihm eine andere Aktie zu empfehlen. Kitao, stolz auf sein untrügliches Gespür, kaufte für Steinhardt einen riesigen Block des Autokonzerns Honda Motor Company, der als todsicherer Gewinner galt. Was er jedoch nicht wußte, war, daß am selben Tag ein Autowerte-Spezialist von Nomura, der sich auf einer Europa-Rundreise befand, ein vertrauliches Telegramm an die Zentrale in Tokio geschickt und mitgeteilt hatte, daß Honda sein prognostiziertes Gewinniveau für das Steuerjahr nicht erreichen werde. Nach Angaben eines Verkäufers, der mit Kitao befreundet war, verkaufte Nomura Tokio zu dem Zeitpunkt, als New York in tiefem Schlaf lag, ohne Aufsehen zu erregen die Aktien aus ihrem Investmentfonds und warnte dann ihre Großkunden vor dem sich anbahnenden Problem. Erst nachdem diese ihre Aktien abgestoßen hatten, wurde die offizielle Ertragsvorschau korrigiert. Die Kurse an der Tokioter Börse begannen zu fallen. Als die Londoner Börse eröffnete, war der Honda-Kurs im Freihandel noch weiter nach unten gerutscht, und die Kursabschläge zu Beginn der Börsensitzung in New York betrugen 4 Prozent. Steinhardt rief Kitao an und verlangte eine Erklärung. Kitao wußte keine Antwort, und erst am nächsten Tag stellte er fest, daß sein eigener Analyst eine offizielle Verkaufsempfehlung ausgesprochen hatte. Als der Kurs der Honda-Aktien 12 Prozent unter dem von Steinhardt gezahlten Kaufpreis lag, beendete Steinhardt die Geschäftsbeziehung, und der Held Kitao wurde zum Sündenbock gestempelt.

Inzwischen näherte sich Itos Machtperiode ihrem Ende. Es sollte zwar noch ein Jahr dauern, bis Yoshihisa Tabuchi (nicht mit Setsuya Tabuchi verwandt), ein jüngerer Mann mit größerem diplomatischem Geschick, den Vorsitz von Nomura übernehmen sollte, aber der Führungswechsel lag 1984 bereits in der Luft. Das Tokioter Management reagierte zunehmend frustrierter auf den Verlust ausländischer Kunden, der auf die provisionshungrigen, spekulativen Verkäufer zurückzuführen war. Tokio zielte darauf ab, sich Achtung in der Finanzwelt zu verschaffen, und war bereit, den Preis dafür zu zahlen. Der Mann, dem in den nächsten Jahren die Aufgabe oblag, im Alleingang das Image

Nomuras am Markt zu verbessern, war Robin Koskinen, ein Bondhändler von kleiner Statur und großer Selbstsicherheit, der Wert auf formvollendete Kleidung legte.

Nach seinem Examen an der Colgate-Universität, die zu Amerikas besten gehört – wo er einen akademischen Grad im Fachbereich Englisch erworben hatte –, arbeitete Koskinen 1972 zunächst für den Bankers Trust und wechselte 1976 zur Bank of Boston und 1978 zu Blythe Eastman Dillon über, bis die Firma 1979 von Paine Webber geschluckt wurde. Ein Jahr später trat er bei der Firma Eagle Income Management ein. Im Sommer 1984 traten die ›Kopfjäger‹ von Nomura an ihn heran. Yoshio Terasawa ernannte ihn zum Leiter des Teams, das auf den Handel in US-Staatsanleihen spezialisiert war. Nomura Tokio hatte schon Anfang der achtziger Jahre die Bedeutung der amerikanischen Staatsanleihen erkannt und bekundete großes Interesse an Koskinens Erfolg, weil sich hier eine stetig fließende Einkommensquelle für die Zukunft abzeichnete. Die japanischen Investoren investierten nun vermehrt in amerikanische Bonds, die bis zu 4 Prozent mehr als die japanischen abwarfen. Nomura Tokio war in der Lage, riesige Kommissionen abzuzweigen, bevor es die US-Anleihen an institutionelle und private Anleger weiterveräußerte.

Koskinen galt als Pragmatiker mit Vorstellungskraft und somit als idealer Manager. Im Gegensatz zu den meisten Bondhändlern war er weder egozentrisch, noch fand er die Vorstellung bedrohlich, sich mit talentierten Nachwuchskräften zu umgeben. Seine erste Amtshandlung nach Antritt seiner Stellung bei Nomura bestand darin, daß er die veralteten Geräte ausmusterte – ein Wirrwarr von Monitoren, die auf einzelnen Schreibtischen herumstanden. Ohne Rücksicht auf kulturelle Feinheiten ersetzte der sachliche Koskinen die hölzernen Rechenmaschinen durch Personal Computer, die es vorher nicht gegeben hatte und nun auf fast jedem Schreibtisch installiert wurden. Brokerfirmen müssen präzise auf die politische und wirtschaftliche Entwicklung reagieren und blitzschnell Kauf- und Verkaufsentscheidungen treffen, bei denen es um Millionen geht. Durch die zeitgemäße Ausstattung, die Informationen im Bruchteil von Sekunden verfügbar machte, verringerte sich für Nomura die Gefahr, dem Markt hinterherzuhinken.

Einer seiner Kollegen bei Nomura erklärte, Koskinens größte Stärke sei seine Geduld gewesen, ein wichtiges Charaktermerkmal, wenn man an die zahllosen und oft frustrierenden in Japanisch abgehaltenen Konferenzen denkt, an denen er teilnehmen mußte. Alle Entscheidungen wurden hier im Konsens erzielt, und Koskinen ließ die Japaner ›die ungezählten kleinen Schlachten gewinnen, in dem sicheren Wissen, daß er den Krieg gewinnen würde‹. Mit seiner nahezu zwanghaften Liebe zum

Detail – die einigen seiner Kollegen zu schaffen machte – sparte er Nomura Hunderttausende, wenn nicht sogar Millionen Dollar ein. Er überprüfte das Abwicklungsbüro, einen Ort, den kein Manager freiwillig erkundete. Er wußte, daß gerade hier, wo puertorikanische und schwarze Büroangestellte mit der Abrechnung der Börsengeschäfte betraut waren, Wall Street das meiste Geld verdiente und verlor. Je länger die Abwicklung des Handels zwischen Käufer und Verkäufer dauerte, desto mehr Geld büßte Nomura durch die Zinszahlungen ein.

Die Bond-Transaktionen waren wesentlich umfangreicher als die Aktiengeschäfte; oft ging es dabei um Beträge, die sich auf mehrere Millionen Dollar beliefen, und Nomuras Gewinnspanne war mit bestenfalls einem Sechzehntel je Prozentpunkt hauchdünn. Vor Koskinens Ankunft hatte man häufig nicht sofort bemerkt, wenn es bei der Abrechnung einer Transaktion Probleme gab, sondern erst am nächsten Tag, dem Liquidationstermin. Laut Koskinen wurden sämtliche Bondgeschäfte, die Nomura tätigte, vom Bankers Trust, der zentralen Clearing-Stelle, über die Morgan Guaranty abgerechnet, was sich als ineffizient erwies und dem Unternehmen ein Vermögen in Form von Zinszahlungen kostete. Deshalb wechselte Koskinen zu Security Pacific über, die sich für eine termingerechte Regelung verbürgte. Sobald er Nomuras Maschinerie angekurbelt hatte, war es Zeit, auch am Markt eine schärfere Gangart einzulegen, und dazu brauchte er erfahrene Bondhändler.

Bondhändler standen hoch im Kurs, seit die Finanzmärkte im Sommer 1982 aus ihrem Dornröschenschlaf erwacht waren. Als Koskinen 1985 den Arbeitsmarkt nach begabten Mitarbeitern durchkämmte, galt ein Bondhändler mit fünfjähriger Berufspraxis, der weniger als 200 000 Dollar verdiente, als Versager, und gute, nicht unbedingt namhafte Händler hatten ein Jahresgehalt von mehr als einer Million Dollar. Der Dow Jones Industrial Average war zwischen 1982 und Anfang 1985 um mehr als 30 Prozent geklettert, und die Bondpreise hatten einen noch rasanteren Anstieg um 40 Prozent zu verzeichnen, seit die Zinssatzentwicklung Ende 1982 einen Gipfel erreicht hatte. Es bedurfte einer gewissen Kunstfertigkeit, um die Wall-Street-Magnaten als Kunden zu gewinnen, und Koskinen machte den Stellenanwärtern den Gedanken schmackhaft, für das größte Wertpapierhaus der Welt zu arbeiten und an einem historischen Ereignis mitzuwirken, indem sie Pionierarbeit bei Nomuras Eintritt in den größten Markt der Welt leisteten: den Handel in US-Schatztiteln. Aufgrund des niedrigen Budgets, das ihm zur Verfügung stand, konnte er den kampferprobten Händlern zwar nur ein Viertel des Gehalts anbieten, das sie bei den renommierten Wall-Street-Firmen verdienten, aber er stellte ihnen in Aussicht, daß sämtliche Gewinne in einen Pool eingehen und ein bestimmter Prozentsatz an sie verteilt werden sollte. Die Gehälter waren niedrig, aber für die Prämien gab es keine Grenzen. Das Nomura-Management, das sich in der Regel gegen Gewinnbeteiligungs-Systeme sperrte, hatte Koskinen dieses Zugeständnis gemacht.

Koskinen warb der Konkurrenz einen Bondhändler nach dem anderen ab. Als ersten konnte er Tom Griven überreden, im Januar 1985 seinen bequemen Thronsessel als Stellvertretender Vorstandsvorsitzender von Drexel Burnham Lambert zu verlassen. Larry Isabel, Leiter des Verkaufs Inland beim Bankers Trust, war im August 1985 seine nächste große Beute, gefolgt von Andy O'Flagherty, einem der dienstältesten Mitarbeiter und Vizepräsident von Dean Witter Reynolds. Dann stellte er John Niehenki, einen ehemaligen Ministerialdirektor im US-Schatzamt, als Nomura-Verkaufsmanager ein, und schließlich zog er sein fünftes ›Schwergewicht‹ an Land, den Leiter der Abteilung wirtschaftliche Zusammenarbeit der Harris Trust Bank in Chicago. Bis Ende 1985 entfiel auf Nomura, das 1984 noch keinerlei Geschäfte mit US-Anleihen getätigt hatte, ein größeres Handelsvolumen als dasjenige, mit dem der Durchschnitt der ›primary dealer‹ (von der Federal Reserve Bank in New York anerkannte Händler in Staatstiteln) aufwarten konnte. Nun zielte Koskinen auf eben diese Zulassung ab, was angesichts der Reibungspunkte im Handel zwischen Japan und den USA ein Höchstmaß an Fingerspitzengefühl erforderte.

Die Aufnahme in der Gruppe anerkannter Händler in Staatstiteln würde es Nomura ermöglichen, bei Auktionen mitzubieten, in denen US-Schatzanleihen zum Verkauf standen. Damit wäre es dem Unternehmen geglückt, tief in Amerikas Geldsäckel zu greifen, und da die Anzahl der Händler auf einige wenige beschränkt war, kam die Mitgliedschaft beinahe einer Lizenz zum Gelddrucken gleich. Als sich Nomura im September 1985 um die Zulassung bewarb, war es unwissentlich das letzte Unternehmen, das noch den formalen Prozeß durchlaufen und Absichtserklärungen an alle übrigen Mitglieder schicken mußte. Koskinen stattete allen Mitgliedern einen Antrittsbesuch ab und erinnerte sich, daß die meisten Nomuras bevorstehenden Eintritt in den Händlerring als erste japanische Firma begrüßten. Nur der Vorstandsvorsitzende von Drexel Burnham Lambert, der Koskinen nicht verzeihen konnte, daß dieser ihm einen seiner Stars weggeschnappt hatte, sprach sich gegen die Aufnahme aus. Er betrachtete die Japaner als Feinde, deren wirtschaftlicher Imperialismus gestoppt werden mußte.

Salomon Brothers kündigte an, es werde Nomura öffentlich unterstützen, da sich das Wertpapierhaus um eine Mitgliedschaft an der Tokioter Börse und Zugang zum japanischen Aktienmarkt bemühte. Ein Salomon-Manager erinnerte sich, daß Nasanori Ito 1975 drei Mitarbeiter aus dem Nomura-Research-Institut in die Bond-Abteilung von Salomon geschickt hatte, um sich dort mit den elektronischen Handelssystemen vertraut zu machen. Shoichi Kadokawa schreibt in dem Buch *Why ›Finance‹ is Nomura* (Asuka,1985), daß die Männer mehr wollten als den begrenzten Zugang, den Salomon ihnen zu den vertraulichen Handbüchern gewährte, in denen alles Wissenswerte über das Anleihegeschäft enthalten war. Sie hofierten und überredeten eine japanische Angestellte, ihnen die Handbücher über Nacht auszuleihen, die sie jeden Abend im Tresor einsperrte. Die drei Männer machten die ganze Nacht über Fotokopien von den zehn Bänden und brachten sie am nächsten Morgen zu Salomon zurück. Damit hatten sie Nomura mindestens ein Jahr Marktforschungsarbeit erspart und hatten bei Salomon Ressentiments hinterlassen.

Unter Koskinen entwickelte sich Nomura zu einem der führenden Bondhändler der Welt. Man könnte fast behaupten, das Unternehmen habe für die Zahlungsfähigkeit der US-Regierung gesorgt; ohne Nomura wäre Amerika bankrott. Das ist natürlich leicht übertrieben, aber Koskinen leitete tatsächlich einen großen Teil des japanischen Kapitals in die hochrentierlichen, ehemals heiligen Gefilde amerikanischer Anleihen. Der einseitige Kapitalstrom von Japan in die USA Mitte der achtziger Jahre verschaffte den von der Regierung gestützten Bonds zweifellos Auftrieb; die amerikanischen Anleger wurden verständlicherweise nervös, wenn die Japaner kein Interesse am Kauf ihrer Anleihen zeigten, da zwischen 1985 und 1987 rund 30 Prozent des Umsatzvolumens in Staatsanleihen auf diese entfielen. Auch ohne viel Phantasie konnte man sich ausmalen, daß ein Rückzug Nomuras (oder seines Erzrivalen Daiwa Securities) ein ›Sicherheitsrisiko‹ für das Land darstellte. Wenn die Japaner keine Bonds mehr kauften, war Amerika nicht mehr imstande, seine Volkswirtschaft in Gang zu halten, und gezwungen, die Zinssätze zu erhöhen, um Käufer anzulocken. Die Zinssatzerhöhung würde wiederum zu Einbrüchen am Aktienmarkt führen und die wirtschaftliche Expansion abwürgen, wodurch die Arbeitslosenquote erheblich steigen mußte.

Kapitel 25:

Krise in der New Yorker Niederlassung

Für kurze Zeit drängte Nomuras spektakulärer Erfolg im US-Anleihenhandel die Tatsache in den Hintergrund, daß die New Yorker Geschäftsstelle knapp vor der Auflösung stand. 1985 war sie durch kleinliche Querelen und Territorialkämpfe im Topmanagement tief gespalten. Das Problem begann, als Nomura beschloß, den großen Wall-Street-Brokerhäusern Konkurrenz zu machen und amerikanische Aktien an US-Bürger zu verkaufen; dieses Vorhaben entwickelte sich jedoch zu einem so katastrophalen Fehlschlag, daß die New Yorker Niederlassung an den Rand des Zusammenbruchs geriet.

Schon Anfang der achtziger Jahre glaubte Nomura, die Wall-Street-Magnaten herausfordern zu können. Die Idee stammte von Yoshio Terasawa. Terry (»Nennen Sie mich Terry«, bat er alle, die ihn zum ersten Mal trafen – für Japaner, die in der Regel eine formale Anrede bevorzugen, eine Seltenheit) war ein zunkunftsorientierter Mann, der Macht und Einfluß sowie Geschick im Umgang mit Menschen besaß. Diese Fähigkeit hatte ihm ermöglicht, innerhalb der Nomura-Hierarchie aufzusteigen und zu überleben, ohne sich Feinde zu schaffen. Die Amerikaner in Wall Street mochten ihn, weil er ihrem Idealbild eines Top-Managers entsprach, und diese Rolle mit Bravour zu spielen wußte. Er verfügte über erstklassige Beziehungen und gesellschaftlichen Schliff und strahlte die kraftvolle Anmut eines Hochleistungssportlers aus, die gut zu seinem breiten, stets lächelnden, sonnengebräunten Gesicht paßte. Sein schwarzes, mit grauen Strähnen durchsetztes Haar verlieh ihm eine distinguierte Note, die noch durch maßgeschneiderte graue Anzüge und Hemden mit heruntergezogenem, angeknöpftem Kragen unterstrichen wurde. Ein Kollege meinte: »Terry wirkte, als sei er zwei Meter groß, und erst wenn man ihn beim zweiten oder dritten Treffen genau beobachtete, merkte man, wie klein er in Wirklichkeit war.«

Terrys Traum, den Vorsitz von Nomura Securities zu übernehmen, ließ sich nicht mehr verwirklichen, als er 1980 nach New York geschickt wurde. Und dennoch unterschied sich seine Amtszeit in den Vereinigten Staaten von der anderer japanischer Führungskräfte im Exil, die laut Segawa ›bis zum Tod‹ andauern würde. Diesem Umstand verdankte er ein gewisses Maß an Eigenständigkeit, Unabhängigkeit von Tokio und zusätzliches Selbstvertrauen. Im Gegensatz zu den übrigen Japanern in New York, die unter dem Leistungsdruck ihrer Zentrale standen und damit beschäftigt waren, sich eine Machtbasis für die Zeit nach ihrer Rückkehr in die Heimat aufzubauen, hatte Terasawa keinen Ort, an den es ihn zurückzog. Da er weder den beruflichen Abstieg fürchten, noch irgend jemanden beeindrucken mußte, konnte er seine Ziele im Vergleich zu anderen japanischen Geschäftsleuten verhältnismäßig aggressiv verfolgen. Er hatte sich vorgenommen, Nomura auf der Weltkarte der Hochfinanz den gebührenden Platz zu verschaffen, und seiner Ansicht nach galt es nur noch eine Bastion zu erobern: Wall Street. Da seine Landsleute in der Heimat auf einem riesigen Geldsäckel saßen, war es nicht mehr als eine Frage der Zeit, bis japanisches Kapital nach New York fließen würde. Deshalb mußte Nomura stellvertretend für Japan beginnen, sich in die amerikanische Unternehmenslandschaft einzukaufen.

Als erstes strebte er danach, einen Sitz an der New Yorker Börse zu erwerben, was ihm 1981 als erstem Japaner gelang (nur Einzelpersonen konnten die Mitgliedschaft im Auftrag eines Unternehmens erwerben). Danach durchforstete er Wall Street nach jemandem, der Nomuras amerikanisches Handels- und Verkaufsteam aufzubauen verstand. 1984 stellte er für diese Aufgabe einen *nissei* – einen Japaner der zweiten Generation – namens Norm Ohtaka ein. Ohtaka war ein erfahrener Mann mittleren Alters, der als König unter den Brokern galt, die in allen nur vorstellbaren ausländischen Aktien handelten, einschließlich japanischer, britischer, australischer und holländischer. Er hatte seine Karriere 1963 bei Nikko Securities begonnen und unterschied sich von seinen Kollegen vor allem dadurch, daß er mehr Börsengeschäfte mit ausländischen Titeln als jedes andere Mitglied der Finanzwelt getätigt hatte. Später arbeitete er für Drexel Burnham Lambert, danach für die First Boston und schließlich für Shearson. In den Augen der japanischen Nomura-Mitarbeiter galt er jedoch als eine Ausnahmeerscheinung, die eher als Bedrohung denn als kompetente Führungskraft betrachtet wurde. Er war ein Außenseiter, der eine höhere Position einnahm als die Nomura-Männer, die ihr Leben lang im Unternehmen gearbeitet hatten. Dazu kam, wie ein Kollege anmerkte, daß »die Japaner Ohtaka von Anfang an für zu westlich und die Amerikaner ihn für zu japanisch hielten«.

Ohtaka war für die Nomura-Manager, die mit der Personalpolitik befaßt waren, jedoch kein Fremder. Schon 1977 hatte Keisuke Egashira versucht, ihn als Mitarbeiter zu gewinnen. Obwohl Ohtaka Egashira bewunderte, hatte er das Angebot abgelehnt, weil er den Machtkämpfen zwischen den heimischen und ausländischen Verkaufsteams wenig abgewinnen konnte.

Als Ohtaka im Juli 1984 bei Nomura New York eintrat, versprach ihm die Unternehmensleitung, die Fehlentscheidungen zu korrigieren, die während der Machtkämpfe gefällt worden waren. Zudem erhielt er einen enormen Handlungsspielraum für den Aufbau des neuen Wertpapier-Handelsteams.

Ohtaka entwickelte ein pragmatisches Schema, um Nomura im Handel mit börsengängigen Aktien zu einem Marktteilnehmer von Weltformat zu machen. Zunächst aber brauchte er die Hilfe der anderen Nomura-Abteilungen, vor allem des Research- und Verkaufsbereichs, während seine Mannschaft mit dem Einkauf der Aktien zu einem wettbewerbsfähigen Preis befaßt sein sollte. Das Problem war – wie er bald feststellte – die Trennung der Zuständigkeit von Handel, Verkauf und Research-Aktivitäten. Dazu kam, daß auch innerhalb seines eigenen Teams Meinungsverschiedenheiten über Ohtakas Kompetenzen herrschten. Das größte Problem, mit dem sich Ohtaka konfrontiert sah, war die Einstellung von talentierten amerikanischen Nachwuchskräften angesichts der mageren Gehälter, die Nomura bot. Man brauchte Amerikaner, weil nur wenige Japaner im Unternehmen ausreichend Englisch sprachen, um Amerikas renommiertesten Vermögensverwaltern den Handel im japanischen, geschweige denn im amerikanischen Markt schmackhaft zu machen.

Bald wurde offenkundig, daß der New Yorker Niederlassung unter ihrem Vorsitzenden Terasawa, »einem Mann, der in Wall Street großes Ansehen und innerhalb Nomuras wenig Macht besaß«, das firmenpolitische Gewicht fehlte, um Ohtakas Budget für die Einstellung ausländischer Mitarbeiter durchzusetzen. Er hatte das Engagement überschätzt, mit dem die Zentrale in Tokio den Einstieg in den US-Markt betrieb. Obwohl sich Nomura New York von der Säuberungswelle auf internationaler Ebene gegen Ende der siebziger Jahre erholt hatte, fehlte noch immer eine Machtbasis in Tokio, die eine Expansion mit Hilfe des Firmenkapitals erlaubt hätte. Das Management in Tokio wollte den ›Dollar rollen‹ sehen, bevor es New York größere Beträge zugestand.

Diese Logik konnte Ohtaka nicht nachvollziehen, der wußte, daß kein Unternehmen ohne gute Mitarbeiter Erträge erzielen und ohne Erträge keine guten Mitarbeiter einstellen konnte. Er war gezwungen, die geringfügige Summe, die ihm zur Verfügung stand, in den Aufbau eines amerikanischen Handelsteams zu investieren. Das japanische Handelsteam konnte nach Ohtakas Ansicht für sich selbst sorgen. »Anstatt Leute einzustellen, die auf einer Bewertungsskala von eins bis zehn acht Punkte erreicht hätten, mußte ich mich mit grünschnäbeligen Händlern und Verkäufern vom Kaliber zwei und bestenfalls drei zufriedengeben.« Er hoffte, daß sie nach entsprechender Ausbildung zur Verbesserung der Ertragslage beitragen würden, und sobald die ersten Gewinne eingingen, wollte er Finanzexperten der ersten Garnitur einstellen.

Mittlerweile hatte sich eine Widerstandsgruppe gebildet, die gegen Ohtakas Persönlichkeitsprofil, gegen seine Macht und gegen seine Bezüge opponierte. Angeführt wurde sie von ›Andy‹ Saito, dem der gesamte Wertpapierverkauf von Nomura New York unterstand. Ihm kam innerhalb der New Yorker Machtstrukturen nach dem Vorstandsvorsitzenden Terasawa und Akira Shimizu der dritte Platz zu. Ein lässig gekleideter Manager mit unverblümter Redeweise und den Ambitionen eines Dr. Faust, der sich aus dem Privatkundenbereich hochgearbeitet hatte. Er behandelte seine Untergebenen rücksichtslos, »die Amerikaner genauso miserabel wie die Japaner«, sagte ein japanischer Manager. Und John Quinn, einer der wenigen Männer, die gerne unter ihm arbeiteten, erinnerte sich an Saitos brennenden Ehrgeiz, das große Geld zu verdienen. »Alles drehte sich darum: Wieviel Umsatz habt ihr gemacht, wieviel?«

Terasawa hielt sich wie die meisten Vorsitzenden japanischer Firmen nur selten im Büro auf und übertrug Shimizu die volle Verantwortung, worüber sich Saito ärgerte, der die alleinige Kontrolle über die New Yorker Niederlassung anstrebte. Da seine japanischen und amerikanischen Wertpapierabteilungen 45 Prozent der Gewinne von Nomura New York erzielten, hatte er seines Erachtens ein Anrecht auf die Machtposition. Deshalb boykottierte er unentdeckt jede Anweisung von Shimizu, der sich um die Entwicklung des neuen Bondbereichs kümmerte und sträflicherweise die alltägliche Leitung der New Yorker Operationsbasis seinem heimlichen Gegner überließ.

Saito gelang es, in Tokio die Schwächen von Shimizus Position auszuspielen, der aufgrund des rapiden Wechsels seines Bündnispartners Ende der siebziger Jahre – von Aida zu Ito – nun Angriffsflächen bot. Damit verwies er auch Ohtaka in seine Schranken: »Ich war der Neue, der keine Verbindungen in Tokio besaß, und hatte mich auf Shimizu verlassen, der – wie ich langsam merkte – über ebensowenig Kontakte in der Zentrale verfügte.« Mittlerweile spann Saito seine Intrigen bei Tabuchi dem Älteren, der Konzernchef von 1978 bis 1985 war. Er setzte seine Dolchstoßpolitik gegenüber Shimizu fort, indem er jede wichtige Entscheidung unterminierte, die dieser traf. Seinen Nachwuchsverkäufern riet er, nicht auf Shimizu zu hören. »Saito versprach ihnen das Blaue vom Himmel als Gegenleistung für ihre Hilfestellung«, sagte Ohtaka.

Shimizu, der ständig unter Druck stand, weil ihm die Unterstützung seiner Vorgesetzten in Tokio fehlte, erkannte, daß ein Komplott im Gang war, um ihn aus der internationalen Abteilung, oder schlimmer noch, aus dem Unternehmen zu vertreiben. Während Saito im Herbst 1985 für drei Monate außer Haus weilte, um einen von McKinsey angebotenen Fortbildungslehrgang für Führungskräfte zu besuchen, bewirkte Shimizu, daß er nach Tokio zurückversetzt wurde. Kitao, ein großartiger Händler, aber hoffnungslos unbegabter Manager, versuchte das Machtvakuum zu füllen, das Saito hinterlassen hatte.

Aufgrund der täglichen Spannungen in der Niederlassung sank die Arbeitsmoral gegen Ende des Sommers 1985 auf den Nullpunkt. Nomura New York war in zwei Lager gespalten: auf der einen Seite Saito und auf der anderen Shimizu/Ohtaka. Die Saito-Anhänger, deren Anführer sich gerade für drei Monate außer Haus aufhielt, reagierten bestürzt, als sie im Herbst erfuhren, daß ihr Messias sie für immer verlassen würde. Wer sollte nun all die Versprechen erfüllen, die man ihnen gegeben hatte? Wer würde dafür sorgen, daß sich ihre Bündnistreue in Beförderung und klingender Münze auszahlte? Kitao, ein erfahrener Verkäufer, versuchte mittlerweile, sich in beiden Lagern Geltung zu verschaffen. Und dann begannen Ohtaka und seine Händler zu streiten.

Der Kampfgeist der amerikanischen Verkäufer, die in New York versuchten, japanische Aktien unterzubringen, war gebrochen, als sie merkten, daß man sie wie ›das Fräulein vom Amt‹ behandelte und in ihnen nicht mehr als den verlängerten Arm der japanischen Verkaufsteams in der Nomura-Zentrale sah. Die Spannungen wuchsen, als die Nomura Investment Management Company beschloß, einen auf US-Dollar basierenden offenen Investmentfonds zu lancieren, und die New Yorker Verkäufer von Nomura Tokio die Anweisung erhielten, 40 Millionen Dollar bei den Anlegern locker zu machen.

Dieses Lieblingsprojekt der Tokioter Zentrale – ein offener Investmentfonds, dessen Vermögenswerte vornehmlich aus Aktien bestanden, die an der Tokioter Börse notierten – wurde bei der SEC angemeldet. Es zielte darauf ab, Amerikas Wunsch zu erfüllen, in Japan zu investieren. Nomura war auf schnelle Ergebnisse aus und schrieb jedem Verkäufer eine Quote von monatlich 500000 US-Dollar vor. Man hatte sich ausgerechnet, daß es bei zwanzig Verkäufern vier Monate dauern würde, um das 40-Millionen-Dollar-Ziel zu erreichen. Jeden Freitag setzten sich die Verkäufer zusammen, um über ihre Fortschritte zu diskutieren. Diese Lagebesprechungen wurden bald noch hitziger, als die Teilnehmer merkten, daß Nomura bis zum Herbst nicht einmal die 25-Millionen-Gewinnschwelle für den Fonds erreichen würde.

Die meisten führenden Institute, die bereits mit Japan vertraut waren, hatten kein Interesse daran, daß Nomura ihr Geld investierte, da sie über Nomura ja auch selbst Aktien kaufen und verkaufen konnten. Die großen Pensionsfonds stellten zwar eine mögliche Zielgruppe dar, aber sie trafen ihre Entscheidungen mit besonderer Vorsicht. Nomura hatte Adressenlisten von Firmen gekauft, welche Namen einzelner Anleger in den USA enthielten, die über ausreichendes Kapital verfügten. Aber diese Listen stellten keine zuverlässige Quelle dar, und die Verkäufer gerieten in eine peinliche Lage, wenn sie Leute aufsuchten, die längst verstorben oder verzogen waren. Das Spiel mit Zahlen kann frustrierend sein, wenn jeder zehnte Telefonanruf mit wüsten Beschimpfungen endet. Als der Druck zunahm, erhielten die Verkäufer die Anweisung, ihre regulären Kunden im japanischen Aktienmarkt zu vergessen und die Effekten an jeden x-beliebigen Interessenten zu verkaufen. Aus den zwanzig auf institutionelle Anleger spezialisierten Verkäufern, die noch in der ersten Hälfte des Jahres 1985 Spitzenergebnisse erzielt hatten, war ein unzufriedenes, rebellisches Team geworden, daß sich nur noch auf das Privatkundengeschäft konzentrierte.

Mittlerweile erhielt Kitao von Nomura Tokio enormen Druck, seine Verkäufer auf Vordermann zu bringen. Steve Brunner erinnerte sich an eine Besprechung, bei der ihn ein japanischer Verkäufer beschimpfte, weil es ihm nicht gelungen war, seine Fondsanteile unterzubringen: »Brunner, du Flasche, du bist ein beschissener Verkäufer; warum bist du überhaupt Broker geworden?« Brunner, der normalerweise nicht vor einer offenen Auseinandersetzung zurückschreckte, merkte, daß der Japaner dem Druck nicht gewachsen war, und hielt den Mund. Er konnte den gleichen Umsatz wie die anderen Amerikaner vorweisen und hatte Nomura 1985 300000 US-Dollar an Kommissionen eingebracht. Beleidigungen im Beisein anderer nahmen die Amerikaner gelassener hin; sie hatten ein dickeres Fell. Für die Japaner war es jedoch eine schreckliche Erniedrigung, in Anwesenheit von Kollegen von einem Vorgesetzten lächerlich gemacht zu werden. Wenn das wöchentliche Umsatzziel wieder einmal verfehlt wurde, erfand man eine Ausrede: »Der Kunde mußte plötzlich auf Geschäftsreise« oder »Ich kann sie nicht erreichen«. Die Fehlzeiten häuften sich, die Atmosphäre heizte sich auf, und die Frustration wuchs. Im Dezember 1985 hatte man nur 26 Millionen Dollar zusammengebracht und hinkte dem Terminplan um Monate hinterher. Als der Bonus am 6. Dezember fällig wurde, beschlossen die meisten Amerikaner, sich eine andere Stellung zu suchen.

Ohtaka hielt den offenen Investmentfonds für nur eines in der Reihe fehlgeschlagener Projekte (zu denen auch ein computergesteuertes Verkaufsförderungs-Programm gehörte), mit denen man Produkte zu fördern gedachte, die für den Markt noch nicht reif waren. Er erkannte, daß der Machtkampf zwischen Saito und Shimizu Opfer gefordert hatte, nahm aber fälschlicherweise an, der Anfang Dezember anstehende Bonus werde die amerikanischen Händler und Verkäufer schon anspornen. Die Amerikaner, die unter Ohtakas Leitung amerikanische Wertpapiere verkauften, waren der Ansicht, er geize mit den Prämien, obwohl diese viermal höher als die japanischer Aktienverkäufer lagen. Sie fühlten sich – mit Ausnahme jener, die in der Bond-Abteilung arbeiteten – verunsichert. Jeden Tag wurden zwei voneinander getrennte Besprechungen abgehalten, eine für die gesamte Belegschaft und danach eine, an der ausschließlich japanische Mitarbeiter teilnahmen, was den Graben zwischen Ost und West noch vertiefte. Die Amerikaner fühlten sich von allen Entscheidungen auf Führungsebene ausgeschlossen, da in ihren Meetings eher Informationen weitergegeben als diskutiert wurden. Die amerikanischen Bondhändler schienen gegen die firmeninternen Querelen immun zu sein, während ihre Kollegen, die japanische Aktien verkauften, verzweifelt waren: Sie bekamen nur die kleinen Kunden zugeteilt, und marktwichtige Informationen enthielt man ihnen vor. Fragen, die sie per Telefax in Englisch an die Internationale Marktforschungs- und Investmentberatungsabteilung in Tokio richteten, wurden in japanischer Sprache beantwortet und mußten ins Englische übersetzt werden.

Einer der Anführer der Revolte gegen Ohtaka, die nach der Bonusentscheidung ausbrach, war der führende Jobber Billy King. Jobber spielten in japanischen Firmen, die ihr Geld vornehmlich in Form von Kommissionseinnahmen verdienten, eine relativ untergeordnete Rolle; in vielen großen Wall-Street-Brokerhäusern galten sie jedoch als Hauptstütze des Geschäfts, die zum Gewinnergebnis beitrugen, indem sie für die Rechnung des Hauses Aktien kauften und verkauften. King hatte ein Fixum von 125000 Dollar einschließlich Prämie verlangt, als er 1984 von Dean Witter zu Nomura überwechselte. Ohtaka hatte ihn überredet, sich mit einem bestimmten Prozentsatz der Kommissionen zufriedenzugeben, die er einbrachte, und King zu Recht darauf hingewiesen, daß er damit mehr Geld verdienen konnte. Im Frühjahr und Sommer 1985 nahm King jeden Monat einen Gehaltsscheck von durchschnittlich 16000 Dollar mit nach Hause, und die meisten seiner Kollegen hielten seine Verkaufstaktiken für brillant.

1985 brachte King Nomura Erträge in Höhe von 2 Millionen Dollar ein und verdiente knapp 200000 Dollar. Ohtaka hielt es nicht für notwendig, ihm einen Bonus zu zahlen, da sein monatlicher Gehaltsscheck seiner Leistung entsprach. Aber King bestand auf der Gehaltszulage; dazu kam, daß er sich von seinem übervorsichtigen Chef gegängelt fühlte und mehr Eigenständigkeit bei seinen Handelsaktivitäten forderte. Ohtaka hatte zu große Verantwortung und Angst, King zuviel Freiraum zu gewähren. »Er war in vieler Hinsicht noch immer ziemlich unreif.«

Ohtaka hatte nicht nur mit Billy King, sondern auch mit Joan McCullough Schwierigkeiten, einer langjährigen Maklerin, die King unterstellt war. Ihre Aufgabe bestand in der Anbahnung von Geschäften mit großen amerikanischen Instituten. Die temperamentvolle Irin, die aus New Jersey stammte, verdankte ihren Aufstieg und ihren Namen in Wall-Street-Kreisen ihrer Zähigkeit. Ohtaka hatte ihr ein Fixum von 200000 Dollar zugestanden und mehr Geld in Aussicht gestellt, wenn sie ihr Umsatzziel überschritt. Die Japaner, die Billy Kings aggressiven Verkaufsstil mit Argwohn betrachteten, waren zunächst völlig verwirrt über Frau McCulloughs derbe Scherze und mitunter höchst unflätige Ausdrucksweise; aber innerhalb eines Monats wurde sie zum Star der New Yorker Niederlassung und der Tokioter Zentrale. Da sie einen aufwendigen Lebensstil liebte, war sie wütend, daß Ohtaka ihr keinen Bonus mit der Begründung zahlte, die von ihr erzielten Erlöse aus Handel und Verkauf lägen weit unter ihrem Jahresziel. Frau McCullough machte die für den amerikanischen Markt zuständige Research-Abteilung von Nomura für ihre Fehler verantwortlich, deren Marktforschungsberichte und Informationsdienste nach ihrer Ansicht qualitätsmäßig nicht dem Standard entsprachen. Obwohl ihr Ohtaka das gesamte Fixum von 200000 Dollar zahlte, bestand sie auf einem Bonus.

Der frustrierte King, der lange ein Anhänger Saitos gewesen war und nun auf den gewohnten Scheck mit der Prämie verzichten mußte, fuhr zu einer Händlertagung nach Chicago, blieb einen Tag länger als vorgesehen und mietete sich in einer luxuriösen Hotelsuite ein. Als Ohtaka entdeckte, wie teuer die Nobelherberge war, kam es am Telefon zu einem Streit, der darin endete, daß King seinem Chef alle nur erdenklichen Beleidigungen an den Kopf warf. Ohtaka setzte sich mit einem Rechtsberater von Nomura in Verbindung, um mit ihm das weitere Vorgehen zu besprechen, und kündigte King fristlos.

Unmittelbar nach seiner Entlassung rief King McCullough an, um sie zu einem Boykott zu bewegen. Dann wurde das *Wall Street Journal* über den Vorgang informiert. »Bei einem solchen Fall von Insubordination in einem Brokerhaus werden normalerweise sämtliche Rädelsführer auf der Stelle entlassen, um die Integrität des Unternehmens zu wahren«, so Ohtaka. Nomura hielt sich jedoch nicht an die Spielregeln, und zwar deshalb, weil es sie nicht kannte; darüber hinaus unterstützte es auch Ohtakas Entscheidung nicht, King zu entlassen. Der Artikel im *Wall Street Journal* zeigte eine enorme Auswirkung auf das Nomura-Management in Tokio. Wie alle Japaner hatten auch die Angehörigen der Führungsetage eine besondere Abneigung gegen eine negative Presse. Ohtaka wurde zum Sündenbock gestempelt und für die Situation in New York verantwortlich gemacht. Shimizu versuchte zwar, ihm zu helfen, aber er war dazu nicht in der Lage. Am Ende behielt Nomura sowohl King als auch Frau McCullough.

Während der Weihnachtsfeier 1985 erzählte Andy Saito den Anwesenden die Geschichte des Aufstiegs von Matsushita Electric Industrial, einer der weltweit führenden Firmen in der Unterhaltungselektronik, und die ihres Konkurrenten Philips in den Niederlanden, die nach seiner Meinung im Niedergang begriffen war. »Der Grund für Philips' Probleme ist darin zu suchen, daß es seine Auslandsniederlassungen nicht fest im Griff hat. Darum gehört Matsushita zu den Marktführern auf internationaler Ebene. Es hält seine Filialen in Übersee am kurzen Zügel und gewährt ihnen wenig Autonomie. Denken Sie daran, Nomura ist eine japanische Firma, die von Japanern geführt wird.« Die Stimmung trübte sich, da alle Anwesenden in Saitos Kommentar ein böses Omen für Nomura New York sahen. Saito sollte in die Tokioter Zentrale zurückkehren und beabsichtigte, die Amerikaner einzuschüchtern. Sein Plan gelang, denn innerhalb von zwei Monaten verließen fünf Verkäufer, die den Amerikanern japanische Aktien verkauft hatten, das Unternehmen.

Im März 1986 trat auch Ohtaka aus der Firma aus. Er ging zu Donaldson, Lufkin & Jenrette, ein Haus mit erstklassigem Ruf im Research-Bereich, um hier die Leitung der Abteilung zu übernehmen, die mit ausländischen Wertpapieren handelte.

Kapitel 26:

Die Sanko-Legende und ein neues Finanzzeitalter

Während die Spannungen in der New Yorker Niederlassung im Sommer 1985 wuchsen, war Minister Toshio Komoto, Mitglied der japanischen Regierung, im Begriff, alles zu verlieren, was er sich in den vergangenen fünfzig Jahren aufgebaut hatte. Sein Broker hatte ihm gerade telefonisch mitgeteilt, daß die Aktien der 1934 von ihm gegründeten Sanko Steamship Company vom Handel an der Tokioter Börse ausgeschlossen worden waren. Dem Börsenvorstand war zu Ohren gekommen, daß sich die drei größten Hausbanken des Konzerns auf Betreiben der Daiwa-Bank geweigert hatten, dem Unternehmen zusätzliche Kredite zu gewähren. Komoto kannte bereits die Entscheidung der Banken; es irritierte ihn jedoch, daß die Broker die Sanko-Aktien noch vor der offiziellen Bekanntgabe der Neuigkeit verkauft und somit den größten Kurssturz in der Geschichte des japanischen Aktienmarktes eingeleitet hatten. Komoto hielt 5 Prozent der Sanko-Aktien, die sich im Umlauf befanden; sein Bestand umfaßte 34 Millionen Anteile, die 1973 2500 Yen – oder fast 8 Dollar – je Aktie wert gewesen waren und nun auf 1 Yen pro Aktie oder weniger als einen halben Cent fielen. Die Börse machte Komotos öffentlicher Demütigung schließlich ein Ende, indem sie die Sanko-Aktien am 14. November 1985 von der Notierung strich und somit einen Schlußstrich unter die spektakulärste Legende in der Geschichte japanischer Unternehmen setzte. Komotos Vermögen wurde 1972, als der Kurs der Aktie Rekordhöhen erreichte, auf eine halbe Milliarde Dollar geschätzt; aber nun war es im Schwinden begriffen und mit ihm eine der größten Reedereien der Welt.

Oberflächlich gesehen war Sanko von Komoto zugrunde gerichtet worden, aber Aufstieg und Fall des Unternehmens wurzelten tiefer – in der Welt eines Mannes, der im Bankwesen das Zepter geschwungen, der innerhalb der Bürokratie eine Machtposition bekleidet und den

Aktienmarkt als Mittel benutzt hatte, um sich auf Unternehmens- und politischer Ebene persönliche Vorteile zu sichern. Toshio Komoto hatte es in der Kunst, den Aktienmarkt zu manipulieren, in den sechziger Jahren und zu Beginn der siebziger Jahre, als die japanischen Märkte noch unter den Auswirkungen des Zusammenbruchs von Yamaichi Securities litten, zu wahrer Meisterschaft gebracht. Er leitete im Alleingang ein neues Zeitalter im Wertpapierhandel ein, mit dem Ergebnis, daß die Banken ihre Vorrangstellung im Finanzwesen an die Broker verloren und Nomura auf der Erfolgswelle schwamm.

Die Entwicklungsgeschichte der Sanko Steamship Company war 1985 vor allem deshalb so faszinierend, weil ein Unternehmenszusammenbruch solcher Größenordnung bis zu diesem Zeitpunkt in Japan völlig unbekannt war. Die Regierung hatte stets eine aktive Rolle bei der Förderung und finanziellen Unterstützung japanischer Unternehmen übernommen. Die Liquidierung von Sanko erregte Aufsehen, weil Komoto eine Schlüsselfigur in der praktischen Umsetzung eben jener Politik darstellte, von der Firmen wie die seine Schutz erwarteten. In den fünfzig Jahren, die er zum Aufbau von Sanko Steamship brauchte, unterschied sich Komoto von anderen Marktakteuren dadurch, daß er sowohl im Unternehmens- als auch politischen Bereich eine führende Stellung einnahm. Er war von japanischen Premierministern zum Leiter des Ministeriums für Post- und Telekommunikationswesen ernannt worden und für den größten Sparfonds der Welt – im Wert von mehr als 250 Milliarden Dollar – verantwortlich. Danach übertrug man ihm die Leitung des MITI (Ministerium für Internationalen Handel und Industrie), das Herz von Japan Inc. Komotos weitere politische Erfolge waren ebenso beeindruckend: Er gehörte seit 1949 dem japanischen Repräsentantenhaus an, hatte 1982 für das Amt des Premierministers kandidiert, wo er gegen Yasuhiro Nakasone antrat, und später die Leitung der Wirtschaftsplanungsbehörde übernommen, die Japans wirtschaftspolitische Leitlinien setzte.

Toshio Komotos Leben war, schon als 23jähriger Jurastudent an der Nippon Universität, von brennendem Ehrgeiz gekennzeichnet. 1934 gründete er mit einem Schwager eine Beteiligungsgesellschaft namens Sanko Steamship Company, und drei Jahre später übernahm er den Vorsitz. Die kleine Dampfschiffahrtsgesellschaft mit Sitz in Osaka transportierte militärische Güter zwischen Japan und seinen beiden besetzten Kolonien in Korea und China. Der Fremdkapital-Anteil der in dieser Branche tätigen Firmen war besonders hoch, und Jungunternehmer wie Komoto brauchten umfangreiche Bankkredite, um die Anschaffung der Dampfschiffe zu finanzieren. Zusätzliches Kapital zu beschaffen erwies sich jedoch als schwierig, da die Banken die kreditwürdigen *zaibatsu* und deren Reedereien unterstützten. Viele der führenden Institute hatten ihr Geld in Schiffahrtsunternehmen investiert, die zur eigenen Unternehmensgruppe gehörten – die Mitsubishi Bank beispielsweise in Nippon Yusen Kaisha, die unter dem Namen NYK-Linie bekannt ist, die Mitsui Bank in die Mitsui-Linie und die Sumitomo Bank in die Ōsaka Steamship Company. Komoto wurde von jeder Bank in Osaka abgewiesen, bei der er um einen Kredit nachsuchte, einschließlich der Nomura-Bank. Aber er war hartnäckig und sprach Tag für Tag bei den Nomura-Bankdirektoren vor. Vielleicht sahen sie sich durch Komotos Kampfgeist und sein unerschütterliches Selbstvertrauen dazu veranlaßt, seinen Kreditantrag schließlich doch an höherer Stelle zu befürworten, ihm das Kapital zum Kauf der Schiffe zu bewilligen und als Sankos Hausbank zu fungieren. Nomura erwarb darüber hinaus Anteile an Sanko Steamship, da dem *zaibatsu* eine eigene Reederei fehlte. Tokushichi Nomura hielt es für zweckdienlich, Sanko zu finanzieren; auf diese Weise sicherte sich das Unternehmen die Garantie, Frachtraum an Bord der Schiffe zu erhalten. Die Nomura-Gruppe charterte die Sanko-Dampfer für den Transport von Kaffee, Gummi, Palmöl und Erzen, die von den Plantagen, Raffinerien und Minen in Südostasien nach Japan gebracht wurden. Dann brach der Krieg aus und zerstörte die Pläne der Nomura-Gruppe, Sanko dem Imperium anzugliedern. Tokushichi und Yoshitaro Nomura starben, die Nomura-Gruppe wurde aufgelöst, und die Nomura-Bank erhielt einen neuen Namen. Und so war Sanko Ende der vierziger Jahre nur noch einer unter vielen Schuldnern der Daiwa-Bank.

Komotos ›einschlägiger‹ Aufstieg innerhalb der wirtschaftlichen und politischen Machthierarchie Japans begann wenige Jahre nach dem Zweiten Weltkrieg. Der Krieg änderte die Einstellung gegenüber Institutionen, und man maß der Stimme des einzelnen nun einen höheren Stellenwert bei. Das Zeitalter des ›kleinen Mannes‹ kündigte sich mit einem Paukenschlag an. Die Einwohner von Kansai bewunderten Komotos freie, widerspenstige Wesensart. Sie wählten ihn 1949 als Abgeordneten der Präfektur Hyogo, einem ländlichen Distrikt westlich von Kyoto und Osaka, in das japanische Unterhaus. Die Wähler von Hyogo konnten nicht wissen, daß sie Komoto damit ein Sprungbrett geschaffen hatten, das ihm den Weg zur Macht in der japanischen Wirtschaft erleichterte. Sie sahen in ihm ein Sinnbild des freien Unternehmertums, das vor allem die männliche Bevölkerung der Handelsstadt Osaka so sehr bewunderte, und spürten die in seiner Persönlichkeit begründete Geringschätzung, die er für die Regierung empfand – und hatte nicht die Regierung den Krieg über das Land gebracht?

In diesem Jahr sorgte Komoto dafür, daß die Sanko-Steamship-Aktien zum Handel an den Börsen von Tokio und Osaka zugelassen wurden. Er brachte die zur öffentlichen Zeichnung aufgelegten Titel in weiser Voraussicht bei Banken unter, die ihm wohlgesonnen waren – einschließlich der Nomura Bank – und später als Kreditgeber in Frage kommen würden. Eine Bank, die Aktienanteile an einem Unternehmen eines Unterhaus-Abgeordneten hielt, hätte ihm einen Kredit schwerlich verweigern können. Dann weitete Komoto seine Kontakte im Broker- und Emissionsübernahmegeschäft aus und ernannte Yamaichi, Nikko und Oil Securities (heute Wako Securities), ein Wertpapierhaus in Osaka, zu seinen Finanzberatern. Damit schuf er eine Distanz zur Nomura-Gruppe und ihren Aktivitäten. Er hofierte Banker und Broker mit gleicher Heimlichkeit, da er wußte, daß Bankkredite und die Kapitalbeschaffung am Aktienmarkt den Schlüssel zur Expansion von Sanko und zur Mehrung seines persönlichen Vermögens darstellten. Komoto hatte in den chaotischen Nachkriegsjahren gezeigt, daß man mit ihm rechnen mußte. Er wurde zwar noch nicht als ernsthafter Konkurrent um einen Platz an der Spitze der wirtschaftlichen und politischen Hierarchie Japans betrachtet, aber sowohl sein persönlicher Einfluß als auch sein Reichtum wuchsen.

1964 machte er seinem Ruf als ›Querkopf‹ alle Ehre, als 69 von 70 japanischen Schiffahrtsgesellschaften auf Anweisung der Regierung zu sechs großen Unternehmen zusammengefaßt wurden. Er scherte aus der Gruppe aus – was ihm in der Branche den Spitznamen ›einsamer Wolf‹ eintrug – und weigerte sich, sein Unternehmen in das neue Strukturgefüge zu integrieren. Künftig bestand die japanische Schiffahrtsindustrie also aus den ›großen sechs‹ und Sanko. Komoto war nun zum sprichwörtlichen Nagel im japanischen Holz geworden, und die meisten glaubten, es sei nur eine Frage der Zeit, bis ihn der Hammer treffen würde. Aber Sanko Steamship expandierte auch ohne die staatlichen Subventionen, die den anderen sechs Reedereien zuteil wurden. Von 1965 bis 1975 weitete Komoto seine Flotte um das Hundertfache aus, während konservative Gesellschaften wie die NYK-Linie sich damit zufriedengaben, ihre Kapazitäten um das Sechsfache zu erhöhen.

Auch die Taktiken, mit denen er den Gewinn von Sanko Steamship in den sechziger Jahren in schwindelnde Höhen trieb, zeugten von seinem ausgeprägten Mangel an Ehrfurcht vor den Gepflogenheiten im Geschäftsleben. Er wurde ein leidenschaftlicher Verfechter des Verschuldungs-Konzepts und kaufte und verkaufte Schiffe wie im Reis-Terminhandel, nur daß er sich im Gegensatz zu seinen Vorfahren die benötigten Mittel auslieh. Er verließ sich bei der Beschaffung seines Betriebskapitals nicht länger auf die Daiwa-Bank, obwohl sie Sankos größter Kreditgeber blieb, sondern nahm auch hohe Darlehen bei der Long

Term Credit Bank und der Tokai-Bank auf, um seine Aktivitäten als Schiffsmakler zu finanzieren. Sanko wurde in Japan bald schönfärberisch als ›Schwimmende Immobilienfirma‹ bezeichnet. Ende der sechziger Jahre begann Komoto, eine für ihn völlig neue und bisher noch nicht angezapfte Quelle zu Kapitalbeschaffung und Ertragssteigerung zu erkunden – den Tokioter Aktienmarkt.

Nie zuvor war es einer Schiffahrtsgesellschaft und nur selten Unternehmen anderer Branchen gelungen, den Aktienmarkt so hemmungslos zu manipulieren. Zunächst betrachtete er den Markt nur als einen Finanz-Spielplatz, der Gelegenheit bot, mittels heißer Tips und spekulativer Beutezüge ganz nebenbei das ›Taschengeld‹ aufzubessern. Aber da er von Natur aus risikofreudig war, konzentrierte er seine Aufmerksamkeit und sein Interesse bald auf dieses Spiel, so daß seine Firma Anfang der siebziger Jahre in der Finanzwelt einen zweiten, weit treffenderen Spitznamen erhielt: ›Sanko Securities‹.

Schließlich sah Komoto eine Chance, das Aktienkapital von Sanko durch die Unterbringung der Papiere im Freiverkehr um das Vierfache aufzustocken und seinem Unternehmen auf diesem Weg 300 Millionen Dollar (100 Milliarden Yen) neues Eigenkapital zu verschaffen. Vor jeder neuen Aktienplazierung griff Komoto zu einer Taktik, die damals – aber auch heute noch – in Absprache mit den Emissionsinstituten erfolgte und ziemlich gebräuchlich ist: Er trieb die Aktienpreise in den Monaten vor der Zuteilung der Bestände an Drittverwahrer in die Höhe und verkaufte die Papiere zum Zeitpunkt der Finanzierungsvereinbarung zum künstlich aufgeblähten Preis. Derartige Manöver füllten nicht nur Sankos Tresore, sondern versprachen auch die Aktien-Nachfrage anzuheizen, was eine zusätzliche Möglichkeit bot, Geld durch reine Aktien-Spekulationen zu verdienen. Wenn jemand diese Kursgewinnchancen auch anderen Marktteilnehmern zukommen ließ, konnte er damit rechnen, daß sie sich später für die Gefälligkeit revanchieren würden.

Minoru Segawa, der das Ruder von Nomura Securities führte, war natürlich mit von der Partie und empfahl seinen Freunden unter dem Siegel der Verschwiegenheit, Sanko-Aktien zu kaufen. Neuigkeiten von gewinnträchtigen Titeln machen am Aktienmarkt schnell die Runde, und so wurde Sanko zum heißesten Tip der siebziger Jahre, ja sogar der Nachkriegsära, wie ein Broker erklärte. Spitzenmanager der Wertpapierhäuser, Politiker, Verkäufer, Börsenmakler, Unternehmenspräsidenten, institutionelle und private Anleger – alle ließen sich gleichermaßen von der Kaufhysterie anstecken. »Jeder hatte die Garantie, reich zu werden, und viele schafften es auch«, erinnerte sich Fujio Kodama, ehemals Vorstandsvorsitzender von Wako Securities, das die Sanko-

Aktien 1972 besonders dringlich empfahl. Niemand konnte genug davon in seinen Bestand aufnehmen, und so stieg der Preis, der drei Jahre zuvor noch bei 60 Yen pro Aktie gelegen hatte, 1972 von 700 auf 2560 Yen. Komotos Privatvermögen nach Abzug der Steuern belief sich allein in Form von Sanko-Aktien auf mehr als 250 Millionen Dollar. Sie machten ihn zu einem der reichsten Männer der Welt.

Da Komoto nun wohlhabend war, zielte er darauf ab, seinen Besitz durch Zukäufe zu vergrößern: Er erwarb dank eines der kühnsten Manöver in der Geschichte des Aktienmarktes 41 Prozent der Anteile seines Rivalen, der Japan-Linie, Japans größter Schiffahrtsgesellschaft, die er später mit einem saftigen Gewinn an das Unternehmen zurückverkaufte. Das war ein Paradebeispiel für die Greenmail-Strategie*. Dieser Taktik verdankte es Komoto, daß er als einer der ersten Topmanager das Potential erkannte, die Ertragslage solcher Unternehmen mit Hilfe des Aktienmarktes zu verbessern und zu stabilisieren.

Das Profil, das sich Komoto Anfang der siebziger Jahre in der Finanzwelt erwarb, war Teil eines umfassenderen Szenarios. »Komoto benutzte seine Unterhaus-Mitgliedschaft, um sich Bankkredite zu beschaffen. Sein Sitz im Repräsentantenhaus war nur eine Erweiterung seiner Geschäftstätigkeit«, so Brian Stewart, der seine Doktorarbeit über Sanko Steamship schrieb. Komoto gab sich jedoch immer die größte Mühe, seine Wähler in der Präfektur Hyogo zufriedenzustellen, die ihm zu seinem Amt verholfen hatten. Wie einer von ihnen später erklärte, habe Komoto dafür gesorgt, daß die Regierung der Gemeinde den Bau von Brücken, Schnellstraßen und Schulen in Hülle und Fülle zusagte. Komoto benutzte das Geld als Waffe, mit dem er Politiker und Bürokraten beeinflußte und sogar vor Einschüchterung nicht zurückschreckte, um zu erreichen, daß sie seinen Führungsanspruch anerkannten. »Die Politiker hatten Angst vor Komoto, weil er wußte, wie man Geld richtig einsetzt«, so Stewart. 1969 wurde er von Premierminister Eisaku Sato (der einzige, der sich nicht bestechen ließ und Herr ›Saubermann‹ genannt wurde) in das Amt des Ministers für Post- und Telekommunikationswesen berufen. Als die Ernennung erfolgt war, fand es Komoto angemessen, sich aus dem Führungsalltag seines Unternehmens zurückzuziehen, um jedem Gerede über einen Interessenkonflikt vorzubeugen. Aber da Sanko Steamship und Komoto eine Einheit waren, trugen solche Gesten wenig dazu bei, seine geschäftlichen Aktivitäten und seine politischen Interessen tatsächlich voneinander zu trennen. Ungeachtet

* Eine Form der indirekten Erpressung, die darin besteht, zur öffentlichen Zeichnung aufgelegte Aktien einer Firma zu erwerben mit der Absicht, die Angst des Managements vor einer Übernahme so zu schüren, daß es sie zu einem erheblich höheren Preis zurückkauft.

seines politischen Mandats würde er immer dafür sorgen, daß er bei der Führung von Sanko ein Wörtchen mitzureden hatte.

1974 wurde ihm von Premierminister Takeo Miki die Leitung des Ministeriums für Internationalen Handel und Industrie und damit von Japan Inc. – der geballten Wirtschaftsmacht Japans – übertragen. Der Japankenner Chalmers Johnson verglich dieses Amt mit dem des Verteidigungsministers in Washington und erklärte, MITI stelle »zweifellos die größte Konzentration geistiger Macht in Japan« dar ... »MITIs Zuständigkeit reicht von der Kontrolle der Radrennen bis zur Festsetzung der Produktionsquoten für die Elektrizitätsgesellschaften, aber seine wahre, klar umrissene Macht liegt in der Kontrolle der politischen Leitlinien für die Industrie.« Diese Kontrolle wurde als ›administrative Orientierungshilfe‹ bezeichnet. Die Presse charakterisierte Komoto folgendermaßen: »Komoto stand in völligem Widerspruch zu den Bürokraten herkömmlichen Zuschnitts. Er hatte die für einen Japaner höchst untypische Gewohnheit entwickelt, der Regierung bei jeder sich bietenden Gelegenheit den Kampf anzusagen. Der Mann mit der leisen Stimme und den grauen Haaren verachtet die Bürokraten in der Regierung ganz eindeutig.« Jahrelang hatte er staatliche Subventionen für seine Firma zurückgewiesen und voller Stolz demonstriert, daß ein Unternehmen auch ohne die leitende Hand der Regierung erfolgreich sein konnte. Aber seitdem Subventionsentscheidungen zu Komotos Aufgaben gehörten, schwand seine Abneigung gegen staatliche Einmischung.

Als Komoto seine Machtposition auszubauen begann, wurde es für die Daiwa-Bank sowie die japanischen Politiker und Bürokraten zunehmend schwieriger, ihm ihre Unterstützung bei seinen Lieblingsprojekten zu verweigern. Sein Wahlkreis kam in den Genuß freigebig verteilter staatlicher Gelder, seine politischen Freunde erhielten eine Finanzspritze in Form von ›Wahlspenden‹, und seine Feinde mußten befürchten, den Zugang zu den Subventionen der Regierung zu verlieren. Als sich seine persönliche Finanzlage verschlechterte, sollten sich diese Praktiken jedoch gegen ihn auswirken.

Die erste Saat für den Niedergang von Toshio Komotos Firmenimperium wurde bereits 1972 gelegt. In einem Akt, der von seiner ungezügelten Arroganz zeugte, damals aber als meisterhafter Schachzug gepriesen wurde, versuchte Komoto, die weltweite Schiffahrt auszumanövrieren. Da er überzeugt war, er könne den Ölkonzernen, die sich anschickten, die Ölfelder in der Nordsee zu erschließen, die erforderliche Ladekapazität zur Verfügung stellen, handelte er mit ihnen Billigtarife für den Frachtdienst aus, *bevor* er seine Tanker bei den Werften bestellt hatte. Er besaß zwar bereits einige Containerschiffe mit großer Ladekapazität, aber er glaubte, die Zukunft läge bei den 80000-Tonnen-Tankern, die kostengünstiger und mobiler als die gigantischen Containerschiffe waren. Deshalb beauftragte er die japanischen Werften mit dem Bau von 56 Tankern im Wert von einer halben Milliarde Dollar – der größte Auftrag in Zeiten des Friedens, den die Schiffahrtsindustrie je erhielt. Die weltweite Konkurrenz reagierte empört darauf, daß Komoto seine Frachtdienste zu einem so niedrigen Preis anbot. Sie behauptete, dies sei ihm nur möglich, weil die japanischen Werften staatlich subventioniert würden – was natürlich den Tatsachen entsprach.

Komoto erzielte die Einnahmen aus diesem Geschäft in Dollar, und da der Yen gegenüber der amerikanischen Währung 1972 stabil notierte, erhielt er für jeden Dollar, den er mit dem Verchartern seiner Schiffe verdiente, 308 Yen. 1980 war der Dollar nur noch 208 Yen wert – eine Einbuße von 31 Prozent.

Komotos Selbstüberschätzung hatte ihn veranlaßt, eine halbe Milliarde Dollar auf Kreditbasis in Öltanker zu investieren; vielleicht hätte er mit seinem Vorhaben sogar trotz des Wechselkursproblems Erfolg gehabt, aber der Krieg zwischen Arabern und Israeli und die nachfolgende Ölkrise im Herbst 1973 machten ihm einen Strich durch die Rechnung. In den vergangenen zwanzig Jahren hatte die Texas Railway Association die Ölpreise bestimmt, die nie über 3 Dollar hinausgegangen waren; aber nun lag die Macht bei den OPEC-Staaten, und die Ölpreise schnellten auf 12 Dollar je Barrel. Komoto befand sich in großen Schwierigkeiten.

Die Nachfrage nach Komotos Riesentankern ging zurück, und er versuchte verzweifelt, alle weiteren Aufträge an die Werften zu stornieren, was ihm bei einem Drittel gelang. In der Zwischenzeit waren die Verbraucher- und Großhandelspreise in Japan in schwindelnde Höhen geklettert, und Komoto lernte die Bedeutung der Inflation von ihrer härtesten Seite kennen. Es gab keine Möglichkeit, die Verträge mit den Werften auf dem Verhandlungsweg so zu ändern, daß sie den Anstieg in der Heuer der Seeleute, den Versicherungskosten und Hafengebühren widerspiegelten. Sanko hatte Probleme, seine Frachtkapazitäten durch Öltransporte auszulasten; durch den Wertverlust des Dollar sanken überdies die Erträge, die das Unternehmen mit dem Frachtdienst erzielte, während es sich gleichzeitig mit stetigen Kostensteigerungen konfrontiert sah.

Sanko Steamship ging jedoch noch nicht in den siebziger Jahren den Bach hinunter. Die Finanzierung von Schiffen war immer ein komplexes Geschäft gewesen, und unter der Leitung eines Mannes, der sich so eigenmächtiger Methoden wie Komoto bediente, ließ sich Sankos tatsächliche Finanzlage nur schwer einschätzen. Er führte die Finanzanalytiker jahrelang hinters Licht und nutzte seinen politischen Einfluß, den Kapitalfluß von den Banken in Gang zu halten. »Der Grund dafür, daß die Daiwa-Bank und die anderen Banken ihr Engagement in Sanko Steamship nach 1975 nicht einschränkten, war in Komotos politischen Verbindungen zu suchen«, behauptet Stewart. Sanko machte 1978 die ersten Verluste und sah sich gezwungen, die Hilfe der Regierung in Anspruch zu nehmen, die jedoch an eine völlige Umstrukturierung des Unternehmens gekoppelt war.

Trotz seiner wachsenden finanziellen Sorgen galt Komotos Hauptaugenmerk Anfang der achtziger Jahre seiner Kandidatur für das Amt des japanischen Premierministers. Sein Wahlkampfgegner war Yasuhiro Nakasone, gegen den er 1982 verlor. Nachdem er sein Interesse erneut den Problemen von Sanko Steamship zugewendet hatte, verwarf er den Umstrukturierungsplan der Regierung und versuchte nach weiteren Verlusten von 55 Milliarden Yen im Jahr 1983, die weltweite Frachtschiff-Industrie noch einmal auszumanövrieren. Dieses Mal bestellte er bei den japanischen Werften 126 Schüttgutfrachter, die Güter gleich welcher Art – ob Rohholz oder Kohle – befördern und in jedem Hafen der Welt anlegen konnten.

Die Schiffsmagnaten in aller Welt waren sowohl verblüfft als auch wütend darüber, daß Komoto soviel Kapazität auf den Weltmarkt brachte. »Offen gestanden, ich bin überrascht, daß Toshio Komoto noch immer am Leben ist. Ich kenne einige Spediteure, die seinetwegen untergegangen sind«, erklärte einer von Komotos Konkurrenten in Osaka. Der Aufschwung der Schiffahrt, den Komoto für Mitte der achtziger Jahre prognostiziert hatte, blieb nicht nur aus, sondern mit dem Markt für Frachtschiffe ging es sogar noch bergab. Allein die Macht, die Komoto als Ministerialbeamter und Leiter der Wirtschaftsplanungsbehörde innehatte, sorgte dafür, daß Sanko noch nicht kieloben schwamm.

Die Beziehungen zwischen der Daiwa-Bank und Komoto wurden im Sommer 1985 stark belastet, als Sanko ein Minus in Höhe von 283 Millionen Dollar (68 Milliarden Yen) meldete, wodurch die Gesamtverluste auf 700 Millionen Dollar (168 Milliarden Yen) anstiegen. Komoto stattete den Vorsitzenden seiner wichtigsten Hausbanken reihum einen Besuch ab. Begleitet wurde er von seinem besten Freund Tokuo Yamashita, einem einflußreichen Mann, der aus einer der angesehensten japanischen Reeder-Familien stammte, welche die Shinnihon-Linie gegründet hatte. Yamashita war außerdem Mitglied des Unterhauses und als Verkehrsminister für die Probleme zuständig, die Sanko Steamship zu schaffen machten. Die japanischen Medien, die normalerweise bei politisch brisanten Themen Zurückhaltung zu zeigen pflegten, stellten den Einfluß dieses Mal offen in Frage, den Komoto in seiner Funktion als Regierungsmitglied ausübte, um seine eigene Firma zu retten. Manche Zeitungen behaupteten, Premierminister Yasuhiro Nakasone sei bereit, Sanko Steamship aus der Klemme zu helfen, und erwarte als Gegenleistung die Unterstützung von Komotos Parteigängern im Unterhaus.

Banker hassen Publicity, und seit die japanischen Medien Sanko Steamship mit der Daiwa-Bank in Verbindung brachten, wurde die Affäre für die Daiwa-Manager immer peinlicher. Man befürchtete zwar keine Panik im Bankgewerbe – das würde das Finanzministerium zu verhindern wissen –, aber in der ersten Hälfte des Jahres 1985 war die Daiwa-Bank näher als jede andere der zwölf japanischen Geschäftsbanken seit Kriegsende daran, Erschütterungen auszulösen. Seit sie 1918 unter dem Namen Osaka-Nomura-Bank gegründet worden war, hatte sie sich zur neuntgrößten Geschäftsbank Japans vorgekämpft, die über 200 Niederlassungen verfügte und auf der Liste der weltweit größten Banken Platz fünfzehn belegte. Außerdem besaß sie als einzige Geschäftsbank die Genehmigung, Treuhandeinlagen zu verwalten. In den Augen der Japaner stellte sie jedoch nur eine Bank mittlerer Größe dar, die vor allem im Westen des Landes, rund um Osaka, eine starke Präsenz hatte. Sie gehörte nicht zur ›ersten Garnitur‹ wie die Daiichi-Kangyo-Bank (die größte der Welt) und die Sumitomo-Bank, und somit zu der Gruppe, die staatsähnliche Banken wie die Industrial Bank of Japan umfaßte.

Obwohl Nomura Securities 1925 aus der Osaka-Nomura-Bank hervorgegangen war, hatten sich die Beziehungen zwischen Nomura und der Daiwa-Bank seit dem Zweiten Weltkrieg als ziemlich gespannt erwiesen. Nomura Securities hielt 3 Prozent der Daiwa-Bank-Aktien, während die anderen Tochtergesellschaften des Hauses, beispielsweise die Lebensversicherungsgesellschaften Tokyo Mutual Life und das Versorgungsunternehmen Osaka Gas über jeweils 2,6 Prozent verfügten. Die Daiwa-Bank und andere Firmen der Nomura-Gruppe besaßen ähnliche prozentuale Anteile an Nomura Securities. Das Nomura-Imperium war zwar von den Amerikanern zerschlagen worden, aber dennoch durch wechselseitige Beteiligungen miteinander verbunden geblieben. Der Aktienaustausch zwischen Unternehmen, der sich in der Regel auf Anteile von 2 bis 5 Prozent belief und in der Regel dazu diente, die Geschäftsbeziehungen enger zu knüpfen, war in Japan gang und gäbe; aber in diesem Fall handelte es sich um eine Fassade, hinter der sich der Konfrontationskurs zweier starker Persönlichkeiten kaum verbergen ließ, der zu einer Kollision von zwei unterschiedlichen Unternehmenskulturen auszuarten drohte.

Der erste Präsident der Daiwa-Bank nach dem Krieg, ein Mann namens Taheo Terao, hatte die Tokyoter Eliteuniversität Todai besucht und seine berufliche Laufbahn als Bankangestellter unter Tokushichi Nomura begonnen. Teraos Leben wurde von zwei Vorurteilen beherrscht: Er verachtete die zwielichtige Welt des Aktienhandels und galt als erklärter Gegner der Vetternwirtschaft, die für die *zaibatsu* der Vorkriegszeit charakteristisch war. Als Motogoro Nomura 1945 im Zuge der Säuberungswelle als Präsident der Nomura-Bank seines Amtes enthoben wurde, frohlockte Terao, daß die Nomura-Familie mitsamt ihren Günstlingen aus dem Bankwesen verschwunden war, und widersetzte sich vehement jeder Neuformierung der Nomura-Gruppe, als die amerikanische Besatzungsmacht 1952 aus Japan abzog. Seine Bank warf auch ohne die Hilfe einer Brokerfirma genug Gewinn ab.

Das konnte Minoru Segawa, der von 1958 bis 1968 den Vorsitz von Nomura Securities innehatte, jedoch nicht davon abhalten, die Daiwa-Bank mit allen Mitteln in den Schoß des Hauses Nomura zurückzuführen. Der schroffe, aggressive Segawa verkörperte für Terao all das, was er an Brokern verabscheute, und Segawas Eröffnungsschachzüge empfand er als besonders geschmacklos. Im Laufe der Zeit verschlechterte sich die ohnehin schon gespannte Beziehung zwischen den beiden Männern noch, aber in typisch japanischer Manier wurde die Feindseligkeit nicht offen angesprochen. »Das Wort Haß ist in der japanischen Gesellschaft zu extrem; Abneigung wäre angemessener, um die Gefühle zwischen Segawa und Terao zu beschreiben«, meinte Kozo Nomura, der sich in dieser Auseinandersetzung neutral verhielt. Auf der Unternehmensebene wahrten Nomura und die Daiwa-Bank auch weiterhin den Schein der Höflichkeit, aber sie gingen auf Distanz. Der Mißklang zwischen den beiden Präsidenten zog in den Firmen jedoch Kreise und wurde noch durch die unterschiedlichen Unternehmenskulturen verstärkt, die sich unter der Leitung der beiden Männer entwickelten. Nomura Securities blieb weiterhin das wichtigste Emissionsinstitut der Daiwa-Bank, die sich jedoch auch häufig an Osakaya wandte (später in Cosmo Securities umbenannt) – das Broker-Erbe von Nomura Shoten aus der Zeit vor dem Ersten Weltkrieg.

Als die Probleme rund um Sanko Steamship während der siebziger und achtziger Jahre offenkundiger wurden, Terao älter geworden war und Wertpapierhäuser in höherem Ansehen standen, stellte Nomura Securities fest, daß seine Macht im Vergleich zur Daiwa-Bank wuchs. Während sich die Banken vornehmlich auf ein Wachstum des Passivgeschäfts konzentrierten, um dann dementsprechend höhere Kreditausleihungen realisieren zu können, basierte der Wohlstand der Wertpapierhäuser auf ihrem Umsatzvolumen. Wertpapierfirmen blühten über

Nacht auf, wenn die richtigen Marktbedingungen herrschten, während die Banken Jahre brauchten, um einen Kundenstamm zu entwickeln. Das Konsortialkreditgeschäft war eine Branche, die selbst in Zeiten der Hochkonjunktur keine hohen Gewinnspannen zuließ (ein Viertelprozentpunkt bei der Vergabe eines 100-Millionen-Dollar-Kredits brachte einen mageren Jahresertrag von 25000 Dollar ein), und bis in die frühen achtziger Jahre befanden sich Institute wie die Daiwa-Bank aufgrund der Rezession in großer Bedrängnis. Die Hauptertragsquelle des japanischen Brokergeschäfts bestand – im Gegensatz zu Amerika – in den risikolosen branchenüblichen Kommissionseinnahmen, während die Banken in schweren Zeiten riesige Verluste hinnehmen mußten, weil die Schuldner ihren Zahlungsverpflichtungen nicht mehr nachzukommen vermochten.

Das Sanko-Steamship-Fiasko erschütterte die Daiwa-Bank und zwang den Vorstand, Nomura Securities um Hilfe zu bitten. In vieler Hinsicht war dieser Schritt symbolisch für das neue Zeitalter: Die japanische Finanzindustrie befand sich im Umbruch, für den der allmähliche Niedergang des Bankwesens und der Aufstieg der Broker charakteristisch ist. 1985 waren die Manager der Daiwa-Bank bestrebt, ihre Beziehungen zu Sanko Steamship zu lösen. Sie besaß 7,5 Prozent oder nahezu 51 Millionen der emittierten Sanko-Aktien, die Anfang der siebziger Jahre einen Wert von 2000 Yen pro Stück gehabt hatten und nun zu einem Zehntel dieses Preises gehandelt wurden. Dazu kam, daß die Anleger die Daiwa-Bank mit Sanko Steamship in Verbindung brachten, was dem Ruf des Bankhauses schadete. Obwohl die wichtigsten Broker, mit denen die Bank zusammenarbeitete – Osakaya und Nomura Securities –, seit Beginn der achtziger Jahre Käufer für die Sanko-Bestände gesucht hatten, brach der Marktpreis jedesmal auf unerklärliche Weise ein, wenn sie versuchten, einen Sanko-Aktienblock unterzubringen. Sie verkauften zwar einige der Papiere, aber der Restbestand belief sich noch immer auf mehrere zehn Millionen Stück.

Sumio Abekawa hatte 1984 das schwere Amt des Präsidenten der Daiwa-Bank übernommen, das ihm anfangs besonders harte Prüfungen auferlegte. Die Daiwa-Bank stand in enger geschäftlicher Beziehung mit einem Unternehmen namens Eidai Sangyo, das Sperrholz herstellte. Die Bank hatte ihm Darlehen gewährt, in der Hoffnung, ihr Kreditleistungsprogramm auf den Produktionssektor ausweiten zu können. Aber das Unternehmen ging in Konkurs, nicht lange nachdem die Daiwa-Bank auf der gesamten Euroanleihen-Ausgabe im Wert von 100 Millionen Dollar sitzengeblieben war, die 1983 – und vornehmlich von Nomura – emittiert wurde. Ende 1984 ging ein weiterer Schuldner, die Fuji Sash Company, in Konkurs. Zu diesem Zeitpunk wurde

Abekawa mit dem Sanko-Problem konfrontiert. Abekawa hegte keine Vorurteile gegenüber Nomura Securities, wie Terao sie hatte, und außerdem war er nicht wie sein Amtsvorgänger mit Komoto befreundet. Als er den Vorsitz der Daiwa-Bank übernahm, drängte er den Vorstand als erstes, sein Sanko-Engagement zu überprüfen. Die Bank befand sich deshalb in so großen finanziellen Schwierigkeiten, weil sie Sanko Kredite in Höhe von 212 Millionen Dollar ausgereicht hatte, die nicht mehr einforderbar waren. Folglich mußte Abekawa zu ungewöhnlichen Mitteln greifen, um die Geschäftsfähigkeit wieder zu beleben.

Kozo Nomura war ebenfalls beunruhigt über die finanzielle Lage der Bank. Er arrangierte ein Essen mit Susumu Furukawa, dem Vorstandsvorsitzenden der Daiwa-Bank, der 1938 sein Examen an der Universität von Kyoto – vier Jahre nach Kozo – gemacht hatte und schon deshalb bereit war, offen mit dem Älteren zu reden. »Wie kann die Daiwa-Bank diese Krise überleben?« fragte Kozo. Furukawa beugte sich vor und flüsterte verschwörerisch: »Nomura-san, keine Sorge, wir halten eine Menge Aktien in Reserve – für Sanko zu zahlen wird kein Problem sein.« Obwohl die 50 Millionen Aktien von Sanko Steamship, die sich im Besitz der Bank befanden, praktisch wertlos waren, spielte Furukawa auf ein umfangreiches Aktien-Portfolio an, das die Daiwa-Bank seit dem Zweiten Weltkrieg aufgebaut hatte und ein massives, noch unrealisiertes Gewinnpotential barg. Es war an der Zeit, dieses Wertpapierdepot zu verflüssigen, und Furukawa bat Abekawa, ein Treffen mit Minoru Segawa in die Wege zu leiten, der damals als Chefberater von Nomura Securities fungierte. Die Daiwa-Bank mußte sich im Sommer 1985 dringend Bargeld beschaffen, und das auf dem schnellsten Weg. Sich an Nomura Securities um Hilfe zu wenden war eine schwere Entscheidung gewesen, da sich der größte Teil des Daiwa-Portefeuilles aus 42 Millionen Nomura-Aktien zusammensetzte. Aber wo hätte man die Nomura-Anteile besser unterbringen können als bei Nomura Securities?

Die Begegnung zwischen Minoru Segawa von Nomura und Sumio Abekawa von der Daiwa-Bank im Sommer 1985 besaß große Tragweite, da sich die beiden Firmen versöhnten und stillschweigend akzeptiert wurde, daß Nomura Securities nun die dominierende Position innerhalb der Nomura-Gruppe innehatte. Tatsache ist, daß die Daiwa-Bank sich vor dem Treffen nicht einmal als Mitglied der Gruppe betrachtet hatte. Das Gespräch zwischen dem inzwischen 79jährigen einflußreichen Segawa und dem 55jährigen Bankpräsidenten war ebenfalls von großer symbolischer Bedeutung, wenn man die Achtung bedenkt, die man in Japan generell vor einem an Jahren Älteren bezeugt. Und da Terao inzwischen verstorben war und Nomuras Eröffnungsschachzügen nicht mehr im Wege stand, konnte Segawa den Altersunterschied zum Vorteil von Nomura Securities ausspielen.

Segawa stimmte als erstes zu, Abekawa bei der heimlichen Suche nach Käufern für den riesigen Aktienblock im Portfolio der Daiwa-Bank zu helfen. Als Gegenleistung verlangte er, daß sich die Daiwa-Bank künftig bei allen Aktienmarkt-Transaktionen vornehmlich der Brokerdienste von Nomura bediene – ein Ansinnen, das eine Verringerung des Geschäftsvolumen mit dem Emissionshaus Osakaya zur Folge haben würde. (Kurz danach korrigierte die Daiwa-Bank ihre hausinterne Handelspolitik und überließ Nomura die Abwicklung ihrer Aktienmarkt-Investitionen.) Außerdem wollte Segawa die Aktienbeteiligung des Hauses Nomura an der Bank erhöhen, eine logische Schlußfolgerung in Anbetracht der Tatsache, daß Nomura nun das führende Mitglied der Unternehmensgruppe war. (Kurze Zeit später kaufte Nomura Daiwa-Aktien auf dem offenen Markt, mit Zustimmung der Führungsetage der Bank.)

Im September 1985, nur zwei Monate, bevor Sanko kieloben schwamm, hatte Nomura Securities mehr als 30 Millionen seiner firmeneigenen Aktien, die von der Daiwa-Bank gehalten wurden, an Nomura-Tochtergesellschaften veräußert. Laut Gesetz ist es einem japanischen Unternehmen verboten, seine eigenen Aktien zu kaufen, und so lombardierte Nomura sie bei Nippon Godo Finance, dem Risikokapital-Bereich des Hauses, dem Nomura Investment Trust (einem Investmentfonds mit festgelegter Emissionshöhe), der Immobilienfirma Nomura Real Estate und der Strohfirma Nomura Land and Building, die Nomuras Gebäude verwaltete. Der Rest der Aktien wurde bei Instituten untergebracht, die mit Nomura auf freundschaftlichem Fuß standen. Als das Verkaufsprogramm abgeschlossen war, hatte sich die Daiwa-Bank allein durch den Verkauf der Nomura-Aktien fast 150 Millionen Dollar beschafft. Nur 11 der vormals 41 Millionen Nomura-Aktien aus ihrem Bestand blieben übrig. Es war ein sinnbildlicher und tatsächlicher Sieg für Nomura Securities und ein Triumph für alle Broker. Ein Jahr später hatte sich Nomura als das profitabelste Unternehmen Japans und zugleich als das gewinnstärkste Finanzinstitut der Welt profiliert.

Kapitel 27:

Die Yomiuri-Affäre

Der Einfluß, den Nomura Securities in Japan besaß, offenbarte sich während der Ereignisse, in deren Mittelpunkt die Yomiuri-Unternehmensgruppe stand. Ein klassisches Beispiel in der Geschichte des Aufstiegs zur Macht, den das Haus Nomura erlebte. In die Affäre waren zwei enorm reiche Männer verwickelt, denen man Kontakte zur japanischen Unterwelt nachsagte. Beide versuchten, die Yomiuri-Gruppe zu übernehmen, eines der größten Medien-Konglomerate der Welt. Nur Nomura konnte es gelingen, auf Bitten des Premierministers Yasuhiro Nakasone die Pattsituation zu beenden.

Der eine der beiden beteiligten Männer war Eitaro Itoyama, der 1942 unehelich geboren wurde. Der andere war sein Vater Shintaro Sasaki, ein skrupelloser Geschäftsmann, der es aus eigener Kraft zum Wirtschafts-Tycoon gebracht und sein erstes Vermögen vor dem Krieg mit der Herstellung von Glühbirnen erworben hatte. Anfang der fünfziger Jahre investierte er seine Gewinne in Golfplätze und Hotels, da er richtig voraussah, daß die Japaner bald weniger arbeiten und dafür mehr an ihre Freizeit denken würden. Ein Jahrzehnt später erhöhte sich der Wert von Sasakis Immobilienbesitz um ein Vielfaches.

Itoyama wuchs unter dem Schutz und Einfluß seines Vaters auf, aber er schämte sich seiner unehelichen Geburt und verbrachte wenig Zeit im väterlichen Unternehmen. Er arbeitete zunächst als Gebrauchtwagenverkäufer, und es wäre ihm beinahe gelungen, seinen ehrgeizigen Plan zu verwirklichen und sich unabhängig vom Vater ein Vermögen und einen Namen zu schaffen; aber er wurde von einem seiner Zulieferer betrogen und mußte Konkurs anmelden. Itoyama kehrte zu seinem Vater zurück und bat ihn um Hilfe. Sasaki, der von der Zielstrebigkeit und Fähigkeit seines Sohnes beeindruckt war, nahm ihn freudig in das Familienunternehmen auf. Er betraute ihn mit der Leitung eines Unternehmens, dessen Aufbau er den größten Teil seines Lebens gewidmet hatte: der New Japan Sightseeing Company, die auf den Freizeit- und Unterhaltungssektor spezialisiert war. Die Firma beschäftigte 5000 Mitarbeiter, besaß 35 Zweigstellen und konnte Erträge in Höhe von 60 Milliarden Yen ausweisen. Anfang der siebziger Jahre, inzwischen alt geworden, entschied Sasaki, daß Itoyama das Unternehmen nach seinem Tod weiterführen sollte.

Sasaki, der sich in seinen Nadelstreifenanzügen mit Weste kettenrauchend seinen Weg von einem Geschäftsabschluß zum nächsten bahnte, war von Kopf bis Fuß der Inbegriff eines zwielichtigen Magnaten. Er maß seinen Erfolg tatsächlich an dem Geschick, mit den Mitgliedern der Unterwelt zu verhandeln. Die wohl spektakulärste Verbindung unterhielt er zu Ryoichi Sasakawa, einem der berüchtigsten Geschäftemacher Japans, der sich selbst zu den reichsten Männern der Welt zählte.

Sasakawa hatte sein Vermögen während des Zweiten Weltkrieges mit dem Schwarzmarkthandel in der Mandschurei erworben. Nach Kriegsende wurde er als Kriegsverbrecher verurteilt, zum einen wegen seiner Aktivitäten in der Mandschurei, zum anderen aufgrund seiner Beziehungen zu ultrarechten politischen Gruppierungen während der dreißiger Jahre, in denen er als faschistischer Agitator bekannt war. Unmittelbar nach seiner Entlassung aus der Haft betätigte sich Sasakawa als Promoter für Motorboot-Rennen, eine für Japan neue Sportart. Damit legte er den Grundstein für sein Vermögen, das zum größten in der Nachkriegsära Japans werden sollte. Sasakawa leitete die Gewinne aus den Motorboot-Wetten, an denen sich jeder Japaner beteiligen konnte, einer gemeinnützigen Organisation zu, die irreführenderweise den Namen Japan Shipbuilding Foundation (Schiffbau-Stiftung) trug und von Sasakawa, nach dessen eigenen Angaben, Spenden in Höhe von 12 Milliarden Dollar erhielt. Diesen Mann bezeichnete Sasaki als seinen Freund, und nachdem er Itoyama im Familienunternehmen untergebracht hatte, verheiratete er ihn mit Sasakawas Nichte.

Itoyamas Wohlstand nahm neue Dimensionen an, als er 1973 den Bestseller *The Monster Way of Doing Business* schrieb. Darin berichtete er von dem spektakulären Erfolg, den Sasaki und er mit der Übernahme der Nakayama Stahlwerke 1971 und 1972 erzielt hatten, ungefähr zur gleichen Zeit, als Toshio Komoto damit begann, den Sanko-Aktienpreis in die Höhe zu treiben. Das japanische Anlagepublikum, das vom Aktienmarkt-Fieber gepackt war, riß sich um sein Buch, und Itoyama wurde über Nacht berühmt. Seine Beliebtheit wuchs in einem solchen Maß, daß er für die kommenden Unterhaus-Wahlen kandidierte.

Alles ging gut, bis der *Yomiuri Shimbun*, die Tageszeitung mit den höchsten Auflagen der Welt, während der Wahlkampagne des Jahres

1974 Itoyama beauftragte, einen neuen Bestseller zu schreiben. Itoyama fühlte sich geschmeichelt; er lehnte jedoch ab, bis *Yomiuri* ihm zusetzte und erklärte, alles was aus seiner Feder stamme, müsse zwangsläufig ein Bestseller werden. Schließlich gab er nach und lieferte unter dem Druck der Wahlkampagne den wohl peinlichsten Flop in der Geschichte des Verlagswesens. Nur 2000 Bücher der 200000 Exemplare umfassenden Auflage wurden verkauft. Die Beziehungen zwischen *Yomiuri* und Itoyama kühlten noch mehr ab, als die Zeitung ihn aufforderte, die Ladenhüter aufzukaufen. Im Anschluß daran veröffentlichte die *Yomiuri* eine vernichtende Artikelserie, in der sie Itoyama beschuldigte, Wahldelikte begangen zu haben.

Das war eine offene Kriegserklärung, und Itoyama und Sasaki sannen auf Rache. Aber die Yomiuri-Gruppe war ein mächtiger Gegner. Der *Yomiuri Shimbun* stand an der Spitze eines weitläufigen Medien-, Immobilien- und Unterhaltungs-Imperiums, zu dem 23 Unternehmen zählten. Es war von Masutaro Shoriki gegründet worden, der in Japan als Vater des Profi-Baseballs und Pionier des Werbefernsehens bekannt ist. Mit Hilfe eines reichen Partners hatte er 1924 den *Yomiuri Shimbun* übernommen und im Verlauf der nächsten dreißig Jahre die Yomiuri-Gruppe aufgebaut, wobei ihm die Zeitung als Kontrollzentrum diente. 1936 gründete er den DaiNippon-Baseball-Club; dieses in Japan führende Tokioter Team wurde später in *Yomiuri Giants* umbenannt.

Nach Beendigung des Zweiten Weltkriegs freundete sich Shoriki mit Tsunao Okumura an, und diese Verbindung sollte die Beziehungen zwischen der Yomiuri-Gruppe und Nomura Securities in den nächsten drei Jahrzehnten festigen. Okumura war 45 Jahre alt und gerade zum ersten Nachkriegs-Präsidenten von Nomura ernannt worden. Shoriki betrachtete ihn als seinen Schutzbefohlenen, während Okumura zu Shoriki aufsah und Anleitung und Rat bei ihm suchte. Hier handelte es sich um eine klassische *oyabun-kobun*-Beziehung, ein Herr-Diener-Verhältnis, das in der japanischen Gesellschaft schon von jeher eine wichtige Rolle gespielt hatte. Okumura berichtete Shoriki von den Schwierigkeiten beim Aufbau einer Wertpapierfirma. Die Börse sei offiziell geschlossen, und er habe sich auf Gedeih und Verderb verpflichtet, dafür zu sorgen, daß seine Mitarbeiter ihren Lebensunterhalt bestreiten konnten. Shoriki wies ihn darauf hin, daß der Präsident von Nomura wenig durchgemacht habe im Vergleich zu den Erniedrigungen, die er infolge des Krieges habe ertragen müssen: Er sei von japanischen Militärs zu einer Haftstrafe verurteilt worden, seine Gesundheit sei ruiniert, und seine Stellung, sein Gehalt und seinen Status habe er eingebüßt.

Nach dem Krieg hatte sich Shoriki jedoch ein neues Leben aufgebaut, und Okumura spielte eine wichtige Rolle bei der Kapitalbeschaffung für seine Firmen, die noch in den Kinderschuhen steckten. 1952 gründete Shoriki Nippon Television (NTV), einen Privatsender, der in Japan einen ungeheuren Fernsehboom auslöste, und kurze Zeit später beauftragte er Nomura Securities mit der Emission und Zulassung der NTV-Aktien an der Tokioter Börse. Danach erwarb die Nomura-Gruppe einen beträchtlichen Anteil an der Immobilienfirma *Yomiuri Land*, Shorikis Flaggschiff, in deren Besitz sich die meisten Vermögenswerte der Yomiuri-Gruppe befanden. Von Mitte der fünfziger Jahre bis 1976 gehörte Shoriki dem Repräsentantenhaus an, und aufgrund seiner neuen politischen Verpflichtungen überantwortete er Chozoburo Sekine die Leitung der routinemäßigen Yomiuri-Aktivitäten.

Der Erfolg und die Macht der Yomiuri-Gruppe bestärkten in Itoyama den Wunsch, sich für die öffentliche Demütigung zu rächen, die ihm von der Zeitung 1974 zugefügt worden war. Sein Vater Sasaki empfand den gleichen Groll, weil die Yomiuri-Gruppe Golfplätze, Hotels und Einkaufszentren betrieb, die seinen Unternehmen Konkurrenz machten, obwohl sie seiner Ansicht nach keine Ahnung von der Unterhaltungsindustrie hatten. Er konnte Shoriki niemals verzeihen, daß dieser ihm ein erstklassiges Immobilienobjekt vor der Nase weggeschnappt hatte, ein Areal, auf dem er einen exklusiven Golfplatz anlegen wollte. 1962 war ihm von der Tokyu Corporation ein riesiges Stück Land für 500 Yen je *tsubo* (rund 27 qm) angeboten worden. Sasaki hatte zugreifen wollen, aber bevor der Vertrag unterschrieben wurde, erfuhr Shoriki von dem bevorstehenden Geschäftsabschluß und verdoppelte Sasakis Preisangebot. Fünfzehn Jahre später besaß die Yomiuri-Gruppe hiermit ein Stück Land, das auf rund 450000 Dollar oder fünfzig Millionen Yen je *tsubo* geschätzt wurde – eine Wertsteigerung um das Einhunderttausendfache.

Clevere Geschäftsleute wie Itoyama und Sasaki waren sich der Tatsache bewußt, daß *Yomiuri Land* mit seinen Immobilien – angefangen von Golfplätzen bis hin zu Bürogebäuden – auf einer Goldmine saß. Die beiden Partner schätzten das Anlagevermögen auf mehr als 1200 Yen pro Anteil, ungefähr fünfmal höher als der tatsächliche Preis der Unternehmensaktien ein. Falls es Sasaki und Itoyama gelang, *Yomiuri-Land*-Anteile auf dem Aktienmarkt zu kaufen, konnten sie astronomische Gewinne erzielen, sobald sie die Immobilien-Werte wieder abgestoßen hatten. Der Rest der zur Yomiuri-Gruppe gehörigen Firmen war am Aktienmarkt ähnlich unterbewertet. Der Zugang zu diesem Schatz wurde jedoch durch die Mehrheitsbeteiligung des Zeitungsriesen *Yomiuri Shimbun* blockiert, der sich in Privathand befand. Das bedeutete, daß Itoyama und seinem Vater der Weg versperrt blieb, durch Aufkauf von *Yomiuri-Shimbun*-Aktien die Kontrolle über den von Shoriki ernannten Leiter des Unternehmens Sekine und die Yomiuri-Firmen zu erlangen, denn die Aktien wurden nicht an der Börse gehandelt.

Die Yomiuri-Firmen waren so eng miteinander verwoben wie ein Spinnennetz, was eine Übernahme erschwerte. Mit Hilfe von Nomura Securities hatte man die Aktien von Yomiuri-Firmen innerhalb der Unternehmensgruppe untergebracht, so daß kein Fremder die verschiedenen Schichten ineinander übergreifender Besitzrechte durchdringen und die Macht an sich reißen konnte. Über 40 Prozent von Yomiuri Land hielten die zahlreichen Tochtergesellschaften und Geschäftspartner des Konglomerats, beispielsweise die Zeitung, Nippon Television, Nomura Securities und das Korakuen-Stadion. Rund die Hälfte von NTV befand sich im Besitz der Zeitung, der Firma Yomiuri Land, Nomura und Yomiuri TV, während Yomiuri TV Eigentum von *Yomiuri Shimbun* war. Die Liste ließe sich noch endlos fortsetzen: Die Yomiuri Giants gehörten der Yomiuri Kogyo, Yomiuri TV dem *Yomiuri Shimbun*. Das Korakuen-Stadion, das bekannte Baseballstadion in Tokio, in dem die Giants Hausrecht genießen, besaß eine Anteilseignerliste, die sich wie das Mitgliederverzeichnis des Yomiuri-Vorstands las. Und es gab innerhalb der Gruppe noch zusätzliche Verflechtungen auf der privaten Ebene: Chozoburo Sekine und Kosai Kobayashi, Leiter des *Yomiuri Shimbun*, waren jeweils mit einer Shoriki-Tochter verheiratet.

Aber Sasaki und Itoyama legten die Achillesferse der Yomiuri-Gruppe bloß, und Itoyamas Komplott begann Form anzunehmen. Er stellte fest, daß er sich zwar nicht direkt in das Herz des Unternehmens – die Zeitung – einkaufen konnte, aber sehr wohl imstande war, in aller Stille Aktien der Firma Yomiuri Land zu erwerben, die an der Börse notierten, um somit indirekt Druck auf die Gruppe ausüben zu können. Er hatte erkannt, daß sich Yomiuri Land im Besitz vieler erstklassiger Sachvermögenswerte der Gruppe befand, auch wenn es innerhalb des Imperiums keine Vorrangstellung innehatte. Ein Angriff auf die Immobilienfirma würde für die ganze Gruppe eine Bedrohung darstellen. Die Zeitung hielt er für besonders verletzlich, da sie stark unterbewertet war und sich im Besitz der Mitarbeiter befand. Als Hauptaktionär konnte er sich vielleicht die Kontrolle über Yomiuri Land verschaffen, Sekine an die Luft setzen und verlangen, daß er ein Aufsichtsratsmandat bei der Zeitung erhielt.

Es war ein Risiko, wenn auch ein kalkulierbares. Itoyama dachte an die Sachwerte von Yomiuri Land, die Rennbahnen in Kawasaki und Funabashi, die Golfplätze. Die Kontrolle über die Zeitung würde ihn an die Spitze eines der größten Medienkonzerne der Welt katapultieren, der Millionen von Lesern und Fernsehzuschauern beeinflußte, und ihm mehr Macht verleihen, als er sich je erträumt hatte. Und darüber hinaus könnte er durch den Verkauf einzelner ausgewählter Aktiva sein ohnehin schon stattliches Vermögen noch vergrößern.

Eitaro Itoyama und Shintaro Sasaki begannen 1978, Aktien von Yomiuri Land zu erwerben, und ein Jahr später suchte Sasaki Sekine in dessen Büro auf, um Informationen über die Performance des Unternehmens einzuholen. Die beiden Rivalen, die sich ohnehin schon gegenseitig verabscheuten, gerieten prompt in einen heftigen Streit über die Zielsetzungen von Yomiuri Land. Sekine befand, es sei Aufgabe der Firma, der Gesellschaft zu dienen, während Sasaki vom Präsidenten eine harte, kaufmännische Linie in der Geschäftsführung forderte. Sasaki mißfiel die Geringschätzung, mit der ihn Sekine – Absolvent der Tokioter Universität und Inhaber eines akademischen Titels im Fachbereich Rechtswissenschaft – behandelte. Er wies Sekine darauf hin, daß der Präsident des Stahlkonzerns Nakayama Steel ihm 1971 einen Besuch abgestattet und Geschenke gemacht habe, als er, Sasaki, Hauptaktionär, und zwar kein freundschaftlich gesinnter, gewesen sei. Sekine habe es nicht einmal für nötig befunden, ihm eine Neujahrskarte zu schicken. »Das ist keine Art, Anteilseigner zu behandeln«, warf ihm Sasaki vor.

Yomiuri steckte in Schwierigkeiten. Itoyama und Sasaki hatten Anfang der achtziger Jahre so viele Aktien aufgekauft, daß Yomiuri Land aufgrund der stark verringerten Anzahl der frei verfügbaren Stücke der Ausschluß vom Handel an der Tokioter Börse drohte. Auch der Kreis der Aktionäre war nahe daran, die zulässige Mindestzahl zu unterschreiten, und die Tokioter Börse hatte Yomiuri Land ein Jahr Zeit gegeben, um die Situation wieder ins Lot zu bringen. Angesichts dieser Zwangslage beschloß die Yomiuri-Gruppe, in die Offensive zu gehen. Sie bezichtigte Itoyama öffentlich, er habe angeboten, die Aktienkäufe einzustellen, wenn man ihn dafür bezahle. Sie setzte Privatdedektive auf Sasaki und Itoyama an, die nach einem dunklen Fleck in ihrem Privatleben oder ihrer Firma suchen sollten und eine Schlagzeile wert waren – keine schwierige Aufgabe, da beiden Kontakte zur Unterwelt nachgesagt wurden. Der *Yomiuri Shinbun* beteiligte sich nun ebenfalls an der Aktion und beschuldigte Itoyama, Unternehmensaktien gekauft zu haben, um die Gruppe zum Rückkauf seiner Anteile zu aufgeblähten Preisen zu zwingen: eine Praxis, die als Greenmail bezeichnet wird. Der verschlagene Itoyama reagierte darauf mit der unschuldigen Behauptung, er habe lediglich Präsident der Immobilienfirma werden wollen.

Es gab nur einen Mann in Japan, der die Kontroverse beilegen konnte: Minoru Segawa. Gerüchten zufolge soll Itoyama Segawa 1981 mit der Bitte aufgesucht haben, einen Käufer für seine Yomiuri-Land-Aktien zu finden. Man vermutete, er könne sich die Zinszahlungen nicht mehr leisten. Segawa übernahm mit diplomatischem Geschick die Rolle des Vermittlers zwischen den strittigen Parteien: auf der einen Seite Sasaki und Itoyama, ganz zu schweigen von Itoyamas allmächtigem angeheiratetem Onkel Ryoichi Sasakawa, Herrscher im Reich der Motorboot-Wetten; auf der Gegenseite die altehrwürdige Yomiuri-Gruppe, die in enger Beziehung zum Nomura-Management stand. Segawa hatte die freundschaftliche Verbindung mit Yomiuri aufrechterhalten, in deren Genuß schon sein Vorgänger Okumura gekommen war. Nomura übernahm nicht nur den größten Teil der Emissionen von Yomiuri, sondern gehörte auch zu den Hauptaktionären einer Reihe von Firmen, die zur Yomiuri-Gruppe gehörten. Segawa selbst war leidenschaftlicher Anhänger der Yomiuri Giants und hatte sich einen Tribünenplatz im Korakuen-Stadion (heute Tokyo Dome genannt) reservieren lassen, und jedes Jahr schickte er der Mannschaft eine ganze Rinderseite ins Trainingslager.

Um einen Waffenstillstand zu erreichen, suchte Segawa Sekine auf und erzählte ihm, daß Itoyama seine Anteile verkaufen wolle. Aber Sekine und seine Berater zögerten, das Angebot anzunehmen; sie rechneten sich aus, Itoyama habe sich hoch verschuldet, um die Yomiuri-Aktien zu erwerben, und die Bürde der Zinszahlungen werde ihn letztlich ohnehin zum Verkauf zwingen. Sie beschlossen, Itoyama eine Weile schmoren zu lassen.

Die Yomiuri-Gruppe war weniger glücklich, weil das Gerücht kursierte, Sasakawa habe dank seiner nahezu unbegrenzten Finanzreserven seinem angeheirateten Neffen Itoyama Unterstützung zugesagt. Um sich Sasakawa vom Hals zu schaffen, der sich inzwischen als Menschenfreund gab, aber nach wie vor langjährige Beziehungen zur Unterwelt unterhielt, durfte ihr kein Preis zu hoch sein. Eingeschüchtert nahm sie im April 1982 Kontakt mit Sasakawa auf, aber dieser leugnete jede Form der Komplizenschaft in dieser Affäre. Itoyama behauptete weiterhin in aller Öffentlichkeit, er handle mit Zustimmung, aber ohne die finanzielle Unterstützung Sasakawas. Die Gerüchte nahmen kein Ende, und schließlich entschied die Yomiuri-Gruppe, erneut zum Angriff überzugehen. Am 23. Mai 1982 veröffentlichte der *Yomiuri Shimbun* eine Fotoserie über Sasakawas selbstgezimmertes Image als ›Philanthrop‹, in der die Quelle seiner Finanzmittel anschaulich beschrieben wurde.

Itoyama behielt das Treffen mit Segawa in ganz anderer Erinnerung. Er behauptete, Segawa habe ihn in ein traditionelles japanisches Restaurant zu einem erlesenen Diner eingeladen und dabei gebeten, seine Aktienanteile zu verringern, damit Yomiuri Land die Börsenzulassung erhalten bleibe. Itoyama lehnte das Ansinnen ab und erklärte, er werde seine Kaufaktivitäten fortsetzen. Er erklärte ebenfalls mit Nachdruck, daß sämtliche Investitionen von ihm selbst und seiner Familie finanziert worden seien. Sasaki unterstützte zwar seinen Sohn während der Schlußphasen oder Operation, leugnete jedoch, dabei eine Greenmail-Strategie verfolgt, das heißt, Motive gehabt zu haben, die auf eine Erpressung hinausliefen. Itoyama erklärte: »Sasaki und ich verfügen über ein Viertel der Yomiuri-Aktien oder einen Bestand mit einem Kapitalwert von rund 200 Milliarden Yen. Der Kurs der Aktien ist ihm gleichgültig. Er ist nur an Sachanlagen und Gewinnen interessiert.«

1983 hatten Sasaki und sein Sohn 25 Prozent oder 18 von 71 Millionen emittierten Yomiuri-Aktien in ihren Besitz gebracht. Itoyama gab es zwar nicht zu, aber der auf Kreditbasis finanzierte Rachefeldzug war zu einer spürbaren Belastung geworden, und es zeichnete sich ab, daß er Sekine nicht aus seinem Amt verdrängen, geschweige denn die Zeitung unter seine Kontrolle bringen konnte. Die Regierung würde nicht zulassen, daß jemand ihre ursprünglichen Absichten bezüglich der Besitzrechte an einer Zeitung durchkreuzte.

Die strittigen Parteien befanden sich in einer Pattsituation: Itoyama, weil er weder die Firma übernehmen, noch die laufenden Kosten seines Raubzugs aufbringen konnte, und die Yomiuri-Gruppe, weil ihre Notierung an der Tokioter Börse auf dem Spiel stand. Der Schatten des immens reichen Sasakawa war ein weiterer unwägbarer Faktor, den Yomiuri schwerlich ignorieren konnte. Zu diesem Zeitpunkt soll sich – mehreren Quellen zufolge – Premierminister Yasuhiro Nakasone (zu dessen politischer Gruppierung im Unterhaus Itoyama gehörte) persönlich in den Konflikt eingeschaltet und Segawa damit beauftragt haben, die Affäre zu bereinigen.

Nomura handelte eine Regelung aus: Es kaufte Itoyamas gesamte Beteiligungen an Yomiuri Land auf, die einen Wert von mehr als 20 Milliarden Yen besaßen. Anschließend sorgte Segawa dafür, daß seine Hilfskräfte die Aktien innerhalb der Nomura-Gruppe und bei befreundeten Unternehmen unterbrachten, und stockte die ohnehin schon beträchtlichen Investitionen des Hauses Nomura durch den Erwerb von Yomiuri-Aktien auf. Die Summe, die Itoyama für seine Anteile erhielt, wurde nie bekannt, aber im Sommer 1988 brachte die Zeitschrift *Forbes* einen Bericht, in dem es hieß, er sei einer der reichsten Männer Japans. Er gehörte noch immer dem japanischen Unterhaus an und führte den Vorsitz über die New Japan Sightseeing Company, die er nach dem Tod seines Vaters geerbt hatte. Itoyama war 48 Jahre alt, und sein Vermögen wurde auf 2,5 Milliarden Dollar geschätzt.

Abgesehen von der Rolle, die Nomura dabei spielte, war die Yomiuri-Affäre repräsentativ für Dutzende gleichgearteter, wenn auch weniger spektakulärer Ereignisse in der japanischen Finanzwelt. Die Fälle, in denen gutbetuchte Spekulanten durch den Ankauf von Aktien die Unternehmen erpreßten, hatten sich inzwischen so gehäuft, daß sie der japanischen Presse längst keine Schlagzeilen mehr wert oder unter ›ferner liefen‹ zu finden waren. Und dennoch zerstörten sie den Mythos, daß jedes Mitglied der Geschäftswelt bemüht sei, seinen Beitrag zum Wohl von ›Japan Inc.‹ zu leisten, und daß unfreundliche Übernahmeversuche ein typisch westliches Phänomen darstellten.

Kapitel 28:

Die Erpresser

Wenn auch die Yomiuri-Affäre nur einen flüchtigen Blick hinter die Kulissen der japanischen Finanzwelt gestattete, so machten die Unterwelt-Bosse keine Anstalten, ihre wahre Identität zu verbergen, während sie in ihren Nadelstreifen-Anzügen, schwarzen Hemden und weißen Krawatten durch die obskuren Seitenstraßen stolzierten. Wie es den abgedroschenen Klischeevorstellungen von Gangstern auf der Leinwand entspricht, waren die Jacketts absichtlich eine Nummer zu klein gewählt, um die muskelstrotzende Statur ihrer Träger zur Geltung zu bringen. Die meisten trugen Goldketten um den Hals oder am Handgelenk und hatten streichholzkurz geschnittene Haare oder pomadeglänzende Dauerwellen. Oft fehlte ihnen das oberste Glied des kleinen Fingers, das als blutrünstiges Zeichen der Treue zu ihrem Unterwelt-Boß amputiert worden war. Diese Männer lebten von Erpressung und versuchten fast jedes japanische Unternehmen einzuschüchtern und zu zermürben – angefangen vom mächtigen Haus Nomura bis zur Daiwa-Bank; sie bedrohten selbst Firmen, die sich im Besitz der Regierung befanden, wie die Japan Airlines, die staatliche japanische Luftfahrtgesellschaft.

In Japan gab es Erpressung auf professioneller Basis schon seit Beginn der Industrialisierung gegen Ende des neunzehnten Jahrhunderts. Aber erst in den sechziger Jahren konnte das organisierte Verbrechen in öffentlich-rechtlichen Unternehmen Fuß fassen, zunächst infolge des Drucks, den derartige Aktionäre auf das Management von Firmen ausübten, die sich vor Probleme gestellt sahen. In den sechziger Jahren begann man, dem Verbraucher zunehmende Bedeutung beizumessen. Infolgedessen ergriffen nun Anteilseigner ohne die geringsten Sachkenntnisse auf Aktionärsversammlungen das Wort und verlangten eine Erklärung für die schlechten Ergebnisse ihres Unternehmens oder Schadensersatzforderungen, die auf dem Vertrieb gefährlicher Produkte gründeten. Angeregt durch die japanischen Politiker, die sich der Unterwelt bedienten, um die Opposition zum Schweigen zu bringen, warben nun auch die japanischen Firmen Schlägertrupps an, um die Verbraucher-Initiativen mundtot zu machen und peinliche, öffentlich ausgetragene Konflikte auf ein Mindestmaß zu begrenzen.

Diese Gangster ließen sich dafür bezahlen, die unzufriedenen Aktionäre ›kaltzustellen‹, aber sie erpreßten auch die Firmen selbst. Sie kauften einige wenige Unternehmensaktien und übten ihr Recht aus, an der alljährlichen Generalversammlung der Aktionäre teilzunehmen. Damit konnten sie das Management unter Druck setzen, den *sokaiya* (wie sie später genannt wurden) einen ›Obolus‹ dafür zu entrichten, daß sie sich selbst und die übrigen Mitglieder der Versammlung ›zurückhielten‹. Das war das Ende der traditionellen Gesellschafterversammlungen in Japan, deren Teilnehmer sich auf die Firmenleitung, die Repräsentanten der Finanzinstitute und einige wenige reiche Investoren beschränkt hatten. Den *sokaiya* war es gelungen, sich nun auch den Zugang zu den Vorstandsetagen japanischer Unternehmen zu sichern.

Daß gemeine Verbrecher die Mächtigen der japanischen Wirtschaft tyrannisieren konnten, ist für viele Menschen aus dem Westen ein unerklärliches Phänomen; aber die Japaner waren und sind auch heute nicht mit dem Rest der Welt zu vergleichen. Britische und amerikanische Firmen behandeln die Aktionäre, insbesondere die Kleinanleger, mit übertriebener Achtung. Die Vorstandsvorsitzenden sprechen auf Versammlungen gönnerhaft von ›Ihrem Unternehmen‹, ›Ihrem Vorstand‹, und ›Ihren Direktoren‹. In Krisenzeiten sind die Aktionäre für Unternehmen im Westen von besonderer Bedeutung, beispielsweise wenn eine unfreundliche Übernahme droht. Ansonsten verschwendet das Management kaum einen weiteren Gedanken an das demokratische Prinzip, den Besitz zu streuen, das so oft als Merkmal eines zeitgemäßen, aufgeklärten Kapitalismus westlichen Zuschnitts gepriesen wird.

Japanische Topmanager geben im Gegensatz dazu nicht vor, sich in ihren unternehmerischen Entscheidungen am Wohl der Kleinanleger zu orientieren: Sie zahlen eine völlig unerhebliche Dividende und geben Informationen nur an enge Freunde weiter. Firmenleitung und Arbeiter sprechen gleichermaßen von ›unserem Unternehmen‹. Der Vorstand gibt unumwunden zu, daß bei der Geschäftsführung die Vorteile der Belegschaft im Mittelpunkt stehen.

Es gibt noch andere Unterschiede zwischen Ost und West. In Japan befinden sich zwei Drittel aller börsennotierten Unternehmen im Besitz von Tochterfirmen, Banken und Versicherungsgesellschaften, mit denen sie geschäftlich verbunden sind. Hier umfaßt der Investitions-Horizont Jahrzehnte und beschränkt sich nicht auf die in den USA vorherrschende, auf das nächste Geschäftsquartal bezogene kurzfristige

Perspektive. Während westliche Unternehmen Finanzinformationen an jeden weitergeben, der sich dafür interessiert, geben japanische Firmen ihre Daten nur den zehn größten Aktionären preis. In Amerika muß jedes noch so kleine Informationsbruchstück, das an einen Aktionär weitergegeben wird, beispielsweise über Umsatz, Erträge oder neue Produkte, unmittelbar veröffentlicht werden. Japanische Unternehmen sind weder moralisch noch gesetzlich zur Offenlegung verpflichtet.

Japanische Kleininvestoren werden vom Management vernachlässigt und erzielen ihr Einkommen nicht durch Dividendenausschüttungen, sondern durch Kapitalgewinne. Japan hat es vor allem Tsunao Okumura von Nomura zu verdanken, daß es hier – im Gegensatz zu westlichen Ländern – keine Steuer auf kurzfristige Kursgewinne gibt, so daß die Kleinanleger mehr an der Kursentwicklung als an der Fähigkeit eines Unternehmens interessiert sind, eine höhere Dividende auszuzahlen. Solange der Aktienkurs steigt, ist der japanische Privatanleger glücklich, und da sich der Aktienmarkt seit Ende des Zweiten Weltkriegs fast ständig im Aufwind befindet, hatte er für gewöhnlich Grund zur Freude.

Die alljährlichen Aktionärsversammlungen wurden zur Farce. Die für japanische Anleger vorteilhafte Besitzrecht-Struktur bot keinen Anreiz, bei den Gesellschafterversammlungen Fragen zu stellen, und die Japaner hatten sich schon immer zurückgehalten, ihrer Meinung öffentlich Ausdruck zu verleihen, insbesondere in Gegenwart solcher Menschen, die sie als überlegen betrachteten. In der Zwischenzeit saugten die *sokaiya* das Blut der eingeschüchterten Firmen wie Vampire aus und setzten sich wie gutgenährte Parasiten im Fell des japanischen Unternehmenssektors fest. Die Schutz- und Schweigegelder wurden zu einer so gängigen Einrichtung, daß die meisten an der Tokioter Börse zugelassenen Firmen eigens einen Manager mit der Auszahlung der zweimal im Jahr fälligen Summe – die sich insgesamt auf rund 4000 Dollar belief – an die ›registrierten‹ Gangster betrauten. Auf den Straßen vor den Bürogebäuden standen die *sokaiya* Schlange, um sich in die offizielle Gehaltsliste eintragen zu lassen. Im Laufe der Zeit wurden ihre Taktiken zunehmend ausgefeilter: Sie nahmen die Unternehmen und ihre Direktoren unter die Lupe, um irgendeinen dunklen Fleck in den finanziellen, politischen oder sexuellen Gepflogenheiten aufzuspüren und dem Management mit einem Skandal zu drohen. Anfang der achtziger Jahre waren ihre Aktivitäten in der Öffentlichkeit so bekannt und augenfällig, daß sich die Behörden schon aus Scham zum Handeln gezwungen sahen.

1982 verabschiedete das japanische Unterhaus ein Gesetz, das die Zahlung von Schutzgeldern an die *sokaiya* verbot. Die Polizei stellte eine Spezialeinheit zusammen, um der Bedrohung Herr zu werden. Aber selbst mit Unterstützung des Gesetzes konnten sich die meisten Unternehmen nur von ihren blutsaugerischen ›Beratern‹ befreien, nachdem sie ihnen beträchtliche Abfindungssummen gezahlt hatten. Die Gesetzesnovelle zielte darauf ab, die Anzahl der *sokaiya* während der Aktionärsversammlungen dadurch zu begrenzen, daß nur noch Anteilseigner mit mehr als einem bestimmten Mindestbestand zugelassen wurden. Damit konnte man zumindest teilweise die erhoffte Wirkung erzielen: Mitte 1984 erfüllten nur noch 1700 *sokaiya* die gesetzlichen Bestimmungen, während sich ihre Anzahl 1982 noch auf 6800 belief. Aber die *sokaiya* waren nicht bereit, kampflos auf eine so lukrative Einkommensquelle zu verzichten.

Um das 1982 erlassene Gesetz zu umgehen, errichteten sie eine ehrbare Fassade für ihre erpresserischen Machenschaften. Viele tarnten sich als ›Marktforschungs‹-Institute: Sie veröffentlichten Informationsbroschüren, die mit Skandalgeschichten über die Firmen gespickt waren (und oft ein Körnchen Wahrheit enthielten), auf die sie es abgesehen hatten. Andere gründeten Scheinorganisationen, die sich politisch betätigten und Spenden von ihren Opfern kassierten. Letztere versuchten der Aufmerksamkeit der Behörden dadurch zu entgehen, daß sie ihre Zahlungen im Ausland leisteten oder überhöhte Mitgliedsbeiträge für den Bezug von Schriften zahlten, die von den Strohfirmen der *sokaiya* veröffentlicht wurden. Die für jedermann sichtbaren Schlangen vor dem Lohnbüro eines Unternehmens waren verschwunden. Der Leiter der Personalabteilung hatte nur noch eine Handvoll Gangster anstelle von Hunderten oder sogar Tausenden von *sokaiya* auf der Gehaltsliste. Das Geld wurde nicht direkt übergeben, sondern am Empfang hinterlegt, wo die Direktoren der ›Marktforschungsinstitute‹ ihre Belohnung abholen konnten.

Aber nur die skrupellosesten *sokaiya*-Banden kamen zu Geld. Diejenigen, die in der Hierarchie der Unterwelt auf einer niedrigen Stufe standen, hatten wenig Chancen, den großen ›Coup‹ zu landen. Die Unternehmen wurden »wählerischer« und suchten sich eine große *sokaiya*-Gang aus, der sie bis zu 40000 Dollar pro Jahr zahlten. Als Gegenleistung schreckte diese kleinere Erpresser ab.

Haruhiko Sakurai – ein Journalist, der jahrelang gezwungen war, unter einem Pseudonym zu schreiben, um sich selbst zu schützen – beschrieb die Rondan Doyukai, Japans bekannteste *sokaiya*-Gang; sie besaß die Unverfrorenheit, sich im Telefonbuch eintragen zu lassen. Sie hatte ihr Hauptquartier an der Hauptstraße von Yamatedori aufgeschlagen, einem Vergnügungsviertel in Tokio. Ihr Name prangte in Riesenlettern auf großen Panoramafenstern und bedeckte die ersten drei Stockwerke eines neunstöckigen Gebäudes.

Die Rondan Doyukai war eine Gruppe unerschrockener Finanzkrieger, die den Mut hatten, sogar Nomura Securities zu erpressen. »Jeder weiß, daß die Rondan Doyukai im August 1985 begannen, Nomura-Aktien aufzukaufen«, erklärte Sakurai. Sie behaupteten, 300000 Nomura-Securities-Aktien für 350 Millionen Yen erstanden und damit das Recht erworben zu haben, im Dezember an der Generalversammlung des Unternehmens teilzunehmen. Unverfroren rief die Gruppe die Assistenten hochrangiger Vorstandsmitglieder von Nomura an. Sie verlangten Geld dafür, daß sie den ordnungsgemäßen Ablauf der Versammlung nicht stören und der Versuchung widerstehen würden, Nomuras schmutzige Wäsche in der Öffentlichkeit zu waschen.

In Nomuras Vorstandssekretariat arbeiteten Männer mit beträchtlicher Macht, die den Nomura-Vorstandsmitgliedern zugeteilt worden waren und als ›Adjutanten‹ alle erdenklichen Dienste leisteten, von der Ausarbeitung der Reisepläne bis hin zu illegalen Zahlungen. Die Nomura-Männer waren vom Angebot der Rondan Doyukai überrascht, willigten jedoch ein, den Vorschlag in Erwägung zu ziehen. Eine so offene Drohung verursachte einen weit größeren Aufruhr als die Zahlungen ›unter der Hand‹. Laut Sakurai wandten sich die Sekretäre üblicherweise an die Nomura-Rechtsabteilung, bevor sie Zahlungen an Schwindelgesellschaften wie das Kaga Economic Research Institute, eine kleinere Ausgabe der Rondan Doyukai, leisteten.

Und dann begannen die Probleme. Nachdem die Aktien Ende September ihren Höchststand von 1300 Yen erreicht hatten, fiel der Kurs gemeinsam mit dem Rest des Marktes. Rondan Doyukai, die für die Nomura-Aktien 1200 Yen bezahlt hatten, machten sich nun Sorgen. Aber es kam noch schlimmer: Im November 1985 setzte ein Kursverfall am Markt für japanische Staatsanleihen ein, und Nomuras Aktienpreis, der als Barometer für die Tokioter Börse gedient hatte, sank auf 995 Yen. Die Rondan Doyukai mußten auf dem Papier einen Verlust von 300 Dollar hinnehmen, eine Summe, die höher war als diejenige, die sie mutmaßlich von Nomura erhalten würden. Sie gingen zu Nomura und schlugen vor, dem Wertpapierhaus ihren Aktienblock bei der nächsten Kurserholung zu verkaufen. Im Klartext hieß das: »Sorgt mit allen Mitteln dafür, daß der Kurs steigt, andernfalls werden wir eure nächste Aktionärsversammlung stören.« Bis Mitte Dezember waren die Nomura-Aktien wieder auf 1140 Yen geklettert. Ob es an einer natürlichen Erholung des Marktes oder am direkten Einfluß von Nomura auf die eigenen Aktien lag, läßt sich nicht sagen; aber sowohl Nomura als auch Rondan Doyukai waren glücklicher als einige Wochen zuvor.

Nomura Securities war nicht der einzige Schwergewichtler in der japanischen Wirtschaft, der sich in einen Kampf mit Rondan Doyukai einließ, und manche Firmen gingen sogar so weit, Hilfe bei der Bande zu suchen. Als die Fluggesellschaft Japan Airlines, die sich damals zu 35 Prozent im Besitz des Staates befand, 1985 ihre Generalversammlung vorbereitete, sicherte sie sich die Dienste des ›Research-Teams‹ von Rondan Doyukai, da sie Kritik aufgrund ihrer Unfähigkeit erwartete, in diesem Jahr eine Dividende auszuschütten. (Nach einem Flugzeugabsturz zu Beginn des Jahres, der großes Aufsehen in der Presse erregt hatte, war das Geschäft stark zurückgegangen.) Als sich der Präsident von Japan Airlines erhob, um sich für die mangelnde Rentabilität des Unternehmens zu entschuldigen, wurde er mit dem Zuruf »Wir verstehen, wir verstehen!« begrüßt, der von einer Gruppe muskulöser, robuster Aktionäre im hinteren Teil des Saales stammte. Später leugnete Japan Airlines hartnäckig die Anwesenheit der Gangster, aber erfahrene Journalisten erkannten die Mitarbeiter aus der Rondan-Doyukai-Marktforschungsabteilung an ihrem Bürstenhaarschnitt, den pomadeglänzenden Dauerwellen, vulgären Anzügen und der muskelstrotzenden Rambo-Statur.

Ähnlich wie die Rondan Doyukai hatten sich auch die anderen *sokaiya*-Gangs zu schlauen Finanzakteuren entwickelt. Sie verwendeten die riesigen Summen, die sie kassierten, um große Aktienblocks zu kaufen und sich somit das Recht zu sichern, an den Aktionärsversammlungen teilzunehmen. Sie waren längst keine Schmalspur-Ganoven mehr, sondern hatten eine gutgeölte Erpressungsmaschinerie zur Verfügung, die von den Erlösen aus illegalem Glücksspiel, Prostitution und Drogenhandel in Gang gehalten wurde. 1987 operierten 300 *sokaiya*-Gangs in Japan, die jeweils rund 1700 aktive Mitglieder besaßen. Bei jeder Aktionärsversammlung tauchten zwei bis vier Repräsentanten dieser Gruppen auf. Zwischen 1982 und 1986 fanden nur zwei Verhaftungen aufgrund illegaler Zahlungen an die *sokaiya* statt, und da nur wenige Ermittlungsverfahren liefen, wurden Unternehmen und *sokaiya* gleichermaßen selbstgefällig. 1986 griff die Polizei jedoch hart durch, um den Geldfluß zu stoppen, der unter der Hand den Besitzer wechselte – eine Tatsache, aus der die Firmen schon längst kein Geheimnis mehr machten. Einige Mitarbeiter der angesehensten Unternehmen Japans – von Sumitomo Marine and Fire, Nikon, Noritake und vom Kaufhaus Sogo – wurden verhaftet. In der Regel übernahm in einem solchen Fall ein Manager die Verantwortung und behauptete, seine Firma habe nichts von dem Schweigegeld gewußt, das er gezahlt habe. Die Polizei verstärkte ihre Suche, und im Juni 1987 nahmen 6000 Beamte eine Razzia in 1067 Firmen vor, die bewußt am selben Tag eine Aktionärsversammlung anberaumt hatten, um die Anzahl der *sokaiya*-Teilnehmer zu verringern.

Für gewöhnlich gab sich die Polizei damit zufrieden, einige wenige ›Zahlmeister‹ erkennungsdienstlich zu erfassen und ein Strafverfahren gegen die Pechvögel einzuleiten. Von Zeit zu Zeit machte sie sich jedoch mit zu großem Eifer ans Werk. Ein solcher Fall ereignete sich, als der Staatsanwalt eine Untersuchung anordnete, bei der es um die Gelder ging, die Yamaichi Securities im Auftrag von Mitsubishi Heavy Industries an die *sokaiya* gezahlt hatte. Bei den Nachforschungen wurde ein unentwirrbares Beziehungsgeflecht zwischen Gangstern, Brokern, öffentlich-rechtlichen Unternehmen und führenden Politikern aufgedeckt – eine Welt für sich, über die zwar wenig an die Öffentlichkeit drang, die aber einen festen Bestandteil in den höheren Etagen der japanischen Gesellschaft darstellte. Mitsubishi Heavy Industries, Japans größter Hersteller von Produktionsanlagen für die Schwerindustrie, von Schiffen, Flugzeugen und Automobilen – ein Ableger des Konzerns, aus dessen Produktion das Jagdflugzeug Mitsubishi Zero stammte –, hatte 1986 beschlossen, Wandelanleihen zur öffentlichen Zeichnung aufzulegen. Nikko Securities, ein Unternehmen der Mitsubishi-Gruppe, war stets als der wichtigste Anlageberater für die rund 30 Mitsubishi-Firmen und für sämtliche Aktienemissionen von Mitsubishi Heavy Industries am heimischen Markt zuständig gewesen, während die Börsenkapitalisierung im Ausland abwechselnd Nomura, Daiwa, Nikko und Yamaichi oblag.

Angespornt von dem Bewußtsein seiner Vormachtstellung beschloß Nomura 1985, Nikko Securities die Kontrolle über Mitsubishis heimische Emissionsaktivitäten zu entreißen. Um dem Konzern sein Engagement zu beweisen, sammelte Nomura zwischen Dezember 1985 und dem Frühjahr 1986 Mitsubishi-Aktien an. Diese Käufe waren ein Schlüsselfaktor in Nomuras Strategie gegenüber Mitsubishi, da die meisten Firmen die Qualität der Beratertätigkeit eines Brokerhauses anhand der Fähigkeit beurteilten, den Kurs ihrer Aktien zu bewegen. Wie bereits an anderer Stelle erwähnt, gilt in Japan der Grundsatz: Je höher der Aktienpreis, desto größer das Ansehen eines Unternehmens.

Nachdem Nomura Aktien für eigene Rechnung sowie im Auftrag von Unternehmenskunden und führenden Politikern gekauft hatte, beauftragte es das Nomura Research Institut, eine Empfehlung für die ›stark im Aufwärtstrend liegenden‹ Mitsubishi-Heavy-Aktien zu veröffentlichen. Dann wurde die allmächtige Nomura-Aktienabteilung aktiv. Sie war für den Aktienverkauf an Kunden zuständig und bediente sich ihres weitläufigen Filialnetzes, um ihnen den Erwerb der Mitsubishi-Heavy-Titel dringend nahezulegen. Erst dann wandten sich die für Unternehmensfinanzierungen zuständigen Nomura-Manager an Mitsubishi, um die offizielle Ernennung zum Finanzberater des Konzerns zu erhalten. Da man ihnen eine unverbindliche Antwort gab, schloß Nomura, daß es den Preis der Mitsubishi-Aktien noch nicht hoch genug getrieben habe.

Die Aktien stiegen ständig und erreichten im Sommer 1986 mit 674 Yen ihren Höchststand, während ihr Tiefstand zu Beginn desselben Jahres bei 350 Yen lag. Die Mitarbeiter in Nomuras Abteilung Unternehmensfinanzierung waren zufrieden mit dem Ergebnis der Kollegen in der Aktienabteilung. Solche Manöver gehörten zu den wichtigsten Stützen des Nomura-Geschäfts. In Japan gab es keine ›Chinesische Mauer‹ wie jene, die Amerikaner und Briten gesetzlich daran hindert, Insider-Informationen über ein Unternehmen innerhalb ihrer eigenen Verkaufsteams aus dem Wertpapierbereich mißbräuchlich zu verwenden. Im Gegenteil, in Japan war die Beziehung bekannterweise eng und für alle beteiligten Parteien von Vorteil. Die Mitsubishi-Manager waren zweifellos beeindruckt. Schiffbau und Schwerindustrie gehörten nicht gerade zu den glanzvollsten Sektoren der japanischen Industrie, und die Mitsubishi-Führungskräfte spürten nicht länger die Bürde des rückläufigen Geschäfts, sondern wirkten wie elektrisiert, als Nomura den ungeheuren Wert des Sachvermögens, der Raumfahrt-Technologie und der Rüstungsproduktion hervorhob. Als Belohnung für den Kursanstieg der Mitsubishi-Aktien bestimmte der Konzern Nomura zum Konsortialführer bei der 100-Milliarden-Yen-Emission seiner Wandelanleihen, die im August 1986 erfolgte.

Alle warteten mit großer Spannung auf die neue Mitsubishi-Emission. Der Aktienmarkt stellte fast jeden Tag neue Rekorde auf, und dazu kam, daß Nikko Securities – verärgert darüber, bei dieser Auflage ausgebootet worden zu sein – aggressiv Mitsubishi-Aktien aufkaufte. Es schien, als ob das Wertpapierhaus demonstrieren wolle, daß es noch immer einen Machtfaktor darstellte, mit dem man rechnen mußte. Der Schlagabtausch geriet zum Handgemenge. Nomura hatte den größten Anteil der Anleihen für die Plazierung bei Kunden erhalten, aber auch die Rivalen gingen nicht leer aus. Der Ausgabekurs war auf 100 Yen festgesetzt worden, der erste im Handel ermittelte Kurs versprach jedoch 150 Yen zu übersteigen; dadurch erzielte jeder, der das Glück hatte, eine Zuteilung von den Emissionshäusern zu erhalten, einen sofortigen unrealisierten Gewinn von 50 Prozent. Manche rechneten sogar mit einem Eröffnungskurs von 200 Yen. Die Aufregung nahm fieberhafte Ausmaße an, als der Wert im sogenannten ›grauen‹, dem inoffiziellen, Markt zu 225 gehandelt wurde. Die Broker machten ihren Einfluß geltend und gaben Anleihen aus, mit denen die Investoren ihr Kapital in Windeseile verdoppeln konnten. Der erste im Handel ermittelte Kurs der Mitsubishi-Anleihen lag bei 235 Yen, und Gerüchten zufolge sollen Premierminister Yasuhiro Nakasone und zwei weitere Mitglieder seines Kabinetts, Herr Abe und Herr Takeshita, ihr Kontingent an Mitsubishi-Anleihen von den Brokern als ›Wahlspenden‹ erhalten haben.

Dann wurden die *sokaiya* beim Griff in die Yamaichi-Kasse erwischt. Die Staatsanwaltschaft entdeckte, daß Yamaichi die Erpresser auf der Mitsubishi-Lohnliste mit Mitsubishi-Anleihen bezahlt hatte. Ein so schamloser Verstoß gegen das 1982 erlassene Gesetz hätte zu keinem schlechteren Zeitpunkt ruchbar werden können. Die Polizei war bestrebt, den *sokaiya* den Geldhahn zuzudrehen, und schien nicht länger gewillt, ihre Machenschaften zu übersehen. Die Firmenunterlagen wurden unter Strafandrohung beschlagnahmt, was Yamaichi in Alarmzustand versetzte und veranlaßte, der Staatsanwaltschaft mitzuteilen, daß man die Anleihen an die *sokaiya* verkauft habe. Wolle man ihnen etwa die Kunden vergraulen? Und überhaupt, warum nehme die Staatsanwaltschaft nicht einmal das Haus Nomura unter die Lupe, das Mitsubishi-Anleihen an Politiker veräußert habe?

Damit hatte sich Yamaichi allerdings auf ein gewagtes Spiel eingelassen. Der Vertreter der Anklage stand kurz davor, die Büchse der Pandora zu öffnen, die sich von ihrem klassischen Vorbild vor allem darin unterschied, daß jeder wußte, was sie enthielt. Noch verworrener wurde die Lage, als der Vorstandsvorsitzende von Yamaichi gegenüber einem Reporter der wöchentlich erscheinenden Zeitschrift *Zaikai* die Bemerkung fallenließ, Mitsubishi Heavy habe Yamaichi gebeten, die *sokaiya* abzufinden. Der unerschrockene Reporter sorgte dafür, daß die Geschichte in Druck ging. Yamaichi, Japans viertgrößte Brokerfirma, entließ auf der Stelle seinen Vorstandsvorsitzenden – nicht, weil er mit den *sokaiya* geliebäugelt, sondern weil er einem Außenseiter die geheimsten Mechanismen des japanischen Geschäftslebens enthüllt hatte. Die Spannungen innerhalb von Yamaichi nahmen solche Dimensionen an, daß sich ein geschäftsführender Direktor, der in den Fall verwickelt war, das Leben nahm.

Doch dann stellte die Tokioter Stadtpolizei plötzlich und ohne Ankündigung die Ermittlungen ein. Yamaichis Anschuldigung. Mitsubishi-Anleihen seien in die Hände führender Politiker gelangt, war ein zu heißes Eisen. Einige der mit den Nachforschungen Beauftragten waren darüber so aufgebracht, daß sie Einzelheiten aus ihren Recherchen an die Presse durchsickern ließen. Aber die Presse reagierte nicht. Zu den drei größten Inserenten-Gruppen in den japanischen Medien gehören Wertpapierfirmen, Automobilhersteller und Kosmetikkonzerne. Es wäre unklug gewesen, die Einnahmen aus der Werbung mehrerer großer Inserenten um einer Story willen aufs Spiel zu setzen. Unterschwellig machte sich allerdings die Angst bemerkbar, daß irgend jemand in aller Öffentlichkeit vor Ende der Sitzungsperiode des Unterhauses im Sommer 1987 Fragen stellen und Japans führende Politiker mit der berüchtigten Wandelanleihen-Emission von Mitsubishi Heavy in Verbindung bringen könnte. Aber niemand kam auf die Idee.

Kapitel 29:

Die Spekulanten

Die Aufwärtsspirale des Immobilien- und Aktienmarktes schuf in den achtziger Jahren eine neue Art des Wohlstands und Lebensstils, der sich im Macho-Image des Aktienspekulanten widerspiegelte. Ein Prototyp dieses neuen Männerbildes war der forsche, gewandte Juniichi Suzuki (wie er hier genannt wird; sein Name wurde als einziger in diesem Buch geändert). Seine Nachbarn rätselten, warum er morgens nie zur Arbeit ging, obwohl sie ihn an drei Tagen in der Woche um 6.30 Uhr mit einem ledernen Golfsack über der Schulter und einem drahtlosen Telefon in der Hand das Haus verlassen und in seinem neuen dunkelgrünen Jaguar XJ12 davonbrausen sahen. Er zählte zu den Männern, die sich am Machtspiel auf höchster Ebene beteiligten, das in Japan häufig auf dem Golfplatz ausgetragen wird; aber im Unterschied zu den Politikern, Finanziers und Bürokraten, mit denen er spielte, gehörte ihm der Golfplatz. Wenn er nicht gerade den grün-gelb karierten Golfdreß trug, bevorzugte der elegante Suzuki maßgeschneiderte Zweireiher mit Einstecktuch und passender Krawatte. Er war ein Nachtschwärmer und besuchte häufig in Begleitung seines Gefolges die berühmten japanischen Teehäuser wie das Wakabayashi und das Fukudaya. Dort gab er festliche Diners für Japans Mächtige, zum Beispiel für die Mitglieder des Unterhauses, von denen er sich eine Gefälligkeit erhoffte, aber auch für zwielichtige Gestalten aus der Unterwelt, die die brisanten Probleme auszubügeln verstanden.

Der Lebensstil der Aktienspekulanten wurde von Tausenden kopiert, die zu den Neureichen Japans gehörten. Aber die Mitglieder dieses ›Clubs‹ waren handverlesen: Nur jene, die es geschafft hatten, den Markt durch massive Aktienaufkäufe zu beeinflussen oder ein Unternehmen in Übernahmekämpfen in die Enge zu treiben, wurden aufgenommen. Wer kein Nettovermögen von 50 Millionen Dollar oder eine Kreditlinie von 100 Millionen Dollar vorweisen konnte, brauchte sich gar nicht erst um die Mitgliedschaft zu bewerben.

Suzukis Taktik unterschied sich von den feindlichen Übernahmeversuchen, die den Unternehmen weltweit, vor allem aber in Amerika drohten. Dort wurde das Spiel von unverfrorenen prominenten Geschäftsleuten betrieben, die als angesehene Männer galten. Im Gegensatz dazu beschworen der Aufkauf von Aktien und die anschließende Preistreiberei in der japanischen Öffentlichkeit Bilder von Korruption, geheimen Absprachen und Ganoven herauf. Wenn in Japan jemand eine Aktie ›aufgeschwänzt‹ hatte, teilte er dem Unternehmen unverblümt mit, daß es von nun an einen neuen Direktor habe. Mit Hilfe von Bankkrediten kaufte die bedrohte Firma kurz darauf die Anteile des unliebsamen Aktionärs zu einem drastisch überhöhten Preis zurück und verteilte sie an ihre Niederlassungen.

Fast alle Kandidaten, die sich in den achtziger Jahren um Aufnahme in den Spekulantenring bemühten, hatten ihr erstes Millionenvermögen mit Immobilien erworben. Sie fanden den Nervenkitzel verlockend, den der japanische Aktienmarkt zu bieten hatte, obwohl viele der später bekanntesten Akteure kaum etwas über die Titel wußten, die an der Tokioter Börse notierten. »Ich habe wenig Ahnung von den Alltagsgeschäften der Firmen, die ich kaufe«, gestand Suzuki. »Ich kaufe einen großen Block, setze den Aktienkurs in Bewegung und stoße den gesamten Bestand mit Gewinn ab.« Charakteristisch für die meisten Spekulanten ist die kühne Annahme, sie könnten nach dem Aufkauf der börsennotierten Aktien eines Unternehmens soviel Einfluß auf seine finanziellen und firmenpolitischen Entscheidungen ausüben, daß sich Kursverluste von vornherein ausschließen lassen. Suzuki und seinesgleichen hatten festgestellt, daß Geld in Japan tatsächlich Macht im finanziellen wie politischen Sektor verleiht.

Der Aufstieg zur Macht, den Japans Aktienspekulanten erlebten, wies ein typisches Muster auf: Viele machten, wie Suzuki, eine märchenhafte Karriere und brachten es vom ›Bettler zum Millionär‹. Wie die meisten Spekulanten stammte auch er aus einer Familie, die zu den Unterprivilegierten gehörte. Sein Vater war Viehhändler gewesen und übte einen Beruf aus, der nur geringfügig höher im Ansehen stand als der des Metzgers und des Gerbers, die aufgrund ihrer Tätigkeit in der japanischen Gesellschaft als Ausgestoßene galten. Suzuki verließ die Schule, als er sechzehn Jahre alt war, und arbeitete zunächst als Gemüseverkäufer. Aber er träumte vom großen Geld, und es fehlte ihm nicht an Ideen, um seinen Traum zu verwirklichen. Als er feststellte, daß die Tabakbauern, die er mit Waren belieferte, die ganze Nacht über wachen mußten, um das Feuer in Gang zu halten und den Rauch sowie die Temperaturen in den Räucherkammern zu regulieren, erfand er einen Thermostat, der ihnen die Arbeit abnahm. Zu seiner Freude wurde der Regler, den er nun fabrikmäßig herzustellen begann, von den staatlich bezuschußten Tabakbauern stark nachgefragt, und mit achtzehn war Suzuki ein wohlhabender Mann. 1968 hatte er mehr als 2 Millionen Dollar verdient, die er, wie die meisten Spekulanten, in Grundstücke und Golfplätze investierte. Der erste Abschnitt seiner beruflichen Laufbahn war beendet; der ›Hinterwäldler‹ konnte stolz auf seine Leistungen sein.

Der zweite Lebensabschnitt verlief hingegen weniger reibungslos. Suzuki erfand eine zweite ›technische Spielerei‹, eine Bewässerungsanlage, die ebenfalls ein solcher Erfolg wurde, daß er innerhalb eines Jahres weitere 5 Millionen Dollar auf die ›hohe Kante‹ legen konnte. Das Gerät rostete jedoch nach der ersten Ernte und verdarb die Tabakpflanzen. Die Bauern begannen sich zu beschweren, und nun lernte Suzuki die japanische Politik kennen. Die Lobby der Bauern gehörte zu den stärksten im Land und übte großen Einfluß auf die Unterhaus-Mitglieder aus. Als die ersten Beschwerden eingingen, wurde Suzuki von den heimischen Politikern gezwungen, den Tabakpflanzern den Schaden zu ersetzen. Er verlor zwar seine gesamten Gewinne aus diesem Geschäft und dazu noch einen Teil seines schon erwirtschafteten Vermögens, aber dafür konnte er rot im Kalender anstreichen, daß er bei den Politikern an Ansehen gewonnen hatte. Er schätzte sich glücklich, als Zwanzigjähriger bereits so viele Erfahrungen gesammelt zu haben. »Japan kann man nicht mit den USA vergleichen. Hier muß man sich, wie ich gelernt habe, den Weg dadurch freiräumen, daß man den Politikern ständig Geld zufließen läßt.« Suzukis Schmiergelder wurden als Wahlspenden deklariert und stellten eine Investition dar, die sich später um ein Vielfaches auszahlen sollte.

Suzuki betrat zu Beginn der siebziger Jahre die Schattenwelt der Aktienspekulation. Er hatte neidvoll beobachtet, wie die berüchtigten Akteure 1971 die japanischen Unternehmen mit ›sanfter Gewalt‹ zu erpressen begannen. In diesem Jahr grassierte das Spekulationsfieber: Sanko Steamship versuchte, die Reederei Japan Line zu übernehmen, während sich Eitaro Itoyama gerade anschickte, die Aktien des Stahlkonzerns Nakayama Steel aufzukaufen. Zu diesem Zeitpunkt wurde Suzuki von einem Geschäftspartner ausgebootet, der einen ihrer Golfplätze veräußerte, ohne Rücksprache mit ihm zu nehmen. Suzuki vermutete außerdem, sein Partner habe den Preis bewußt niedrig angesetzt und eine stattliche Summe unter der Hand als Verkaufsanreiz kassiert. Suzuki wußte, daß sein Kompagnon einen Industriebetrieb mittlerer Größe leitete, der an der Tokioter Börse notierte. Er begann nun, Aktien des Unternehmens zu kaufen, die er mit den außerordentlich hohen Beiträgen der Mitglieder in seinen anderen Golfclubs finanzierte.

Schließlich hatte er ein so umfangreiches Aktienpaket gesammelt, daß er damit drohen konnte, die Firmenleitung zu übernehmen. Dadurch zwang er seinen Feind, die Aktien zurückzukaufen, und fuhr einen riesigen Gewinn ein.

Das war in Japan natürlich nichts Neues, aber Suzuki entdeckte, daß Spekulation keineswegs einem kleinen Kreis Eingeweihter vorbehalten ist. »Jeder profitiert von den Maßnahmen, die nötig sind, um ein Unternehmen zu bedrängen, insbesondere die Politiker«, klagte Suzuki, als er feststellen mußte, daß diese erwarteten, in das Aufkäufer-Syndikat aufgenommen zu werden, um ihre Wahlkampf-Kassen zu füllen. Als Gegenleistung dafür waren sie in der Lage, den Spekulanten Kontakte zu Banken zu verschaffen. Suzuki entdeckte, daß die Unterhausabgeordneten Toshio Komoto und Eitaro Itoyama, die zur Regierungspartei gehörten, Anfang der siebziger Jahre zwei der größten Unternehmensaufkäufe in Japan inszeniert hatten. Dabei waren besonders hohe Spekulationsgewinne in die Taschen der Politiker geflossen. Der bevorzugte Weg war eine heimliche Absprache zwischen Spekulanten, Politikern und Bankdirektoren, die ersteren eine großzügige Kreditlinie einräumten. Der Spekulant setzte wenig oder gar kein eigenes Kapital aufs Spiel: Er kaufte die Aktien auf, verkaufte sie zu einem künstlich aufgeblähten Preis an das Unternehmen zurück, tilgte den Bankkredit und teilte den so erzielten Gewinn mit seinen Freunden aus der politischen Arena. Eine andere Spielart bestand darin, daß die Politiker ihre eigenen Kreditkanäle benutzten und im Namen einer dritten Partei ein Brokerkonto eröffneten.

Geld vermehrt sich oft von selbst, und nachdem Suzuki seine ersten zehn Millionen verdient hatte, fand er es leichter, sich die zweiten zu verschaffen. »Ich bin ein Selfmademan und habe nie für jemand anderen gearbeitet«, pflegte Suzuki seinen Freunden stolz zu erzählen. Trotz des Anflugs von Unabhängigkeit war Suzuki nach seinem ersten Spekulationsgeschäft nicht mehr in der Lage, auf eigene Faust zu arbeiten. Jeder Spekulant schloß sich einer Gruppe finanzstarker Marktmanipulatoren an. Sie leiteten ihr Kapital und ihre Kredite in einen Pool, in dem sich mehrere zehn oder auch Hunderte Millionen Dollar ansammelten, die man zum Aufkauf einer Aktie und zur nachfolgenden Stützung ihres Kurses braucht. Suzuki betrachtete jedoch jeden Deal, den er zustande brachte, als ›sein Geschäft‹. Es waren *seine* Ideen, die *er* in die Praxis umsetzte, indem er wie in Japan üblich Investoren, Politiker, Banker und Broker zu einem Aufkäuferring zusammenfügte. Einer seiner Gegenspieler wurde ›die Sonne‹ genannt, weil alles Leben in der Welt der Spekulanten von ihm ausging und zu ihm hinstrebte. Die meisten Spekulanten kannten die übrigen Mitglieder ihres Ringes nicht, sondern nur den Koordinator, der im Mittelpunkt des Geschehens stand. Selbst die verklärte Welt der Spekulanten besaß eine ihr eigene Hierarchie, und als Suzuki nachhalf, fand er sich an ihrer Spitze wieder.

Suzukis Aktiengeschäfte wurden umfangreicher, seine Kreditlinien und Konten gewichtiger. Um unmißverständlich zu signalisieren, daß er zu den Drahtziehern zählte, kaufte er Immobilien in Hawaii und ein Stück Land im Roppongi-Distrikt, Tokios Renommier-Viertel, das einen Wert von mehr als 3 Millionen Dollar besaß. Er baute sein Haus vollständig um und schmückte es mit weißem italienischem Marmor; während der Renovierungsarbeiten zahlte er seinem Nachbarn 25000 Dollar für die Unannehmlichkeiten, die dieser während der Bauarbeiten hinnehmen mußte. Suzuki unterstützte darüber hinaus den Wahlkampf des Herrn Fukuda, der 1976 für das Amt des Premierministers kandidierte, und nach Ende der Amtsperiode auch dessen Privathaushalt und Familie.

1985 und 1986 hatten Suzukis Übernahme-Taktiken Rekordausmaße angenommen, und so beschloß er, den großen Coup zu landen. Einer seiner Freunde, Mitglied einer bekannten Spekulantengruppe, die als ›Video Seller‹ (Video-Verkäufer) bezeichnet wurde, besaß 15 Prozent der Aktien der Lebensmittelgruppe Fujiya, die 1938 als kleine Bäckerei begonnen hatte und sich noch immer mehrheitlich in Familienbesitz befand. Unter Spekulanten war es üblich, Aktien anzuhäufen und sie mit Gewinn an jemanden zu veräußern, der die gleiche Strategie zu verfolgen gedachte. Suzuki bot an, den aus 20 Millionen Aktien bestehenden Aktienblock der Video Seller zum Preis von 300 Yen pro Aktie zu kaufen. Ein anderer Freund, der für die Oriental Finance arbeitete, hatte weitere 20 Millionen Aktien in seinem Besitz, die er Suzuki verpfändete, so daß dieser nun insgesamt über rund 30 Prozent aller Anteile verfügte.

In der Annahme, daß er weitere 23 Millionen Stücke brauchte, um 51 Prozent der Firma unter seine Kontrolle zu bringen, kaufte Suzuki 1985 und in der ersten Hälfte des Jahres 1986 Fujiya-Aktien an der Tokioter Börse. Der Vorstandsvorsitzende und Gründer des Unternehmens, Goro Fujii, glaubte, Suzuki bluffe und sei darauf aus, ihm die Aktien zu einem deutlich überhöhten Preis zurückzuverkaufen. Er erklärte Suzuki, daß dieser keine Chance habe, weitere 20 Prozent am offenen Markt zu erwerben. Die Familienmitglieder wußten jedoch nicht, daß Suzuki Fujiis treulosen Sohn ›geschmiert‹ hatte; ihm gehörte ein großer Anteil an der Firma, den er nun heimlich an Suzuki verkaufte. Die Fujiya-Aktien kletterten von 1000 Yen im Jahr 1985 auf mehr als 3000 Yen Mitte des Jahres 1986, und das Handelsvolumen trocknete langsam aus, so daß selbst kleine Kauforders den Preis jeden Tag um fünf oder zehn Prozent hochschnellen ließen. Goro Fujii rührte keinen Finger, bis Suzuki ihm die Besitzurkunden als Beweis präsentierte.

Suzuki drohte, den gesamten Vorstand zu entlassen, wenn Fujii ihm nicht den gesamten Bestand von 51 Prozent zu mehr als 1500 Yen pro Aktie abkaufen werde. Er behauptete, dies sei ein fairer Preis, da er selbst knapp 900 Yen je Aktie für das Paket gezahlt habe, nicht eingerechnet die Finanzierungskosten. Um Fujii Angst zu machen, suchte Suzuki Sanyo Securities auf und fragte, ob das Wertpapierhaus einen ausländischen Käufer für die Firma finden könne. Diese Geschichte kam nicht nur Fujii zu Ohren, wie beabsichtigt, sondern auch einigen Unterhausmitgliedern, die Anhänger des Protektionismus waren und Suzuki – wie er selbst berichtete – erklärten, »jetzt reiche es und er solle die Angelegenheit sofort in Ordnung bringen«. Goro Fujii schaltete seine Hausbank ein, die Kyowa-Bank. Sie erklärte sich einverstanden, einen Kredit von mehr als 500 Millionen Dollar bereitzustellen, um Suzuki auszukaufen. Fujii wußte, daß der Marktkurs total überhöht war (die Aktien notierten an der Tokioter Börse zwischen 2800 und 3700 Yen), und nach einigem Feilschen einigten sich beide Parteien im November, den Block zum Preis von 1280 Yen pro Aktie zu übertragen. Die japanischen Privatanleger, die sich unglücklicherweise im Besitz von Fujii-Aktien befanden, mußten hilflos zusehen, wie der Kurs über Nacht von 2800 auf 1280 Yen pro Aktie fiel. »Der beste Teil des Geschäfts bestand darin, daß ich in Wirklichkeit nur 720 Yen für alle meine Aktien gezahlt hatte«, lachte Suzuki. Er kassierte 200 Millionen Dollar vor Abzug der Zahlungen an seine Verbündeten in der Politik – das größte Greenmail-Manöver, das ein einzelner in Japan oder Amerika durchgeführt hatte. Und kein Angehöriger der japanischen oder westlichen Presse kannte seinen Namen: Sobald ein ›Aktien-Koordinator‹ seine Anonymität eingebüßt hat, verliert er auch seinen Einfluß als ›Herr des Universums‹, und sein Deckmantel geht an einen anderen über.

Als Suzuki 1986 die Fujii-Familie bedrohte, erlebten die Spekulantenringe eine Blütezeit und hatten begonnen, das Tempo der Kursentwicklung an der Tokioter Börse zu bestimmen. Viele Spekulanten, die auf den Aktienmarkt strömten, gehörten Immobiliengruppen an, die ihre Bargeldüberschüsse zu investieren gedachten. Manche zielten darauf ab, ein Unternehmen blitzschnell zu ›überfallen‹ und ›auszurauben‹, andere wiederum, die Taschen ihrer bevorzugten Politiker zu füllen. Der japanische Markt befand sich in einem Kaufrausch und erreichte neue Rekordhöhen. Die Kurse zogen kräftig an, als die Spekulantenringe Stahlwerte und in hohem Maß kapitalisierte Aktien aufkauften und anschließend Gerüchte über die unterschwellige Veränderung der Aktiva unter den Zweigstellen der führenden Wertpapierfirmen verbreiteten. Doch dann, im August 1986, setzte Nomura Securities dem Kaufrausch urplötzlich ein Ende.

Die Hausse von 1986 war eine der seltenen Situationen, in denen Nomura Securities die Kontrolle über den Aktienmarkt zu verlieren drohte, die es seit 1965 ausübte. Suzuki erklärte: »Nomura weiß alles über den Markt, mischt sich aber nicht in jedes Börsenmanöver ein. Es hat seine eigenen Methoden, Japan zu manipulieren.« Nomuras Rolle bestand darin, die Fehden am Markt beizulegen. Es besaß zwar die allerbesten Kontakte zu Spekulantenkreisen, aber man scheute eine zu enge Verbindung mit Unterweltsmitgliedern und zog es vor, sich aus den alltäglichen Auseinandersetzungen herauszuhalten. Diese Einstellung wurde durch ein oft veröffentlichtes und kompromittierendes Foto eher noch verstärkt, das 1986 aufgenommen worden war und Premierminister Yasuhiro Nakasone mit Yoshihisa Tabuchi, dem Präsidenten von Nomura Securities, und dem Leiter von Korin Sangyo, einem der mächtigsten Männer der politischen und Aktienmarkt-Szene in Japan, beim Golfspiel zeigte.

Wenn Nomura Gruppen wie Korin Sangyo half, ging es dabei mit äußerster Diskretion vor. In einem solchen Fall suchte Nomuras firmeninterne Investmentstrategie- und Kundendienstabteilung beispielsweise einen Käufer für einen bedrohten Aktienblock, eine Aufgabe, die in den sechziger und siebziger Jahren Minoru Segawa oblag. Nachdem er 1978 als Vorstandsvorsitzender zum Rücktritt gezwungen und zum Chefberater von Nomura befördert worden war, spielte sein Nachfolger die Rolle herunter, die das Haus bei der ›Regelung‹ von Unternehmensgeschäften in Japan innehatte. Wie viele amerikanische Investitionshäuser machte Nomura die Greenmail-Strategie zu einer festen Institution und bezeichnete diese Aktivitäten als Unternehmensfinanzierung.

Die Nomura-Führungskräfte waren im Sommer 1986 über die mangelhafte Qualität der Kaufaufträge verärgert, die sich am Markt durchzusetzen begannen und dafür sorgten, daß Nomura Geschäfte an kleinere, weniger angesehene Wertpapierhäuser verlor. Spekulation führt zu Rissen in den bestehenden Strukturen. Sobald der gesamte Anteil spekulativer Marktaktivitäten über zehn Prozent stieg, wie es 1986 der Fall war, warf Nomura sein Gewicht in die Waagschale und kappte den Kapitalstrom, der in den Aktienmarkt floß, womit es bewußt einen Kursverfall herbeiführte. Das blitzschnelle, gnadenlose und hochwirksame Instrument, mit dem es den Markt abwürgte, lieferte ihm eine nicht börsengängige Finanzierungsgesellschaft namens Kaneoka, die Mittel für Immobilien- und Aktienmarktinvestitionen auslieh.

Die Geschäftstätigkeit des Unternehmens, das 1958 von Nobukera

Kaneoka gegründet worden war, hatte zunächst darin bestanden, Wechsel zu diskontieren. Es zahlte 80 bis 90 Prozent des Wechselbetrages sofort aus und zog dann den Gesamtbetrag für sich selbst ein. Manche Wechsel waren mit einem größeren Risiko behaftet als andere, und Kaneoka machte mit säumigen Schuldnern kurzen Prozeß, indem er Schläger engagierte, die das Geld mit Drohungen oder unter Gewaltanwendung eintrieben. Manchmal kehrten die Trupps von ihrem Beutezug auf ein Büro mit Mobiliar und Sachwerten zurück, so daß die Außenstände des Schuldners beglichen waren. Wie alle Geldverleiher (in Japan *machki* genannt) unterhielt auch die Firma Kaneoka enge Beziehungen zur Unterwelt. Sie verdiente daran, daß sie sich kurzfristig Mittel auf dem Geldmarkt auslieh, die sie in Form von Krediten zu hohen Zinssätzen an Spekulanten ausreichte.

Nomura entschied sich für Kaneoka, weil die Firma an der Spitze der Finanzpyramide stand und eine weitläufige Kreditlinie bei japanischen Banken genoß, die es ihr ermöglichten, anderen, weniger einflußreichen Finanzierungsgesellschaften Geld zu leihen. Kaneoka beschäftigte knapp unter 200 Mitarbeiter und war in der Lage, von seiner Zentrale im Zentrum Tokios aus den spekulativen Überhang des größten Aktienmarktes der Welt zu finanzieren. Trotzdem war Kaneoka nur wenigen Japanern bekannt. Der Geldverleih war immer ein Geschäft gewesen, das in aller Heimlichkeit betrieben wurde. Kaneoka zielte nicht auf die japanischen Verbraucher ab, sondern sprach vornehmlich Immobilienhändler mit höchst eigenwilligen Methoden sowie Marktakteure an, die mehrere Millionen Dollar brauchten. Die meisten Geschäfte wurden mit den Kunden per Telefon abgewickelt. »Wir können Millionen von Dollar in weniger als einer Stunde ausleihen«, brüstete sich Kaneokas Sprecher Yajima, ein ehemaliger Mitarbeiter von Sanyo Securities. »Eine Bank braucht Monate, um über einen Kredit zu entscheiden.« Ein japanischer Aktienmarkt-Analyst, der Kaneoka einen Besuch abstattete, glaubte sich in einen Gangsterfilm versetzt. »Alle Führungskräfte sahen wie *Yakuza* aus, und ich wartete ständig darauf, daß sie jeden Augenblick eine Pistole ziehen und das Feuer eröffnen würden.«

Als die Nomura-Manager im Sommer 1986 Kontakt zu Koji Kaneoka aufnahmen – dem Sohn des Gründers und Präsidenten der Finanzierungsgesellschaft –, machten sie ihm ein unmißverständliches Angebot: Sämtliche Kreditausreichungen für spekulative Zwecke sollten gestoppt werden, und als Gegenleistung versprach Nomura dafür zu sorgen, daß die Kaneoka-Aktien an der Börse zugelassen wurden. Der Vorschlag war verlockend, denn Koji Kaneoka hatte sich schon lange den Prestigegewinn gewünscht, den eine öffentliche Notierung der Aktien seiner Familie bringen würde. »Er wollte sein pöbelhaftes Image abstreifen und ein Gentleman werden«, erinnert sich ein Finanzexperte, der engen Kontakt zu Koji Kaneoka unterhielt.

Wie Suzuki war auch Kaneoka ein typisches Beispiel für Japans Neureiche; er hatte riesige Bargeldsummen für spekulative Zwecke zur Hand, und darüber hinaus vermochte er den Kreditfluß an andere Spekulanten zu kontrollieren. Er hatte es nicht nötig, Kaneoka in eine Aktiengesellschaft umzuwandeln, um sich Finanzmittel zu beschaffen: Die gesamte Marktkapitalisierung von Kaneoka belief sich nach der Börsenzulassung auf bescheidene 126 Millionen Dollar. Seine Freunde hatten gewaltigen Respekt vor den Summen, die er im japanischen Aktienmarkt investierte. »Ich habe erlebt, wie Koji Kaneoka innerhalb von zwei Tagen Aktien im Wert von mehr als einer Milliarde Dollar aus seinem eigenen Bestand verkaufte«, schwor ein Beobachter, dem allein die Größe des Aktien-Portfolios einen Schock versetzte. »Bei diesem spezifischen Verkauf realisierte er einen Gewinn von mehr als einer Viertelmilliarde Dollar.« Für den superreichen Kaneoka war Nomuras Angebot nicht wegen des Geldes, sondern eben aus anderen Gründen verlockend.

Als Kaneoka Anfang August im Auftrag von Nomura den ›Finanzkurzschluß‹ auslöste, erlebte der japanische Aktienmarkt in den darauffolgenden drei Monaten harte Zeiten. Die ›Investitions-Gruppen‹, die Kaneoka finanziert hatte, waren nicht länger in der Lage, ihre riesigen Bestände zu halten; sie stießen die Aktien ab, um sich Bargeld zu beschaffen, und trugen somit zu einem Kursverfall bei. Die ersten, die zum Sturzflug ansetzten, waren die besonders gefährdeten, hochgetriebenen Aktien, aber bis Mitte August hatte sich das ›Blutbad‹ auf ganze Sektoren und schließlich auf den gesamten Markt ausgedehnt. Das Finanzministerium sah weg, als Nomura die Emporkömmlinge mit Gewalt in ihre Schranken verwies. (Es hatte zu Beginn des Jahres eigene Ermittlungsteams auf die Spekulantengruppen angesetzt, um die üppig wuchernde Aktienpreis-Inflation einzudämmen; es drohte ihnen zwar nicht mit Strafverfolgung, warnte sie aber davor, den Markt weiter aufzuheizen.) Im Sommer 1986 war ihm der Markt jedoch aus der Hand geglitten. Ein Aktienmarkt-Analyst erklärte: »Es war schwer, den Geist, den man gerufen hatte, wieder in die Flasche zurückzubringen, und deshalb übernahm Nomura das Kommando.«

Bis Mitte Oktober hatte Nomura seine Vorrangstellung an der Tokioter Börse wiedergewonnen. Die unkontrollierten Feuer, die vorher in diesem Jahr gebrannt hatten, waren gelöscht. Nomuras Marktanteil stieg auf mehr als 18 Prozent, als es sein Filialnetz anwies, nur in sicheren Werten zu handeln. Das Ende des Abschwungs war in Sicht, was sich im Nikkei-Index (225 Durchschnittswerte) widerspiegelte, der seinen Tiefstand überschritt und sich wieder erholte. Kaneoka erhielt grünes Licht, die kleineren Finanzierungsgesellschaften erneut mit Bargeld zu versorgen. Obwohl die Spekulanten in den Markt zurückdrängten, ließen die Kleinanleger, denen Nomura Aktien verkaufte, von nun an größere Vorsicht walten. Sie hatten sich einmal die Finger verbrannt und wichen Nomura nicht mehr von der Seite.

Als Kaneoka die von Nomura gestellten Bedingungen für die Emission erfüllt hatte, wurden die Aktien des Unternehmens im November zum Freiverkehr, dem OTC-Markt, zugelassen. Hier notierten Werte von Firmen, denen die japanischen Broker eine Gefälligkeit schuldeten oder von denen sich zu einem späteren Zeitpunkt eine Gegenleistung einfordern ließ. Im OTC-Markt wurden mehr als hundert Unternehmen gehandelt, die aufgrund ihrer Bonität und Größe nicht den Anforderungen der Tokioter Börse genügten. Es war ein winzig kleiner Markt, in dem die Geschäfte vornehmlich per Telefon abgewickelt wurden, und ein Spiegelbild des erfolgreichen NASDAQ-Systems* in den USA, zu dem 3000 Firmen zugelassen waren. Nomura versprach jedoch, Kaneokas Status aufzuwerten und die Gesellschaft in der Zweiten Sektion der Tokioter Börse unterzubringen. In der Zwischenzeit arbeiteten Nomura und Sanyo Securities mehrere Kaufempfehlungen für das Unternehmen aus, und seine Aktien wurden in ihren Zweigstellen als ›heißer Tip‹ gehandelt. Das Finanzministerium war zufrieden, weil der Markt wieder an Stabilität gewonnen hatte, und Nomura nicht minder, weil es seine Stammkunden wieder im Griff hatte. Kaneoka war von allen Beteiligten am glücklichsten, weil Koji Kaneoka nun sich selbst und sein Unternehmen als achtbare Mitglieder der japanischen Gesellschaft betrachten konnte.

---

* Elektronisches Kursnotierungssystem der US-Händler am over-the-counter market.

Kapitel 30:

Das heutige Nomura-Imperium

Knapp zwei Wochen nach dem großen Crash im Spätherbst 1987 verblüffte Nomura Securities die japanische Finanzwelt mit einer der tiefgreifendsten Management-Umschichtungen in der Geschichte der Nachkriegszeit. Acht Mitglieder des Nomura-Vorstands wurden vorzeitig in den Ruhestand versetzt und 800 Manager- und Stabspositionen umbesetzt. Diese Maßnahme erschütterte die Grundfesten des japanischen Senioritäts-Systems, in dem der Aufstieg an die Spitze der Unternehmenspyramide als eine Frage der Zeit, der Geduld und der persönlichen Ausdauer galt. Nomura Securities berief zwei Direktoren in den Vorstand, die Anfang vierzig, nach japanischen Maßstäben also kaum trocken hinter den Ohren waren, da das Durchschnittsalter eines Vorstandsmitglieds in Japan bei 56 Jahren liegt. All das änderte sich, als Nomura mit einem einzigen Handstreich seine Kommandobrücke leerfegte. Das Alter spielte keine Rolle mehr bei Entscheidungen über die künftige Karriere eines Managers. Die schnellsten Aufsteiger sollten von nun an die Männer sein, die dem Unternehmen die größten Erträge einbrachten. Nie zuvor hatte man in der Geschichte Japans Geld so unmißverständlich als karriereförderndes Mittel gekennzeichnet.

Nomura Securities kündigte noch eine weitere atemberaubende, aber weniger schlagzeilenträchtige Neuerung an: Der Bonus der Verkäufer sollte künftig an die Summen gekoppelt sein, die sie für Nomura verdienten. Diese Innovation war für das Verkaufsteam ein großer Ansporn, insbesondere für die *kabuya*, die auf der mittleren Hierarchieebene angesiedelt und daran gewöhnt waren, ihre Kunden durch Druck zum Aktienkauf zu bewegen. Bislang stiegen die Nomura-Mitglieder jeden Jahrgangs *unterschiedslos* über die einzelnen Management-Ränge auf. Nun konnten die leistungsstarken Angehörigen der Verkaufsteams die Männer abhängen, die sie als die ›alten Hunde‹ bezeichneten –

Führungskräfte aus dem mittleren Management, die ihren Arbeitstag so angenehm wie möglich gestalteten, indem sie Zeitung lasen, ein paar Anrufe erledigten, Kaffee tranken und dann nach Hause zurückkehrten.

Yoshio Terasawa und Koichi Minagushi, zwei Vorstandsmitglieder, die zum allmächtigen inneren Kreis auf der Ebene unterhalb des Unternehmenspräsidenten gehört hatten, traten mit einem ›vergoldeten Händeschütteln‹ von ihren Ämtern zurück. Beide erhielten Abfindungen von knapp eineinhalb Millionen Dollar, steuerfrei, nachdem sie jahrelang in Positionen tätig waren, die ihnen jährlich Bezüge von einer halben Million Dollar eingebracht hatten. Summen dieser Größenordnung fielen für Nomura jedoch unter die üblichen freiwilligen Sozialleistungen. »Ein Nomura-Mitarbeiter wird seinen Sitz im Vorstand niemals aufgeben, weil er anderswo mehr Geld verdienen kann«, behauptete Hisashi Moriya, ein ehemaliges Vorstandsmitglied von Nomura, der zu Merrill Lynch überwechselte, weil er dort als stellvertretender Vorstandsvorsitzender größere Eigenständigkeit genoß. »Niemand bietet mehr Vorteile als Nomura.« Die langjährigen Nomura-Führungskräfte schätzten, daß Setsuya Tabuchi eine Abfindung von knapp einer Milliarde Yen forderte, was etwa 80 Millionen US-Dollar entspricht, als er im Rahmen der Umstrukturierung den Vorsitz abgab.

Die Umschichtung brachte Enttäuschungen, aber keine Schande für die Betroffenen mit sich. Terasawa, der Mann, der Wall Street in Japan einführte, verbrachte die letzten Monate seiner Amtszeit damit, zwei Bücher über seine Jahre bei Nomura zu schreiben, bevor er sein luxuriöses Büro in Nihonbashi räumen mußte und einen Regierungsposten annahm. Als der wichtigste internationale Gesandte des Unternehmens (in der Finanzwelt unter dem Spitznamen ›Mr. Nice Guy‹ bekannt) das Feld geräumt hatte, ließ Nomura keinen Zweifel daran, daß es in seiner Hierarchie Platz für die jüngeren Superstars zu schaffen gedachte. Koichi Minagushi, Nomuras ›heißer Draht‹ zum Finanzministerium, trat von seinem Amt zurück, um die Nomura-Research-Abteilung neu zu strukturieren (die gerade die Nomura Computer Company gekauft hatte, eine der führenden Software-Firmen des Landes). Er löste einen Mann namens Nakagawa ab, der in Japan als ›Nakasones Gehirn‹ bezeichnet wurde und dessen Ausscheiden den Nomura-Managern angemessen erschien, da Yasuhiro Nakasones Amtszeit als Premierminister ebenfalls beendet war.

Nomura dünnte die oberen Management-Ebenen nicht nur aus, um Platz für seine Nachwuchsstars im Verkauf zu schaffen. Die Umstrukturierung basierte auf einem wohlerwogenen Konzept, das darauf abzielte, Nomura wieder zu einem Imperium zusammenzuschweißen, das im Ansehen dem *zaibatsu* der Vorkriegszeit in nichts nachstand. »Durch eine straffere Kontrolle über die Zweigstellen und Tochterfirmen formiert sich Nomura zu einem neuen *zaibatsu*«, sagte Kozo Nomura, Mitglied des Vorstands.

Dadurch, daß Nomura die Vorstandsmitglieder zum Ausscheiden zwang, wenn sie sechzig wurden, konnte es den einen oder anderen Mitarbeiter als Präsidenten anderer Nomura-Niederlassungen ›abkommandieren‹. Nomura zahlte sogar saftige Prämien, um hochrangige Experten zu motivieren, einen weniger begehrten Posten anzunehmen. Der viertmächtigste Mann bei Nomura, Takashi Takano, schied mit einer Abfindung aus, die auf 600000 Dollar geschätzt wurde. Er übernahm den Vorsitz von Nomura Real Estate, der fünftgrößten Immobilienfirma Japans. Als ehemaliger Leiter des Wertpapier-Verkaufsbereichs von Nomura eignete er sich hervorragend für die Aufgabe, den Absatz von Nomura Real Estate kräftig anzuheben – ein Vorspiel zur Zulassung an der Tokioter Börse, die das Unternehmen anpeilte.

Gleichzeitig schied ein weiteres Direktoren-Paar aus, um die Leitung von World Securities und Tagaki Securities zu übernehmen, zwei Brokerhäusern, die zu Nomuras Trabanten zählten. Die Liste ließe sich noch endlos fortsetzen. Die neuen Positionen waren hoch dotiert und brachten Sondervergünstigungen wie Firmenlimousine mit Chauffeur, ein gutgepolstertes Spesenkonto sowie eine große Schar von ›Vasallen‹ und hübschen Sekretärinnen mit sich – alles, woran die Direktoren gewöhnt waren. Dazu kam, daß die meisten Neubesetzungen mit dem Titel eines Präsidenten und der Aussicht gekoppelt waren, in fünf oder sechs Jahren in Pension zu gehen. In Wirklichkeit handelte es sich natürlich um den zweiten Ausstieg aus dem Arbeitsleben, der eine weitere Abfindung mit sich bringen würde – »der Preis, den Nomura zahlte, um seine Generäle zufriedenzustellen«, wie ein ausscheidender Manager meinte.

Nomura mußte sich keine Sorgen darüber machen, wie sich der Ausstieg der langjährigen Topmanager oder die künftigen Prämien für die Spitzenverkäufer finanzieren ließen. Es hatte im vollen fiskalischen Jahr bis September 1987 vor Steuern knapp 4 Milliarden Dollar verdient, und zwei Wochen, nachdem Präsident Yoshihisa Tabuchi das bestehende Gefüge auseinandergerissen hatte und den Wiederaufbau des Hauses Nomura einleitete (genau einen Monat nach dem großen Börsencrash), kündigte er an, daß sich Nomura zum gewinnstärksten japanischen Unternehmen entwickelt hatte.

Die japanischen Medien schlachteten die Geschichte des Hauses Nomura genüßlich aus und stellten den märchenhaften Ertragszuwachs dem Niedergang der Toyota Motor Company gegenüber. In allen Zeitungen wurde verkündet, das Zeitalter des Brokergeschäfts habe begonnen und die Ära der Industrie ihren Gipfel erreicht. Die Japaner waren lange Zeit der Überzeugung gewesen, das Finanzwesen sei einer Elite vorbehalten, vor allem in der Zeit unmittelbar nach dem Krieg, als die Industrie des Landes mit Hilfe von Bankdarlehen finanziert wurde. Die allmähliche Verlagerung der Macht vom Ministerium für Internationalen Handel und Industrie (MITI) auf das Finanzministerium war Ende der siebziger Jahre abgeschlossen, was sich jedoch nicht auf die Tüchtigkeit der Broker, sondern vielmehr der Bankiers zurückführen ließ.

Nun sahen sich die Japaner mit der Möglichkeit eines gesellschaftlichen Umbruchs konfrontiert, verursacht durch den neuen Wohlstand, der aus Aktien- und Immobilienmärkten stammte. Männer und Frauen mit fundierter Ausbildung wetteiferten Mitte der achtziger Jahre um eine Anstellung bei Nomura Securities – nicht wegen des Ansehens, das damit verbunden war, sondern wegen des Geldes. Das Prestige kommt mit dem Geld, wie bereits Tokushichi Nomura entdeckt hatte. Im Herbst 1987 wurden die ehemals verachteten Broker von jedem Durchschnittsverkäufer beneidet. Nomura zahlte nicht nur höhere Gehälter als die meisten anderen japanischen Firmen, sondern trug auch dank seiner Verbindung zum Aktienmarkt dazu bei, daß das persönliche Ansehen seiner Mitarbeiter wuchs. Es schien, als hätte Japan während der spektakulären Hausse von 1986 und 1987 entdeckt, daß Geld ein durchaus feinsinniges Thema für eine Unterhaltung war.

Das bereitete der japanischen Arbeiterklasse einiges Unbehagen, die sich nicht sicher war, wie sie ihr Geld im Aktienmarkt anlegen sollte. Die Nomura-Verkäufer klärten die Arbeiterfamilien über die Möglichkeiten auf, in Aktien und Anleihen zu investieren. Noch wichtiger war jedoch, daß Nomura den japanischen Unternehmen zeigte, wie man Kapital am Aktienmarkt beschafft und die Mittel im Markt reinvestiert. Warum sollte man verdientes Geld in neue Produktionsanlagen und Marktforschungsprojekte zurückfließen lassen, wenn sich am Aktienmarkt riesige Gewinne erzielen ließen? Diese Investment-Empfehlung führte dazu, daß auch die Topmanager japanischer Unternehmen begannen, Nomura zu bewundern und zu vertrauen. Die Börsennotierung der Aktien eines Unternehmens mehrte den Wohlstand der Spitzenführungskräfte, der Broker und der Freunde beider Gruppen. Als Nomura verkündete, es sei der größte Geldverdiener Japans, weckte dieser Ausdruck der Selbstgefälligkeit nur bei wenigen Repräsentanten der mächtigsten japanischen Konzerne Unbehagen.

Japans Unternehmen wurden enorm reich, aber so gut wie nichts von diesem Geldstrom floß an die arbeitende Bevölkerung. Nahezu 90 Prozent aller börsennotierten Unternehmen verfügten zwar über ein Programm, das die Ausgabe von Belegschaftsaktien vorsieht, aber nur wenige Unternehmensleitungen haben bislang mehr als ein Prozent des unternehmenseigenen Aktienbestandes an die Belegschaft verkauft, und wenn, dann nur an die Angehörigen des Managements oder Freunde. Nomura gehört zu den wenigen Unternehmen, das seinen Führungskräften, Verkäufern und Büroangestellten Kredite zum Kauf von Aktien gewährt.

Die Broker, Konzernbosse, Politiker, Bürokraten und ihre Günstlinge gelangten zu Wohlstand. Nicht nur das Geld trennte sie von der Gruppe der durchschnittlichen Angestellten, sondern auch ein elitäres Netz persönlicher und gesellschaftlicher Beziehungen, die auf Golfplätzen, in Teehäusern und Aufsichtsrats-Etagen zementiert wurden. Die Geschichte von Recruit Cosmos, ein beispielloser Fall von manipulativer Einflußnahme, deutet jedoch das Ende der Ära an, in der Broker in ihrer Funktion als Mittler Vergünstigungen gewähren.

Recruit, eine japanische Arbeitsvermittlungsagentur, hatte zwischen 1984 und 1986 Anteile ihrer nicht börsengängigen Immobilienfirma an mehr als 155 hochrangige Mitglieder gesetzgebender Körperschaften, Bürokraten und Geschäftsleute verteilt. Als die Aktien 1986 zur Börse zugelassen wurden, zog der Kurs an, und sämtliche Beteiligten erzielten riesige Gewinne. Derartige Fälle von Einflußnahme mittels freigebiger Aktien-Geschenke hatte es nach dem Krieg zu Hunderten gegeben, aber dieses Mal ging die liberale Zeitung *Asahi Shimbun* der Geschichte nach und verfolgte sie unerbittlich bis 1988. Bald wurde die Liste mit den Empfängern von Recruit-Cosmos-Aktien entdeckt, an deren Spitze der Finanzminister, der Justizminister, der Stellvertretende Premierminister, der Oppositionsvorsitzende und der Vorstandsvorsitzende von Nippon Telephone and Telegraph standen.

Der Vorgang, der lediglich aufgrund seines Ausmaßes ungewöhnlich war, sorgte dafür, daß die ganze Welt, ja sogar die Japaner selbst die elitären Machtcliquen in ihrem Land mit Mißtrauen betrachteten. Nomura jedoch gelang es dank seiner neuen Management-Strukturen, seine Vormachtstellung am Aktienmarkt beizubehalten und mehr Geld als jedes andere Unternehmen in Japan zu verdienen.

Anhang

Der Nomura-Familienstammbaum

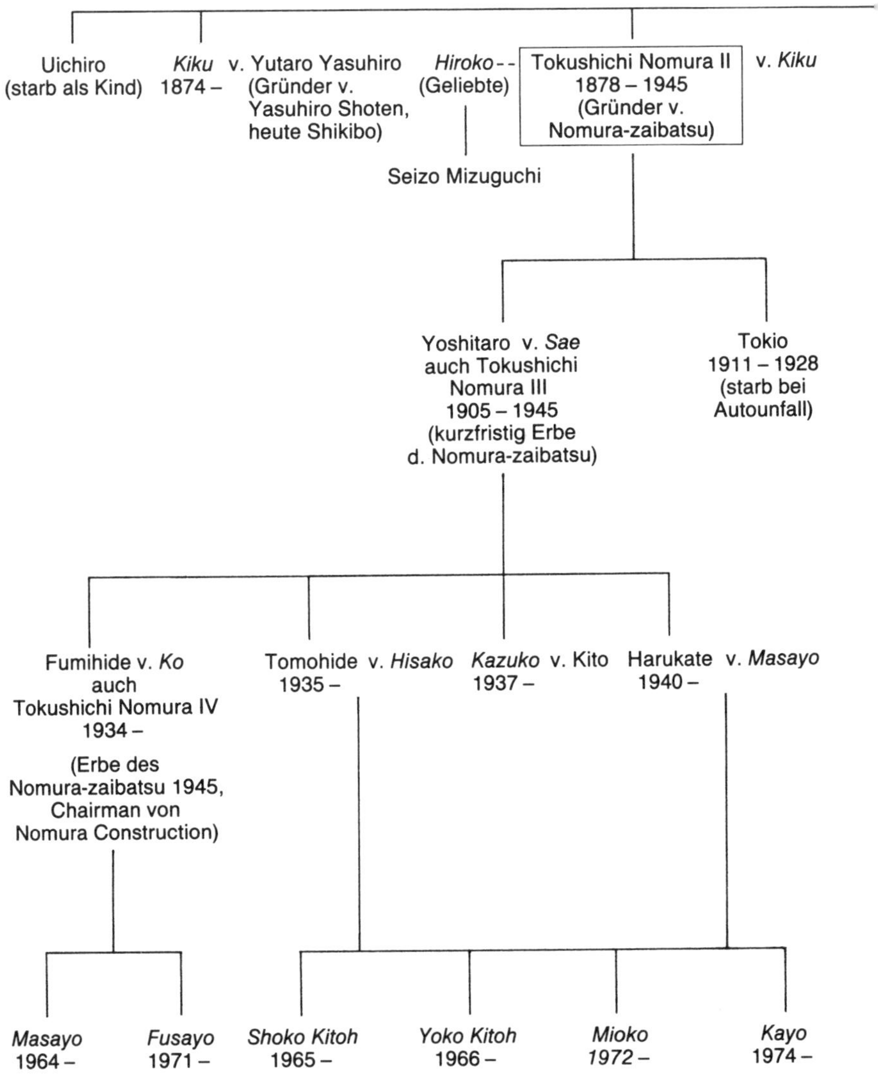

Anmerkung:
weibliche Namen in *Kursiv*druck

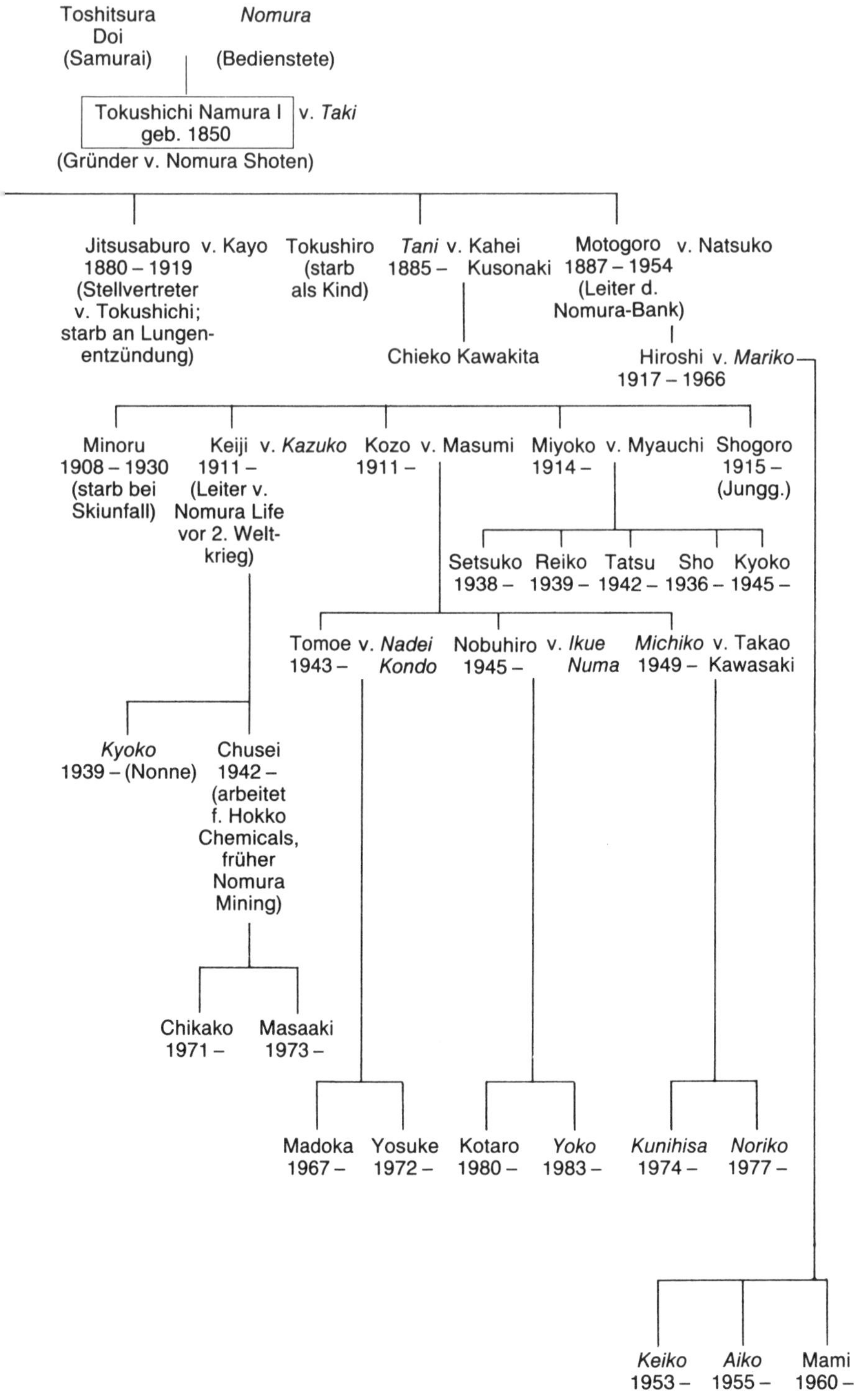

Toshitsura Doi (Samurai)
Nomura (Bedienstete)
Tokushichi Namura I geb. 1850
v. *Taki*
(Gründer v. Nomura Shoten)
Jitsusaburo v. Kayo
1880 – 1919
(Stellvertreter v. Tokushichi; starb an Lungenentzündung)
Tokushiro (starb als Kind)
Tani v. Kahei Kusonaki
1885 –
Chieko Kawakita
Motogoro v. Natsuko
1887 – 1954
(Leiter d. Nomura-Bank)
Hiroshi v. *Mariko*
1917 – 1966
Minoru
1908 – 1930
(starb bei Skiunfall)
Keiji v. *Kazuko*
1911 –
(Leiter v. Nomura Life vor 2. Weltkrieg)
Kozo v. Masumi
1911 –
Miyoko v. Myauchi
1914 –
Shogoro
1915 –
(Jungg.)
Setsuko 1938 –
Reiko 1939 –
Tatsu 1942 –
Sho 1936 –
Kyoko 1945 –
Tomoe v. *Nadei Kondo*
1943 –
Nobuhiro v. *Ikue Numa*
1945 –
Michiko v. Takao Kawasaki
1949 –
Kyoko
1939 – (Nonne)
Chusei
1942 –
(arbeitet f. Hokko Chemicals, früher Nomura Mining)
Chikako 1971 –
Masaaki 1973 –
Madoka 1967 –
Yosuke 1972 –
Kotaro 1980 –
Yoko 1983 –
Kunihisa 1974 –
Noriko 1977 –
Keiko 1953 –
Aiko 1955 –
Mami 1960 –

Nomura Securities

Finanzwesen/
Dienstleistungen

(Tochtergesellschaften unter direkter Kontrolle und im alleinigen Besitz von Nomura Securities, falls nicht anders ausgewiesen)

The Nomura Securities Company

größtes Brokerhaus der Welt
Anteilseigner:
Toyo Trust & Banking: 2,6%

Nomura Investment Management

Japans größter Vermögensverwalter

Nomura Securities Investment Trust Management (Treuhand-Verw.)

Japans größter offener Investmentfonds

Nomura Research Institute

Die größte ›Denkfabrik‹ der Welt.
Japans zweitgrößte Software-Firma, zu der Nomura Computer gehört

Nomura Wasserstein Perella

Japans Fusions- und Akquisitionsspezialist
Anteilseigner:
Wasserstein Perella: 20%

Jafco

Venture Capital-Tochterges.

Nomura Land & Bldg.

Verwaltungsges. für Nomuras Immobilien
Holdingges. für lang- u. kurzfristige Nomura-Investitionen; Besitz ist Nomura Securities gesetzlich verboten

Nomura Tourist Bureau

Reisebüro f. Nomura Securities u. Filialen

Nomura Card Services

Nomura-Gruppe

(angeschlossene Firmen, viele mit historischen Beziehungen zum Nomura-zaibatsu; unter direkter oder indirekter Kontrolle v. Nomura; im Besitz der Nomura-Gruppe; Minderheitsbeteiligungen wie ausgewiesen)

Daiwa-Bank

Japans neuntgrößte Geschäftsbank
Anteilseigner:

Nomura Securities:	2,9%
Tokio Mutual Life:	2,7%
Osaka Gas:	2,6%

Toyo Trust & Banking

Japans fünftgrößte Treuhandbank
Anteilseigner:

Nomura Securities:	4,9%
Nomura Land & Bldg:	2,3%

Dai-Tokyo Fire & Marine

Fünftgrößte Versicherungsges. (ohne Lebensv.)
Anteilseigner:

Nomura Land & Bldg:	4,9%
Nomura Securities:	4,8%
Toyo Trust & Banking:	3,7%

Tokio Mutual Life Insurance

Vor 2. Weltkrieg als Nomura Life bekannt. Technisch im Besitz der Versicherungsnehmer

Kokusai Securities

Japans fünftgrößtes Wertpapierhaus
Anteilseigner:

Nomura Securities Investment Mgt:	16,0%
Nomura Research Institute:	8,3%
Nomura Land & Bldg:	6,2%
Nomura Securities:	4,9%
Daiwa-Bank:	2,9%

Osaka Securities Finance

Führende Finanzierungs- u. Holdinggesellschaft f. Nomura-Investitionen
Anteilseigner:

Nomura Land & Bldg:	12,0%
Nomura Securities:	5,0%
Daiwa-Bank:	4,1%

Itogin, World and Takagi Securities

Cosmos Securities

Brokerhaus mittlerer Größe, Standort Osaka
Anteilseigner:

Daiwa-Bank:	4,9%

Größere Beteiligungen/ angegliederte Firmen

(über die Nomura indirekt Kontrolle oder Macht hat; Beteiligungen sind ausgewiesen)

Sanyo Securities

Japans sechstgrößte Wertpapierfirma
Anteilseigner:

Nomura Land & Bldg:	5,5%
Nomura Securities:	2,9%

Ichiyoshi, Taisei, Nichiei Securities

Wasserstein Perella

Amerikanischer Spezialist für Fusionen und Akquisitionen
Anteilseigner:

Nomura Securities:	20%

Nomura Securities

Immobilien/ Bauwesen	Nomura Real Estate Development Japans fünftgrößter Immobilienmakler
Handel/ Herstellung/ Verschiedene	

Nomura-Gruppe

Nomura Industrial Construction

Nomura Microscience

Nomura Trading

Shikibo

Spinnerei, Standort Osaka
Anteilseigner:

Daiwa-Bank:	4,9%
Osaka Sec. Finance:	4,1%
Tokio Mutual Life:	4,9%

Hokko Chemical

Drittgrößter Hersteller von Agrochemie-Produkten
Anteilseigner:

Tokio Mutual Life:	7,4%
Nomura Construction:	7,2%
Nomura Securities:	4,9%
Daiwa-Bank:	4,9%

Meiji Leather

Drittgrößte Gerberei Japans
Anteilseigner:

Tokio Mutual Life:	9,9%
Nomura Land & Bldg:	5,0%
Nomura Securities:	5,0%
Daiwa-Bank:	5,0%
Nomura Trading:	5,0%

Größere Beteiligungen/ angegliederte Firmen

Osaka Gas

Japans zweitgrößter Gaslieferant
Anteilseigner:

Daiwa-Bank:	4,9%
Tokio Life:	2,2%

Yomiuri Land

Zentrale Firma einer der weltweit größten Unternehmensgruppen im Freizeitsektor
Anteilseigner:

Nomura Securities:	4,9%

Nippon Television Network

Teil der Yomiuri-Gruppe. Bedeutender Fernsehsender
Anteilseigner:

Nomura Securities:	4,5%

Standard Shoes

Choyo Shirts

Sugimura Warehouse

Anteilseigner:

Nomura Land & Bldg:	27,9%
Toyo Trust & Banking:	13,2%
Nomura Securities:	5,0%
Daiwa-Bank:	5,0%

Anteile des Nomura-*zaibatsu*

Von den großen *zaibatsu*-Familien vor dem Zweiten Weltkrieg wurde behauptet, daß nie zuvor in der Geschichte der Industrie einige wenige über einen so riesigen Besitz verfügt hätten. Heute trägt diese Kontrolle – diese Machtkonzentration – ein anderes Gesicht. Die alteingesessenen Familien Japans – Namen wie Mitsui, Iwasaki, Yasuda und Nomura – üben mittlerweile weit weniger Einfluß auf die japanische Unternehmenslandschaft aus als früher. Aber ihr Erbe ist geblieben. Heute wird Japan von den Bank-, Broker- und Versicherungsunternehmen der ehemaligen *zaibatsu*-Häuser beherrscht.

Die Namen haben sich nicht geändert, aber das Besitzrecht an japanischen Unternehmen ist von den *zaibatsu*-Familien an Institutionen übergegangen. Früher gab es innerhalb dieser Familienclans ein engmaschiges Geflecht von wechselseitigen Beziehungen und Beteiligungen: heute dominiert die weit schlagkräftigere und ebenso auf eigene Interessen fixierte Vernetzung auf institutioneller Ebene.

Die folgende Liste enthält die Aktienbeteiligungen der Nomura-Unternehmensgruppe: es handelt sich dabei um Firmen, die in der ersten Sektion der Tokioter Börse, Japans Entsprechung zur Wall Street, zugelassen sind.

Alle Zahlen repräsentieren den Prozentsatz der Beteiligungen.

Nomura Securities wurde am Heiligen Abend 1925 gegründet. Obwohl es erst zu Beginn der sechziger Jahre zum größten japanischen Brokerhaus aufstieg, war es das erste Unternehmen, das eine eigene Research-Abteilung hatte und Aktien direkt an das Anlagepublikum verkaufte. Auch wenn die Beteiligungen des Hauses Nomura nicht besonders groß im Vergleich zu denen der Daiwa-Bank und Toyo Trust & Banking erscheinen, sollte man sich daran erinnern, daß es das Finanzministerium nicht gerne sieht, wenn sich andere Unternehmen als Banken und Versicherungsgesellschaften zu Holdinggesellschaften entwickeln. Nomura bedient sich oftmals der Firmen Japan und Osaka Securities Finance, auf deren Namen die Aktien von Bankkunden registriert werden.

Chiba-Bank, eine der größten japanischen Regionalbanken; 2,1 Prozent

Dai-Tokyo Fire & Marine, sechstgrößte Versicherungsgesellschaft (ohne Lebensversicherung); 4,8 Prozent im Besitz von Nomura Securities, 4,9 Prozent gehalten von Nomura Land & Building

Daiwa-Bank, neuntgrößte Geschäftsbank; 2,9 Prozent Daiwa Danchi, Fertighaus-Baufirma; 3,4 Prozent im Besitz von Nomura Securities, 3,7 Prozent gehalten von Nomura Land & Buildung

Hokko Chemical, drittgrößter Agrochemie-Konzern; 4,9 Prozent

Japan Securities Finance, drittgrößte Finanzierungsgesellschaft; 3,3 Prozent

Kokusai Securities, fünftgrößtes Brokerhaus; 50,0 Prozent gehalten von Nomura-Tochtergesellschaften

Nippon Television, größter Fernsehsender; 4,5 Prozent

Nissan Construction (Bauunternehmen); 2,0 Prozent

Sanyo Securities, sechstgrößtes Brokerhaus; 2,9 Prozent im Besitz von Nomura Securities, 5,5 Prozent gehalten von Nomura Land & Building

Sekisui Jushi, Kunstharzverarbeitung; 2,3 Prozent

Sogo Department Store (Kaufhaus); 4,1 Prozent

Tokyo Denki Seizo, Hersteller elektrischer Geräte; 2,3 Prozent

Toyo Trust & Banking, fünftgrößte Treuhandbank; 4,9 Prozent im Besitz von Nomura Securities, 2,9 Prozent gehalten von Nomura Land & Building

Yomiuri Land; 4,9 Prozent

Die *Dai-Tokyo Fire & Marine Insurance Company,* Japans sechstgrößte Versicherungsgesellschaft (ohne Lebensversicherung) und ein Nomura-Trabant, wurde 1918 gegründet.

Daiichi Cement (Zementhersteller); 4,9 Prozent
Daikyo, Bau von Eigentumswohnungen; 3,8 Prozent
Inageya, Supermarkt; 4,8 Prozent
Izutsuya, Kaufhaus; 2,7 Prozent
Kitanippon Sogo Bank; 2,1 Prozent
Naigai, Sockenhersteller; 3,5 Prozent
Nippon Gas; 3,0 Prozent
Osaki Electric, Meßinstrumente; 3,3 Prozent
Tokai, Verteiler von Flüssiggas; 6,3 Prozent
Tokyo Nissan Auto (Automobile); 4,0 Prozent

The Tokio Mutual Life Insurance Company trug vor dem Zweiten Weltkrieg den Namen Nomura Life. Nach dem Krieg konfiszierten die japanischen Behörden unter Anleitung der Amerikaner sämtliche Lebensversicherungsgesellschaften in Privatbesitz und übereigneten sie den Versicherungsnehmern selbst. Diese wählen aus ihren Reihen Repräsentanten, die das Unternehmen leiten. Viele der älteren Beauftragten unterhalten noch heute Beziehungen zur Nomura-Gruppe. Die eingetragenen Beteiligungen sind nicht sehr umfangreich.

Hokko Chemical, Agrochemieprodukte-Hersteller; 7,4 Prozent
Daiei, Handelskette; 1,5 Prozent

Osaka Gas ist die zweitgrößte Gasversorgungsgesellschaft in Japan. Tokushichi Nomura rettete die Firma 1925 vor räuberischem Zugriff, als der Trust amerikanischer Besitzer beschloß, seine Anteile zu verkaufen. Nomura besaß bis zum Zweiten Weltkrieg nahezu die Hälfte des Unternehmens. Die Beteiligungen wurden später breit gestreut. Osaka Gas hält noch immer 2,6 Prozent der Anteile an der Daiwa-Bank.

The Nomura Industrial Construction Company ist das Nomura-Familienunternehmen, das als einziges die Auflösung des *zaibatsu* überlebte. Zu den Hauptaktionären gehören sein Präsident Fumihide Nomura, der Enkel von Tokushichi, Keiji, Kozo und Tomohide Nomura (siehe Familienstammbaum); ein kleiner Anteil befindet sich sowohl im Besitz von Nomura Securities als auch der Daiwa-Bank. Das Unternehmen hält einen Anteil von 7,2 Prozent an Hokko Chemical, ein Immobilien-Portfolio und über eine Million Aktien von Nomura Securities. Der Anteil von Nomura Securities war nahezu 50 Millionen Dollar wert, als der Aktienpreis von Nomura während der Hausse des Jahres 1986 einen Höchststand erreichte.

Die *Daiwa-Bank* ist die neuntgrößte Geschäftsbank in Japan. Sie wurde 1918 von Tokushichi als Osaka-Nomura-Bank gegründet, 1927 in Nomura-Bank umbenannt und erhielt 1948 ihren heutigen Namen. Im Gegensatz zu den amerikanischen Banken, denen es nicht erlaubt ist, Aktien an den Unternehmen zu halten, an die sie Kredite vergeben, erwerben japanische Banken in der Regel einen gewichtigen Anteil des Aktienbestandes ihrer Unternehmensschuldner. Die Bandbreite der Beteiligungen der Daiwa-Bank ist verblüffend:

Akai, Unterhaltungselektronik; 2,7 Prozent
Araya, Fahrrad-Ersatzteile; 4,1 Prozent
Asanuma, Baugesellschaft; 4,7 Prozent
C. Itoh Fuel; 2,6 Prozent
Chino, Instrumente: 2,3 Prozent
Chugai Ro, Schmelzofenhersteller; 5,0 Prozent
Chugoku Electrical Construction; 3,9 Prozent
Chujitsuya, Supermarkt; 3,3 Prozent
Cosmo Securities; 4,9 Prozent
Dai Nippon Screen; 4,7 Prozent
Daifuku, Gerätehersteller; 2,2 Prozent
Daiichi Jitsugyo Handelshaus; 4,5 Prozent
Daisan Sogo Bank; 3,9 Prozent
Daishinpan, Kreditgesellschaft; 4,9 Prozent
Dowa Fire & Marine; 3,4 Prozent
Fuji Kosan, Ölraffinerie; 4,6 Prozent
Fuji Photo; 2,7 Prozent
Fujitech, Fahrstühle; 4,6 Prozent
Fukutoku Sogo Bank; 4,9 Prozent
Furukawa Mining; 2,3 Prozent
Fuso Pharmaceutical; 2,9 Prozent
Gunze, Rohseide; 4,2 Prozent
Haseko, Baufirma; 4,8 Prozent
Heiwa Real Estate; 1,7 Prozent
Hitachi Seiki, Werkzeugmaschinen; 2,9 Prozent
Hitachi Zosen, Ingenieurtechnik; 2,3 Prozent
Hokko Chemical; 4,9 Prozent
Intec, Software; 2,4 Prozent
Ishihara Sangyo, Titandioxid; 4,7 Prozent
Iwatani, Gashandel; 6,0 Prozent
Janome Sewing Machine; 2,5 Prozent
Japan Aviation; 2,4 Prozent

Jusco, Supermarkt; 3,7 Prozent
Kanegafuchi Chemical; 5,4 Prozent
Kansai Electric Power; 2,6 Prozent
Kao, Haushaltsprodukte; 3,3 Prozent
Kawasaki Steel; 3,3 Prozent
Kawashi, Stahlhandel; 2,0 Prozent
Kinki Nippon Railway; 2,5 Prozent
Kinki Sogo Bank; 4,8 Prozent
Kobori Juken, Hausbau; 4,9 Prozent
Kokusai Kogyo, Luftbildvermessung; 3,8 Prozent
Konami, Software; 4,0 Prozent
Kubota, landwirtschaftliche Geräte; 3,3 Prozent
Kuraray, synthetische Fasern; 4,4 Prozent
Kureha, Chemikalien; 4,9 Prozent
Kurimoto, Gußeisenröhren; 4,9 Prozent
Kyokuro, Fischzuchtanlage; 4,9 Prozent
Marimoto, Baufirma; 5,0 Prozent
Maruichi Steel, größter Hersteller von Stahlnahtrohren; 3,4 Prozent
Matsushita Refrigeration; 6,8 Prozent
Meisei Industrial, Wärmeisolierung; 4,9 Prozent
Minolta, Kamerahersteller; 4,0 Prozent
Mitsubishi Metal, Schmelzöfen; 3,6 Prozent
Mitsubishi Mining & Cement; 2,1 Prozent
Mitsubishi Rayon, Acrylfasern; 4,4 Prozent
Mitsubishi Warehouse; 2,1 Prozent
Moriante Construction; 5,0 Prozent
Musashino-Bank; 4,9 Prozent
Mutow, Versandhaus; 3,2 Prozent
National Securities; 4,1 Prozent
Nichiboshin, Kreditinstitut f. kurzfristige Ausleihungen; 4,9 Prozent
Nichido Fire & Marine; 4,7 Prozent
Nichiei, Bauunternehmen; 3,3 Prozent
Nichimo, Baufirma (Eigentumswohnungen); 5,1 Prozent
Nippon Conveyor; 2,0 Prozent
Nippon Housing Loan; 3,8 Prozent
Nippon Koei, Unternehmensberatung; 2,5 Prozent
Nippon Metal, rostfreie Stahlröhren; 5,0 Prozent
Nippon Shokubai, Chemikalien; 4,6 Prozent
Nippon Soda, Ätznatron; 5,0 Prozent
Nippon Synthetic Chemicals; 4,6 Prozent
Nishi-Nippon-Bank, elftgrößte Regionalbank; 4,9 Prozent
Nisson Food, Nudeln; 3,3 Prozent
Nisso Iwai, sechstgrößtes Handelshaus; 3,6 Prozent
Okasan Securities; Brokerhaus mittlerer Größe; 2,7 Prozent
Okumura, Bauunternehmen; 4,7 Prozent
Osaka Cement; 4,1 Prozent
Osaka Gas, zweitgrößtes Gaswerk; 4,9 Prozent
Osaka Kiko, Maschinenhersteller; 5,0 Prozent
Rohm, Hersteller von integrierten Schaltkreisen; 3,4 Prozent
Saeki Kensetsu, Saugbagger; 5,0 Prozent

Sakai Heavy, Straßenpflaster-Maschinen; 2,4 Prozent
Sanyo Electric Railroad; 4,7 Prozent
Sato Shoji, Metallhandel; 4,9 Prozent
Sekisui Chemical, Fertighäuser; 3,6 Prozent
Sekisui House, größtes Hausbau-Unternehmen; 3,3 Prozent
Sekisui Jushi, Kunstharz; 3,6 Prozent
Sekisui Plastics, Schaumstoff; 3,0 Prozent
Sharp, Unterhaltungselektronik; 4,3 Prozent
Shikibo, Spinnerei; 4,9 Prozent
Shimano, Fahrrad-Ersatzteile; 4,9 Prozent
Sogo Department Store; 3,5 Prozent
Sumitomo Electric Wire; 2,5 Prozent
Takara Standard, Küchengeräte; 4,4 Prozent
Takashimaya, Japans ältestes Kaufhaus; 4,4 Prozent
Tateho Chemical; 4,0 Prozent
Tatsuta Wire & Cable; 4,9 Prozent
Toa Doro Kogyo, Straßenbau; 4,1 Prozent
Toa Spinning; 3,8 Prozent
Tokai Senko, Stoffdrucker; 4,4 Prozent
Torishima Pump; 4,9 Prozent
Totoku Electric, Leuchtschirmbilder; 4,6 Prozent
Toyobo, Textilien; 2,0 Prozent
Toyoda Gosei, Gummi-Ersatzteile; 2,6 Prozent
Toyota Motor Company; 2,3 Prozent
Towa Real Estate; 4,3 Prozent
Yamazen, Handelshaus; 4,8 Prozent
Yodogawa Steel; 4,9 Prozent
Yoshimoto Kogyo, Theater; 4,9 Prozent

Toyo Trust and Banking wurde 1959 von Nomuras Effektenverwaltungs-Bereich, der Sanwa-Bank und der Bank of Kobe gegründet, die alle drei im Raum Osaka-Kobe angesiedelt sind. Toyo Trust besitzt Anteile an fast jedem größeren Elektronik- und Pharmakonzern in Japan, eine Tradition, die im Einklang mit Osakas Geschichte als Zentrum medizinischer Heilmittel steht. Toyo Trust hält ebenfalls Anteile an nahezu allen führenden Elektronik- und Hochtechnologiefirmen in Japan. Als Toyo 1959 gegründet wurde, war Yamaichi – und nicht Nomura – als Finanzberater für erstklassige Unternehmen im Textil-, Bergbau und Handelssektor tätig. Elektronikfirmen galten damals als wachstumsstarke, hochriskante Kunden von minderer Qualität. Aber eben diese Kunden konnten Nomura und die Toyo Trust and Banking gewinnen.

Advantest, Instrumentenhersteller; 2,1 Prozent
Alps, Schaltelemente-Hersteller; 3,6 Prozent
Amada, Maschinenhersteller; 2,7 Prozent
Anritsu, Gerätehersteller; 5,0 Prozent
Asahi Breweries; 1,9 Prozent
Asahi Denka, Chemikalien; 2,2 Prozent
Asahi Organic Chemical; 2,8 Prozent
Bando Chemical; 3,5 Prozent
Cosmo Oil; 2,7 Prozent

Daicel, Essigsäure; 3,5 Prozent
Daihatsu Motor, Kleinfahrzeuge; 2,6 Prozent
Daiichi Katei Denki, Elektronik-Warenhauskette; 3,5 Prozent
Daiichi Seiyaku, Arzneimittel; 2,6 Prozent
Daikin, Klimaanlagen; 2,6 Prozent
Daikyo, Eigentumswohnungen; 3,8 Prozent
Daishinpan, Verbraucherkredite; 4,9 Prozent
Dai-Tokyo Marine & Fire; 3,7 Prozent
Daiwa House, Hausbau; 2,5 Prozent
Denki Kagaku, Chemikalien; 2,4 Prozent
Ezaki Glico, Großbäckerei; 3,4 Prozent
France Bed; 3,5 Prozent
Fuji Photo Film; 2,9 Prozent
Fujisawa, Arzneimittel; 5,8 Prozent
Fujitsu, Japans größter Computerhersteller; 2,5 Prozent
Futaba, größter Leuchtstoffröhren-Hersteller der Welt; 3,6 Prozent
Green Cross, Arzneimittel; 2,8 Prozent
Haseko, Bauunternehmen; 3,4 Prozent
Heiwa Real Estate; 1,5 Prozent
Hirose, Steckverbindungen; 2,8 Prozent
Hisaki, Maschinen; 5,1 Prozent
Hitachi, Japans größter Hersteller elektronischer Anlagen; 2,8 Prozent
Hitachi Cable; 2,5 Prozent
Hitachi Credit, Verbraucherfinanzierungen; 4,4 Prozent
Hitachi Metals; 2,2 Prozent
House Foods, Gewürze; 2,1 Prozent
Hoya, optische Gläser; 7,2 Prozent
Ikegami, Ausrüstung für Rundfunkübertragungen; 3,4 Prozent
Intec, Software; 3,6 Prozent
Isetan, Kaufhaus; 2,0 Prozent
Iwatani, Gashandel; 6,0 Prozent
Iwatsu, Telekommunikation; 5,5 Prozent
Joshin Denki, Elektronik-Warenhauskette; 3,5 Prozent
Jujo Paper, Japans drittgrößter Papierhersteller; 2,4 Prozent
Jusco, Supermarkt; 2,8 Prozent
Keisei Electric Railway; 2,4 Prozent
Koa Fire & Marine; 2,6 Prozent
Kokusai Electric, Testgeräte; 3,8 Prozent
Komatsu, weltweit zweitgrößter Hersteller von Baugeräten; 3,1 Prozent
Konica, Kopiergeräte- und Kamerahersteller; 2,8 Prozent
Kyocera, Keramik; 2,9 Prozent
Lion, Haushaltswaren; 2,1 Prozent
Marui, Kaufhaus; 2,2 Prozent
MCI, Industrieelektronik; 3,2 Prozent
Meidensha, Schwermaschinen; 2,1 Prozent
Mitsubishi Gas & Chemical; 2,1 Prozent
Mitsubishi Metal, Erzverhüttung; 3,6 Prozent
Mitsubishi Warehouse; 2,1 Prozent
Mitsuboshi Belting; Förderbänder für die Industrie; 5,0 Prozent
Mitsui Real Estate, Japans größte Immobiliengesellschaft; 3,8 Prozent

Mitsui Trading Company; 2,0 Prozent
Morozoff, Schokolade; 2,4 Prozent
Mory, Röhren; 4,5 Prozent
Murata, Kondensatoren; 4,1 Prozent
Mutow, Marketing; 3,0 Prozent
Nagasakiya, Kettenladen; 3,5 Prozent
Nakayama Steel; 3,7 Prozent
NEC, Hochtechnologie; 2,3 Prozent
Nichimen, Handelsgesellschaft; 3,7 Prozent
Nikko, zivile Ingenieurtechnik; 3,1 Prozent
Nintendo, Spielehersteller; 4,2 Prozent
Nippon Gas, Verteiler von Flüssiggas; 3,3 Prozent
Nippon Housing Loan; 3,8 Prozent
Nippon Mining, Ölraffinerie; 2,3 Prozent
Nippon Piston Ring; 2,8 Prozent
Nippon Shinpan, Verbraucherkredite; 3,1 Prozent
Nippon Synthetic Chemical; 2,2 Prozent
Nippon Yakin Kogyo, Stahl; 2,9 Prozent
Nisshin Oil Mills; 2,5 Prozent
Nisshin Steel; 3,4 Prozent
Nisshinbo, Textilien; 3,7 Prozent
Nissho Iwai, sechtsgrößtes Handelshaus; 3,3 Prozent
Nissin, Transportunternehmen; 4,4 Prozent
Nitto Denko, Kondensatoren; 4,3 Prozent
Nittoc Construction; Gleis- u. Straßenbau; 3,6 Prozent
Nomura Securities, das größte Wertpapierhaus der Welt; 2,6 Prozent
NTN Toyo Bearing; 4,8 Prozent
Obayashi, Bauunternehmen; 2,6 Prozent
Obayashi Road Construction; 3,5 Prozent
Odd, Ingenieurtechnik; 2,2 Prozent
O-M; 2,0 Prozent
Omron, Japans größter Hersteller von Steuerelementen; 2,3 Prozent
Onward Kashiyama, Warenhaus; 2,2 Prozent
Orient Leasing, Japans größtes Leasing-Unternehmen; 5,6 Prozent
Osaka Cement; 3,2 Prozent
Pilot Pen; 4,5 Prozent
Pioneer, Unterhaltungselektronik; 4,2 Prozent
Raito Kogyo, zivile Ingenieurtechnik; 6,3 Prozent
Rinnai, größter Hersteller von Gasgeräten; 2,3 Prozent
Sanken; 2,1 Prozent
Sankyo, Japans zweitgrößter Arnzeimittelhersteller; 3,4 Prozent
Secom, Sicherheitssysteme; 3,4 Prozent
Sekaicho Rubber, Schuhe; 4,3 Prozent
Sekisui House, größtes Hausbau-Unternehmen; 2,4 Prozent
Sekisui Chemical, Fertighäuser; 2,4 Prozent
Sekisui Plastics; 2,6 Prozent
Shikibo, Textilien; 4,9 Prozent
Shimadzu, Präzisionsinstrumente; 2,1 Prozent
Shin Meiwa, Kippfahrzeuge; 2,2 Prozent
Shinetsu, Siliziumscheiben; 3,4 Prozent

Shionogi, Arzneimittel; 2,4 Prozent
Shokusan Jutaku, Holzhaus-Bau; 2,8 Prozent
Sony; 2,7 Prozent
Sumitomo Cement; 2,7 Prozent
Sumitomo Metal Mining; 2,8 Prozent
TDK, Magnetbandhersteller; 4,3 Prozent
Taiyo Yuden, Ferrit-Produkte; 2,2 Prozent
Takeda, Japans größter Arzneimittelkonzern; 2,4 Prozent
Teijin, Polyester; 5,6 Prozent
Teikoku Oil, 3,4 Prozent
Tobu Railway; 2,2 Prozent
Toho Rayon; 2,6 Prozent
Tokuyama Soda; Ätznatron-Hersteller; 5,5 Prozent
Tokyo Broadcasting System; 3,4 Prozent
Tokyo Electric Power, größtes Elektrizitätsunternehmen der Welt; 1,6 Prozent
Tokyo Seimitsu, Halbleiter; 2,9 Prozent
Tokyo Railway; 2,2 Prozent
Toppan Printing; 2,4 Prozent
Toray, Hersteller von synthetischen Fasern; 2,6 Prozent
Toshiba Ceramics, Quarzhersteller; 2,4 Prozent
Tosoh, Chemikalien; 2,0 Prozent
Towa Real Estate; 4,3 Prozent
Toyo Construction, zivile Ingenieurtechnik; 5,3 Prozent
Toyo Ink; 6,0 Prozent
Toyo Linoleum; 4,7 Prozent
Toyo Telecommunications; 4,7 Prozent
Toyo Tire & Rubber; 2,6 Prozent
Toyoda Machine; 2,9 Prozent
Tsubakimoto Chain; 3,1 Prozent
Tsugami, Werkzeugmaschinen; 2,1 Prozent
Tsukishima Kikai, Öltanks; 5,0 Prozent
Yamamura Glass, Flaschenhersteller; 2,1 Prozent
Yamanouchi, Arzneimittel; 4,6 Prozent
Yasakawa Electric; 3,0 Prozent
Yodogawa Steel; 4,9 Prozent
Yokogawa Bridge, größter Brückenbauer; 2,0 Prozent
Yoshitomi, Arzneimittel; 4,4 Prozent

Die Präsidenten von Nomura Securities

Otogo Kataoka	25. 12. 1925 – 17. 12. 1944
Seizo Iida	30. 9. 1941 – 13. 8. 1947
Tsunao Okumura	15. 4. 1948 – 1. 6. 1959
Minoru Segawa	1. 6. 1959 – 21. 11. 1968
Kiichiro Kitaura	21. 11. 1968 – 18. 10. 1978
Setsuya Tabuchi	18. 10. 1978 – 20. 12. 1985
Yoshihisa Tabuchi	seit 20. 12. 1985

Perioden der modernen japanischen Geschichte

Tokugawa	1803 – 1867
Meiji	1868 – 1912
Taisho	1912 – 1926
Showa	1926 – 1989
Heisei	1989 –

Ausgewählte englische Literatur

Abegglen, James C. und Stalk, George Jr., Kaisha: *The Japanese Corporation*, Basic Books, Inc., New York, 1985.

Abegglen, James C., *Management and Worker*, Kodansha International Ltd., Tokio, 1973.

Adams, T. F. M. und Hoshii, Iwao, *A Financial History of the New Japan*, Kodansha International Ltd., Tokio, 1972.

Allen, G. C., *A Short Economic History of Modern Japan: 1867–1937*, George Allen and Unwin Ltd., London, 1946.

Bisson, T. A., *Zaibatsu Dissolution in Japan*, University of California Press, Berkeley, 1954.

Caves, Richard E., *Multinational Enterprise and Economic Analysis*, Cambridge University Press, Cambridge, 1982.

Clark, Rodney, *The Japanese Company*, Yale University Press, New Haven und London, 1979.

Daems, Herman, *The Holding Company and Corporate Control*, Martinus Nijhoff Social Science Division of Leiden, Boston, 1978.

Dodwell Marketing Consultants, *Industrial Groupings in Japan*, Dodwell Marketing Consultants, Tokio, 1975.

Doi, Takeo, *The Anatomy of Dependence* (übers. von John Bester), Kodansha International Ltd., Tokio und New York, 1973.

Drucker, Peter, *Innovation and Entrepreneurship: Practice and Principles*, Harper and Row, New York, 1985.

Elliot, T. I. (Übers.) *The One Hundred Year History of Mitsui & Co. Ltd., 1876–1976*, Mitsui & Company, Tokio, 1977.

Gibney, Frank, *Japan, the Fragile Superpower*, New American Library, New York, 1975.

Hadley, Eleanor M., *Anti-Trust in Japan*, Princeton University Press, Princeton, 1970.

Halliday, Jon, *A Political History of Japanese Capitalism*, Monthly Review Press, 1975.

Hirschman, Albert O., *The Strategy of Economic Development*, Yale University Press, New Haven und London, 1958.

Hirschmeier, Johannes und Yui, Tsunehiko, *The Development of Japanese Business 1600–1973*, George Allen and Unwin Ltd., London, 1975.

Hirschmeier, Johannes, *The Origins of Entrepreneurship in Meiji Japan*, Harvard University Press, Cambridge, Massachusetts, 1964.

Inouye, Junnosuke, *Problems of the Japanese Exchange*, Robert Maclehose & Co., Glasgow, 1931.

Jansen, Marius B., Japan and China: *From War to Peace, 1894–1972*, Rand McNally College Publishing Co., Chicago, 1975.

Johnson, Chalmers A., *MITI and the Japanese Miracle: The Growth of Industrial Policy, 1925–1975*, Stanford University Press, Stanford, 1982.

Kojima, Kiyoshi und Ozawa, Terutomo, *Japan's General Trading Companies: Merchants of Economic Development*, OECD, Paris, 1984.

Lockwood, William W., *The Economic Development of Japan: Growth and Structural Change 1868–1938*, Princeton University Press, Princeton, 1954.

Lockwood, William W. (Hrg.), *The State and Economic Enterprise in Japan*, Princeton University Press, Princeton, 1965.

Marshall, Byron, *Capitalism and Nationalism in Prewar Japan: The Ideology of the Business Elite, 1868–1938*, Princeton University Press, Princeton, 1954.
Mitsubishi Economic Research Institute, *Mitsubishi Enterprises*, Mitsubishi Economic Research Institute, Tokio, 1955.
The Mitsui Bank, *The Mitsui Bank: A History of the First One Hundred Years*, Mitsui Bank, Tokio, 1976.
Nakane, Chie, *Japanese Society*, Weidenfeld and Nicolson, London, 1970.
The Nomura Securities Company, Beyond the Ivied Montain, Nomura Securities, Tokio, 1986.
Oka, Yoshitake, *Konoe Fumimaro*, University of Tokyo Press, Tokio, 1983.
Okimoto, Daniel, *Between MITI and the Market*, Stanford University Press, Stanford, 1986.
Ozawa, Terutomo, *Multinationalism – Japanese Style: The Political Economy of Outward Dependency*, Princeton University Press, Princeton, 1979.
Pacific Basin Reports, *Japanese Financial/Industrial Combines*, Handbuch 1972, Pacific Basin Reports, San Francisco, 1972.
Pepper, Thomas und Merit Janow, Jimmy W. Wheeler, *The Competition: Dealing with Japan*, Praeger Publishing, New York, 1985.
Phipatseritham, Krirkkiat und Yoshihara, Kunio, *Business Groups in Thailand*, Forschungsaufzeichnungen und Diskussions-Papiere Nr. 41, Institute of South Asian Studies, Singapur, 1983.
Reischauer, Edwin O., *The Japanese*, Belknap Press, Cambridge, 1977.
Roberts, John G., Mitsui: *Three Centuries of Japanese Business*, Weatherhill, New York und Tokio, 1973.
Sansom, G. B., Japan, *A Short Cultural History*, Cresset Press, London, 1931.
Seidensticker, Edward, *Low City, High City*, Charles E. Tuttle, Tokio, 1983.
Shibata, Tokue, *Public Finance in Japan*, University of Tokyo Press, Tokio, 1986.
Smith, T. C., *Political Change and Industrial Development*, Stanford University Press, Stanford, 1955, 1974.
Tsurumi, Yoshi mit Rebecca Tsurumi, *Sogoshosha: Engines of Export-Based Growth*, The Institute for Research on Public Policy, Montreal, 1980.
Vogel, Ezra, *Modern Japanese Organization and Decision Making*, Charles T. Tuttle, Tokio, 1975.
Waley, Paul, *Tokyo Now & Then*, Weatherhill, New York, 1984.
Wray, William D., *Mitsubishi and the N. Y. K.*, Harvard University Press, Cambridge, 1984.
Yoshihara, Kunio, Sogoshosha: *The Vanguard of the Japanese Economy*, Oxford University Press, Tokio, 1982.
Yoshino, M. Y., *Japan's Multinational Enterprises*, Harvard University Press, Cambridge, Massachusetts und London, 1976.

Ausgewählte japanische Literatur

Chiba, Akira, *Nomura's Corporate Division – ›Nomuras Unternehmensbereich‹ – (Nomura Shôken Kigyôbu)*, Kanki Shuppan, Tokio, 1984.
Fujii, Sakae, *Flying Through History: 70 Years of Sanyo Securities – ›Kurzer Abriß der Geschichte: 70 Jahre Sanyo Securities‹ – (Rekishi ni Kakeru: Sanyô Shôken 70 Nen Shi)*, Matsui Keizai Kenkyusho, Tokio, 1981.
Hirose, Niki, *Nomura's Founding Spirit – ›Nomura Gründergeist‹ – (Nomura Shôken Sôgyô no Seishin)*, Mikasa Shobo, Tokio, 1987.

Inoue, Kaoru, *The History of Osaka – ›Die Geschichte Osakas‹ – (Osaka no Rekishi)*, Sôgensha, Osaka, 1986 (erste Ausg. 1979).

Itagaki, Hidenori, *Nomura's Alarming Ambitions – ›Nomuras alarmierender Ehrgeiz‹ – (Osorubeshi Nomura Shôken no Yabô)*, Yell Shukansha, Tokio, 1986.

Kadogawa, Soichi, *Why does ›Finance‹ mean Nomura Securities – ›Warum bedeutet ›Finanzwelt‹ Nomura Securities?‹ – (Naze ›Kinyu‹ wa Nomura Shôken nano ka)*, Aska Business, Tokio, 1985.

Kusano, Atsushi, *May 28th 1965 – The Yamaichi Crisis and the Bank of Japan's Special Loan – ›28. Mai 1965 – Die Yamaichi-Krise und das spezielle Darlehen der Bank of Japan‹ – (Shôwa 40 Nen 5 Gatsu 28 Nichi – Yamaichi Jiken to Nichigin Tokuyû)*, Nihon Keizai Shimbunsha, Tokio, 1986 (erste Ausg. 1965).

Matsui Economic Research Centre, *Surviving the Rapids: Sixty Years of Nitto Securities – ›Die Blitzschnellen überleben: Sechzig Jahre Nitto Securities‹ – (Gekiryû ni Ikiru: Nitto Shôken 60 Nen no Ayumi)*, Matsui Keizai Kenkyusho, Tokio, 1970.

Matsumoto, Michihiro, *Merrill Lynch vs Nomura Securities – ›Merrill Lynch vs. Nomura Securities‹ – (Meriru Rinchi vs Nomura Shôken)*, Diamond-sha, Tokio, 1986.

Matsunaga, Sadaichi, *The Rise and Fall of Kitahama – ›Aufstieg und Fall von Kitahama‹ – (Shin Kitahama Seisuiki)*, Toyo Keizai Shimposha, Tokio, 1977.

Mishima, Yasuo, *The Hanshin Zaibatsu: Nomura, Yamaguchi, Kawasaki – a History of Japanese Zaibatsu Operations – ›Der Hanshin zaibatsu: Nomura, Yamaguchi, Kawasaki – die Geschichte der japanischen zaibatsu-Aktivitäten‹ – (Nihon Zaibatsu Keiei Shi)*, Nihon Keizai Shimbunsha, Tokio, 1984.

Miyamato, Mataji, *Businessmen and Culture in Osaka – ›Geschäftsleute und Kultur in Osaka‹ – (Osaka Keizaijin to Bunka)*, Jikkyo Shuppan, Tokio, 1983.

Miyamoto, Mataji (Hrg.), *An Historical Record of Public Offices and Various Enterprises during the Taisho and Showa Periods – ›Eine historische Aufzeichnung der Aktivitäten von Behörden und verschiedenen Unternehmen während der Taisho- und Showa-Periode‹ – (Taishôki Zaihan Kankô sho Shokigyo Enkaku Chôsa)*, Osaka City Historical Editorial Centre, Osaka, 1986.

Miyamoto, Mataji, *Notes on Modern Osaka's Development and its Personalities – ›Anmerkungen zur Entwicklung des modernen Osaka und seiner Persönlichkeiten‹ – (Kindai Osaka no Tenkai to Jimbutsu Shi)*, Bunken Shuppan, Tokio, 1986.

Miyazaki, Masahiro, *Nomura New York – ›Nomura New York‹ – (Nyuyoku Nomura Shôken)*, IPEC, Tokio, 1986.

The Nomura 50th Anniversary Editorial Committee, *50 Years of Nomura Securities – ›50 Jahre Nomura Securities‹ – (Nomura Shôken Kabushiki Kaisha 50 Nen Shi)*, Nomura Securities, Tokio, 1976.

The Nomura Research Institute 10th Anniversary Editorial Committee, *10 Years of Nomura Research Institute – ›10 Jahre Nomura Research Institut‹ – (Nomura Sôgô Kenkyusho 10 Nen Shi)*, Nomura Research Institute, Tokio, 1976.

The Nomura Securities Editorial Committee, *The History of Nomura Securities 1976–85 – ›Die Geschichte von Nomura Securities, 1976–85‹ – (Nomura Shôken Shi 1976–85)*, Nomura Securities, Tokio, 1986.

Osaka Stock Exchange, *10 Years of the Osaka Stock Exchange – ›10 Jahre Börse in Osaka‹ – (Osaka Shôken Torihikijo Ju Nen Shi)*, Osaka, 1964.

Osaka, Techo Sha, *An Osaka Miscellany – ›Sammelsurium in Osaka‹ – (Zuihitsu Osaka Techô)*, Osaka, 1965.

Saito, Tsusumu, *Nomura's Expanding Ambitions – ›Nomuras Expansionstrieb‹ – (Nomura Shôken no Oki naru Yabô)*, Keizaikai (Ryu Selection), Tokio, 1986.

Segawa, Minoru, *My Life in Securities during the Showa Era – ›Mein Leben im Wertpapiergeschäft während der Showa-Ära‹ – (Watakushi no Shôken Showa Shi)*, Toyo Keizai Shimposha, Tokio, 1986.

Segawa, Minoru (und andere), *My Personal History, Bd. 13, Businessmen – ›Meine persönliche Geschichte, Bd. 13, Geschäftsleute‹ (Watakushi no Rirekisho)*, Nihon Keizai Shimbunsha, Tokio, 1983 (Neudruck, erste Ausg. 1980).

Tokyo Stock Exchange, *Kabutochô*, 100th Anniversary (Festausgabe zum 100. Geburtstag), Tokio, 1978.

Ubukata, Yukio, *Nomura Securities vs Sumitomo Bank – ›Nomura Securities vs. Sumitomo Bank‹ – (Nomura Shôken vs Sumitomo Ginko)*, Goma Shobo, Tokio, 1985.

Yuki, Rentaro, *The Tale of Nomura's Cruelty – ›Das Märchen von Nomuras Grausamkeit‹ – (Nomura Shôken Zankoku Monogatari)*, Yell Shuppansha, Tokio, 1984.

Andere Quellen

The Financial World Research Centre, *Nomura's Giant Information Strategy – ›Nomuras gigantische Informationsstrategie‹ – (Nomura Shôken no Kyôdai Jôho Senryaku)*, Chukei Shuppan, Tokio, 1984.

Yoshida, Kozen, *Economic Analysis Report – ›Ökonomische Analyse, Bericht‹ – (Keizai Bunseki Shûhô)*, Keizai Bunseki Kenkyusho, Tokio.

Matsumoto, Seicho, *Dissecting the Yamaichi Case – ›Analyse der Yamaichi-Affäre‹ – (Yamaichi Jiken wo Kiru)*, Bungei Shunju, Tokio, August 1960.

The Asahi Newspaper, ›The Yamaichi Crisis‹, – ›Die Yamachai-Krise‹ – Mai 1965.

Quellenmaterial der Nomura-Familie

Anmerkung: Japanische Leser möchten vielleicht die ausführliche, bisweilen weitschweifige Autobiographie von Tokushichi Nomura II zu Rate ziehen, die er zwischen 1939 und 1943 verfaßte. Sie trägt den Titel *Tsutakatsura* und enthält eine Sammlung von Geschichten, Bildern, Fakten und Anekdoten. Die vierundzwanzig fotokopierten Bände wurden mir von Nomura Securities zur Verfügung gestellt. Viele der Zitate stammen aus diesem Werk, das mein Hauptquellenmaterial darstellte.

Nomura Securities gab mir darüber hinaus auch *Nomura Tokuan*, die Neuauflage der dreibändigen Geschichte von Tokushichi und der Nomura-Gruppe, die 1951 erschien. Da ein großer Teil dieses Werks aus *Tsutakatsura* stammt, war dieses Quellenmaterial für mich von zweitrangiger Bedeutung.

Ikezaki, Chuko, *Nomura Tokuan*[1]: *Official Biographie, vols I and II – ›Offizielle Biographie, Bd. I und II‹* – The Nomura Tokuan Editorial Committee, Kobe, 1951.

Nomura, Kozo und Iwamoto, Yoshichika (Hrg.), *Jingaian Ki*[2], The Jingai-in Memorial Editorial Committee, 1946.

[1] Das Pseudonym von Tokushichi Nomura.

[2] Das Pseudonym von Yoshitaro Nomura, dem ältesten Sohn von Tokushichi Nomura II.

Die Mitwirkenden

Die nachfolgenden Personenbeschreibungen beziehen sich ausschließlich auf die Tätigkeit bei Nomura oder den in diesem Buch genannten Zusammenhang.

Adia, Yokio: Nomura-Jahrgang 1946, der zum Leiter der Internationalen Abteilung des Hauses ernannt wurde. Er ist als Vorstandsvorsitzender von Nomura Investment Management bekannt.

Aono, Harunobu: Beliebter Manager des Nomura-Baseball-Teams (1983) der Nomura-Niederlassung in New York.

Araki, Shoko: Beraterin für kulturelle Belange und Betreuerin der ausländischen Nomura-Trainees.

Bains, Dhana Singh: Ein gebürtiger, in Tokio lebender Inder, der 1984 einen Prozeß gegen Nomura wegen unzulässigen Handels gewann.

Doi, Toshitsura: Ein aus Osaka stammender Samurai und mutmaßlich Vater von Tokushichi Nomura I.

Egashira, Keisuke: Nomura-Jahrgang 1954, der 1964 die Nomura-Niederlassung in London eröffnete. Er verließ das Unternehmen 1982 und wurde Präsident von Seibu International.

Fukuhara, Ken'ichi: Ein Nomura-Verkäufer gegen Ende der siebziger Jahre, der einige Schwierigkeiten zu meistern hatte, um Aktienaufträge hereinzuholen.

Hashimoto, Kisaku: Zeitungsreporter und erster japanischer Aktienmarkt-Analyst. Er wurde von Tokushichi Nomura II eingestellt und stieg später zum Präsidenten von Osakaya Shoten auf.

Iida, Seizo (1894–1976): Von 1941 bis 1947 Präsident von Nomura; wurde von den Besatzungsmächten aus dem Amt entfernt.

Ikeda, Hayato: Von 1960 bis 1964 japanischer Premierminister; ehemals Finanzminister und Minister für Internationalen Handel und Industrie. Bekannt als ›Baumeister‹ des japanischen Wirtschaftswunders. Als bester Freund von Tsunao Okumura sorgte er dafür, daß keine Kapitalzuwachssteuer auf Wertpapiertransaktionen erhoben wurde.

Inagaki, Mariko: Yoshio Teresawas Ehefrau.

Ishida, Tadashi: Nomura-Jahrgang 1946 und Verkäufer, der 1956 die Leitung der Nomura-Niederlassung in New York übernahm.

Ito, Masanori: Spitzname der ›Apache‹ und der ›Pate‹. Er versuchte, jeden wichtigen Nomura-Geschäftsbereich unter seine Kontrolle zu bringen. Nach der Übernahme der Internationalen Abteilung im Jahr 1978 wendete er typisch japanische Verkaufstaktiken an und setzte die Auslandsniederlassungen unter extrem starken Leistungsdruck.

Itoyama, Eitaro (1942–): Junges Mitglied der LDP (Liberal-Demokratische Partei; Regierungspartei seit Mitte der fünfziger Jahre) und Milliardär, der am Aktienmarkt ein Vermögen gewann. Itoyama versuchte während der siebziger und Anfang der achtziger Jahre, die Aktien von Yomiuri Land aufzukaufen. Er ist mit der Nichte von Ryoichi Sasakawa verheiratet, der als ›reichster Mann der Welt‹ gilt.

Iwamoto, Einosuke: Sohn eines wohlhabenden Geldwechslers aus Osaka. Ein Freund von Tokushichi Nomura II und Aktienspekulant; verlor sein gesamtes Vermögen am Markt und beging Selbstmord.

Kamata, Narajiro: Buchprüfer des Nomura-*zaibatsu* in den dreißiger Jahren. Kamata deckte eine Betrugsaffäre in der Nomura Life Insurance auf und wurde später zum Sekretär von Nomura Partnership ernannt. Er half, während der Demontage die Vermögenswerte der Familie zu retten.

Kaneoka, Koji: Leiter der gleichlautenden Gesellschaft für kurzfristige Finanzierungen mit Sitz in Tokio, der 1986 die Vergabe von Krediten beschnitt und als Gegenleistung eine Zulassung seines Unternehmens an der Börse erhielt.

Kataoka, Otogo (1881–1948): Erster Leiter der Nomura-Bank in Osaka (1918) und später der erste Präsident von Nomura Securities (1925).

Kawada, Fujio: Manager der Nomura-Zweigstelle in Shinjuku, der infolge einer schweren Körperverletzung durch seine Kunden starb.

Kawashima, Shoshi: Nomura-Jahrgang 1935 und erster Leiter der Nomura-Niederlassung in New York, die nach dem Krieg gegründet worden war. 1982 baute er Kokusai Securities auf, dessen erster Präsident er wurde.

Kiku: Ehefrau von Tokushichi Nomura II.

Kitao, Yoshitaka: Verkaufsleiter der New Yorker Nomura-Niederlassung Mitte der achtziger Jahre.

Kitaura, Kiichiro (1911–1985): Von 1968 bis 1978 Präsident von Nomura Securities und bekannt als Gründer des Nomura Research Institute, das 1965 entstand.

Kodama, Fujio: Verkäufer und Direktor von Oi Securities während der Yamaha-Krise im Jahr 1965. Wurde später Vorstandsvorsitzender von Wako Securities.

Komoto, Toshio: Mächtiges LDP-Mitglied und ehemaliger Leiter des MITI und der Behörde für Wirtschaftsplanung. Gründer von Sanko Steamship, ein Unternehmen, dessen Aktien in Japan zu Beginn der siebziger Jahre heiß begehrt waren und das 1982 Schiffbruch erlitt.

Matsukata, Takashi: Leiter der Sekundärmärkte-Abteilung des Finanzministeriums während des Börsencrash 1987.

Matsuo, Tsutomu: Zeitungsreporter beim *Nishi-Nippon Shimbun* und der Mann, der die Yamaichi-Krise veröffentlichte.

Miyazawa, Akira: 1965, während der Yamaichi-Krise, Leiter der Wertpapierabteilung der Bank of Japan, der den Brokern in ihrer Notlage half.

Nagasawa, Masao: Nomura-Jahrgang 1934, der in den sechziger Jahren als Leiter der Internationalen Abteilung Shoshi Kawashima zum Rücktritt zwang.

Nagata, Shuzo: Nomura-Verkäufer in den fünfziger Jahren, als Aufbruchstimmung herrschte; er übernahm später das Amt des Präsidenten von Kokusai Europa.

Nakazawa, Nobuo: Nomura-Jahrgang 1968, der zu einem der jüngsten Mitglieder im Hauptvorstand des Unternehmens ernannt wurde.

Noda, Iwajiro: Mitsui-Mitarbeiter, der zum zweiten Vorsitzenden des Ausschusses gewählt wurde, der mit der Auflösung der Holdinggesellschaften befaßt war.

Noda, Yoichiro: General Manager der Nomura-Aktienhandelsabteilung während des Börsencrash 1987.

Nomura, Fumihide (1934–): Sohn von Yoshitaro Nomura und Enkel von Tokushichi Nomura II. 1945 kurzfristig Erbe des Nomura-Imperiums vor der Auflösung. Vorstandsvorsitzender der Baugesellschaft Nomura Construction und ehemals Mitglied des Hauptvorstands von Nomura Securities.

Nomura, Jitsusaburo (1880–1919): Geliebter Bruder von Tokushichi Nomura II, der als Leiter der Nomura-Bank vorgesehen war, bevor er unerwartet starb.

Nomura, Keiji (1911–): Ältester Neffe von Tokushichi Nomura II und vor der Auflösung des Konglomerats Leiter der Nomura Life Insurance Company.

Nomura, Kozo (1911–): Neffe von Tokushichi Nomura II, der die Leitung von Nomura East Indies übernahm. Baute nach dem Krieg Nomura Microscience auf.

Nomura, Motogoro (1887–1954): Jüngster Bruder von Tokushichi Nomura II; studierte an der Universität von Birmingham und leitete später die Nomura-Bank.

Nomura, Sae: Witwe von Yoshitaro Nomura.

Nomura, Tokushichi I (1850–1908): Geldwechsler in Osaka und unehelicher Sohn eines Samurai. Gründete 1872 Nomura Shoten als ein Geschäft, in dem Gold-, Silber- und Kupfermünzen gewechselt wurden.

Nomura, Tokushichi II (1878–1945): Gründer des Nomura-*zaibatsu*, der 1925 Nomura Securities aufbaute. In seiner Kindheit als ›Shinnosuke‹ bekannt; in diesem Buch ›Nomura‹ oder ›Tokushichi‹ genannt.

Nomura, Tomohide (1935–): Enkel von Tokushichi Nomura II und Rechnungsprüfer der Nomura Construction Company.

Nomura, Yoshitaro (1905–1945): Auch Tokushichi Nomura III genannt. Sohn des Gründers der Nomura-Gruppe und als Erbe des Nomura-*zaibatsu* bestimmt, der eine humanistische Bildung genossen hatte und in jungen Jahren verstarb.

Ohtaka, Norm: Führungskraft in der Handelsabteilung, der den westlichen Stil bevorzugte und die Leitung der Nomura-Niederlassung in New York übernahm, als die Mitarbeiter 1985 rebellierten.

Okinori, Kaya: Vor dem Krieg Finanzminister und Freund von Tokushichi Nomura II. Er verbüßte eine Haftstrafe wegen schwerer Kriegsverbrechen und wurde nach seiner Entlassung aus dem Gefängnis von Nomura Securities als Chefberater eingestellt.

Okumura, Masiko: Ehefrau von Tsunao Okumura.

Okumura, Tetsuo: Neffe des ehemaligen Präsidenten von Nomura Securities. Begann in den fünfziger Jahren als Verkäufer und arbeitete sich zum Leiter des weltweiten Handelsteams von Nomura empor; verließ den Konzern nach dem Börsencrash 1987.

Okumura, Tsunao (1903–1972): Präsident von Nomura Securities von 1948 bis 1959; baute mit Hilfe seiner politischen Beziehungen und gesellschaftlichen Akzeptanz das Haus Nomura wieder auf.

Rondan, Doyukai: Bekannte *sokaiya*-Gruppe, die Geld aus öffentlich-rechtlichen Unternehmen in Japan herauspreßt, indem sie die Jahreshauptversammlungen zu stören droht.

Saito, Andy: Machthungriger Leiter der Wertpapierabteilung der Nomura-Niederlassung in New York während der Revolte im Jahr 1985. Wurde von Präsident Akira Shimizu nach Tokio zurückgeschickt.

Sakurai, Haruhiko: Journalist in Tokio, der auf den Finanzsektor spezialisiert ist und die Geschichte veröffentlichte, daß sich Nomura mit den Rondan Doyukai eingelassen hatte.

Sasaki, Shintaro: Erfolgreicher Geschäftsmann mit leicht zweifelhaftem Ruf, der ein Millionenvermögen in der Immobilien- und Hotelbranche verdiente. Vater von Eitaro Itoyama.

Sasakawa, Ryoichi: Ehemaliger Schwarzmarkthändler mit Verbindungen zur Unterwelt. Gibt sich heute als Philantrop und ist Präsident der Japan Shipbuilding Foundation, mittels derer er seinen Reichtum verteilt. Tritt in diesem Buch als Bündnispartner von Itoyama und Sasaki auf, als diese sich um den Aufkauf von Yomiuri-Land-Aktien bemühen.

Sasayama, Tadao: Erster Vorstandsvorsitzender des Ausschusses, der mit der Auflösung der Holdinggesellschaften betraut wurde.

Segawa, Minoru (1906–): Tatkräftiger Präsident von Nomura Securities von 1959 bis 1968 und einer der einflußreichsten Männer Japans.

Sekine, Chozaburo: Präsident von Yomiuri Land während Itoyamas Übernahmeversuch. Verheiratet mit der Tochter von Matsutaro Shoriki, dem Gründer von Yomiuri Land.

Shibusawa, Keizo: Finanzminister während der ersten Phase der Auflösung der *zaibatsu*: Enkel von Eiichi Shibusawa, Industrieller in der Meiji-Periode.

Shibayama, Washio: Bankier, der Nomura Shoten 1907 einen Kredit bewilligte und später als Leiter der Finanzabteilung zu Nomura überwechselte.

Shimizu, Akira: Weltgewandter ehemaliger Präsident der Nomura-Niederlassung in New York, der sein Amt unter Toshio Teresawa während der Revolte des Jahres 1985 bekleidete.

Shoriki, Matsutaro: Vater des professionellen Baseball und Fernsehens in Japan und Gründer der Yomiuri-Freizeitindustrie. Enger Freund mehrerer Nomura-Präsidenten.

Suzuki, Juniichi: Spekulant, dem durch die Ansammlung von Fujii-Aktien (ein Konfekthersteller) der größte Greenmail-Coup in der japanischen Geschichte gelang.

Tabuchi, Setsuya (1923–): Von 1978 bis 1985 Präsident von Nomura Securities.

Tabuchi, Yoshihisa (1935–): 1985 gewählter Präsident von Nomura Securities.

Takeyama, Shigeru: General Manager von Nomura, 1984 für die ausländischen Trainees verantwortlich.

Takeshita, Noboru: Premierminister, der am Tag des Börsencrash von 1987 gewählt wurde; fiel 1989 in Ungnade infolge unrechtmäßiger Annahme von Recruit-Cosmos-Aktien.

Terao, Takeo: Ehemaliger Präsident der Daiwa-Bank: Nomura-Gegner.

Teresawa, Yoshio: Spitzname ›Terry‹ und ›Mr. America‹; Nomura-Jahrgang 1954. Er war das erste japanische Mitglied der New Yorker Börse und somit der Mann, der Japan an die Wall Street brachte.

Tonamura, Hitoshi: General Manager bei Nomura mit der Aufgabe, 1982 die Ausbildung der ausländischen Trainees zu überwachen. Stieg später in die einflußreiche Position eines Vorstandsvorsitzenden von Nomura Europa auf.

Tsuchiya, Yozaburo: Sohn eines Aktienhändlers; übernahm das Familienunternehmen Tsuchiya Shoten, das später in Nitto Securities und danach in Sanyo Securities umbenannt wurde, Japans sechstgrößtes Brokerhaus. Nomura half Nitto Anfang der fünfziger Jahre aus einem finanziellen Engpaß und übernahm eine kleine Beteiligung an der Firma.

Yamanouchi, Takiko: Ehefrau von Tokushichi Nomura I.

Yasuhiro, Yutaro: Gründer der Aktienhandelsfirma gleichen Namens und der Firma Fukushima Boseki, ein Textilunternehmen, das heute unter der Bezeichnung Shikibo firmiert. Schwager von Tokushichi Nomura II.

Yasui, Kaishi: Architekt und nach dem Krieg Leiter von Nomura Construction – der Firma, die nach Kriegsende das Nomura-Familienvermögen behielt.

Yoshida, Shigeru: Nach dem Krieg zwei Mal Premierminister und Freund des Nomura-Präsidenten Tsunao Okumura.

Danksagung

Das Haus Nomura kam mir wirklich sehr gelegen, als mich Robert White der Nomura-Familie vorstellte. Es sollte mir zum großen Durchbruch verhelfen. Tomohide Nomura, der zweitälteste Enkel des Gründers von Nomura Securities, half mir oft sechs Stunden ohne Pause bei der Durchsicht der Familienchronik. Weitere großzügige Unterstützung erhielt ich von Kozo Nomura, dem Neffen des Gründers, der mit mir stundenlange Gespräche über das Leben einer der reichsten Familien im Japan der Vorkriegszeit führte. Kozo war dazu auserwählt worden, eine der wichtigsten Rollen im Nomura-Imperium zu spielen, bis es durch den Krieg auseinanderfiel. Obwohl er sein gesamtes Vermögen verlor, behielt er seine Gelassenheit und wagte einen neuen Anfang. Danken möchte ich auch den Frauen der Nomura-Familie – insbesondere Hisako, Masumi und Sae Nomura (Ehefrau von Yoshitaro Nomura, dem Sohn des Gründers) – und Fumihide Nomura, dem ältesten Enkel von Tokushichi Nomura. (Ich muß jedoch betonen, daß *Das Haus Nomura* zwar eine autorisierte Familienbiographie ist, die Familie jedoch auf die ungenehmigte Geschichte von Nomura Securities nach dem Zweiten Weltkrieg wenig Einfluß besaß.)

Es gibt viele Menschen, die es verdienen, namentlich erwähnt zu werden. Immer wenn ich eine Ermutigung brauchte, rief ich Professor Ballon von der Sophia-Universität in Tokio an oder suchte ihn persönlich auf. Der ›Professor‹, wie ich ihn nannte, pflegte es sich dann in seinem Sessel bequem zu machen, zündete seine Pfeife an und hörte mir aufmerksam zu. Nach einigen bedeutungsvollen Minuten des Schweigens gab er mir für gewöhnlich eine nachdenkliche Antwort, griff in seine Bibliothek, die sich vom Fußboden bis zur Decke erstreckte, und schickte mich mit drei oder vier Büchern nach Hause. Von den sechs Assistenten, die mir zeitweilig bei meinen Recherchen geholfen haben, arbeiteten drei für Firmen, die dem Haus Nomura angeschlossen sind. Einer von ihnen war John Doyle, der Finanzinformationen aus dem Japanischen ins Englische übersetzte, als ich ihn kennenlernte. Er hatte sein ganzes Leben in Japan verbracht, mit Ausnahme der drei Jahre, die er brauchte, um am MIT (Massachusetts Institute of Technology) einen akademischen Grad in Astrophysik zu erwerben. Ich brauchte einen Menschen mit schneller Auffassungsgabe, der mit der japanischen Mentalität und Denkweise vertraut war und für mich Berge japanischer Zeitungen, Fachzeitschriften und Dutzende von Büchern überflog und die wichtigen Passagen – manchmal sogar ein ganzes Buch – übersetzte. Kurz nachdem ich ihn kennengelernt hatte, wechselte John zu Kokusai Securities über, wo er als Händler in der Haupthandelsarena arbeitete. Später trat er in meine Firma, James Capel, ein.

Nach dem Examen an der Sophia-Universität und vor seiner Anstellung als Aktienanalyst bei Salomon Brothers war mir Kazumi Watanabe eine besonders große Hilfe; er übersetzte Zeitungsartikel für mich und diente mir als Dolmetscher. Munetaka Umehara half mir in den Anfangsphasen des Buches, während mich David Semaya von Sanyo Securities zu einem späteren Zeitpunkt unterstützte. Toake Endo stand mir während der Semesterferien zur Seite; sie besaß den Mut, den Verbindungen der *machki* – der Finanzhäuser – zur Unterwelt nachzuspüren. Meine sechste und letzte Hilfskraft muß jedoch ungenannt bleiben, da sie zur Zeit in einer der sicherheitsempfindlichsten Abteilungen des Hauses Nomura beschäftigt ist. Die größte Unterstützung erhielt ich jedoch von meiner Frau Anne, die fünf Jahre lang für Yoichi Tsuchiya, den Präsidenten von Sanyo Securities, tätig war und Sanyos Internationale Abteilung aufbaute. Vor unserer Heirat stellte ich fest, daß Anne eine Expertin im Aufspüren von Aktienpreisbewegungen am japanischen Markt war, die infolge von Spekulationen entstanden. Unter dem Vorwand, mit ihr über den Markt diskutieren zu wollen, lud ich sie zum Essen ein. Im Sommer des darauffolgenden Jahres, am 8. August 1988 – für die Chinesen der glückverheißendste Tag des Jahrhunderts – führte ich sie zum Traualtar.

Die Recherchen über das Haus Nomura durchzuführen war eine Sache, ein Buch darüber zu schreiben eine ganz andere. Ich begann damit ungefähr zur Zeit des Börsencrash und stützte mich auf Notizen, die Tausende von Seiten umfaßten und in einer Form abgefaßt waren, die kaum literarischen Ansprüchen genügten. Zum Glück lernte ich Stephen Barber von INVESCO MIM kennen, der gerade erst nach Tokio übergesiedelt war, um die dortige Niederlassung zu übernehmen. Er wurde inoffiziell mein Lektor. Als brillanter Finanzstratege, Japankenner und Literat setzte Stephen gnadenlos den Rotstift an und schickte mich zur Überarbeitung des Manuskripts nach Hause. Dank schulde ich auch Francis Pike, einem Kollegen von Stephen, der mir den Kontakt zum Verlag Bloomsbury Publishing Limited verschaffte. Danken möchte ich auch Nigel Newton, David Reynolds und Penny Phillips von Bloomsbury; Anne McDermid von Curtis Brown; Jim Levi und Stephen Aris; und nicht zuletzt Bruder Richard Devine von der Sophia-Universität, der die Freundlichkeit besaß, die Kapitel über die Meiji-Periode durchzulesen und auf geschichtliche Genauigkeit zu überprüfen. Sämtliche noch verbleibenden Fehler sind nicht ihm anzulasten, sondern wurden von mir bei der Korrektur übersehen.

Folgende Menschen und Firmen haben sich ebenfalls für mich von unschätzbarem Wert erwiesen: *Nomura Research Institute (NRI)*: Kiichi Saeki, ehem. Vorstandsvorsitzender und leitender Berater; Jiro Tokuyama vom Mitsui Research Institute, Gründer der Nomura School of Management, heute leitender Berater; Mitsuaki Muneoka, Direktor; Yoshinobu Hirayama, Research-Mitarbeiter in leitender Position; Haru Nakayama, leitender Analyst. *Nomura Computer Systems Co. (heute durch Fusion Teil des NRI)*: Teiichi Aruga, General Manager, *Nomura Investment Management Co. Ltd. (NIMCO)*: Yukio Aida, ehem. Vorstandsvorsitzender und leitender Berater. *Nomura Real Estate Development Co. Ltd.*: Norio Wakabayashi, ehemaliger Vorstandsvorsitzender und öffentlicher Wirtschaftsprüfer. *Nomura Tourist Bureau Inc. (NTB)*: Masao Nagasawa, ehem. Vorstandsvorsitzender des Nomura Investment Trust und Berater des NTB-Vorstands. *JAFCO. Nomura International Ltd. (Nomuras europäische Operationsbasen)*: John Howland-Jackson, leitender Angestellter und Berater; John-Paul Kernot; Andrew Jacobs. *Nomura Thailand*: Kazufumi Ozaki, Niederlassungsleiter. *Kokusai Securities*: Shoshi Kawashima, Vorstandsvorsitzender; Masao Kumon, geschäftsführender Direktor; Shuzo Nagata, Präsident und geschäftsführendes Vorstandsmitglied von Kokusai Europa; Hiruharu Matsumoto, Direktor; ungenannte Mitglieder des Handels- und Verkaufsteams. *Sanyo Securities*: Yozaburo Tsuchiya, Vorstandsvorsitzender; Yoichi Tsuchiya, Präsident; Anne Cabot, ehem. Marketing-Managerin; Shigeru Yoshida, Manager, Internationale Abteilung.

Nomura Securities: Tetsuo Okumura, ehem. General Manager, weltweite Handelsabteilung; Shinichi Sakai, Assistant Manager, Handelsabteilung; Nobuo Nakazawa, Direktor, ehem. General Manager, Internationale Abteilung; Herrn Kurita, Stellvertretender General Manager, Internationale Abteilung; Katsuhiko Sori, General Manager, Rechtsabteilung; Dr. Hirohisa Saito, General Manager, Unternehmensdienstleistungen und -strategie; Michio Katsumata, Stellvertretender General Manager, Public-Relations-Abteilung; Hiroshi Okamoto, Technische Analyse; Herrn Koyama, Verkäufer; ungenannte Mitarbeiter im Handel, Verkauf und Büro.

International Department: Yoshio Teresawa, ehem. Vorstandsvorsitzender, NSI; Hisashi Moriya, ehem. Direktor, Zweiter Vorstandsvorsitzender, Merrill Lynch, Tokio; Akira Shimizu, Geschäftsführendes Vorstandsmitglied, Nomura Securities Investment Trust, ehem. Präsident, NSI; Katsuya Takanashi, Präsident, NSI; Akio Mikuni, ehem. Präsident des Bereichs International Research, Mikuni & Co.; Robin Koskinen, ehem. Vizepräsident, NSI (US-Schatzanleihen); Norm Othaka, ehem. Leiter der Handelsabteilung von NSI; Hitoshi Imuta, Vizepräsident, NSI, Emissionsgeschäft; Keisuke Egashira, ehem. Präsident, NSI, Direktor; John Feree; Robert Starbuck; Richard Meinick; John Kleinheinz; Paul Smith; Steve Brunner; John Quinn; J. Whitney Halloran. *Daiwa-Bank*: Hirashi Ohfuji, Direktor, Internationale Abteilung; Hiroshi Yamanaka, Archive. *Finanzministerium*: Rintaro Tamaki, Stellvertretender Direktor, Ressort Wertpapierfirmen. *Japanexperten*: Professor Robert Ballon, Sophia-Universität; Bruder Richard J. Devine, Sophia-Universität; Dr. Yashuo Mishima, Professor für Wirtschaftsgeschichte, Konan-Universität, Kobe. *Journalisten (Anstellung zur Zeit des Gesprächs*: Cindy Babski, *60 Minutes* CBS, London; Christopher Chipello, ehem. Leiterin der Tokioter Agentur, *Asian Wall Street Journal*; Karl Schoenberger, ehem. Leiter der Tokioter Agentur, *Asian Wall Street Journal*; Kenji Nagano, Yoshifumi Kimura, Katsumi Fujimori, Korrespondenten für den *Nihon Keizai Shimbun*; Marcus Brauchli, *Wall Street Journal*; Doug Tsurouka, *AP-Dow Jones*, Tokio; Greg Davis, freiberufl. Fotograf; Henry Sender, *Institutional Investor*; Haruhito Sakurai, *Hakko Publishing*; Andrew Tanzar, Leiter der Tokioter Agentur, *Forbes* Magazin; David Lewis, Studio Proteus; Richard Hanson, Verleger, *Tokyo Financial Letter*; Kenji Ino, Autor.

Mein Dank gilt außerdem, in willkürlicher Reihenfolge: Kim Barber; Louis Cabot; Hidemi Moue; Kouzi Suzuki; Takaaki Yoda von Daiwa Securities; Yasunami Ohtake, Justitiar, Tokyo Stock Exchange; Fujio Kodama, ehem. Vorstandsvorsitzender, Wako Securities; Masayoshi Katsuta, Präsident, Kleinwort Benson Investment Management; Stephen Cohen und Peter Johnson; J. Brian Waterhouse, Nayoya Ozawa, John Wilson, Tokumatsu Iida, Graham McDonald, Jessica ›Stardust‹ Khine, Charles Edmund, Christopher Rampton, David Heron, Nicholas Wilcockson, Kenneth Lucas, Adrian Hope, John Charleton-Jones, Philip Whalley, Hiriko Nakazawa und Shigeru Nakano von James Capel, Tokio; Perry Gary und Mark Lerner; John Fitzgerald von Merrill Lynch; Kazuyoshi Ishizaka, ehem. Bank of Japan, Vorstandsvorsitzender von Trio Kenwood; David Keller; Kevin Murphy; Bruce Holcolm von Lexis; Brian Kelly von Morgan Stanley; Steven Leist; Brian Milton, Abenteurer, Autor, Journalist; Andy Willner; Iwajiro Noda (RIP), ehem. Vorstandsvorsitzender des Liquidationsausschusses für Holdinggesellschaften und Vorstandsvorsitzender im Ruhestand des Hotel Okura; Kozen Yoshida, Vorstandsvorsitzender, Economic Analysis Institute; Mitsuo Yoshida, Geschäftsführender Direktor, Economic Analysis Institute; Mas Saito, Präsident, Toyo Securities; Mac Nakata, Toyo Securities; Edmund Rothschild; Tatsuhiko Yagashita, Associated Japanese Bank; und Martin Gordon.

Register